中国科技期刊发展蓝皮书（2023）

中国科协学会服务中心　主编

科学出版社

北　京

内 容 简 介

《中国科技期刊发展蓝皮书（2023）》依托国内外知名数据库和一手官方数据，运用科学计量方法，剖析存在问题，总结发展规律，系统整理中国科技期刊及科技论文的总体情况，以数据形式呈现中国科技期刊及科技论文的整体现状，分析预测基于一流期刊建设的中国科技期刊国际化发展格局，剖析支撑科技期刊发展的人才队伍现状、构成、趋势以及人才发展政策与环境，研判中国科技期刊创新发展的机遇与挑战，探索世界一流科技期刊建设的中国策略。

图书在版编目（CIP）数据

中国科技期刊发展蓝皮书. 2023/中国科协学会服务中心主编. —北京：科学出版社，2023.11
ISBN 978-7-03-077035-6

Ⅰ. ①中… Ⅱ. ①中… Ⅲ. ①科技期刊–出版工作–研究报告–中国 –2023 Ⅳ. ①G237.5

中国国家版本馆 CIP 数据核字(2023)第 213198 号

责任编辑：王 治 祁 媛／责任校对：孙 青
责任印制：关山飞／封面设计：科爱公司

科 学 出 版 社 出版
北京东黄城根北街 16 号
邮政编码：100717
http://www.sciencep.com

北京科信印刷有限公司 印刷
科学出版社发行 各地新华书店经销

*

2023 年 11 月第 一 版 开本：720×1000 1/16
2023 年 11 月第一次印刷 印张：24 1/2
字数：386 000
定价：198.00 元

《中国科技期刊发展蓝皮书》编写委员会

（按姓氏汉语拼音排序）

前　　言

习近平总书记在"加强基础研究　实现高水平科技自立自强"的重要讲话中指出，过去很长一段时间，我国基础研究存在题目从国外学术期刊上找、仪器设备从国外进口、取得成果后再花钱到国外期刊和平台上发表的"两头在外"问题。近年来，我国着力打造世界一流科技期刊、建成一批大国重器，基础研究支撑平台建设取得长足进步，但是从根本上破解"两头在外"问题还任重道远……要加快培育世界一流科技期刊，建设具有国际影响力的科技文献和数据平台，发起高水平国际学术会议，鼓励重大基础研究成果率先在我国期刊、平台上发表和开发利用。

科技期刊是传承人类文明、荟萃科学发现、引领科技发展的重要载体，是国家科技竞争力和文化软实力的重要体现。近年来，我国加快建设世界一流科技期刊体系，取得显著成效，一批优秀期刊跻身世界一流阵营，越来越多的优秀成果在中国品牌期刊上发表，将为实现科技自立自强提供重要支撑。

《中国科技期刊发展蓝皮书》是首部记录和反映中国科技期刊发展历程的年度学术报告，总体目标和定位是以第三方视角、真实的数据和实际的调查，对我国科技期刊和科技论文总体情况进行系统整理和分析预测，尽可能客观准确地反映当前发展现状及存在的问题，借鉴国际优秀经验，研判未来发展趋势，探讨可持续发展路径，推动我国科技期刊高质量发展。

7年来，《中国科技期刊发展蓝皮书》透过数据，动态展现了中国科技期刊的整体图景，以实证研究方式比较分析了中外科技期刊的质量现状及增长趋势，启发了多种期刊研究角度，更为中国科技期刊的发展、成长提出了较为清晰的路径与可行性建议。作为中国科技期刊发展历程的忠实记录，《中国科技期刊发展蓝皮书》自2017年连续发布以来，就获得期刊从业者和科技工作者的广泛关注和认可。

目前，历年总浏览量达 92 万余次，总下载量 3500 余次，总被引近 800 次。与此同时，《中国科技期刊发展蓝皮书》也获得国际同行的高度关注，国际科学、技术和医学出版商协会（STM）将英文版出版的消息推送给重量级会员，并称其是首部反映中国科技期刊发展历程的系列图书。《STM 年报》还吸纳本书数据用以展示中国科技期刊和科技论文的发展现状。

按照规划，《中国科技期刊发展蓝皮书》以三年为一个周期，第一年呈现科技期刊总体情况，第二、三年探讨热点内容。2017 版首次系统梳理我国科技期刊整体现状，分析面临的问题和挑战。2018 版以"科技期刊的融合出版"为主题，对我国融合出版发展现状进行梳理分析。2019 版以"世界一流科技期刊发展路径"为主题，探讨一流科技期刊建设的可行路径、政策环境、保障体系和建设策略。2020 版开始第二周期，对比 2017 版数据，呈现我国科技期刊和科技论文全貌，并剖析产业变革和市场融合推动科技期刊发展现状与趋势。2021 版以"开放科学环境下的学术出版"为主题，梳理开放科学发展、开放科学平台和开放出版进展，探讨开放科学环境下的中国科技期刊发展策略。2022 版以"数字经济时代的学术出版与交流平台"为主题，研究数字出版技术变革、数字资源与学术交流平台进展与趋势，探讨并提出数字经济时代的中国学术出版融合与高端学术交流平台发展建议。2020 年起，《中国科技期刊发展蓝皮书》英文版在全球同步出版发行，英文版是基于权威数据呈现中国科技期刊整体现状的唯一英文文献，向世界展示中国科技期刊和科技论文的总体现状。

《中国科技期刊发展蓝皮书》作为全面反映中国科技期刊面貌的书籍，准确性和权威性尤为重要。在编写之初，发起单位中国科协学会服务中心就决定以两院院士和学术出版领域专家为核心智囊，专家委员会由相关领域的院士、知名学者和业内人士组成，涵盖国家新闻出版署、中国科协、中国科学院、中国工程院、教育部及相关学协会的专家学者，以此保障编写力量的高站位、高水平、高效率，编制内容的权威性、专业性、前瞻性。以编写委员会为主体的"编写组"通过凝聚和调动国内科技期刊出版领域一流研究专家，本着开放、协作、共享的原则，加大研究力度，拓展研究广度。在研究编制过程中，编写组力求形成浓厚的研究氛围，形成学术争鸣，在"讨论"和"争鸣"中进行编制工作。

2023 版作为第三周期的开篇之作，在基于数据呈现中国科技期刊及中国科技论文现状的基础上，增加"国际化发展格局"和"人才队伍建设"两部分内容，以增加本书的内容广度和厚度，适应新时代一流科技期刊建设的总体需求。

本书第一章"中国科技期刊概况"，梳理和分析国家新闻出版署期刊年检数据、中国知网的《影响因子年报》《国际引证年报》《科技期刊世界影响力指数 WJCI 报告》数据等，展现中国科技期刊在数量规模、学科分布、运营现状、数字化程度、学术影响力、数据库收录、资助情况等方面的发展情况。通过对比分析 2017 版～2023 版相关数据，宏观展示我国科技期刊发展总体趋势，客观呈现中国科技期刊的影响力变化，统计分析中国科普期刊发展现状与态势。

本书第二章"中国科技期刊发表论文概况"，以中国知网（CNKI）、Web of Science（SCI）等国内外知名数据库数据为研究基础，从不同层次、不同维度统计分析我国科技论文数量产出、学科分布、机构分布、基金论文、国际合作等情况，透过数据，呈现 2013～2022 年间，中国作者发表论文以及中国科技期刊发表论文的累计学术影响力，总结归纳出中国科技论文产出的整体状况与发展态势。

本书第三章"基于一流期刊建设的中国科技期刊国际化发展格局"，以爱思唯尔 Scopus 数据库为基础分析数据，以爱思唯尔 SciVal 科研分析平台为分析工具，分析中国学者在各学科中发表论文数量、影响力、开放获取、境外合作情况，与现有各学科中国科技期刊情况进行对比，论述基于一流期刊建设的中国科技期刊国际化出版格局与发展态势。

本书第四章"支撑科技期刊发展的人才队伍建设"，尝试全面阐述中国科技期刊的人才队伍构成类型，从编委、编辑、审稿人、作者等不同角色，以及管理、学术、技术等不同类型的人才入手，深入分析科技期刊队伍的人才构成体系，指出当前人才队伍发展现状及存在问题，提出优化人才队伍建设的对策建议。

本书第五章"专家观点：我国科技期刊创新发展的机遇与挑战"，旨在反映专家学者和出版界人士有关"我国科技期刊创新发展的机遇与挑战"的见解或观点，结合 2023 年中国科协学会服务中心主办的系列小型学术研讨会的主题报告或主旨发言，并有针对性地邀请相关领域的专家学者，从不同视角、不同维度开展研讨，以期为我国科技期刊行业变革提供参考建议。

本书编写组成员来自科学出版社、中科期刊、《中国科学》杂志社、科爱公司、中国知网、中国科学院文献情报中心、中国期刊协会、中华医学会杂志社、《中国激光》杂志社、中国抗癌协会、中国高校科技期刊研究会、中国自动化学会、科技导报社、河海大学、北京林业大学期刊编辑部、山东大学期刊社、中南大学出版社、中国地质大学（北京）期刊中心、中国科协学会服务中心等单位。

在专家委员会、编写委员会众多专家学者的大力支持下，本书编写组秉承公正客观的原则，实事求是地收集数据、筛选案例、查找文献、剖析问题、总结规律，对庞大数据和参考文献抽丝剥茧，力求全方位呈现中国科技期刊和中国科技论文的发展现状，并试图分析预测基于一流期刊建设的中国科技期刊国际化发展格局，剖析支撑科技期刊发展的人才队伍现状、构成、趋势以及人才发展政策与环境，研判中国科技期刊创新发展的机遇与挑战，探索世界一流科技期刊建设的中国策略。在此，谨向所有为本书的编制和出版付出辛勤劳动的专家、学者和业界同仁致以诚挚的感谢！向所有提供数据和出版服务的机构和个人致以诚挚的感谢！

由于编者能力所限，不足和疏漏之处在所难免，期待广大读者不吝赐教，批评指正。

中国科协学会服务中心

2023 年 11 月

目　　录

第一章　中国科技期刊概况①

内容提要

一、中国科技期刊总体发展现状

（一）中国科技期刊总体特征

基于国家新闻出版署 2022 年全国期刊年检数据，截至 2022 年底，中国科技期刊总量为 5163 种。总体特征如下。①各地区出版科技期刊数量分布呈现不均衡状态。出版科技期刊数量超过 200 种的 5 个地区按照数量排列依次为：北京（1688 种，占 32.69%）、上海（355 种，占 6.88%）、江苏（267 种，占 5.17%）、湖北（222 种，占 4.30%）和四川（216 种，占 4.18%）。②出版周期以双月刊（2028 种，占 39.28%）和月刊（1829 种，占 35.43%）为主，约占总量的 3/4。③文种分布以中文科技期刊占绝大多数（4556 种，占 88.24%）；英文科技期刊 434 种，占 8.41%；中英文科技期刊 173 种，占 3.35%。④学科分布中基础科学类 1573 种（占 30.47%），技术科学类 2272 种（占 44.01%），医药卫生类 1161 种（占 22.49%），综合性科学类 157 种（占 3.04%）。⑤中文科技期刊整体定价大致集中在单价 40 元以下，英文科技期刊平均单价为 112.13 元，单价中值为 80.00 元。

---

① 第一章执笔：刘培一（牵头）；周英智（统计学指导）；王治（第一节）；伍军红、孙秀坤（第二节）；张铁明、卫夏雯、祝叶华（第三节）。

（二）主管、主办、出版单位分布

中国科技期刊的主管、主办和出版单位分布分散。①共有 1339 个主管单位，平均每个主管单位主管期刊 3.86 种，仅主管 1 种科技期刊的主管单位就有 878 个（占 65.57%），主管科技期刊数量 10 种及以上的主管单位仅 76 个（占 5.68%）。②基于第一主办单位的统计显示，共有 3218 个主办单位，平均每个主办单位主办期刊 1.60 种，仅主办 1 种科技期刊的主办单位 2482 个（占 77.13%）。③共有 4440 个出版单位，平均每个出版单位出版期刊 1.16 种，仅出版 1 种科技期刊的出版单位 4256 个（占 95.86%）；单刊编辑部作为出版单位的就有 3439 个（占 77.45%）；出版科技期刊数量 10 种及以上的出版单位仅 10 个。

（三）科技期刊从业人员

我国科技期刊从业人员总数为 36 974 人。人员身份以在编人员为主（占 64.57%）；人员构成以采编人员为主（占 60.91%）；学历分布以大学本科和硕士研究生为主（占 75.11%）；职称分布上，七成具有中级及以上职称（占 71.24%），其中具有高级职称的占 42.99%。

（四）科技期刊出版运营

办刊经费支持方面，少量科技期刊获得主管单位的经费支持；接近半数科技期刊获得主办单位的经费支持；主管单位和主办单位的支持力度大多在每年 25 万元以内。获得国家级专项经费支持的科技期刊数量占 4.90%，单刊支持力度集中在 40 万～50 万元（不含）区间。获得行业专业级专项经费的科技期刊数量占 1.44%，单刊支持力度多在 30 万元以下。获得省区市级专项经费支持的科技期刊数量占 3.05%，单刊支持力度多在 20 万元以下。

科技期刊经营方面，我国近半数的科技期刊期发行量不超过 1000 册（不含）。50.71% 的科技期刊发行方式为"邮发+自办发行"，

57.47%的科技期刊年发行收入在 10 万元以下。37.32%的科技期刊有广告经营收入，年广告经营收入大多在 30 万元以内。24.81%的科技期刊有版权收入，年版权收入大多在 5 万元以内；1.71%的科技期刊有境外出版收入。14.11%的科技期刊有项目活动收入，年项目活动收入大多在 40 万元以内。总收入方面，年总收入在 70 万元（不含）以下的科技期刊占 52.11%；年总收入在 100 万元及以上的占 35.77%。总支出方面，年总支出在 70 万元（不含）以下的占 49.71%；年总支出在 100 万元及以上的占 35.40%。

（五）2018～2022 年中国科技期刊数量变化情况

基于国家新闻出版署全国期刊年检数据，2018～2022 年中国科技期刊总量整体呈现平稳增长态势。据不完全统计，2018 年中国科技期刊总量为 4973 种，2022 年为 5163 种，共增长 3.82%。2018～2022 年中国英文科技期刊总量变化呈现快速增长趋势。中国英文科技期刊总量从 2018 年的 333 种增长至 2022 年的 434 种，共增加 101 种，年均增长率为 6.85%。

基于国家新闻出版署提供的数据，据不完全统计，2018～2022 年中国新办科技期刊 115 种（新批准 CN 号的期刊）。新办科技期刊绝大多数为英文刊，五年共计创办 99 种（占 86.09%）。2021 年新办科技期刊数量最多，为 44 种；2022 年创办科技期刊数量为 12 种。2018～2022 年中国共注销科技期刊 41 种，2020 年注销数量最多，为 19 种，2021 年和 2022 年注销科技期刊数量均为 10 种，被注销的绝大多数为中文科技期刊。

二、中国科技期刊的学术影响力

中文科技期刊刊均可被引文献规模仍大于国际期刊的平均水平。据《中国学术期刊影响因子年报（自然科学与工程技术版）》（2016

版、2019 版、2022 版）统计，中文科技期刊刊均可被引文献量从 2015 年的 295.44 篇下降至 2021 年的 261.52 篇（同期国际科技期刊年均可被引文献量为 216.30 篇），总降幅为 11.48%，英文科技期刊刊均可被引文献量从 2015 年的 121.10 篇下降至 2021 年的 114.10 篇，总降幅为 5.78%。

中国科技期刊的复合总被引频次逐年增长。中文科技期刊的 2021 年复合总被引频次为 937.76 万次，比 2015 年增加了 21.66%，比 2018 年增长了 17.73%，其中被期刊论文引用 487.76 万次，占 52.01%，比 2015 年引用增长了 30.14%，比 2018 年增加了 13.44%。中国英文科技期刊的 2021 年复合总被引频次为 36.01 万次，比 2015 增长了 70.91%，比 2018 年增长了 53.70%，其中被期刊论文引用 17.87 万次，比 2015 年增长了 61.01%，比 2018 年增长了 43.59%。

中国科技期刊的影响因子及即年指标逐年提高。中文科技期刊 2021 年刊均复合影响因子为 1.125，比 2015 年增长了 80.87%，比 2018 年增长了 46.87%；刊均复合即年指标为 0.180，比 2015 年增长了 119.51%，比 2018 年增长了 83.67%。英文科技期刊 2021 年刊均复合影响因子为 1.198，比 2015 年增长了 75.40%，比 2018 年增长了 53.98%；刊均复合即年指标为 0.215，比 2015 年增长了 31.10%，比 2018 年增长了 28.74%。

中国科技期刊的国际他引总被引频次逐步增长。据《中国学术期刊国际引证年报（自然科学与工程技术版）》统计，中文科技期刊 2021 年国际他引总被引频次为 69.26 万次，比 2015 年增长了 128.31%，比 2018 年增长了 44.71%；刊均国际他引总被引频次为 224.15 次，比 2015 年增长了 77.04%，比 2018 年增长了 29.72%。英文科技期刊 2021 年国际他引总被引频次为 88.26 万次，比 2015 年增长了 338.29%，比

2018 年增长了 142.33%；刊均国际他引总被引频次为 2486.15 次，比 2015 年增长了 162.98%，比 2018 年增长了 69.29%。

中国科技期刊的国际他引影响因子及即年指标逐步提高。中文科技期刊 2021 年刊均国际他引影响因子为 0.094，比 2015 年增长了 147.37%，比 2018 年增长了 67.86%；刊均国际他引即年指标为 0.023，比 2015 年增长了 360.00%，比 2018 年增长了 130.00%。英文科技期刊 2021 统计年刊均国际他引影响因子为 4.233，比 2015 年增长了 263.97%，比 2018 年增长了 109.55%；刊均国际他引即年指标为 1.089，比 2015 年增长了 291.73%，比 2018 年增长了 90.05%。

中国科技期刊的世界影响力指标逐年提升。据《科技期刊世界影响力指数（WJCI）报告》2022 版，按国家统计 WJCI 均值可揭示该国期刊总体影响力水平。2021 年刊均 WJCI 指数最高的是荷兰，其次是英国、美国和瑞士。荷兰期刊 1114 种，平均 WJCI 指数是 3.093；中国期刊 1635 种，平均 WJCI 指数是 1.399，位列全球第 9。

中国科技期刊的国际学术交流地位和作用日益显现，越来越多的期刊被国际知名数据库收录。截至 2023 年 9 月，中国有 2066 种科技期刊被 WoS、Scopus、EI、PubMed、Chemical Abstracts-ACS、MathSciNet-MSN、GeoRef、CAB Abstracts 等 8 个国际文献索引数据库中的至少一个收录，其中，被国际数据库收录的英文期刊 386 种，占我国 434 种英文科技期刊的 88.94%。与上年同期相比，上述 8 个数据库新增收录我国英文科技期刊 35 种。

三、中国科普期刊出版现状

（一）中国科普期刊总体特征

截至 2022 年底，我国（不包括港澳台地区）公开出版的科普期刊 257 种，占科技期刊总数的 4.98%。总体特征如下。①科普期刊出版资源相对分散、单一。科普期刊除 99 种中央期刊外，其余的分布于 28 个省区市。②从学科分布来看，科普期刊覆盖的学科范围较广但分布不均，医药卫生、工业技术和自然科学总论类的科普期刊占比分别为 22.96%、19.84%和 19.46%。③主管、主办方面，由地方政府机构和出版机构主管的科普期刊数量最多，分别占总数的 21.78%和 21.01%。大多由 1 个单位主办，占总数的 86.38%，主办科普期刊数量较多的包括专业出版单位（39.30%）、高校及研究院所（21.40%）、全国学会及地方学会（20.23%）。④科普期刊的从业总人数为 3017 人，刊均 11.74 人，其中采编人员数量 1509 人，占总从业人数的 50.01%。⑤语种以中文期刊为主；出版周期以月刊为主（131 种，占 50.97%），其次是半月刊（40 种，占 15.56%）。

（二）中国科普期刊出版运营现状

填报本次有效数据的科普期刊共 253 种，半数的科普期刊由独立法人出版单位出版。出版单位为企业法人的期刊 94 种，占 37.15%；出版单位为事业法人的期刊 40 种，占 15.81%；出版单位为非法人的期刊 116 本，占 45.85%。

填报本次有效数据的科普期刊共 250 种，发行方式以邮局发行和自办发行为主，占 70.47%。2022 年总发行量为 538.11 万册，其中发行量在 3 万册以下的占 84.80%。

填报本次有效数据的科普期刊共 243 种，中国科普期刊的总体收入呈现两极分化的态势。科普期刊的经营方式总体上是自负盈亏，盈利模式主要有 3 种：发行主导、广告主导和其他业务主导。年总收入在 1000 万元以上的有 19 种，占 7.82%；年总收入在 100 万～1000 万元的有 127 种，占 52.26%；年总收入在 100 万元（含 100 万元）以内的有 97 种，占 39.92%。

（三）中国科普期刊新媒体传播能力与传播效果

越来越多的科普期刊开始重视和利用新媒体的力量，通过开通视频号，进驻哔哩哔哩（B 站）、抖音、快手等短视频平台进行期刊宣传推广，成为科普期刊占据网络宣传阵地的新通道。

科普期刊微信公众号：据"清博指数"数据显示，257 种科普期刊中有 219 种开通了微信公众号，占 85.21%；连续 3 个月均有更新的公众号有 134 个，占 61.19%；连续更新的 134 个微信公众号 WCI 平均值为 451，平均值之上的微信公众号 57 个（占 42.54%）。

科普期刊微信视频号：有 75 种科普期刊开通了微信视频号，占 29.18%，总体上科普期刊微信视频号的活跃度并不高。

科普期刊抖音号：有 84 种期刊开通了抖音号，开通率 32.68%。

科普期刊 B 站：开通 B 站账号的为 41 种，开通率为 15.95%。这 41 种科普期刊涵盖自然科学、医疗健康、汽车、计算机、家装、摄影等门类，其中也包含面向少儿和青少年的科普读物。

（四）中国科普期刊发展对策与建议

建议从以下 7 方面促进中国科普期刊实现高质量发展：一是汇聚科普原创资源，重塑内容供应格局；二是创新新媒体运营理念，发挥科普期刊品牌优势；三是加快传统媒体战略转型，发挥融媒体平台作用；四是加强政策扶持力度，支持科普期刊全媒体出版；五是大力提升办刊能力，提升科普期刊的知识价值；六是根植期刊优质选题，打造科普期刊立体传播模式；七是差异化定位发展，探索融媒体有效发展途径。

第一节 中国科技期刊现状分析

基于国家新闻出版署 2022 年全国期刊年检数据（以下简称"2022 年检数据"），以国内统一连续出版物号（CN 号）中的中图分类号为划分标准，选取中国科技期刊相关数据（5111 条，含科普期刊），结合 2018～2022 年新创办期刊、刊名变更以及 2016～2022 年注销期刊数据，并与 2017～2022 年《中国科技期刊发展蓝皮书》发布的中国科技期刊名录数据进行比对，据不完全统计得出，截至 2022 年底中国科技期刊总量为 5163 种[①]。

一、期刊基本信息

（一）2018～2022 年中国科技期刊数量变化情况

基于近五年（2018～2022 年）的全国期刊年检数据，中国科技期刊总量整体呈现平稳增长态势。据不完全统计，2018 年中国科技期刊总量为 4973 种，2022 年为 5163 种，共增长 3.82%（图 1-1）。

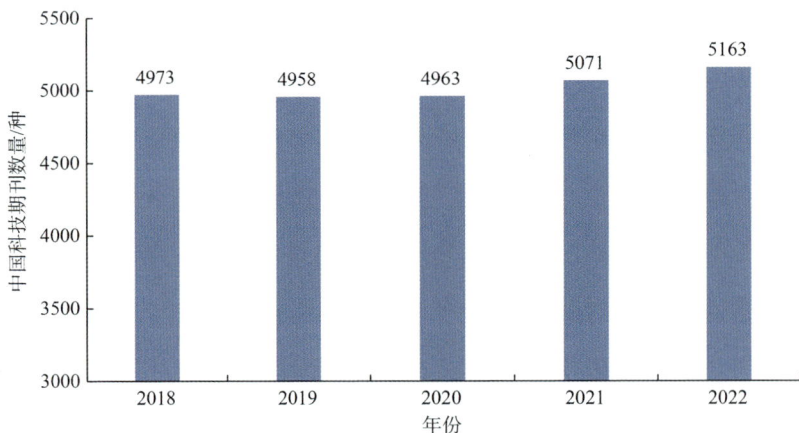

图 1-1 2018～2022 年中国科技期刊总量变化情况[②]

---

① 本书所指中国科技期刊统计数据不含未参加 2022 年期刊年检的数据，不含我国港澳台地区的科技期刊数据。

② 2021 年以及 2022 年的统计数据中包含部分综合性科学期刊。

基于近五年（2018～2022 年）的全国期刊年检数据，中国英文科技期刊总量变化呈现快速增长趋势。据不完全统计（图 1-2），中国英文科技期刊总量从 2018 年的 333 种增长至 2022 年的 434 种，年均增长率为 6.85%。其中，有少部分期刊通过变更语种成为英文科技期刊，但刊号（CN 号）没变。

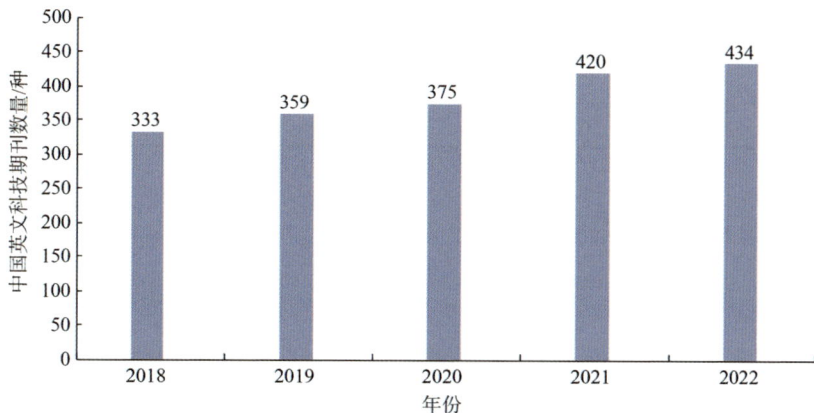

图 1-2　2018～2022 年中国英文科技期刊总量变化情况

基于国家新闻出版署数据，据不完全统计，近五年（2018～2022 年）中国新办科技期刊 115 种（新批准 CN 号的期刊）。如表 1-1 所示，新办科技期刊绝大多数为英文科技期刊，五年共计创办 99 种（86.09%）。2021 年新办科技期刊数量最多，为 44 种；2022 年创办科技期刊数量为 12 种：《生物设计研究（英文）》《血液科学（英文）》《风湿病与自身免疫（英文）》《癌症发生与治疗（英文）》《医学+（英文）》《精准泌尿学（英文）》《生命代谢（英文）》《柔性电子（英文）》《微生物（英文）》《呼吸与危重症医学（英文）》《CAAI 人工智能研究（英文）》《一体化安全（英文）》。

基于国家新闻出版署数据，据不完全统计，中国近五年（2018～2022 年）共注销科技期刊 41 种。如表 1-1 所示，2020 年注销科技期刊数量最多，为 19 种；2021 年和 2022 年注销科技期刊数量均为 10 种。被注销的绝大多数为中文期刊，只有 2 种英文科技期刊被注销：《纳米技术与环境（英文）》（原刊号 CN 31-2090/X）和《真菌多样性（英文）》（原刊号 CN 10-1636/Q）。

表 1-1　近五年（2018～2022 年）中国科技期刊创办、注销情况　　（单位：种）

年份	新创办期刊				注销期刊		
	中文	英文	中英文	合计	中文	英文	合计
2018	7	7	1	15	0	0	0
2019	3	24	1	28	2	0	2
2020	1	15	0	16	18	1	19
2021	3	41	0	44	10	0	10
2022	0	12	0	12	9	1	10
合计	14	99	2	115	39	2	41

（二）出版地分布

中国各地区出版科技期刊数量分布呈现不均衡状态。对 2022 年的 5163 种中国科技期刊的出版地分布数据统计得出，北京出版科技期刊数量居首位（1688 种），占中国科技期刊总量的 32.69%；上海（355 种，占 6.88%）、江苏（267 种，占 5.17%）、湖北（222 种，占 4.30%）和四川（216 种，占 4.18%）四个地区出版科技期刊数量均超过 200 种；12 个地区的科技期刊数量为 100～200 种；9 个地区的科技期刊数量为 50～100 种。综上所述，从出版地分布来看，我国出版科技期刊 200 种以上的地区共计 5 个，出版科技期刊 100 种以上的地区共计 17 个，出版科技期刊 50 种以上的地区共计 26 个（表 1-2）。

2018～2022 年，我国绝大多数地区科技期刊数量呈现稳步增长的趋势，北京市科技期刊数量增长最多。据不完全统计，北京市 2018～2022 年共计增加 71 种科技期刊（其中包括新纳入统计范围的综合性期刊 22 种[①]），增长率为 4.39%；江苏省和浙江省 2018～2022 年内各增长 17 种科技期刊（其中包括新纳入统计范围的综合性期刊分别均为 11 种），增长率分别为 6.80% 和 14.91%（表 1-3）。甘肃、宁夏、西藏地区的期刊数量未发生变化。

---

① 2021 年和 2022 年统计数据中，将全国期刊年检数据中的综合性期刊纳入统计范围。

表 1-2　2022 年中国各地区科技期刊数量分布　　　　（单位：种）

序号	属地	年刊	半年刊	季刊	双月刊	月刊	半月刊	旬刊	周刊	周二刊	合计
1	北京	27	10	199	496	770	142	35	6	3	1688
2	上海	1	2	55	168	118	8	3	0	0	355
3	江苏	1	1	49	136	66	10	2	1	1	267
4	湖北	3	1	21	99	78	16	4	0	0	222
5	四川	0	0	43	88	75	5	4	1	0	216
6	广东	0	1	24	79	64	18	5	1	0	192
7	辽宁	1	0	15	90	67	5	4	0	0	182
8	黑龙江	2	0	25	68	56	9	4	1	0	165
9	陕西	0	1	22	73	53	9	2	1	0	161
10	天津	1	1	15	57	56	11	1	0	0	142
11	山东	0	0	29	62	38	5	3	0	0	137
12	湖南	0	0	24	63	39	6	3	1	0	136
13	浙江	0	0	34	55	38	3	1	0	0	131
14	河南	2	0	21	54	35	8	5	2	0	127
15	河北	0	1	17	39	32	12	7	1	0	109
16	安徽	1	0	18	53	28	4	1	0	0	105
17	吉林	0	0	19	38	29	9	7	1	0	103
18	山西	0	0	15	34	26	11	4	0	0	90
19	重庆	0	0	5	29	28	13	3	2	0	80
20	广西	2	0	15	29	26	3	0	3	0	78
21	福建	0	3	20	33	20	0	0	0	0	76
22	江西	0	0	15	34	16	7	1	0	0	73
23	甘肃	0	0	8	42	12	4	0	0	0	66
24	新疆	1	5	22	25	6	0	0	0	0	59
25	云南	0	0	7	25	16	3	4	0	0	55
26	内蒙古	0	2	6	23	15	2	1	2	0	51
27	贵州	0	0	5	22	10	1	0	0	0	38
28	青海	0	0	13	5	1	0	0	0	0	19
29	海南	0	0	4	0	5	3	1	0	0	13
30	宁夏	0	0	3	2	6	0	0	0	0	11
31	西藏	0	1	5	3	0	0	0	0	0	9
32	新疆生产建设兵团	0	1	2	4	0	0	0	0	0	7
	合计	42	30	775	2028	1829	327	105	23	4	5163

注：按照出版期刊数量排序。

根据国家期刊年检报送单位填报的数据统计，新疆生产建设兵团单计。

表 1-3　近五年（2018～2022 年）中国各地区科技期刊数量分布变化情况

序号	属地	期刊数量/种					增长率/%	增加期刊数/种	年均增长率/%
		2018 年	2019 年	2020 年	2021 年	2022 年			
1	北京	1617	1625	1629	1671	1688	4.39	71	1.08
2	上海	360	355	355	357	355	−1.39	−5	−0.35
3	江苏	250	254	254	258	267	6.80	17	1.66
4	湖北	208	208	208	214	222	6.73	14	1.64
5	四川	208	208	208	212	216	3.85	8	0.95
6	广东	183	179	180	188	192	4.92	9	1.21
7	辽宁	179	177	177	181	182	1.68	3	0.42
8	黑龙江	163	162	163	163	165	1.23	2	0.31
9	陕西	164	162	163	161	161	−1.83	−3	−0.46
10	天津	140	141	137	140	142	1.43	2	0.36
11	山东	129	130	130	132	137	6.20	8	1.52
12	湖南	131	131	130	132	136	3.82	5	0.94
13	浙江	114	117	119	125	131	14.91	17	3.54
14	河南	114	113	114	119	127	11.40	13	2.74
15	河北	108	106	105	109	109	0.93	1	0.23
16	安徽	94	86	86	94	105	11.70	11	2.81
17	吉林	101	103	104	103	103	1.98	2	0.49
18	山西	92	91	91	89	90	−2.17	−2	−0.55
19	重庆	79	79	80	79	80	1.27	1	0.31
20	广西	77	76	76	75	78	1.30	1	0.32
21	福建	73	72	71	75	76	4.11	3	1.01
22	江西	70	70	69	71	73	4.29	3	1.05
23	甘肃	66	65	66	67	66	0.00	0	0.00
24	新疆	55	54	55	58	59	7.27	4	1.77
25	云南	51	51	50	52	55	7.84	4	1.91
26	内蒙古	52	51	51	51	51	−1.92	−1	−0.48
27	贵州	35	35	35	36	38	8.57	3	2.08
28	青海	19	18	18	19	19	0.00	0	0.00
29	海南	15	14	13	13	13	−13.33	−2	−3.51
30	宁夏	11	11	11	11	11	0.00	0	0.00
31	西藏	9	8	9	9	9	0.00	0	0.00
32	新疆生产建设兵团	6	6	6	7	7	16.67	1	3.93
	合计	4973	4958	4963	5071	5163	3.82	190	0.94

注：按照 2022 年各地区出版期刊数量排序。

（三）出版周期分布

从出版周期分布来看，中国科技期刊以双月刊和月刊为主。对 2022 年的 5163 种科技期刊按照出版周期统计得出（表 1-2、表 1-4），期刊数量位列前三的依次为双月刊（2028 种，占 39.28%）、月刊（1829 种，占 35.43%）、季刊（775 种，占 15.01%），其中双月刊及月刊的数量之和占科技期刊总量的 74.71%（3857 种），北京地区月刊数量最多（770 种），占中国科技期刊月刊总量的 42.10%。不同出版地间的各种出版周期相比，北京、海南和宁夏三个地区的月刊占比最高；青海和西藏的季刊占比最高；其余地区均为双月刊占比最高。2018～2022 年出版周期比较分析显示，年刊、半年刊、季刊和双月刊的数量有所增加，分别增加了 13 种、4 种、49 种、120 种；其他类型出版周期的期刊数量维持稳定状态。

表 1-4　近五年（2018～2022 年）中国科技期刊出版周期分布

刊期	2018 年		2019 年		2020 年		2021 年		2022 年		增长率/%
	刊数/种	占比/%	刊数/种	占比/%	刊数/种	占比/%	刊数/种	占比/%	刊数/种	占比/%	
双月刊	1908	38.37	1924	38.81	1941	39.11	1970	38.85	2028	39.28	6.29
月刊	1821	36.62	1840	37.11	1804	36.35	1823	35.95	1829	35.43	0.44
季刊	726	14.60	711	14.34	727	14.65	757	14.93	775	15.01	6.75
半月刊	326	6.56	306	6.17	319	6.43	320	6.31	327	6.33	0.31
旬刊	109	2.19	104	2.10	99	1.99	106	2.09	105	2.03	−3.67
年刊	29	0.58	30	0.61	30	0.60	44	0.87	42	0.81	44.83
周刊	31	0.62	22	0.44	24	0.48	25	0.49	30	0.58	−3.23
半年刊	19	0.38	17	0.34	16	0.32	23	0.45	23	0.45	21.05
周二刊	4	0.08	4	0.08	3	0.06	3	0.06	4	0.08	0.00
合计	4973	100.00	4958	100.00	4963	100.00	5071	100.00	5163	100.00	3.82

（四）文种及学科分布

中国科技期刊的文种分布以中文科技期刊占绝大多数。对 2022 年的 5163 种科技期刊统计得出，中文科技期刊 4556 种，占 88.24%（包括汉文 4510 种，维吾尔文 20 种，蒙古文 9 种，哈萨克文 7 种，藏文 5 种，朝鲜文 2 种，汉藏文 2 种，汉缅文 1 种）；英文科技期刊 434 种，占 8.41%；中英文科技期刊 173 种，占 3.35%（表 1-5）。

表1-5　近五年（2018～2022年）中国科技期刊文种及学科分布变化情况（单位：种）

学科类别	学科	年份	汉文	英文	中英文	其他文字[a]	合计
基础科学	N 自然科学总论	2018	435	21	9	10	475
		2019	420	20	11	12	463
		2020	419	20	12	11	462
		2021	416	23	16	11	466
		2022	416	23	17	11	467
	O 数理科学和化学	2018	138	53	11	0	202
		2019	137	55	11	0	203
		2020	135	58	12	0	205
		2021	134	65	12	0	211
		2022	133	65	13	0	211
	P 天文学、地球科学	2018	203	37	5	0	245
		2019	198	40	10	0	248
		2020	200	40	9	0	249
		2021	197	40	11	0	248
		2022	197	40	11	0	248
	Q 生物科学	2018	68	29	7	0	104
		2019	67	32	9	0	108
		2020	67	32	9	0	108
		2021	66	36	7	0	109
		2022	64	37	9	0	110
	S 农业、林业，综合性农业科学	2018	494	14	12	14	534
		2019	485	17	18	14	534
		2020	487	17	15	15	534
		2021	487	21	13	15	536
		2022	488	22	12	15	537
技术科学	T 工业技术总论	2018	1763	98	21	1	1883
		2019	1732	105	37	1	1875
		2020	1723	108	39	1	1871
		2021	1715	118	41	2	1876
		2022	1714	121	41	2	1878
	U 交通运输	2018	211	5	6	0	222
		2019	208	6	11	0	225
		2020	205	6	11	0	222
		2021	208	8	9	0	225
		2022	206	8	9	0	223

续表

学科类别	学科	年份	汉文	英文	中英文	其他文字 [a]	合计
技术科学	V 航空、航天	2018	70	3	2	0	75
		2019	68	4	3	0	75
		2020	68	5	3	0	76
		2021	67	6	3	0	76
		2022	68	6	3	0	77
	X 环境科学、安全科学	2018	79	7	4	3	92
		2019	79	8	3	2	92
		2020	77	8	3	2	90
		2021	77	11	4	2	94
		2022	77	11	4	2	94
医药卫生	R 医药、卫生，综合性医药卫生	2018	1003	66	44	13	1126
		2019	993	72	57	13	1135
		2020	981	81	71	13	1146
		2021	995	92	52	13	1152
		2022	996	100	52	13	1161
综合性科学	Z 综合	2018	13	0	0	1	14
		2019	——	——	——	——	——
		2020	——	——	——	——	——
		2021	74	0	1	3	78
		2022	151	1	2	3	157
	合计	2018	4477	333	121	42	4973
		2019	4387	359	170	42	4958
		2020	4362	375	184	42	4963
		2021	4436	420	169	46	5071[b]
		2022	4510	434	173	46	5163

注：a. 其他文字主要指维吾尔文、蒙古文、哈萨克文、藏文、朝鲜文、汉藏文、汉缅文等。

b.《中国科技期刊发展蓝皮书》从 2021 年开始，将全国期刊年检数据中的综合性科学期刊纳入统计范围内。

汉文科技期刊主要集中在"工业技术总论"（1714 种，占 38.00%）、"医药、卫生，综合性医药卫生"（996 种，占 22.08%）、"农业、林业，综合性农业科学"（488 种，占 10.82%）、"自然科学总论"（416 种，占 9.22%）等学科；少数民族文字科技期刊主要集中在"农业、林业，综合性农业科学"（15 种，占 32.61%）、"医药、卫生，综合性医药卫生"（13 种，占 28.26%）、"自然科学总论"（11 种，占 23.91%）等学科；英文科技期刊主要集中在"工业技术总论"（121 种，占 27.88%）、"医药、卫生，综合性医药卫生"（100 种，占 23.04%）、"数理科学和化学"（65 种，占 14.98%）等学科（表 1-5）。

从 5163 种中国科技期刊学科分布总体来看，基础科学类 1573 种，占 30.47%，包含"自然科学总论"467 种，"数理科学和化学"211 种，"天文学、地球科学"248 种，"生物科学"110 种，"农业、林业，综合性农业科学"537 种；技术科学类 2272 种，占 44.01%，包含"工业技术总论"1878 种，"交通运输"223 种，"航空、航天"77 种，"环境科学、安全科学"94 种；医药卫生类 1161 种，占 22.49%（表 1-5）；综合性科学类 157 种，占 3.04%。

2018～2022 年，我国医药卫生类科技期刊数量增长最多，其次是基础科学类。据不完全统计，医药卫生类期刊增加了 35 种，基础科学类期刊增加了 13 种，技术科学类期刊未发生明显变化。其中，"数理科学和化学"期刊增加了 9 种；"生物科学"期刊增加了 6 种；"天文学、地球科学"期刊增加了 3 种；"农业、林业，综合性农业科学"期刊增加了 3 种；"航空、航天"期刊增加了 2 种；"环境科学、安全科学"期刊增加了 2 种。

（五）定价分布

我国中文科技期刊整体定价大致集中在单价 40 元以下，英文期刊定价较高。5163 种科技期刊中，5052 种提供了定价数据。统计显示，5052 种科技期刊的平均单价为 33.09 元，单价中值为 20.00 元，单价最低为 1.60 元（1 种），单价最高为 1155 元（1 种，《汽车创新工程（英文）》）。填写数据中共有 162 种定价，单价分布在 10～20 元（不含 20 元）的期刊数量最多，为 1851 种，占 36.64%；单价分布在 20～30 元（不含 30 元）的期刊 1177 种，占 23.30%（表 1-6）。汉文科技期刊平均单价为 26.43 元，单价中值为 18.00 元；少数民族文字期刊定价较低，平均单价为 8.50 元，单价中值为 8.00 元；中英文期刊平均单价为 32.04 元，单价中值为 25.00 元；英文期刊定价较高，平均单价为 112.13 元，单价中值为 80.00 元。

表 1-6　2022 年中国科技期刊定价分布

定价/元	刊数/种	占比/%	定价/元	刊数/种	占比/%
<10	503	9.96	80~	93	1.84
10~	1851	36.64	90~	23	0.46
20~	1177	23.30	100~	139	2.75
30~	541	10.71	150~	46	0.91
40~	211	4.18	200~	74	1.46
50~	212	4.20	300~	35	0.69
60~	119	2.36	500~	8	0.16
70~	20	0.40	合计	5052	100.00

注：2022 年检数据 5111 条，其中 5052 种期刊提供了定价信息，未填报该项信息的期刊 59 种。

（六）主管、主办和出版单位分布

中国科技期刊的主管、主办和出版单位分布分散，出版单位大多以单刊编辑部为主，且 2018~2022 年没有发生明显变化（表 1-7）。统计显示，2022 年 5163 种中国科技期刊的主管单位共有 1339 个，平均每个主管单位主管期刊 3.86 种，仅主管 1 种科技期刊的主管单位 878 个，占 65.57%；主管 2 种科技期刊的主管单位 205 个，占 15.31%；主管 3~9 种科技期刊的主管单位 181 个，占 13.52%；主管科技期刊数量 10 种及以上的主管单位仅 75 个，占 5.68%。主管科技期刊数量排名前十的主管单位为：中国科学技术协会（490 种）、教育部（459 种）、中国科学院（300 种）、国家卫生健康委员会（214 种）、农业农村部（92 种）、工业和信息化部（68 种）、中国机械工业联合会（66 种）、江苏省教育厅（58 种）、中国轻工业联合会（45 种）、中国电子科技集团公司（40 种）。

基于对第一主办单位的统计显示，2022 年 5163 种中国科技期刊第一主办单位共有 3218 个，平均每个主办单位主办期刊 1.60 种，仅主办 1 种科技期刊的主办单位 2482 个，占 77.13%；主办 2 种科技期刊的主办单位 410 个，占 12.74%；主办 3~9 种科技期刊的主办单位 291 个，占 9.04%；主办 10 种及以上科技期刊的主办单位 35 个，占 1.09%。其中主办科技期刊数量排名前十的主办单位为：中华医学会（153 种）、中华预防医学会（34 种）、中国医师协会（29 种）、浙江大学（25 种）、清华大学（21 种）、中国科学院（20 种，指中国科学院作为主办单位，不含中国科学院下属机构主办的期刊）、中国医学科学院（19 种）、北京卓众出版有限公司（19 种）、中国科技出版传媒股份有限公司（19 种）、高等教育出版社有限公司（19 种）。

2022 年 5163 种中国科技期刊的出版单位共有 4440 个，平均每个出版单位出版期刊 1.16 种，仅出版 1 种科技期刊的出版单位 4256 个，占 95.86%；单刊编辑部作为出版单位的就有 3439 个，占 77.45%。出版 2 种科技期刊的出版单位 106 个，占 2.39%；出版 3～9 种科技期刊的出版单位 68 个，占 1.53%；出版 10 种及以上科技期刊的出版单位 10 个，占 0.23%。出版科技期刊数量排名前十的出版单位为：中国科技出版传媒股份有限公司（科学出版社，145 种）、《中华医学杂志》社有限责任公司（中华医学会杂志社，144 种）、清华大学出版社有限公司（22 种）、高等教育出版社有限公司（21 种）、北京卓众出版有限公司（20 种）、浙江大学出版社有限责任公司（19 种）、《中国科学》杂志社有限责任公司（18 种）、《中国铁路》杂志社有限责任公司（13 种）、北京钢研柏苑出版有限责任公司（12 种）、北京信通传媒有限责任公司（10 种）。

表 1-7　2018～2022 年主管、主办和出版单位统计　　　　　　（单位：种）

	项目	2018 年	2019 年	2020 年	2021 年	2022 年
主管单位	总量	1276	1291	1311	1325	1339
	主管一种期刊的数量	821	861	885	871	878
	平均主管期刊数量	3.9	3.84	3.79	3.83	3.86
主办单位	总量	3117	3080	3140	3153	3218
	主办一种期刊的数量	2401	2365	2449	2429	2482
	平均主办期刊数量	1.6	1.61	1.58	1.61	1.60
出版单位	总量	—	4288	4261	4354	4440
	出版一种期刊的数量	—	4108	4069	4171	4256
	单刊编辑部作为出版单位	—	3269	3282	3421	3439
	平均主办期刊数量	—	1.16	1.16	1.17	1.16

二、办刊条件及人力资源

（一）办刊场所

中国科技期刊具有稳定的办刊场所保障。统计显示（表 1-8），参加 2022 年年检的 5111 种科技期刊中，剔除无效数据，5071 种期刊填报了办公面积和办公场所归属等数据，其中包括同时拥有两种以上办公场所类型的期刊。3827 种期刊拥有上级单位提供的办公场所，占填报办公面积和办公场所归属数据的期刊总数的 75.47%，办公面积区间集中在 25～75 m^2（不含）；593 种拥有自有办公场所，占 11.69%，面积区间以 25～75 m^2（不含）居多；697 种期刊租赁办公场所，占 13.74%，面积区间集中在 25～75 m^2（不含）。

表 1-8　2022 年中国科技期刊办公面积

办公面积/m^2	上级单位提供办公场所		自有办公场所		租赁办公场所	
	刊数/种	占比/%	刊数/种	占比/%	刊数/种	占比/%
<25	364	9.51	76	12.82	30	4.3
25～	1095	28.61	115	19.39	122	17.50
50～	994	25.97	114	19.22	123	17.65
75～	416	10.87	71	11.97	62	8.90
100～	464	12.12	94	15.85	94	13.49
125～	89	2.33	11	1.85	37	5.31
150～	145	3.79	22	3.71	64	9.18
200～	152	3.97	35	5.90	86	12.34
300～	64	1.67	22	3.71	43	6.17
500～	44	1.15	33	5.56	36	5.16
合计	3827	100.00	593	100.00	697	100.00

注：2022 年检数据 5111 条，其中未填写 40 条，有效数据 5071 条，包括填报同时拥有两种及以上办公场所类型的期刊。填报办公面积小于 25 m^2 的期刊中，不含填报为 0 的数据。

（二）人力资源

1. 中国科技期刊从业人员数量分析

参加 2022 年年检的 5111 种科技期刊中，5013 种填报了人员数据。统计显示

（表 1-9），中国科技期刊从业人员总数为 36 974 人。刊均从业人数集中在 4～7 人（2256 种期刊，占 45.00%）；从业人数 10 人及以上的期刊 947 种（占 18.89%）；30 人及以上的期刊 63 种，占 1.26%。

表 1-9　2022 年中国科技期刊从业人员在不同出版周期期刊中的分布　　（单位：种）

单刊从业人员数量	出版周期									合计
	年刊	半年刊	季刊	双月刊	月刊	半月刊	旬刊	周刊	周二刊	
1～	6	9	167	264	110	5	2	1	0	564
4～	17	11	429	1105	630	51	12	1	0	2256
7～	9	5	97	459	580	77	14	5	0	1246
10～	6	3	22	112	263	81	25	4	0	516
13～	1	0	9	24	85	40	13	5	0	177
16～	0	0	3	7	39	23	10	0	0	82
19～	0	1	1	7	23	9	8	1	0	50
22～	1	1	1	7	24	13	11	1	0	59
30～	0	0	1	7	13	15	7	2	0	45
40～	0	0	0	0	4	1	0	0	0	5
50～	0	0	1	1	1	4	0	3	0	10
70～	0	0	0	0	1	0	1	0	1	3
合计	40	30	731	1993	1773	319	103	23	1	5013

注：2022 年检数据 5111 条，其中未填写 98 条，有效数据 5013 条。

2. 中国科技期刊从业人员在编与聘用人数分析

中国科技期刊从业人员以在编人员为主体。据 2022 年检数据统计，中国科技期刊在编人员 23 873 人（占 64.57%）；聘用人员 13 101 人（占 35.43%）。统计显示（表 1-10），从业人员总量在 1000 人以上的地区有 10 个，其中北京从业人员数量最多，为 12 020 人，占从业人员总数的 32.51%；32 个省区市及新疆生产建设兵团中，在编人员总数占比超过 60% 的地区共 27 个，最高达 88.21%；广西和海南的在编人员总数占比低于 50%，最低为 45.63%。从业人员全部为在编人员的科技期刊 2018 种，占填报人员数据期刊总数的 40.26%；全部为聘用人员的科技期刊 339 种，占 6.76%。

表 1-10　2022 年中国各地区科技期刊从业人员情况

序号	属地	从业总人数	在编人员		聘用人员	
			人数	占比/%	人数	占比/%
1	北京	12 020	6419	53.40	5601	46.60
2	上海	2602	1761	67.68	841	32.32
3	江苏	1837	1350	73.49	487	26.51
4	广东	1554	820	52.77	734	47.23
5	湖北	1497	1015	67.80	482	32.20
6	四川	1441	1002	69.54	439	30.46
7	陕西	1222	854	69.89	368	30.11
8	辽宁	1168	919	78.68	249	21.32
9	黑龙江	1161	888	76.49	273	23.51
10	河南	1107	861	77.78	246	22.22
11	天津	950	838	88.21	112	11.79
12	湖南	906	590	65.12	316	34.88
13	山东	899	738	82.09	161	17.91
14	河北	851	541	63.57	310	36.43
15	重庆	846	506	59.81	340	40.19
16	广西	824	376	45.63	448	54.37
17	山西	806	568	70.47	238	29.53
18	安徽	775	518	66.84	257	33.16
19	浙江	775	547	70.58	228	29.42
20	吉林	683	494	72.33	189	27.67
21	江西	517	392	75.82	125	24.18
22	福建	469	353	75.27	116	24.73
23	甘肃	417	306	73.38	111	26.62
24	云南	363	260	71.63	103	28.37
25	内蒙古	360	250	69.44	110	30.56
26	新疆	299	250	83.61	49	16.39
27	贵州	249	189	75.90	60	24.10
28	海南	116	57	49.14	59	50.86
29	青海	100	77	77.00	23	23.00
30	宁夏	61	47	77.05	14	22.95
31	西藏	57	50	87.72	7	12.28
32	新疆生产建设兵团	42	37	88.10	5	11.90
	合计	36 974	23 873	64.57	13 101	35.43

注：2022 年检数据 5111 条，其中未填写 98 条，有效数据 5013 条。

3. 中国科技期刊从业人员组成分析

中国科技期刊从业人员组成以采编人员为主体。据期刊年检数据类目，从业人员组成包括采编人员、新媒体人员、行政人员、广告人员、发行人员以及其他人员。统计显示（表 1-11），采编人员通常负责选题组稿和稿件处理工作，占 60.91%；行政人员主要负责编辑部的日常管理工作，占 11.77%；发行人员主要负责营销推广工作，占 7.47%；新媒体人员主要负责学术推广工作（占 6.09%），广告人员主要负责广告经营工作（占 5.21%），目前这两类人员在从业人员总人数组成中占比较低。期刊采编人员数量集中在 2～5 人（3608 种期刊，占 71.97%）。

表 1-11　2022 年中国科技期刊从业人员组成

人员组成	汉文刊		英文刊		中英文刊		其他文字期刊*		合计	
	人数	占比/%	人数	占比/%	人数	占比/%	人数	占比/%	人数	占比/%
采编人员	20 157	60.36	1 446	67.10	766	64.15	152	65.52	22 521	60.91
新媒体人员	2 005	6.00	167	7.75	76	6.37	3	1.29	2 251	6.09
行政人员	3 996	11.97	203	9.42	130	10.89	22	9.48	4 351	11.77
广告人员	1 844	5.52	36	1.67	43	3.60	4	1.72	1 927	5.21
发行人员	2 560	7.67	112	5.20	72	6.03	19	8.19	2 763	7.47
其他人员	2 831	8.48	191	8.86	107	8.96	32	13.79	3 161	8.55
合计	33 393	100	2 155	100	1 194	100	232	100	36 974	100.00

注：2022 年检数据 5111 条，其中未填写 98 条，有效数据 5013 条。
*主要指维吾尔文、蒙古文、哈萨克文、藏文、朝鲜文、汉藏文、汉缅文等期刊。

4. 中国科技期刊从业人员学历分析

中国中文科技期刊从业人员以本科学历为主体，英文科技期刊从业人员以硕士研究生学历为主体。统计显示（表 1-12），中国科技期刊从业人员的学历以大学本科和硕士研究生为主，共有 27 770 人，占 75.11%；汉文期刊从业人数最多，为 33 393 人，占 90.31%；汉文期刊从业人员的学历以大学本科为主（14 990 人，占 44.89%）；英文期刊从业人数 2155 人，其中硕士研究生学历的比例最高（925 人，占 42.92%）。

表 1-12　2022 年中国科技期刊从业人员学历情况

人员学历	汉文刊		英文刊		中英文刊		其他文字期刊*		合计	
	人数	占比/%	人数	占比/%	人数	占比/%	人数	占比/%	人数	占比/%
博士	4 594	13.76	813	37.73	253	21.19	17	7.33	5 677	15.35
硕士	10 481	31.39	925	42.92	427	35.76	44	18.97	11 877	32.12
本科	14 990	44.89	336	15.59	409	34.25	158	68.10	15 893	42.98
专科及以下	3328	9.97	81	3.76	105	8.79	13	5.60	3 527	9.54
合计	33 393	100.00	2 155	100.00	1 194	100.00	232	100.00	36 974	100.00

注：2022 年检数据 5111 条，其中未填写 98 条，有效数据 5013 条。

*主要指维吾尔文、蒙古文、哈萨克文、藏文、朝鲜文、汉藏文、汉缅文等期刊。

5. 中国科技期刊从业人员职称情况分析

参加 2022 年年检的 5111 种科技期刊中，5013 种填报了从业人员职称数据。统计显示（表 1-13），26 341 人（71.24%）具有中级及以上职称，其中具有高级职称的有 15 895 人，占 42.99%。

表 1-13　2022 年中国科技期刊从业人员职称情况

人员职称	从业人数	占比/%
正高	7 460	20.18
副高	8 435	22.81
中级	10 446	28.25
初级及无职称	10 633	28.76
合计	36 974	100.00

注：2022 年检数据 5111 条，其中未填写 98 条，有效数据 5013 条。

三、出版管理与内容审核制度

参加 2022 年年检的 5111 种科技期刊中，5083 种提供了出版管理与内容审核制度数据。统计显示，除"是否有体现坚持把社会效益放在首位的制度"比例相对偏低以外，中国科技期刊管理制度落实执行效果显著（表 1-14）。

1）学术期刊是否执行防范学术不端、维护学术伦理制度。除 324 种非学术期刊外，4177 种科技期刊执行防范学术不端、维护学术伦理制度，占填报该项数据期刊总数（4194 种）的 99.59%（565 种期刊未填报此项数据）。

表 1-14 2022 年中国科技期刊管理制度情况

管理制度	是		否		未填报	
	刊数/种	占比/%	刊数/种	占比/%	刊数/种	占比/%
学术期刊是否执行防范学术不端、维护学术伦理制度*	4177	87.77	17	0.36	565	11.87
出版单位是否执行新媒体内容审核把关制度	2220	43.67	252	4.96	2611	51.37
出版单位是否坚持采编经营分开	4994	98.25	89	1.75	0	0.00
是否有体现坚持把社会效益放在首位的制度	759	14.93	749	14.74	3575	70.33

注：*统计中不包括 324 条非学术期刊的数据。

2）出版单位是否执行新媒体内容审核把关制度。2220 种科技期刊执行新媒体内容审核把关制度，占填报该项数据期刊总数（2472 种）的 89.81%（2611 种期刊未填报此项数据）。

3）出版单位是否坚持采编经营分开。4994 种科技期刊坚持采编经营分开，占填报该项数据期刊总数（5083 种）的 98.25%。

4）是否有体现坚持把社会效益放在首位的制度。759 种学术期刊有体现坚持把社会效益放在首位的制度，占填报该项数据期刊总数（1508 种）的 50.33%（3575 种期刊未填报此项数据）。

四、期刊获得经费资助情况

（一）来自主管、主办单位经费

少量科技期刊获得主管单位的经费支持；接近半数科技期刊获得主办单位的经费支持；主管单位和主办单位的支持力度大多在每年 25 万元以内。

参加 2022 年年检的 5111 种科技期刊中，5082 种填报了主管单位经费支持情况数据，4939 种填报了主办单位经费支持情况数据。统计显示（表 1-15），464 种期刊获得主管单位的经费支持，占填报了主管单位经费支持情况期刊数量的 9.13%；4618 种没有获得主管单位的经费支持，占 90.87%。2095 种期刊获得主办单位的经费支持，占填报主办单位经费支持情况期刊数量的 42.42%；2844 种没有获得主办单位的经费支持，占 57.58%。主管单位经费支持力度集中在 25 万元以内（278 种期刊，占 59.91%，不含填写数据为 0 的期刊）；主办单位经费支持力度集中在 30 万元以内（1153 种期刊，占 55.04%，不含填写数据为 0 的期刊）。主管单位经费支持力度在 50 万元及以上的期刊 87 种，占 18.75%；主办单位经费支持力度在 50 万元及以上的期刊 538 种，占 25.68%。

表 1-15　2022 年中国科技期刊获得主管、主办单位经费支持情况

支持经费/万元	主管单位经费支持		主办单位经费支持	
	刊数/种	占比/%	刊数/种	占比/%
<5	43	9.27	133	6.35
5～	65	14.01	214	10.21
10～	78	16.81	300	14.32
15～	33	7.11	217	10.36
20～	59	12.72	209	9.98
25～	13	2.80	80	3.82
30～	34	7.33	198	9.45
35～	12	2.59	56	2.67
40～	29	6.25	110	5.25
45～	11	2.37	40	1.91
50～	23	4.96	169	8.07
60～	20	4.31	123	5.87
80～	8	1.72	69	3.29
100～	23	4.96	142	6.78
200～	7	1.51	35	1.67
1000～	6	1.29	0	0.00
合计	464	100.00	2095	100.00

注：2022 年检数据 5111 条，其中无主管单位资助（或支持力度为 0）的科技期刊 4618 种，未填报该项信息的科技期刊 29 种；无主办单位资助（或支持力度为 0）的科技期刊 2844 种，未填报该项信息的科技期刊 172 种。本书统计数据由于"四舍五入"的原因，存在图表中合计数据不等于正文中计算所得数据的情况，下同。

（二）国家级专项经费

参加 2022 年年检的 5111 种科技期刊中，填报国家级专项经费数据的期刊

5083 种，其中 249 种有国家级专项经费支持，占 4.90%。统计显示（表 1-16），
国家级专项经费资助力度集中在 40 万～50 万元（不含）（128 种期刊，占
51.41%）；获得资助力度在 100 万元及以上的期刊 49 种，占 19.68%。

表 1-16　2022 年中国科技期刊获得国家级专项经费支持情况

专项经费/万元	刊数/种	占比/%	专项经费/万元	刊数/种	占比/%
＜10	14	5.62	50～	27	10.84
10～	8	3.21	100～	35	14.06
20～	14	5.62	200～	11	4.42
30～	9	3.61	1000～	3	1.20
40～	128	51.41	合计	249	100.00

注：2022 年检数据 5111 条，其中无国家级专项经费支持（或支持力度为 0）的科技期刊 4834 种，未填报该项信息的期刊 28 种。

（三）行业专业级专项经费

参加 2022 年年检的 5111 种科技期刊中，填报行业专业级专项经费数据的期
刊 5083 种，其中 73 种获得行业专业级专项经费支持，占 1.44%。统计显示（表
1-17），行业专业级专项经费资助力度多在 30 万元（不含）以下，占 57.53%；获
得 50 万元及以上的行业专业级专项经费资助的期刊 6 种，占 8.22%。

表 1-17　2022 年中国科技期刊当年获得行业专业级专项经费支持情况

专项经费/万元	刊数/种	占比/%	专项经费/万元	刊数/种	占比/%
＜5	8	10.96	30～	6	8.22
5～	8	10.96	40～	19	26.03
10～	12	16.44	50～	6	8.22
15～	2	2.74	合计	73	100.00
20～	12	16.44			

注：2022 年检数据 5111 条，其中无行业专业级专项经费支持（或支持力度为 0）的科技期刊 5010 种，未填报该项信息的期刊 28 种。

（四）省区市级专项经费

参加 2022 年年检的 5111 种科技期刊中，填报省区市级专项经费数据的期刊
5083 种，其中 155 种获得省区市级专项经费支持，占 3.05%。统计显示（表 1-18），

省区市级专项经费资助额度大多在 20 万元（不含）以下，占 52.90%；获得 50 万元及以上省区市级专项经费资助的期刊 34 种，占 21.94%。

表 1-18　2022 年中国科技期刊获得省区市级专项经费支持情况

专项经费/万元	刊数/种	占比/%	专项经费/万元	刊数/种	占比/%
<5	26	16.77	30～	6	3.87
5～	37	23.87	40～	10	6.45
10～	11	7.10	50～	7	4.52
15～	8	5.16	100～	27	17.42
20～	19	12.26	合计	155	100.00
25～	4	2.58			

注：2022 年检数据 5111 条，其中无省区市级专项经费支持（或支持力度为 0）的科技期刊 4928 种，未填报该项信息的期刊 28 种。

（五）其他专项经费[①]

参加 2022 年年检的 5111 种科技期刊中，填报其他专项经费资助数据的期刊 5083 种，其中 175 种获得其他专项经费支持，占 3.44%。统计显示（表 1-19），其他专项经费资助力度大多在 15 万元（不含）以下，占 51.43%；获得 50 万元及以上其他专项经费资助的期刊 22 种，占 12.57%。

表 1-19　2022 年中国科技期刊获得其他专项经费支持情况

专项经费/万元	刊数/种	占比/%	专项经费/万元	刊数/种	占比/%
<5	33	18.86	25～	4	2.29
5～	39	22.29	30～	29	16.57
10～	18	10.29	50～	22	12.57
15～	11	6.29	合计	175	100.00
20～	19	10.86			

注：2022 年检数据 5111 条，其中无其他专项经费支持（或支持力度为 0）的科技期刊 4908 种，未填报该项信息的期刊 28 种。

---

① "其他专项经费"是指除上述提及的"来自主管、主办单位经费""国家级专项经费""行业专业级专项经费""省区市级专项经费"等以外的专项经费资助。

五、期刊经营状况①

（一）发行量

1. 平均期印数

参加 2022 年年检的 5111 种科技期刊中，4975 种填报了"平均期印数"数据，剔除填报 0 的 21 条无效数据，填报有效数据的期刊为 4954 种。统计显示（表 1-20），刊均期印数位于 1000 册（不含）以下区间的期刊占 30.50%（1511种）；刊均期印数位于 1000～1500 册（不含）区间的期刊占 25.92%（1284 种）；刊均期印数在 1 万册及以上区间的期刊占 4.40%（218 种）。

表 1-20　2022 年中国科技期刊平均期印数

平均期印数/册	刊数/种	占比/%	平均期印数/册	刊数/种	占比/%
<500	469	9.47	5 000～	311	6.28
500～	1 042	21.03	10 000～	111	2.24
1 000～	1 284	25.92	20 000～	68	1.37
1 500～	445	8.98	50 000～	22	0.44
2 000～	642	12.96	100 000～	17	0.34
3 000～	543	10.96	合计	4 954	100.00

注：2022 年检数据 5111 条，其中未填报数据 136 条，印数为 0 的 21 条（OA 期刊），均未在统计范围内。

2. 平均期发行量

我国近半数的科技期刊平均期发行量不超过 1000 册（不含）。参加 2022 年年检的 5111 种科技期刊中，4975 种填报了"平均期发行量"数据，剔除填报 0 的 80 条无效数据，填报有效数据的期刊为 4895 种。统计显示（表 1-21），平均期发行量位于 500 册以下区间的期刊占 17.49%（856 种）；平均期发行量位于 500～1000 册（不含）区间的期刊占 24.80%（1214 种）；平均期发行量在 1 万册及以上区间的期刊占 4.09%（200 种）。

---

① 期刊出版行业收入相关数据各统计口径不统一，本书的期刊经营数据依据国家新闻出版署 2022 年检数据，限于各期刊年检填报人理解的差异，各刊收入、支出数据可能存在统计不全面的情况，统计结果仅供参考。

表 1-21 2022 年中国科技期刊平均期发行量

平均期发行量/册	刊数/种	占比/%	平均期发行量/册	刊数/种	占比/%
<500	856	17.49	5000~	253	5.17
500~	1 214	24.80	10 000~	99	2.02
1 000~	934	19.08	20 000~	65	1.33
1 500~	448	9.15	50 000~	21	0.43
2 000~	535	10.93	100 000~	15	0.31
3 000~	455	9.30	合计	4 895	100.00

注：2022 年检数据 5111 条，其中未填报 136 条，填报 0 的 80 条，均未在统计范围内。

（二）发行方式及收入

参加 2022 年年检的 5111 种科技期刊中，5070 种填报了"发行方式"项。统计显示，采用邮局发行的期刊 3529 种（包含同时采用其他发行方式的期刊），占 69.61%；采用自办发行的期刊 4017 种（包含同时采用其他发行方式的期刊），占 79.23%；采用"邮发+自办发行"的期刊 2571 种，占 50.71%；OA 和赠阅的期刊 98 种，占 1.93%。

5083 种科技期刊在 2022 年检数据中填报了"发行收入"项，其中 1039 种填报为 0，占 20.44%。统计显示（表 1-22），年发行收入在 5 万元（不含）以下区间的期刊 1711 种，占 42.31%；年发行收入在 10 万元（不含）以下区间的期刊 2324 种，占 57.47%；年发行收入在 100 万元及以上区间的期刊 302 种，占 7.47%。

表 1-22 2022 年中国科技期刊发行收入

发行收入/万元	刊数/种	占比/%	发行收入/万元	刊数/种	占比/%	发行收入/万元	刊数/种	占比/%
<5	1711	42.31	50~	92	2.27	150~	53	1.31
5~	613	15.16	60~	92	2.27	200~	57	1.41
10~	336	8.31	70~	45	1.11	300~	45	1.11
15~	206	5.09	80~	40	0.99	500~	35	0.87
20~	300	7.42	90~	39	0.96	1000~	18	0.45
30~	151	3.73	100~	48	1.19	合计	4044	100.00
40~	117	2.89	120~	46	1.14			

注：2022 年检数据 5111 条，其中未填报数据 28 条，填报 0 的 1039 条，均未在统计范围内。

（三）广告经营方式及收入

参加 2022 年年检的 5111 种科技期刊中，5070 种填报了"广告经营方式"项。

统计显示，无广告经营业务的期刊 1791 种（包含 29 种仅刊登公益广告的期刊），占 35.33%；采用自主经营广告的期刊 2599 种，占 51.26%；采用"自主经营+委托代理"的期刊 429 种，占 8.46%；采用委托代理广告的期刊 251 种，占 4.95%。

5083 种期刊在 2022 年检数据中填报了"广告收入"项，其中 1897 种有广告收入，占 37.32%。统计显示（表 1-23），年广告收入在 10 万元（不含）以下区间的期刊 624 种，占 32.89%；年广告收入在 30 万元（不含）以下区间的期刊 1113 种，占 58.67%；年广告收入在 100 万元及以上区间的期刊 304 种，占 16.03%。

表 1-23　2022 年中国科技期刊广告收入

广告收入/万元	刊数/种	占比/%	广告收入/万元	刊数/种	占比/%	广告收入/万元	刊数/种	占比/%
<10	624	32.89	50～	70	3.69	100～	122	6.43
10～	305	16.08	60～	74	3.90	150～	89	4.69
20～	184	9.70	70～	43	2.27	200～	40	2.11
30～	130	6.85	80～	31	1.63	300～	53	2.79
40～	96	5.06	90～	36	1.90	合计	1897	100.00

注：2022 年检数据 5111 条，其中未填报数据 28 条，广告收入为 0 的 3186 条，均未在统计范围内。

（四）版权收入

参加 2022 年年检的 5111 种科技期刊中，5083 种填报了"期刊版权收入"相关数据，其中 1261 种有版权收入，占 24.81%。统计显示（表 1-24），年版权收入在 1 万元（不含）以下区间的期刊 541 种，占 42.90%；年版权收入在 5 万元（不含）以下区间的期刊 1023 种，占 81.13%；年版权收入在 50 万元及以上区间的期刊 9 种，占 0.71%。

表 1-24　2022 年中国科技期刊版权收入

版权收入/万元	刊数/种	占比/%	版权收入/万元	刊数/种	占比/%
<1	541	42.90	50～	8	0.63
1～	482	38.22	70～	0	0.00
5～	113	8.96	100～	0	0.00
10～	100	7.93	200～	0	0.00
20～	7	0.56	300～	1	0.08
30～	9	0.71	合计	1261	100.00

注：2022 年检数据 5111 条，其中未填报数据 28 条，版权收入为 0 的 3822 条，均未在统计范围内。

（五）境外出版收入[①]

参加 2022 年年检的 5111 种科技期刊中，5083 种填报了期刊"境外出版收入"相关数据，其中 87 种有境外出版收入，占 1.71%。统计显示，年境外出版收入在 1 万元（不含）以下区间的期刊 31 种；在 1 万~2 万元（不含）区间的期刊 12 种；在 2 万~5 万元（不含）区间的期刊 8 种；在 5 万~10 万元（不含）区间的期刊 12 种；在 10 万~20 万元（不含）区间的期刊 13 种；在 20 万~50 万元（不含）区间的期刊 7 种；在 50 万元及以上区间的期刊仅 4 种。

（六）项目活动收入

参加 2022 年年检的 5111 种科技期刊中，5083 种填报了"项目活动收入"相关数据，其中 717 种有项目活动收入，占 14.11%。统计显示（表 1-25），年项目活动收入在 10 万元（不含）以下区间的期刊 154 种，占 21.48%；年项目活动收入在 40 万元（不含）以下区间的期刊 372 种，占 51.88%；年项目活动收入在 100 万元及以上区间的期刊 171 种，占 23.85%。

表 1-25　2022 年中国科技期刊项目活动收入

项目活动收入/万元	刊数/种	占比/%	项目活动收入/万元	刊数/种	占比/%
<10	154	21.48	100~	55	7.67
10~	96	13.39	150~	29	4.04
20~	68	9.48	200~	23	3.21
30~	54	7.53	300~	36	5.02
40~	66	9.21	600~	28	3.91
50~	24	3.35	合计	717	100.00
60~	84	11.72			

注：2022 年检数据 5111 条，其中未填报数据 28 条，活动收入为 0 的 4366 条，均未在统计范围内。

（七）新媒体投入及收入

参加 2022 年年检的 5111 种科技期刊中，5083 种填报了"新媒体投入"总额

[①] 国内有境外发行的中文期刊目前大多通过中国国际图书贸易集团有限公司对外发行，但境外发行收入较少；国内的英文期刊大多与境外出版商合作出版，产生的销售收入大多直接转入支出项目而没有计入该刊的境外出版收入。因此，年检中的"境外出版收入"这一项统计不完全，结果仅供参考。

相关数据，其中 1534 种有新媒体投入，占 30.18%。统计显示（表 1-26），年新媒体投入在 1 万元（不含）以下区间的期刊 500 种，占 32.59%；年新媒体投入在 2 万元（不含）以下区间的期刊 799 种，占 52.09%；年新媒体投入在 10 万元及以上区间的期刊 183 种，占 11.93%。

表 1-26　2022 年中国科技期刊新媒体投入情况

新媒体投入/万元	刊数/种	占比/%	新媒体投入/万元	刊数/种	占比/%
<1	500	32.59	10～	86	5.61
1～	299	19.49	20～	65	4.24
2～	330	21.51	50～	22	1.43
4～	148	9.65	100～	10	0.65
6～	74	4.82	合计	1534	100.00

注：2022 年检数据 5111 条，其中未填报数据 28 条，新媒体投入为 0 的 3549 条，均未在统计范围内。

参加 2022 年年检的 5111 种科技期刊中，5083 种填报了期刊"新媒体收入"相关数据，其中 351 种有新媒体收入，占 6.91%。统计显示（表 1-27），年新媒体收入在 1 万元（不含）以下区间的期刊 75 种，占 21.37%；年新媒体收入在 6 万元（不含）以下区间的期刊 196 种，占 55.84%；年新媒体收入在 10 万元及以上区间的期刊 130 种，占 37.04%。

表 1-27　2022 年中国科技期刊新媒体收入情况

新媒体收入/万元	刊数/种	占比/%	新媒体收入/万元	刊数/种	占比/%
<1	75	21.37	10～	36	10.26
1～	32	9.12	20～	33	9.40
2～	54	15.38	50～	16	4.56
4～	35	9.97	100～	45	12.82
6～	25	7.12	合计	351	100.00

注：2022 年检数据 5111 条，其中未填报数据 28 条，新媒体收入为 0 的 4732 条，均未在统计范围内。

（八）总收入

参加 2022 年年检的 5111 种科技期刊中，5083 种填报了"期刊总收入"相关数据，剔除无效数据，填报有效数据的期刊 4629 种，占 91.07%。统计显示（表 1-28），年总收入在 10 万元（不含）以下区间的期刊 435 种，占 9.40%；年总收入在 70 万元（不含）以下区间的期刊 2412 种，占 52.11%；年总收入 100 万元及以上区间的期刊 1656 种，占 35.77%。

表 1-28　2022 年中国科技期刊总收入

总收入/万元	刊数/种	占比/%	总收入/万元	刊数/种	占比/%	总收入/万元	刊数/种	占比/%
<10	435	9.40	80～	188	4.06	250～	108	2.33
10～	382	8.25	90～	149	3.22	300～	154	3.33
20～	359	7.76	100～	265	5.72	400～	162	3.50
30～	363	7.84	120～	213	4.60	600～	108	2.33
40～	317	6.85	140～	148	3.20	1000～	107	2.31
50～	278	6.01	160～	117	2.53	合计	4629	100.00
60～	278	6.01	180～	100	2.16			
70～	224	4.84	200～	174	3.76			

注：2022 年检数据 5111 条，其中未填报数据 28 条，总收入为 0 的 454 条，均未在统计范围内。

（九）总支出[①]

参加 2022 年年检的 5111 种科技期刊中，5083 种填报了"期刊总支出"相关数据，剔除无效数据，填报有效数据的期刊 4856 种，占 95.53%。统计显示（表 1-29），年总支出在 10 万元（不含）以下区间的期刊 197 种，占 4.06%；年总支出在 70 万元（不含）以下区间的期刊 2414 种，占 49.71%；年总支出在 100 万元及以上区间的期刊 1719 种，占 35.40%。

表 1-29　2022 年中国科技期刊总支出

总支出/万元	刊数/种	占比/%	总支出/万元	刊数/种	占比/%	总支出/万元	刊数/种	占比/%
<10	197	4.06	70～	270	5.56	180～	101	2.08
10～	356	7.33	80～	251	5.17	200～	185	3.81
20～	400	8.24	90～	202	4.16	250～	127	2.62
30～	390	8.03	100～	302	6.22	300～	151	3.11
40～	387	7.97	120～	252	5.19	400～	117	2.41
50～	354	7.29	140～	171	3.52	600～	181	3.73
60～	330	6.80	160～	132	2.72	合计	4856	100.00

注：2022 年检数据 5111 条，其中未填报数据 28 条，总支出为 0 的 227 条，均未在统计范围内。

---

① 由于填报人理解的差异，总支出所涵盖的项目有些可能只包括期刊的印制费用，也有的可能包括人员薪金、固定资产等各项支出，因此，年检"总支出"项统计结果仅供参考。

参加 2022 年年检的 5111 种科技期刊中，5083 种填报了"员工培训支出总额"相关数据，剔除无效数据，填报有效数据的期刊 3510 种（不含"员工培训支出"为 0 的期刊），占 69.05%。统计显示（表 1-30），年员工培训支出在 1 万元（不含）以下区间的期刊 1371 种，占 39.06%；年员工培训支出在 5 万元（不含）以下区间的期刊 3180 种，占 90.60%；年员工培训支出在 10 万元及以上区间的期刊 85 种，占 2.42%。

表 1-30   2022 年中国科技期刊员工培训支出

培训支出/万元	刊数/种	占比/%	培训支出/万元	刊数/种	占比/%
<0.5	792	22.56	3~	274	7.81
0.5~	579	16.50	4~	105	2.99
1~	641	18.26	5~	193	5.50
1.5~	244	6.95	7~	52	1.48
2~	450	12.82	10~	85	2.42
2.5~	95	2.71	合计	3510	100.00

注：2022 年检数据 5111 条，其中未填报数据 28 条，培训支出为 0 的 1573 条，均未在统计范围内。

六、期刊新媒体开展状况

（一）期刊网站年点击量

参加 2022 年年检的 5111 种科技期刊中，2849 种填报了期刊网站年点击量，占 55.74%。统计显示（表 1-31），网站年点击量在 5 万次（不含）以下的期刊 604 种，占 30.77%；网站年点击量在 10 万次（不含）以下的期刊 914 种，占 46.56%；网站年点击量在 100 万次及以上的期刊 202 种，占 10.29%。

表 1-31   2022 年中国科技期刊网站点击量

网站点击量/万次	刊数/种	占比/%	网站点击量/万次	刊数/种	占比/%
<5	604	30.77	100~	81	4.13
5~	310	15.79	150~	40	2.04
10~	345	17.58	200~	38	1.94
20~	231	11.77	300~500	43	2.19
40~	155	7.90	合计	1963	100.00
60~	116	5.91			

注：2022 年检数据 5111 条，其中未填报的数据 2262 条，填报 0 的 886 条，均未在统计范围内。

（二）官方客户端

参加 2022 年年检的 5111 种科技期刊中，2709 种填报了官方客户端数量，占 53.00%。统计显示，548 种期刊有官方客户端，占 20.23%；2161 种期刊没有官方客户端。其中，434 种期刊有 1 个客户端，占有官方客户端期刊数量的 79.20%；66 种有 2 个客户端，占 12.04%；26 种有 3 个客户端，占 4.74%；15 种有 4 个客户端，占 2.74%；7 种有 5 个及以上的客户端，占 1.28%。

有官方客户端的 548 种期刊中，431 种期刊填报了客户端总下载量数据，其中下载量不为 0 的期刊 394 种。统计显示（表 1-32），客户端总下载量在 1 万次（不含）以内区间的期刊 72 种，占 18.27%；5 万次（不含）以内区间的期刊 190 种，占 48.22%；50 万次及以上区间的期刊 25 种，占 6.35%。

表 1-32　2022 年中国科技期刊客户端总下载量

客户端总下载量/万次	刊数/种	占比/%	客户端总下载量/万次	刊数/种	占比/%
<1	72	18.27	20～	50	12.69
1～	78	19.80	50～	22	5.58
3～	40	10.15	80～100	3	0.76
5～	72	18.27	合计	394	100.00
10～	57	14.47			

注：有官方客户端的 548 种期刊中，未填报客户端下载量数据的 117 种，客户端下载量为 0 的 37 种，均未在统计范围内。

有官方客户端的 548 种期刊中，440 种科技期刊填报了客户端活跃用户数，其中活跃用户数不为 0 的期刊 403 种。统计显示（表 1-33），活跃用户数在 1000（不含）以下区间的期刊 56 种，占 13.90%；活跃用户数在 7000（不含）以下区间的期刊 197 种，占 48.88%；活跃用户数在 10 万及以上区间的期刊 33 种，占 8.19%。

表 1-33　2022 年中国科技期刊客户端活跃用户数

客户端活跃用户数	刊数/种	占比/%	客户端活跃用户数	刊数/种	占比/%
<1 000	56	13.90	20 000～	50	12.41
1 000～	67	16.63	50 000～	55	13.65
3 000～	44	10.92	100 000～	26	6.45
5 000～	30	7.44	500 000～1 000 000	7	1.74
7 000～	24	5.96	合计	403	100.00
10 000～	44	10.92			

注：在有官方客户端的 548 种期刊中，未填报客户端活跃用户数的 108 种，填写 0 的 37 种，均未在统计范围内。

（三）官方微信公众号

参加 2022 年年检的 5111 种科技期刊中，2385 种有官方微信公众号，占 46.66%；930 种没有官方微信公众号，占 18.20%；1796 种为无效数据。统计显示，建设 1 个微信公众号的期刊 2238 种，占 93.84%；建设 2 个微信公众号的 122 种，占 5.12%；建设 3 个及以上微信公众号的 25 种，占 1.05%。

2385 种有微信公众号的期刊中，2154 种填报了微信公众号总订户数（其中 66 种期刊填报 0，作为无效数据）。据统计（表 1-34），订户数在 1000（不含）以下区间的期刊 435 种，占 20.83%；订户数在 5000（不含）以下区间的期刊 1190 种，占 56.99%；订户数在 10 万及以上区间的期刊 118 种，占 5.65%。

表 1-34　2022 年中国科技期刊官方微信公众号订户数

微信公众号订户数	刊数/种	占比/%	微信公众号订户数	刊数/种	占比/%
<500	219	10.49	10 000~	208	9.96
500~	216	10.34	20 000~	201	9.63
1 000~	285	13.65	50 000~	93	4.45
2 000~	183	8.76	100 000~	109	5.22
3 000~	287	13.75	500 000~	9	0.43
5 000~	278	13.31	合计	2 088	100.00

注：在有官方微信公众号的 2385 种科技期刊中，未填报期刊微信公众号总订户数的 231 条，填写期刊微信公众号总订户数为 0 的 66 条，均未在统计范围内。

2385 种有微信公众号的期刊中，2064 种填报了微信公众号篇均阅读量（其中 47 种期刊填报 0，作为无效数据）。篇均阅读量在 100 次（不含）以下区间的期刊 309 种，占 15.32%；篇均阅读量在 500 次（不含）以下区间的期刊 1150 种，占 57.02%；篇均阅读量在 1 万次及以上区间的期刊 19 种，占 0.94%（表 1-35）。

表 1-35　2022 年中国科技期刊官方微信公众号篇均阅读量

微信公众号篇均阅读量/次	刊数/种	占比/%	微信公众号篇均阅读量/次	刊数/种	占比/%
<100	309	15.32	3 000~	92	4.56
100~	300	14.87	5 000~	36	1.78
200~	541	26.82	10 000~	17	0.84
500~	382	18.94	50 000~	2	0.10
1 000~	338	16.76	合计	2 017	100.00

注：在有官方微信公众号的 2385 种期刊中，未填报期刊微信公众号篇均阅读量的 321 条，填写期刊微信公众号篇均阅读量为 0 的 47 条，均未在统计范围内。

在 2385 种有微信公众号的期刊中，1839 种填报了微信公众号年 10 万+文章的数量信息，其中 113 种期刊的微信公众号年 10 万+文章数大于 0，占 6.14%。统计显示，微信公众号年 10 万+文章数在 10 篇（不含）以下区间的期刊 79 种，占 69.91%；在 10~100 篇（不含）区间的期刊 28 种，占 24.78%；在 100 篇及以上区间的期刊 6 种，占 5.31%。

（四）官方微博账号

参加 2022 年年检的 5111 种科技期刊中，5082 种填报了"官方微博账号"项。其中 4533 种没有官方微博账号，占 89.20%；549 种填报有官方微博账号，占 10.80%。统计显示，549 种科技期刊中，531 种有 1 个微博账号，占 96.72%；18 种有 2 个微博账号，占 3.28%。

549 种科技期刊中，382 种填报了官方微博账号粉丝数。统计显示（表 1-36），官方微博账号粉丝数在 500 人（不含）以下区间的期刊 83 种，占 22.37%；在 5000 人（不含）以下区间的期刊 189 种，占 50.94%；在 10 万人及以上区间的期刊 53 种，占 14.29%。

表 1-36　2022 年中国科技期刊官方微博账号粉丝数

微博账号粉丝数	刊数/种	占比/%	微博账号粉丝数	刊数/种	占比/%
<500	83	22.37	30 000~	13	3.50
500~	67	18.06	50 000~	23	6.20
2 000~	39	10.51	10 0000~	44	11.86
5 000~	40	10.78	500 000~1 000 000	9	2.43
10 000~	53	14.29	合计	371	100.00

注：在有官方微博账号的 549 种科技期刊中，未填报期刊官方微博账号粉丝数的 167 条，填写期刊官方微博账号粉丝数为 0 的 11 条，均未在统计范围内。

第二节　中国科技期刊影响力及其对比分析

基于中国知网《中国学术期刊影响因子年报（自然科学与工程技术版）》（以下简称《影响因子年报》）、《中国学术期刊国际引证年报（自然科学与工程技术版）》（以下简称《国际引证年报》）和《科技期刊世界影响力指数（WJCI）

报告》（以下简称《WJCI 报告》）数据，分析中国科技期刊的国内、国际影响力整体表现。

《影响因子年报》是以光盘形式出版的年刊，统计发布中国学术期刊在统计年度发表论文情况以及被国内期刊、会议论文、博硕士学位论文的引用频次等数据，发布数十项定量评价指标，是评价中国科技期刊学术影响力表现的权威参考工具。《影响因子年报》2022 版收录期刊 4010 种，涵盖参加年检的科技期刊 3821 种（中文科技期刊 3544 种，英文科技期刊 277 种）。

《国际引证年报》2022 版对中国 3590 种科技期刊被世界各国（地区）共 2.2 万余种国际学术期刊、图书和学术会议论文的引用频次进行统计，每年发布多项评价指标，全面揭示中国科技期刊的国际影响力。《国际引证年报》的综合评价指标是"期刊影响力指数"（clout index, CI）。每年根据 CI 指标排序，遴选 TOP5% 的期刊为"中国最具国际影响力学术期刊"（175 种）；TOP5%～10%的期刊为"中国国际影响力优秀学术期刊"（175 种）；以上两类期刊合称为"TOP 期刊"，共 350 种。《国际引证年报》2022 版收录期刊涵盖参加年检的科技期刊 3445 种（中文科技期刊 3090 种，英文科技期刊 355 种）。

《WJCI 报告》2022 版由中国科学技术信息研究所、《中国学术期刊（光盘版）》电子杂志社有限公司、清华大学图书馆、万方数据有限公司、中国高校科技期刊研究会、中国科学技术期刊编辑学会六家单位联合研制。《WJCI 报告》对中外科技期刊实行同一标准下的分学科定量评价。《WJCI 报告》从全球正在出版的 6 万余种科技学术期刊中精选最具地区代表性、学科代表性、行业代表性的优秀期刊 15 022 种为《世界引文库》来源刊，在参考各大数据库分类体系基础上创编了全面覆盖科学技术各领域，体现新兴、交叉学科发展的期刊分类体系，新创评价指标——"科技期刊世界影响力指数（WJCI）"，由基于引证数据的代表期刊学术影响力的评价指标 WAJCI 和基于网络使用数据的代表期刊社会影响力的评价指标 WI 共同构建。相比目前其他期刊评价体系，《WJCI 报告》能够更加科学、全面反映各类科技期刊的世界影响力。《WJCI 报告》分学科按"科技期刊世界影响力指数（WJCI）"对期刊排序，按期刊数量等分为 Q1、Q2、Q3、Q4 共 4 个区。《WJCI 报告》2022 版收录中国科技期刊 1635 种，覆盖年检数据 1545 种（中文科技期刊 1220 种，英文科技期刊 325 种）。

一、期刊学科分析

根据《影响因子年报》2022 版（数据统计年为 2021 年），3821 种期刊分布于 65 个学科，其中跨学科期刊 422 种；中文科技期刊 3544 种，跨学科期刊 397 种，英文科技期刊 277 种，跨学科期刊 25 种。期刊数量比 2018 年增加 10 种以上的学科有 4 个，包括"自然科学与工程技术综合"（比 2018 年增加 32 种，比 2015 年增加 39 种）、"土木建筑工程"（比 2018 年增加 15 种，比 2015 年增加 33 种）、"电气工程"（比 2018 年增加 13 种，比 2015 年增加 24 种）、"无线电电子学、电信技术"（比 2018 年增加 11 种，比 2015 年增加 34 种）。期刊数量比 2018 年减少的学科有 9 个，其中减少刊数最多的学科有"基础医学"（比 2018 年减少 3 种，比 2015 年减少 7 种）、"医药卫生事业管理"（比 2018 年减少 2 种，比 2015 年减少 1 种）、"数学"（比 2018 年减少 2 种，比 2015 年减少 1 种），见表 1-37。

表 1-37　《影响因子年报》各学科期刊数量

序号	学科	2015 年				2018 年				2021 年			
		刊数/种	占比/%	中文刊数/种	英文刊数/种	刊数/种	占比/%	中文刊数/种	英文刊数/种	刊数/种	占比/%	中文刊数/种	英文刊数/种
1	自然科学与工程技术综合	227	5.90	225	2	234	5.77	230	4	266	6.25	261	5
2	医药卫生综合	182	4.73	178	4	188	4.64	184	4	192	4.51	187	5
3	化学工程	171	4.45	168	3	170	4.19	166	4	176	4.14	172	4
4	土木建筑工程	136	3.54	132	4	154	3.80	148	6	169	3.97	162	7
5	无线电电子学、电信技术	125	3.25	117	8	148	3.65	134	14	159	3.74	143	16
6	交通运输工程	126	3.28	124	2	141	3.48	138	3	147	3.45	144	3
7	工程技术综合	134	3.49	120	14	135	3.33	121	14	143	3.36	128	15
8	自动化技术、计算机技术	105	2.73	97	8	134	3.30	123	11	138	3.24	126	12
9	中医学与中药学	120	3.12	114	6	121	2.98	115	6	129	3.03	119	10
10	电气工程	102	2.65	102	—	113	2.79	113	—	126	2.96	122	4

续表

序号	学科	2015 年				2018 年				2021 年			
		刊数/种	占比/%	中文刊数/种	英文刊数/种	刊数/种	占比/%	中文刊数/种	英文刊数/种	刊数/种	占比/%	中文刊数/种	英文刊数/种
11	临床医学综合	96	2.50	96	—	109	2.69	109	—	111	2.61	108	3
12	地质学	103	2.68	97	6	102	2.51	95	7	105	2.47	96	9
13	内科学	87	2.26	85	2	96	2.37	92	4	99	2.33	95	4
14	农业科学综合	92	2.39	89	3	96	2.37	92	4	99	2.33	95	4
15	金属学与金属工艺	93	2.42	84	9	84	2.07	75	9	91	2.14	82	9
16	生物学	90	2.34	70	20	91	2.24	67	24	91	2.14	64	27
17	石油天然气工业	82	2.13	80	2	90	2.22	88	2	90	2.11	87	3
18	机械工程	84	2.18	80	4	85	2.10	80	5	90	2.11	84	6
19	冶金工程技术	75	1.95	70	5	84	2.07	79	5	89	2.09	84	5
20	外科学	72	1.87	70	2	79	1.95	76	3	82	1.93	78	4
21	水利工程	65	1.69	63	2	75	1.85	73	2	77	1.81	75	2
22	预防医学与卫生学	78	2.03	77	1	77	1.90	76	1	76	1.79	76	—
23	矿山工程技术	70	1.82	68	2	75	1.85	73	2	75	1.76	73	2
24	环境科学技术	62	1.61	59	3	68	1.68	62	6	73	1.72	67	6
25	畜牧、兽医科学	64	1.66	63	1	66	1.63	64	2	69	1.62	67	2
26	林学	68	1.77	66	2	68	1.68	66	2	67	1.57	65	2
27	药学	61	1.59	58	3	62	1.53	58	4	64	1.50	58	6
28	航空、航天科学技术	51	1.33	49	2	53	1.31	51	2	60	1.41	57	3
29	能源与动力工程	44	1.14	42	2	52	1.28	49	3	56	1.32	51	5
30	基础医学	63	1.64	60	3	59	1.45	56	3	56	1.32	53	3
31	工程与技术科学基础学科	49	1.27	48	1	48	1.18	46	2	53	1.25	51	2
32	食品科学技术	51	1.33	51	—	51	1.26	51	—	52	1.22	51	1
33	化学	50	1.30	41	9	51	1.26	40	11	50	1.17	39	11
34	农艺学	47	1.22	46	1	49	1.21	47	2	50	1.17	47	3
35	物理学	44	1.14	34	10	47	1.16	34	13	48	1.13	34	14
36	数学	43	1.12	26	17	44	1.08	26	18	42	0.99	25	17
37	肿瘤学	32	0.83	29	3	37	0.91	33	4	38	0.89	34	4
38	纺织科学技术	32	0.83	31	1	34	0.84	33	1	37	0.87	36	1
39	大气科学	35	0.91	29	6	35	0.86	29	6	36	0.85	30	6
40	地球物理学	32	0.83	26	6	33	0.81	27	6	36	0.85	27	9
41	材料科学	30	0.78	22	8	26	0.64	17	9	34	0.80	22	12
42	妇产科学与儿科学	27	0.70	26	1	32	0.79	31	1	33	0.78	31	2
43	神经病学与精神病学	28	0.73	25	3	32	0.79	29	3	33	0.78	29	4
44	轻工业（除纺织、食品）	25	0.65	24	1	29	0.71	28	1	30	0.70	29	1

续表

序号	学科	2015 年				2018 年				2021 年			
		刊数/种	占比/%	中文刊数/种	英文刊数/种	刊数/种	占比/%	中文刊数/种	英文刊数/种	刊数/种	占比/%	中文刊数/种	英文刊数/种
45	武器工业与军事技术	25	0.65	24	1	25	0.62	24	1	29	0.68	28	1
46	测绘科学技术	25	0.65	24	1	26	0.64	25	1	28	0.66	26	2
47	海洋科学	27	0.70	20	7	28	0.69	22	6	27	0.63	21	6
48	护理学	19	0.49	19	—	22	0.54	22	—	26	0.61	25	1
49	耳鼻咽喉科学与眼科学	25	0.65	25	—	25	0.62	24	1	26	0.61	24	2
50	医药卫生事业管理	27	0.70	27	—	28	0.69	28	—	26	0.61	26	—
51	园艺学	21	0.55	21	—	22	0.54	21	1	25	0.59	24	1
52	水产学	22	0.57	22	—	24	0.59	24	—	24	0.56	24	—
53	农业基础科学	21	0.55	19	2	22	0.54	21	1	22	0.52	20	2
54	植物保护学	18	0.47	18	—	19	0.47	19	—	21	0.49	21	—
55	力学	19	0.49	13	6	19	0.47	13	6	21	0.49	15	6
56	口腔医学	18	0.47	17	1	19	0.47	17	2	20	0.47	18	2
57	农业工程	19	0.49	19	—	20	0.49	20	—	20	0.47	20	—
58	军事医学与特种医学	19	0.49	19	—	17	0.42	17	—	18	0.42	18	—
59	安全科学技术	19	0.49	19	—	17	0.42	17	—	18	0.42	18	—
60	自然地理学	20	0.52	13	7	18	0.44	13	5	17	0.40	12	5
61	核科学技术	14	0.36	13	1	15	0.37	14	1	16	0.38	15	1
62	资源科学	14	0.36	14	—	13	0.32	13	—	12	0.28	12	—
63	皮肤病学与性病学	8	0.21	7	1	8	0.20	7	1	9	0.21	8	1
64	天文学	5	0.13	4	1	5	0.12	4	1	7	0.16	5	2
65	系统科学	7	0.18	6	1	7	0.17	6	1	7	0.16	6	1
	合计	3513	100.00	3313	200	3647	100.00	3410	237	3821	100.00	3544	277

注：数据来源于《影响因子年报》2016 版、2019 版、2022 版。

存在一种期刊属于 2 个及以上学科的现象，占比按学科合计刊数统计。合计数据为排重后数据。

二、可被引文献量

可被引文献是指"可以在学术研究过程中被别的学术论文所引用的文献"，一般是具有学术成果性质的期刊论文，区别于其他非创新性研究文章，如叙事抒情、介绍、科普资料以及二次文献、虚构作品、目录索引等。期刊可被引文献量是期刊容纳科学研究信息量的重要标志。现根据《影响因子年报》分析中文科技期刊的可被引文献量以反映期刊的刊载信息量的变化。

根据《影响因子年报》2016 版、2019 版、2022 版统计（数据统计年为 2015 年、2018 年、2021 年），中文科技期刊刊均可被引文献量从 2015 年的 295.44 篇下降至 2021 年的 261.52 篇，总降幅为 11.48%，英文科技期刊刊均可被引文献量从 2015 年的 121.10 篇下降至 2021 年的 114.10 篇，总降幅为 5.78%。中文科技期刊刊均可被引文献规模仍大于国际期刊的平均水平（表 1-38）。根据科睿唯安发布的《期刊引证报告》2022 年报告（Journal Citation Reports，JCR2022），国际科技期刊年均可被引文献量（articles+reviews）为 216.30 篇。

表 1-38　中国科技期刊发表可被引文献统计

统计年	中文期刊			英文期刊		
	刊数/种	可被引文献量/篇	刊均可被引文献量/篇	刊数/种	可被引文献量/篇	刊均可被引文献量/篇
2015	3 313	978 792	295.44	200	24 220	121.10
2018	3 410	986 516	289.30	237	25 328	106.87
2021	3 544	926 822	261.52	277	31 607	114.10

注：数据来源于《影响因子年报》2016 版、2019 版、2022 版。

三、国内影响力分析

1. 总被引频次

期刊的被引频次反映了期刊的总体学术影响力。《影响因子年报》中发布的了中国期刊被中国来源期刊、博硕士学位论文、会议论文的引用——复合总被引频次。复合总被引频次为某期刊自创刊以来发表的全部可被引文献在统计年被引用的总次数，反映了期刊在各类科学研究和人才培养活动中的总体影响力。中国中文科技期刊的 2021 年复合总被引频次为 937.76 万次，比 2015 年增加了 21.66%，比 2018 年增长了 17.73%，其中被期刊论文引用 487.76 万次，占 52.01%，比 2015 年引用增长了 30.14%，比 2018 年增加了 13.44%。中国英文科技期刊的 2021 年复合总被引频次为 36.01 万次，比 2015 增长了 70.91%，比 2018 年增长了 53.70%，其中被期刊论文引用 17.87 万次，比 2015 年增长了 61.01%，比 2018 年增长了 43.59%（表 1-39）。

表 1-39 《影响因子年报》发布的中国科技期刊总被引频次

语种	统计年	刊数/种	复合总被引频次	期刊论文引用		博士论文引用		硕士论文引用		会议论文引用	
				引用频次	占比/%	引用频次	占比/%	引用频次	占比/%	引用频次	占比/%
中文	2015	3 313	7 708 133	3 748 048	48.62	475 092	6.16	3 253 159	42.20	231 834	3.01
	2018	3 410	7 965 429	4 299 680	53.98	529 874	6.65	2 962 384	37.19	173 491	2.18
	2021	3 544	9 377 617	4 877 606	52.01	539 228	5.75	3 812 105	40.65	148 678	1.59
英文	2015	200	210 709	110 982	52.67	23 977	11.38	69 317	32.90	6 433	3.05
	2018	237	234 314	124 449	53.11	33 815	14.43	70 701	30.17	5 349	2.28
	2021	277	360 131	178 691	49.62	51 994	14.44	125 111	34.74	4 335	1.20

注：数据来源于《影响因子年报》2016 版、2019 版、2022 版。

2. 影响因子及即年指标

《影响因子年报》从不同计量评价角度，提出了复合影响因子、综合影响因子、基础研究类影响因子、技术研究类影响因子等一系列指标。为了进一步反映期刊引证的客观性，《影响因子年报》计算了各类他引影响因子，从而构成了多角度计量评价期刊的影响因子指标体系。其中，复合总被引频次、复合影响因子、复合即年指标，是基于被统计源期刊、博硕士学位论文、会议论文的引用之和，既包含科技类文献的引用，也包含交叉学科、社科类文献的引用，因此较全面地反映了期刊在科研和教育事业中所发挥的影响力。

根据《影响因子年报》统计，中文科技期刊 2021 年刊均复合影响因子为 1.125，比 2015 年增长了 80.87%，比 2018 年增长了 46.87%，刊均复合即年指标为 0.180，比 2015 年增长了 119.51%，比 2018 年增长了 83.67%（表 1-40）。

表 1-40 《影响因子年报》发布的中国科技期刊的影响因子、即年指标

语种	统计年	刊数/种	复合影响因子		复合即年指标	
			平均值	增幅/%	平均值	增幅/%
中文	2015	3313	0.622	—	0.082	—
	2018	3410	0.766	23.15	0.098	19.51
	2021	3544	1.125	46.87	0.180	83.67
英文	2015	200	0.683	—	0.164	—
	2018	237	0.778	13.91	0.167	1.83
	2021	277	1.198	53.98	0.215	28.74

注：数据来源于《影响因子年报》2016 版、2019 版、2022 版。

英文科技期刊 2021 年刊均复合影响因子为 1.198，比 2015 年增长了 75.40%，比 2018 年增长了 53.98%，刊均复合即年指标为 0.215，比 2015 年增长了 31.10%，比 2018 年增长了 28.74%（表 1-40）。

3. 期刊自引率

自引率是指某期刊在统计年被本刊引用的次数与被统计源期刊引用之比。根据《影响因子年报》2016 版、2019 版、2022 版数据，中文科技期刊自引率平均值在 10.00%左右，英文科技期刊自引率平均值在 18%左右。中文科技期刊 2021 年自引率小于 20%的期刊占 87.61%。英文科技期刊 2021 年自引率小于 20%的期刊仅占 59.93%（表 1-41）。

表 1-41　《影响因子年报》发布的中国科技期刊自引率

语种	统计年	刊数/种	刊均自引率/%	自引率/%											
				0～		10～		20～		30～		40～		50～	
				刊数/种	占比/%	刊数/种	占比/%	刊数/种	占比/%	刊数/种	占比/%	刊数/种	占比/%	刊数/种	占比/%
中文	2015	3313	10.55	1900	57.35	929	28.04	342	10.32	94	2.84	35	1.06	13	0.39
	2018	3410	10.22	1986	58.24	998	29.27	298	8.74	94	2.76	21	0.62	13	0.38
	2021	3544	10.41	1989	56.12	1116	31.49	315	8.89	92	2.60	26	0.73	6	0.17
英文	2015	200	17.74	62	31.00	75	37.50	29	14.50	17	8.50	10	5.00	7	3.50
	2018	237	18.35	70	29.54	81	34.18	36	15.19	33	13.92	8	3.38	9	3.80
	2021	277	18.91	88	31.77	78	28.16	51	18.41	31	11.19	21	7.58	8	2.89

注：数据来源于《影响因子年报》2016 版、2019 版、2022 版。

四、国际影响力分析

（一）国际引证年报表现

1. 总被引频次

《国际引证年报》的被引频次来自 2.2 万余种国际学术期刊、图书和学术会议论文的引用频次。科技期刊在 2021 统计年国际他引总被引频次为

157.52 万次，比 2015 年增长了 212.09%，比 2018 年增长了 86.89%；刊均国际他引总被引频次为 457.24 次，比 2015 年增长了 136.35%，比 2018 年增长了 63.73%。

中文科技期刊 2021 统计年国际他引总被引频次为 69.26 万次，比 2015 年增长了 128.31%，比 2018 年增长了 44.71%；刊均国际他引总被引频次为 224.15 次，比 2015 年增长了 77.04%，比 2018 年增长了 29.72%。

英文科技期刊 2021 统计年国际他引总被引频次为 88.26 万次，比 2015 年增长了 338.29%，比 2018 年增长了 142.33%；刊均国际他引总被引频次为 2486.15 次，比 2015 年增长了 162.98%，比 2018 年增长了 69.29%（表 1-42）。

表 1-42　《国际引证年报》发布的中国科技期刊国际他引频次情况

统计年	刊数/种	国际他引总被引频次	刊均国际他引总被引频次	中文科技期刊			英文科技期刊		
				刊数/种	国际他引总被引频次	刊均国际他引总被引频次	刊数/种	国际他引总被引频次	刊均国际他引总被引频次
2015	2 609	504 732	193.46	2 396	303 363	126.61	213	201 369	945.39
2018	3 018	842 835	279.27	2 770	478 628	172.79	248	364 207	1 468.58
2021	3 445	1 575 200	457.24	3 090	692 618	224.15	355	882 582	2 486.15

注：数据来源于《国际引证年报》2016 版、2019 版、2022 版。
期刊范围为国际他引总被引频次大于等于 10，国际他引影响因子大于 0。

2. 影响因子及即年指标

根据《国际引证年报》统计，2021 统计年科技期刊刊均国际他引影响因子为 0.521，比 2015 年增长了 300.77%，比 2018 年增长了 140.09%；刊均国际他引即年指标为 0.132，比 2015 年增长了 388.89%，比 2018 年增长了 131.58%。

中文科技期刊 2021 统计年刊均国际他引影响因子为 0.094，比 2015 年增长了 147.37%，比 2018 年增长了 67.86%；刊均国际他引即年指标为 0.023，比 2015 年增长了 360.00%，比 2018 年增长了 130.00%。

英文科技期刊 2021 统计年刊均国际他引影响因子为 4.233，比 2015 年增长了 263.97%，比 2018 年增长了 109.55%；刊均国际他引即年指标为 1.089，比 2015 年增长了 291.73%，比 2018 年增长了 90.05%（表 1-43）。

表 1-43　《国际引证年报》发布的中国科技期刊国际他引影响因子、即年指标情况

统计年	刊数/种	刊均国际他引影响因子	刊均国际他引即年指标	中文科技期刊			英文科技期刊		
				刊数/种	刊均国际他引影响因子	刊均国际他引即年指标	刊数/种	刊均国际他引影响因子	刊均国际他引即年指标
2015	2609	0.130	0.027	2396	0.038	0.005	213	1.163	0.278
2018	3018	0.217	0.057	2770	0.056	0.010	248	2.020	0.573
2021	3445	0.521	0.132	3090	0.094	0.023	355	4.233	1.089

注：数据来源于《国际引证年报》2016 版、2019 版、2022 版。
期刊范围为国际他引总被引频次大于等于 10，国际他引影响因子大于 0。

（二）世界影响力指数表现

《WJCI 报告》2022 版发布的中国科技期刊 1545 种（中文科技期刊 1220 种，英文科技期刊 325 种）。刊均总被引频次 2084.60 次，刊均影响因子 1.732，刊均 WJCI 为 1.367。

1. 学科分布情况

根据《WJCI 报告》2022 版，二级学科共 46 个，中国科技期刊除了在"自然科学史"没有期刊以外，共覆盖 45 个学科。中国期刊数量最多的前 3 个学科为"临床医学"（182 种）、地球科学（145 种）、生物学（97 种）。

中文科技期刊数量最多的前 3 个学科为"临床医学"（146 种）、"地球科学"（113 种）、"农学"（77 种）；总被引频次最高的前 3 个学科为"地球科学"（113 种，318 371 次）、"农学"（77 种，201 903 次）、"临床医学"（146 种，158 315 次）；刊均被引频次最高的前 3 个学科为"中医学与中药学"（16 种，4664.38 次）、"食品科学技术"（20 种，3979.35 次）、"能源科学技术"（38 种，3745.00 次）；刊均影响因子最高的前 3 个学科为"能源科学技术"（38 种，1.971）、"矿山工程技术"（58 种，1.803）、"仪器仪表技术"（5 种，1.557）（表 1-44）。

英文科技期刊数量最多的前 3 个学科为"生物学"（40 种）、"临床医学"（36 种）、"地球科学"（32）；总被引频次最高的前 3 个学科为"材料科学"（29 种，146 554 次）、"生物学"（40 种，145 214 次）、"物理学"（22 种，104 243

表 1-44　《WJCI 报告》2022 版发布的各二级学科中国科技期刊数量

序号	学科	中国期刊数/种	中文科技期刊				英文科技期刊			
			刊数/种	总被引频次	刊均被引频次	刊均影响因子	刊数/种	总被引频次	刊均被引频次	刊均影响因子
1	临床医学	182	146	158 315	1 084.35	0.721	36	55 348	1 537.44	5.476
2	地球科学	145	113	318 371	2 817.44	1.527	32	70 973	2 217.91	2.499
3	生物学	97	57	148 749	2 609.63	1.072	40	145 214	3 630.35	6.377
4	农学	91	77	201 903	2 622.12	1.300	14	30 196	2 156.86	4.885
5	材料科学	89	60	102 184	1 703.07	0.881	29	146 554	5 053.59	6.085
6	矿山工程技术	65	58	135 631	2 338.47	1.803	7	15 330	2 190.00	3.794
7	环境科学技术及资源科学技术	63	45	143 980	3 199.56	1.383	18	46 145	2 563.61	4.701
8	电子与通信技术	62	50	60 783	1 215.66	0.806	12	13 206	1 100.50	3.069
9	化学工程	61	53	83 066	1 567.28	0.846	8	35 613	4 451.63	4.408
10	科学技术综合	61	54	62 720	1 161.48	0.691	7	37 419	5 345.57	7.749
11	计算机科学技术	54	41	78 538	1 915.56	1.200	13	13 767	1 059.00	4.604
12	能源科学技术	53	38	142 310	3 745.00	1.971	15	38 984	2 598.93	5.971
13	基础医学	53	41	73 571	1 794.41	0.755	12	36 829	3 069.08	4.527
14	物理学	51	29	46 389	1 599.62	0.775	22	104 243	4 738.32	5.245
15	动力与电气工程	51	43	130 263	3 029.37	1.306	8	10 516	1 314.50	3.075
16	化学	48	34	53 802	1 582.41	1.096	14	101 858	7 275.57	7.627
17	交通运输工程	42	37	50 858	1 374.54	0.833	5	2 834	566.80	2.662
18	土木建筑工程	40	34	81 929	2 409.68	0.949	6	6 912	1 152.00	2.393
19	工程通用技术与基础学科	40	35	97 239	2 778.26	1.231	5	8 407	1 681.40	7.608
20	工程综合	37	31	47 704	1 538.84	0.826	6	13 512	2 252.00	5.742
21	机械工程	37	32	62 074	1 939.81	0.767	5	8 110	1 622.00	2.720
22	信息与系统科学相关工程与技术	36	26	55 565	2 137.12	1.082	10	15 461	1 546.10	3.464
23	数学	36	14	4 409	314.93	0.331	22	15 679	712.68	1.006
24	预防医学与公共卫生学	36	31	49 384	1 593.03	0.928	5	10 845	2 169.00	5.918
25	航空、航天科学技术	36	33	37 063	1 123.12	0.776	3	7 100	2 366.67	2.790
26	自然科学相关工程与技术	34	19	58 928	3 101.47	1.031	15	52 192	3 479.47	7.824
27	水利工程	29	26	49 571	1 906.58	1.303	3	6 240	2 080.00	3.274
28	医学综合	28	24	27 582	1 149.25	0.567	4	17 988	4 497.00	4.895
29	药学	26	21	34 788	1 656.57	0.654	5	16 514	3 302.80	7.686
30	冶金工程技术	25	17	18 703	1 100.18	0.853	8	44 846	5 605.75	4.284

续表

序号	学科	中国期刊数/种	中文科技期刊			英文科技期刊			
			刊数/种	总被引频次	刊均被引频次	刊均影响因子	刊数/种	总被引频次	刊均被引频次	刊均影响因子

序号	学科	中国期刊数/种	刊数/种	总被引频次	刊均被引频次	刊均影响因子	刊数/种	总被引频次	刊均被引频次	刊均影响因子
31	中医学与中药学	24	16	74 630	4 664.38	1.091	8	11 046	1 380.75	1.897
32	畜牧、兽医科学	23	21	43 177	2 056.05	0.974	2	7 091	3 545.50	5.696
33	力学	22	16	16 730	1 045.63	1.029	6	16 536	2 756.00	2.903
34	食品科学技术	22	20	79 587	3 979.35	1.173	2	2 542	1 271.00	5.257
35	林学	20	18	32 539	1 807.72	1.282	2	5 100	2 550.00	2.812
36	测绘科学技术	18	16	30 373	1 898.31	1.470	2	1 719	859.50	2.438
37	安全科学技术	14	12	22 234	1 852.83	1.017	2	1 530	765.00	3.156
38	核科学技术	13	10	5 791	579.10	0.352	3	2 955	985.00	2.937
39	水产学	13	12	15 834	1 319.50	1.030	1	693	693.00	4.845
40	纺织科学技术	11	11	8 617	783.36	0.465	——	——	——	——
41	信息科学与系统科学	10	5	5 888	1 177.60	0.698	5	9 033	1 806.60	2.039
42	天文学	8	5	2 098	419.60	0.628	3	7 497	2 499.00	3.374
43	仪器仪表技术	7	5	15 536	3 107.20	1.557	2	460	230.00	1.427
44	特种医学与法医学	6	6	2 855	475.83	0.407	——	——	——	——
45	心理学	3	3	7 880	2 626.67	0.892	——	——	——	——
	合计	1 545	1 220	2 353 438	1 929.05	1.020	325	867 265	2 668.51	4.403

注：数据来源于《WJCI 报告》2022 版，按中文期刊刊数+英文期刊刊数倒序排列。
存在一种期刊属于 2 个及以上学科的现象。合计数据为排重后数据。

次）；刊均被引频次最高的前 3 个学科为"化学"（14 种，7275.57 次）、"冶金工程技术"（8 种，5605.75 次）、"科学技术综合"（7 种，5345.57 次）；刊均影响因子最高的前 3 个学科为"自然科学相关工程与技术"（15 种，7.824）、"科学技术综合"（7 种，7.749）、"药学"（5 种，7.686）（表 1-44）。

2. 影响力指标分析

根据《WJCI 报告》统计，中文科技期刊 2021 统计年总被引频次为 235.34 万次，比 2019 统计年增长了 32.69%；刊均被引频次为 1929.05 次，比 2019 统计年增长了 21.71%；刊均影响因子为 1.020，比 2019 统计年增长了 39.15%，刊均 WJCI 为 1.046，比 2019 统计年增长了 8.73%（表 1-45）。

表 1-45 中国科技期刊《WJCI 报告》影响力情况

语种	统计年	刊数/种	总被引频次	刊均被引频次	刊均影响因子	刊均 WJCI	刊均 WAJCI	刊均 WI
中文	2019	1 119	1 773 620	1 585.00	0.733	0.962	0.858	0.104
	2020	1 218	2 189 054	1 797.25	0.876	1.097	0.939	0.158
	2021	1 220	2 353 438	1 929.05	1.020	1.046	0.884	0.162
英文	2019	255	500 904	1 964.33	2.764	2.257	2.165	0.092
	2020	277	597 568	2 157.29	3.205	2.324	2.064	0.260
	2021	325	867 265	2 668.51	4.403	2.574	2.321	0.253

注：数据来源于《WJCI 报告》2020 版、2021 版、2022 版。

英文科技期刊 2021 统计年总被引频次为 86.73 万次，比 2019 统计年增长了 73.14%；刊均被引频次为 2668.51 次，比 2019 统计年增长了 35.85%；刊均影响因子为 4.403，比 2019 统计年增长了 59.30%；刊均 WJCI 为 2.574，比 2019 统计年增长了 14.05%（表 1-45）。

3. WJCI 国际排名

根据《WJCI 报告》，按国家统计 WJCI 均值可揭示该国期刊总体影响力水平。2021 统计年刊均 WJCI 指数最高的是荷兰，其次是英国、美国和瑞士（图 1-3）。荷兰期刊 1114 种，平均 WJCI 指数是 3.093；中国期刊 1635 种，平均 WJCI 指数是 1.399，位列全球第 9（表 1-46）。

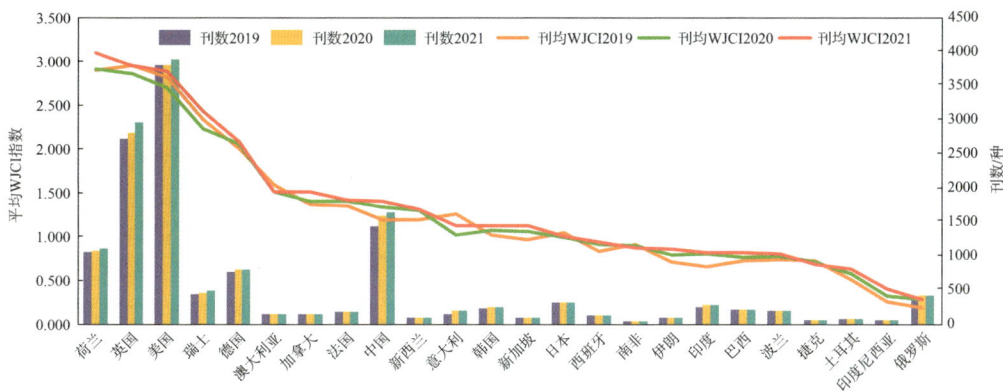

图 1-3 《WJCI 报告》2020 版～2022 版发布的世界各国科技期刊 WJCI 指数变化情况

《WJCI 报告》2022 版中来源刊数在 50 种及以上国别名单；按《WJCI 报告》2022 版的国别 WJCI 均值降序排列。

表 1-46　《WJCI 报告》2020 版～2022 版发布的世界各国科技期刊 WJCI 指数情况

序号	国别	2019 统计年				2020 统计年				2021 统计年			
		刊数/种	刊均 WJCI	刊均 WAJCI	刊均 WI	刊数/种	刊均 WJCI	刊均 WAJCI	刊均 WI	刊数/种	刊均 WJCI	刊均 WAJCI	刊均 WI
1	荷兰	1054	2.899	2.641	0.258	1071	2.915	2.461	0.454	1114	3.093	2.626	0.467
2	英国	2717	2.954	2.546	0.408	2818	2.864	2.363	0.501	2958	2.957	2.444	0.512
3	美国	3806	2.816	2.472	0.345	3812	2.703	2.310	0.393	3896	2.883	2.471	0.412
4	瑞士	443	2.345	1.995	0.350	462	2.234	1.791	0.444	489	2.428	1.879	0.549
5	德国	774	2.002	1.785	0.217	800	2.054	1.722	0.332	811	2.088	1.735	0.353
6	澳大利亚	146	1.588	1.308	0.280	146	1.513	1.206	0.306	147	1.517	1.236	0.281
7	加拿大	156	1.370	1.176	0.194	157	1.404	1.145	0.259	159	1.513	1.250	0.263
8	法国	183	1.355	1.209	0.146	185	1.408	1.195	0.213	186	1.419	1.221	0.199
9	中国	1431	1.192	1.090	0.103	1584	1.332	1.156	0.176	1635	1.399	1.221	0.178
10	新西兰	99	1.196	1.031	0.165	94	1.296	1.121	0.175	96	1.318	1.084	0.235
11	意大利	150	1.257	1.111	0.147	208	1.014	0.856	0.158	206	1.131	0.957	0.174
12	韩国	245	1.013	0.972	0.041	257	1.071	0.970	0.101	259	1.130	1.036	0.094
13	新加坡	105	0.969	0.942	0.026	100	1.054	0.965	0.090	106	1.120	1.023	0.097
14	日本	329	1.040	0.955	0.084	330	0.990	0.835	0.156	323	1.008	0.843	0.165
15	西班牙	137	0.834	0.730	0.104	142	0.909	0.744	0.165	141	0.940	0.767	0.173
16	南非	51	0.917	0.845	0.071	51	0.893	0.764	0.128	52	0.870	0.732	0.137
17	伊朗	108	0.717	0.686	0.032	107	0.796	0.744	0.052	108	0.864	0.808	0.055
18	印度	260	0.661	0.593	0.068	285	0.802	0.702	0.100	281	0.824	0.715	0.109
19	巴西	220	0.724	0.684	0.040	218	0.764	0.696	0.068	215	0.813	0.749	0.064
20	波兰	207	0.734	0.697	0.037	201	0.784	0.712	0.072	202	0.807	0.727	0.080
21	捷克	63	0.729	0.719	0.010	62	0.706	0.645	0.061	63	0.687	0.625	0.063
22	土耳其	89	0.507	0.477	0.030	88	0.575	0.527	0.048	90	0.635	0.586	0.049
23	印度尼西亚	72	0.256	0.256	0.001	59	0.324	0.315	0.009	59	0.410	0.399	0.011
24	俄罗斯	414	0.185	0.181	0.005	433	0.285	0.268	0.017	431	0.285	0.263	0.022

注：数据来源于《WJCI 报告》2020 版、2021 版、2022 版。

跨学科期刊 WJCI 值取最大值。

表中列出《WJCI 报告》2022 版中来源刊数在 50 种及以上国别名单；按《WJCI 报告》2022 版的国别 WJCI 均值降序排列。

为便于国家及地区之间比较，期刊国别取自 ISSN 注册国别，中国期刊包含 CN 号期刊和 ISSN 注册国别为中国的期刊。

（三）中国科技期刊被国际数据库收录情况

随着我国科技的快速发展，中国科技期刊的国际学术交流地位和作用日益显现，越来越多的期刊被国际知名数据库收录。查询 Web of Science（WoS）、Scopus 两个综合引文数据库和 EI（工程技术）、PubMed（生物和医学）、Chemical Abstracts-ACS（化学）、MathSciNet-MSN（数学）、GeoRef（地球科学）、CAB

Abstracts（农业）等 8 个国际文摘索引数据库，统计我国中英文科技期刊被国际数据库收录情况，截至 2023 年 9 月，我国有 2066 种科技期刊被上述至少一个数据库收录，其中，被国际数据库收录的英文期刊 386 种，占我国 434 种英文科技期刊的 88.94%。中国英文科技期刊被国际数据库收录数量详见表 1-47。与上年同期相比，上述数据库新增收录我国英文科技期刊 35 种，新增收录期刊名单详见表 1-48。

表 1-47　2022～2023 年国际文摘索引数据库收录中国英文科技期刊情况

序号	数据库名称	代表学科	收录刊数/种	
			2022 年	2023 年
1	WoS	综合	273	298
2	Scopus	综合	295	357
3	EI	工程技术	120	135
4	PubMed	生物和医学	72	88
5	ACS	化学	196	209
6	CAB Abstracts	农学	65	73
7	GeoRef	地学	38	43
8	MSN	数学	30	30

表 1-48　2023 年国际文摘索引数据库新增收录中国英文科技期刊情况

序号	英文刊名	中文名称	新入数据库
1	*BioDesign Research*	生物设计研究（英文）	Scopus, ACS, CAB Abstracts
2	*Blockchain: Research and Applications*	区块链研究（英文）	WoS, Scopus, EI
3	*Blood Science*	血液科学（英文）	WoS, Scopus, PubMed
4	*Cardiology Discovery*	心血管病探索（英文）	Scopus
5	*CES Transactions on Electrical Machines and Systems*	中国电工技术学会电机与系统学报（英文）	Scopus
6	*ChemPhysMater*	化学物理材料（英文）	Scopus
7	*China Detergent & Cosmetics*	日用化学品科学（英文）	ACS
8	*Chinese Journal of Plastic and Reconstructive Surgery*	中国整形与重建外科（英文）	Scopus
9	*Chinese Medicine and Culture*	中医药文化（英文）	Scopus
10	*Complex System Modeling and Simulation*	复杂系统建模与仿真（英文）	Scopus
11	*Corrosion Communications*	腐蚀学报（英文）	Scopus
12	*Cyborg and Bionic Systems*	类生命系统（英文）	WoS, PubMed, ACS
13	*Earthquake Research in China*	地震研究进展（英文）	GeoRef
14	*Emergency and Critical Care Medicine*	急危重症医学（英文）	Scopus

续表

序号	英文刊名	中文名称	新入数据库
15	*eScience*	电化学与能源科学（英文）	Scopus
16	*Global Health Journal*	全球健康杂志（英文）	Scopus
17	*Grassland Research*	草地研究（英文）	Scopus
18	*Green Chemical Engineering*	绿色化学工程（英文）	Scopus, EI
19	*Health Data Science*	健康数据科学（英文）	Scopus, CAB Abstracts
20	*Infectious Diseases & Immunity*	感染性疾病与免疫（英文）	Scopus
21	*Infectious Medicine*	感染医学（英文）	Scopus
22	*Intelligent Medicine*	智慧医学（英文）	Scopus
23	*Journal of Bio-X Research*	生物组学研究杂志（英文）	Scopus
24	*Journal of Intensive Medicine*	重症医学（英文）	Scopus, PubMed, ACS
25	*Journal of Remote Sensing*	国际遥感学报（英文）	CAB Abstracts
26	*Journal of Safety Science and Resilience*	安全科学与韧性（英文）	Scopus, EI
27	*Journal of the National Cancer Center*	癌症科学进展（英文）	Scopus
28	*Laparoscopic, Endoscopic and Robotic Surgery*	腔镜、内镜与机器人外科（英文）	Scopus
29	*Magnetic Resonance Letters*	磁共振快报（英文）	ACS
30	*mLife*	微生物（英文）	ACS
31	*npj flexible electronics*	柔性电子（英文）	WoS, Scopus, ACS
32	*Rare Metal Materials and Engineering*	稀有金属材料与工程（英文版）	WoS
33	*Rheumatology & Autoimmunity*	风湿病与自身免疫（英文）	WoS, Scopus, ACS
34	*Space: Science & Technology*	空间科学与技术（英文）	WoS, ACS
35	*Tungsten*	钨科技（英文）	WoS, Scopus, EI

第三节　中国科普期刊发展现状与态势

科普期刊是开展科学普及的重要载体，对科学知识传播、科学理念普及、科学精神传承以及科学理想激发起着不可替代的重要作用。公民科学素质调查的历次数据均显示，科普期刊是公民获取科技信息的重要手段，是普及科学知识、倡导科学方法、传播科学思想、弘扬科学精神的重要平台。科普期刊作为我国科普事业的重要组成部分，是激发科学兴趣、普及科学技术知识、倡导科学方法、传播科学思想、弘扬科学精神和科学道德的一支不可忽视的重要力量。如何创新科学传播方式、提升科学传播效果成为当前社会关注的重点问题。推动科学普及有助于提升全民科学素质，形成良好的科学传播氛围从而激发公众的创新力量。

一、中国科普期刊概况

科普即科学技术普及，2002 年颁布实施的《中华人民共和国科学技术普及法》中，明确规定科普是"普及科学技术知识、倡导科学方法、传播科学思想、弘扬科学精神的活动"。因此，科普期刊是以普及科学知识、推广科学技术应用、倡导科学方法、传播科学思想、弘扬科学精神为办刊宗旨的期刊。

《中国科技期刊发展蓝皮书（2017）》和《中国科技期刊发展蓝皮书（2020）》也都对科普期刊的范围进行了界定，即科普期刊是对公众进行非正式科学教育的读物。科普期刊的分类按普及对象分可分为面向普通公众和面向科技工作者的科普期刊。除此之外，根据发布内容的不同，可以将其分为综合科普期刊和专业科普期刊。综合科普期刊主要刊登自然科学和百科知识类等综合内容；专业科普期刊则是主要刊登理工农医以及少儿科普和军事公安消防类专业内容的期刊。正是由于部分科普期刊专业内容的提升，在发展过程中，专业性强的科普期刊往往也被界定为科技期刊。

基于对参加 2022 年度年检的 5163 种科技期刊进行筛选。截至 2022 年底，我国（不包括港澳台地区）公开出版发行的科普期刊共有 257 种，占全国科技期刊总数（5163 种）的 4.98%。

近年来，伴随着许多科技期刊发展的转向，一部分原来属于高级科普的期刊，已经被原国家新闻出版广电总局认定为学术期刊，本书不再将其统计为科普期刊；由于本书的研究范围是科技期刊，不在科技期刊范围的科普期刊（CN 号附加码代表期刊分类的英文字母在 N 以前的）也未列入此次科普期刊统计范围。因此，按照上述概念和遴选原则进行筛选后，纳入本书统计范围的科普期刊为 257 种。

统计显示，中国科普期刊呈现出以下态势：一是属地分布分散；二是以出版单位自负盈亏为主；三是从业人员总体规模较小；四是科普期刊新媒体传播趋势明显。党的十八大以来，中国特色社会主义进入新时代，高质量发展成为经济社会发展主题，公众科学素养的逐步提升和科技传播的融媒体发展态势，也使科普期刊的发展面临新的机遇与挑战。

目前，中国科普期刊总体数量趋于稳定，办刊质量和水平也在稳定提升，办刊队伍、广告经营、品牌推广以及新媒体传播等方面呈现出持续发展的良好势头。

（一）基本情况

通过对科普期刊内容和概念的界定，根据 2022 年科技期刊年检数据，课题组经过几轮筛选，遴选出 257 种科普期刊。遴选的主要依据：一是刊名，入选期刊刊名带有科学字样，或者具有显而易见"科普"含义的期刊，如《科学画报》《科学世界》等；二是办刊宗旨，在期刊办刊宗旨描述中明确表明为"科普"期刊；三是受众群体，根据内容判断期刊面向广大群众，受众面广。对于通过以上 3 条遴选条件无法判断的期刊，则通过其他检索手段，如网络检索、纸版刊物查询等进行辨别，期刊文章内容以面向大众普及科学技术知识为主的即遴选为科普期刊，同时还参考了中国科普作家协会遴选的科普期刊名录。

中国科普期刊出版资源呈现相对分散、单一特征。截至 2022 年底，全国科普期刊数量稳定，学科分布广泛，出版地覆盖面广，行业性专业类科普期刊占多数。我国科普期刊除 99 种中央期刊外，其余的分布于 28 个省区市。上海、北京、重庆、天津、广东、湖南等地区科普期刊分布较多；福建、甘肃、贵州、内蒙古等地区科普期刊分布较少；青海、西藏和宁夏地区目前尚没有出版科普期刊（图1-4）。

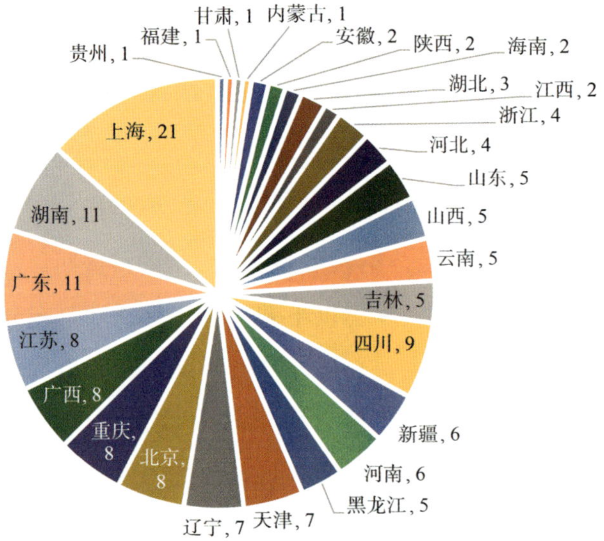

图 1-4 2022 年中国科普期刊（不含 99 种中央期刊）出版地分布（单位：种）

1. 学科分类及分布

我国科普期刊分属于 34 个学科领域，其中农业科学，自然科学总论，医药、卫生三大学科的科普期刊占全部科普期刊总数的 53.31%。从学科分布来看，科普期刊覆盖的学科范围较广但分布不均。按照《中国图书馆分类法》，科普期刊涵盖自然科学总论（N），数理科学和化学（O），天文学、地球科学（P），生物科学（Q），医药、卫生（R），农业科学（S），工业技术（T），交通运输（U），航空、航天（V），环境科学、安全科学（X）及综合（Z）领域。其中，医药、卫生，工业技术和自然科学总论类的科普期刊占比分别为 22.96%、19.84% 和 19.46%（图 1-5）。

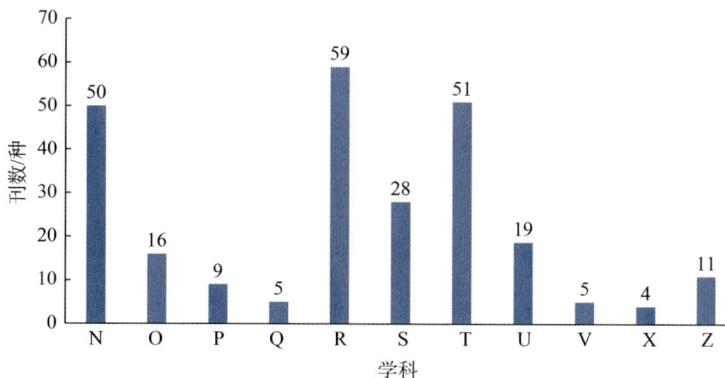

图 1-5　2022 年中国科普期刊学科分布

N：自然科学总论，O：数理科学和化学，P：天文学、地球科学，Q：生物科学，R：医药、卫生，S：农业科学，T：工业技术，U：交通运输，V：航空、航天，X：环境科学、安全科学，Z：综合

2. 主管、主办单位分布

中国科普期刊的主管单位包括地方政府机构、中国科协及地方科协、国家部委、出版机构、高校及研究所、企业、全国性社会团体以及解放军系统单位。统计显示（表 1-49），由地方政府机构和出版机构主管的科普期刊数量最多，分别占总数的 21.78% 和 21.01%。我国科普期刊大多由 1 个单位主办，占总数的 86.38%，部分期刊有 2 个或者 2 个以上的主办单位。中国科普期刊的主办单位主要有专业出版单位、高校及研究院所、全国学会及地方学会、党和政府相关部门或机构、中国科协及地方科协、企业、医院等。主办科普期刊数量较多的包括专

业出版单位（39.30%）、高校及研究院所（21.40%）、全国学会及地方学会（20.23%）。

表 1-49　科普期刊主管单位分布情况

主管单位分布	数量/种	占比/%
地方政府机构	56	21.78
国家部委	41	15.95
出版机构	54	21.01
高校及科研院所	27	10.50
中国科协	31	12.06
企业	18	7.01
地方科协	14	5.44
全国性社会团体	14	5.44
其他	2	0.81
合计	257	100.00

3. 办刊队伍分布

基于参加 2022 年度年检的科技期刊数据，257 种科普期刊的总从业人数约 3017 人，刊均 11.74 人，其中采编人员数量约为 1509 人，占总从业人数的 50.02%；行政人员数量约为 360 人，占总从业人数的 11.93%；广告发行人员约为 574 人，总从业人数的 19.03%；新媒体工作人员约为 36 人，占总从业人数的 1.19%。

从办刊人员学历来看，257 种科普期刊从业人员中拥有硕士及以上学位人数为 730 人，占总从业人数的 24.20%；本科学历人员 1846 人，占 61.19%；副高及以上职称的人数为 371 人，占 12.30%。随着中国科普期刊的不断发展，各出版单位对高学历人才的需求也在不断增加，未来高学历人员的比例将进一步加大。但同时也可以看出，虽然科普期刊在积极拥抱新媒体，但新媒体从业人员占比还相对较少，未来应该加大这一类人员的比例。

4. 语种与出版周期分布

中国科普期刊以中文期刊为主。根据不同地区尤其是少数民族地区人民群众的需求，一些科普期刊使用少数民族文字出版。统计显示，我国目前共有 6 种少数民族文字出版的科普期刊（2.33%），分别为 2 种哈萨克文和 4 种维吾尔文科普期刊。

与学术期刊相比，出版频率较快是科普期刊的一个特点。从出版周期来看，中国科普期刊以月刊为主，共 131 种，占总数的 50.97%；其次是半月刊，共 40 种，占 15.56%；只有 1 本半年刊，暂无年刊。

5. 新媒体开展情况

对新兴媒介形式的发掘应用是科普期刊发展创新的题中之义。《全民科学素质行动规划纲要（2021—2035 年）》提出，大力开发短视频等多形式、新形态的科普作品成为科普供给侧改革的重要实现路径之一。早在社交媒体兴起之初，一些科普期刊就开始顺应新技术潮流，探索"跨媒体多元化发展策略"。例如，《大众医学》在 2022 年开始探索纸质媒体与网络、手机、电视等新媒体整合的策略；以《中国国家地理》《博物》等为代表的科普期刊，其短视频运营与传播直接关联刊物的运营创新实践，意味着品牌塑造、营销宣传和商业模式革新。

21 世纪以来，新技术的革新带来新媒体的快速发展。随着新媒体的出现和繁荣，虚拟现实、增强现实、直播、短视频媒介形式快速发展，人们不再满足于微博和微信，知乎、今日头条、短视频平台的用户不断增长，丰富了科普传播的载体。我国相继出台的一系列关于媒体融合的相关政策，如《关于推动传统媒体和新兴媒体融合发展的指导意见》，大大促进了科普传播事业的发展。目前，随时随地的阅读与互动，更加凸显融媒体时代科普期刊的传播特点。但统计显示，目前中国科技期刊新媒体人员仅占总从业人数的 1.19%，有 62 本科普期刊在新媒体有资金投入，投入总金额为 2910.7 万元，累计总收入为 5604.8 万元。为了推动和繁荣科普期刊的全方位发展，积极拥抱新媒体是未来发展的路径之一。

（二）经营现状

目前，约有半数的科普期刊由独立法人出版单位出版，在发行、广告经营等方面取得了一定成绩，尤其是随着新媒体的传播，部分科普期刊效益稳步上升，但绝大多数科普期刊仍存在经营规模较小、品牌推广不力等问题。

1. 出版单位性质

统计显示，填报本次有效数据的科普期刊共 253 种，过半数期刊的出版单位为独立法人，其中，出版单位为企业法人的期刊有 94 种，占 37.15%；出版单位为事业法人的期刊有 40 种，占 15.81%；出版单位为非法人的期刊有 116 本，占 45.85%（表 1-50）。

表 1-50 　2022 年中国科普期刊出版单位性质

出版单位性质	刊数/种	占比/%
非法人	116	45.85
企业法人	94	37.15
事业法人	39	15.42
其他	4	1.58
合计	253	100.00

2. 运营模式

目前，我国科普期刊的经营方式总体上是自负盈亏。期刊的盈利模式主要有 3 种：发行主导、广告主导和其他业务主导。发行主导模式的科普期刊主要特点是发行量大；广告主导的科普期刊特点是与行业结合紧密，能够获得丰富的广告资源，如医药类和汽车类；其他业务主导的科普期刊是指通过开通新媒体传播等多种途径为主导而获得盈利。

在填报年总收入有效数据的 243 种科普期刊中，年总收入在 1000 万元以上的有 19 种，占 7.82%；年总收入在 100 万～1000 万元的有 127 种，占 52.26%；年总收入在 100 万元（含 100 万元）以内的有 97 种，占 39.92%。其中包括以发行收入为主要来源的《博物》《中学生数理化》《问天少年》等期刊，以广告为主要收入来源的《中国国家地理》《座驾》等期刊，以及以新媒体收入为主要来源的《车主之友》《科学大众》等期刊。年总收入在 100 万元（含 100 万元）以内的科普期刊有 97 种，占 39.92%。由此可见，中国科普期刊总体收入呈现出两极分化的态势（表 1-51）。

表 1-51 2022 年科普期刊总收入

总收入/万元	刊数/种	占比/%
0<G≤100	97	39.92
100<G≤200	38	15.64
200<G≤300	27	11.11
300<G≤400	19	7.82
400<G≤500	12	4.94
500<G≤600	9	3.70
600<G≤700	11	0.53
700<G≤800	4	1.64
800<G≤900	1	0.41
900<G≤1000	6	2.47
G>1000	19	7.82
合计	243	100.00

3. 出版发行

目前我国科普期刊发行大多仍以邮局征订为主要渠道，同时采用"邮发+自办"作为辅助方式。随着我国出版业的不断发展，尤其是在进入 WTO 之后，我国承诺开放书报刊的批发市场，大量的外资发行商涌入我国，出版物发行市场的竞争日益激烈，因此各类出版发行渠道有所拓宽，发行方式呈现多元化。

统计显示，填报本项有效数据的科普期刊有 250 种，发行渠道主要有 3 种，邮局发行、自办发行以及"邮发+自办"。其中，邮局发行和自办发行渠道为主要发行方式，占 70.47%。中国科普期刊 2022 年总发行量为 538.11 万册，其中发行量在 3 万册以下的占 84.80%（表 1-52）。

表 1-52 2022 年中国科普期刊发行量统计

期刊发行量/万册	刊数/种	占比/%
<3	212	84.80
3～	29	11.6
10～	6	2.4
30～	2	0.8
50～100	1	0.4
合计	250	100.00

中国科普期刊发行收入在 1000 万元以上的有 9 种，占 3.60%；500 万～1000

万元之间的有 16 种，占 6.40%；100 万～500 万元之间的有 64 种，占 25.60%，100 万元以下的有 161 种，占 64.40%。广告收入在 1000 万元以上的只有 2 种，500～1000 万之间的有 1 种，占比 0.4%，100 万～500 万元之间的有 26 种，占 10.40%；100 万元以下的有 95 种，占 38.00%；没有填报广告收入项的科普期刊有 126 种，占 50.40%。可以说，对绝大部分科普期刊来说，广告收入并非其主要盈利模式。

4. 新媒体和学术活动收入情况

随着新媒体的广泛传播，部分科普期刊通过这种新型盈利模式获得了较好的收益。统计显示，51 种科普期刊获得了新媒体收益，其中 6 种新媒体收益超过 500 万元；收益介于 100 万～500 万元之间的有 8 种。与此同时，科普期刊凭借品牌优势，开展了相关学术活动，共 59 种取得学术活动收入，其中 20 种的收益在 100 万元以上，还有 40 种获得了 371.9 万的版权收入，这说明中国科普期刊的原创水平在逐渐提升。

二、中国科普期刊新媒体传播能力与传播效果

随着媒体融合脚步的加快，越来越多的科普期刊开始重视和利用新媒体的力量，通过开通视频号，进驻 B 站、抖音、快手等短视频平台进行期刊宣传推广，成为科普期刊占据网络宣传阵地的新通道。近年来，微信公众号、微信视频号、抖音、B 站等平台因具有比较明显的私域社交推荐机制，影响力已成规模并在不断扩大。因此，选用上述新媒体平台，以权威的新媒体大数据评估和研究平台"清博指数"①为工具，提取我国 257 种科普期刊微信公众号、微信视频号、抖音、B 站开设及传播情况，通过大数据平台获得了相关的传播力指数，并

---

① 清博大数据是中国新媒体大数据权威平台，世界互联网大会网络公益发起单位，现为国内重要的舆情报告和软件供应商之一，是国内制定各类互联网、新媒体、大数据排行榜的权威机构。"清博指数"是国内较大的第三方新媒体数据搜索引擎、国内较大的"两微一端"新媒体大数据平台。

进行分析①。

（一）科普期刊新媒体平台开通情况

以权威的新媒体大数据评估和研究平台"清博指数"进行数据提取后显示，大多数科普期刊都采用新媒体运营方式，在 257 种科普期刊中，有 219 种开通了微信公众号，占 85.21%（表 1-53）。其余类型的新媒体由于门槛和运营成本相对较高，开展的期刊数量相对较少。因此，科普期刊的新媒体平台发展仍主要集中在微信等以文字和图片内容为主的传播形态，科学传播的短视频平台建设相比之下则相对滞后。

表 1-53　　2022 年中国科普期刊典型新媒体平台开通情况

新媒体类型	刊数/种	占比/%
微信公众号	219	85.21
微信视频号	75	29.18
抖音	84	32.68
B 站	41	15.95

注：提取数据时间为 2022-06-30。
填报数据共 257 种科普期刊。

（二）科普期刊微信公众号传播情况

微信公众号作为新媒体的一种重要形式，具有良好的互动性和多功能性，科普期刊微信公众号实现了目标读者的纸质期刊深阅读与微信公众号浅阅读相结合，有利于广泛传播科普知识，正日益受到科普期刊的重视。现利用"清博指数"平台对 257 种科普期刊 2022 年 5～7 月微信公众号传播力情况进行数据提取和统计分析。

1. 连续更新情况

从更新情况来看，开通微信公众号的 219 种科普期刊中，逐月更新的微信公众号数量呈现增长趋势，连续 3 个月均有更新的公众号有 134 个，占开通微信公

---

① 本部分数据基于 2022 年中国科协学会服务中心研究项目——"科普类期刊传播能力和传播效果研究"（2022XFKJQK04）的研究成果，本部分内容执笔人为该项目主要参与者。

公众号科普期刊总数的 61.19%，3 个月间均未更新的公众号有 55 个，占开通微信公公众号科普期刊总数的 25.11%。

2. 传播力指数（WCI）

"清博指数"平台综合期刊的整体传播力、篇均传播力、头条传播力、峰值传播力进行评价得出微信传播指数 WCI[①]，代表期刊的微信传播效果和传播影响力。对 2022 年 5～7 月连续 3 个月均有更新的 134 种科普期刊微信公众号进行数据提取（表 1-54）。134 个科普期刊微信公众号 WCI 平均值为 451，平均值之上的微信公众号 57 个（占 42.54%），平均值之下的微信公众号 77 个（占 57.46%）。WCI 平均值主要集中在 1000 以下，共有 129 个微信公众号，占 96.27%。

WCI 平均值超过 1000 的共有 5 个微信公众号，分别是："博物"（1370.91）、"环球科学"（1354.00）、"中国国家地理"（1342.67）、"家庭医生"（1214.47）、"航空知识"（1127.54），其在微信发文次数、发文数量以及篇均阅读数上都排名前列，可见公众号要保持一定的推文次数和数量，持续吸引用户的关注，以形成传播效果的良性循环。

表 1-54　WCI 总和排名前 10 的微信公众号

序号	期刊名称	5 月 WCI	6 月 WCI	7 月 WCI	WCI 总和	WCI 平均值
1	博物	1362.28	1371.74	1378.72	4112.74	1370.91
2	环球科学	1342.10	1359.44	1360.47	4062.01	1354.00
3	中国国家地理	1318.99	1350.50	1358.54	4028.03	1342.67
4	家庭医生	1214.49	1215.80	1213.14	3643.43	1214.47
5	航空知识	1109.23	1147.22	1126.18	3382.63	1127.54
6	糖尿病之友	971.11	1001.09	1016.08	2988.28	996.09
7	摩托车杂志	965.48	950.37	925.26	2841.11	947.03
8	人像摄影	894.24	915.63	882.12	2691.99	897.33
9	艺术与设计	881.75	836.94	806.59	2525.28	841.76
10	轻兵器	823.52	778.90	806.38	2408.80	802.93

注：提取数据时间为 2022-08-01。

---

① 微信传播指数 WCI 是清博数据团队由原始数据通过计算公式推导出来的标量数值，由整体传播力、篇均传播力、头条传播力、峰值传播力 4 个维度进行考察，由 4 个一级指标和 12 个二级指标组成，并赋以不同权重。

（三）科普期刊微信视频号传播情况

以"清博指数"提取数据为主要信息源，统计 257 种样本科普期刊微信公众号（视频号）名称及开设情况，提取了开通科普期刊的微信视频号 2022 年 3～8 月的传播数据。微信视频号传播力指数（WVCI）由清博大数据开发，根据微信视频号的视频数量、互动状况、用户覆盖程度来体现微信视频号的影响力，主要从活跃度、传播度、认可度、互动度 4 个维度进行考察，分为发布作品数、转发数、点赞数、评论数、最大转发数、最大点赞数、最大评论数。

截至 2022 年 8 月，仅有 75 种科普期刊开通了微信视频号，占 29.18%，微信视频号开通率不足三分之一。表 1-55 为开通视频号的微信视频号传播力指数（WVCI）排名前 10 名的科普期刊。

表 1-55　2022 年 3～8 月我国科普期刊微信视频号传播指数情况

期刊名称	作品总量/个	最高点赞量/次	最高评论量/次	最高转发量/次	总点赞量/次	篇均点赞量/次	总评论量/次	篇均评论量/次	总转发量/次	篇均转发量/次	WVCI
家庭医生	243	100 002	5640	100 002	735 021	3 024.77	39 116	160.97	1 375 213	5 659.31	934.98
中国国家地理	181	14 002	417	50 402	492 950	2 723.48	19 193	106.03	744 619	4 113.91	853.90
人像摄影	157	100 002	5649	100 002	140 572	895.36	8 495	54.10	147 421	938.98	840.97
航空知识	100	51 802	4457	100 002	76 378	763.78	8 207	82.07	155 264	1 552.64	831.70
博物	127	864	142	1 035	42 527	334.85	4 477	35.25	32 059	252.43	644.65
世界金属导报	278	10 202	360	1 384	26 692	96.01	1 105	3.97	9 532	34.28	605.65
越玩越野	42	1 210	173	2 487	6 084	144.85	1 072	25.52	10 788	256.85	601.52
大众汽车	22	538	33	1 277	3 041	138.22	167	7.59	4 854	220.63	521.62
四川烹饪	14	1 225	99	393	2 970	212.14	197	14.07	1 514	108.14	520.63
祝您健康	159	3 012	6	268	50 857	319.85	55	0.34	4 154	26.12	500.42

注：提取数据时间为 2022-09-01。

从发布作品数来看，总体上科普期刊微信视频号的活跃度并不高，有 52 种期刊在此期间发布过作品（作品数>1），有 23 种期刊未发布作品（作品数为 0）。活跃度较高的期刊（发布作品数大于 100）有《世界金属导报》《家庭医生》《中国国家地理》《祝您健康》《人像摄影》《肝博士》《博物》《健康必读》《航空知识》9 种期刊。

转发数量是衡量和反映账号的传播能力和传播效果的重要指标，在开通视频号且有内容发布的 52 种科普期刊中，总转发量最高的为《家庭医生》《中国国家地理》《航空知识》，依次为 1 375 213 次、744 619 次、155 264 次。

点赞数是反映读者对内容认可度、互动度的重要衡量指标。在开通视频号且有内容发布的 52 种科普期刊中，总评论数最高的为《家庭医生》39 116，其次为《中国国家地理》《人像摄影》《航空知识》，依次为 19 193、8495、8207 次。

统计显示，大多数科普期刊对视频号传播平台的重视程度不够，内容策划没有新意、形式手段不够新颖，导致与受众互动不足、不能充分发挥短视频平台和流量优势。与此同时，《家庭医生》《中国国家地理》《航空知识》等一些科普期刊充分抓住了短视频在科普传播领域的机遇，主动出击、乘势而为，在融媒体和科普内容视频化方面做出了富有成效的探索和实践。

（四）科普期刊抖音号传播情况

"抖音"于 2016 年 9 月 20 日上线，是一个面向全年龄的短视频社区平台。以我国 257 种科普期刊名录在抖音平台进行检索，通过比对认证情况、账号名称、账号介绍等，发现共有 84 种期刊开通了抖音号，开通率 32.68%。在清博平台对 84 个科普期刊抖音号选取 2022 年 7～9 月的数据进行梳理和汇总，通过对抖音账号发布的短视频在数量、互动状况、覆盖用户程度来综合体现抖音号在短视频平台的传播影响力，选取科普期刊抖音号传播力指数 DCI[①]前 10 名进行相关的统计（表 1-56）。

粉丝数是抖音号传播互动的用户，粉丝量的多少是抖音号传播的基础，而点赞、转发和评论则是用户对抖音号传播内容的直接反馈，是用户参与传播互动的行为表现。对 7～9 月 DCI 排名前 5 的科普期刊抖音号统计其当月相应的粉丝总数、点赞数、转发数和评论数发现（表 1-57），《小康》《博物》《中国国家地理》

---

① 抖音号传播力 DCI 是通过对抖音账号发布的短视频在数量、互动状况、覆盖用户程度来综合体现抖音号在短视频平台的传播影响力。主要通过发布指数、互动指数、覆盖指数 3 个维度进行考察，由 3 个一级指标和 6 个二级指标组成，并赋以不同权重。

表 1-56 中国科普期刊的抖音号传播力指数 DCI 排名（前 10）

排名	期刊名称	7月作品数	7月DCI值	期刊名称	8月作品数	8月DCI值	期刊名称	9月作品数	9月DCI值
1	小康	375	896.69	小康	532	1098.65	小康	348	1010.24
2	博物	12	850.07	博物	20	1005.41	中国国家地理	8	942.99
3	中国国家地理	15	781.72	海陆空天惯性世界	172	834.44	博物	20	914.25
4	家庭医生	38	763.27	中国国家地理	10	799.15	海陆空天惯性世界	172	843.89
5	中国三峡	24	747.37	十万个为什么	25	792.18	家庭医生	45	840.49
6	海陆空天惯性世界	180	747.12	中国三峡	23	732.58	十万个为什么	29	792.27
7	人像摄影	31	714.36	家庭医生	37	703.40	中国三峡	28	717.98
8	世界金属导报	29	693.01	人像摄影	20	635.07	摩托车	14	635.88
9	婚育与健康	17	651.50	世界金属导报	35	619.17	世界金属导报	31	615.18
10	摩托车	13	582.26	摩托车	19	606.75	人像摄影	5	583.07

表 1-57 中国科普期刊的 DCI 排名（前 5）

时间	期刊名称	作品数	粉丝总数	点赞数	转发数	评论数
7月	小康	375	15 011	35 225	5 459	22 235
	博物	12	36 万+	35 027	4 484	2 488
	中国国家地理	15	242 万+	30 589	856	1 282
	家庭医生	38	32 308	4 956	6 285	636
	中国三峡	24	99 070	10 369	1 534	724
8月	小康	532	40 万+	35 万+	27 405	13 万+
	博物	20	37 万+	14 万+	30 205	26 573
	海陆空天惯性世界	172	21 869	53 249	1 601	6 210
	中国国家地理	10	243 万+	29 713	948	1 471
	十万个为什么	25	13 万+	84 249	835	2 315
9月	小康	348	40 万+	20 万+	20 600	17 112
	中国国家地理	8	248 万+	19 万+	5 463	11 446
	博物	20	39 万+	60 810	6 500	10 022
	海陆空天惯性世界	172	30 372	64 246	1 480	7 676
	家庭医生	45	34 562	10 804	8 530	2 926

3 种期刊的抖音号稳居前 5；《博物》《中国国家地理》作品数相对比较稳定，《小康》的作品数在 8 月有显著的增长；《小康》的粉丝总量在 8 月出现了大幅增长，由 15 011 增加至 40 万+，点赞数、转发数和评论数也出现大幅增加；7～9 月点赞数、评论数最高的均为《小康》杂志社；7～9 月转发数最高的期刊分别

是：《家庭医生》《博物》《小康》；不同抖音号之间的点赞数、转发数、评论数差异显著。

（五）科普期刊 B 站传播情况

哔哩哔哩是中国年轻人高度聚集的综合性视频社区，被用户亲切地称为"B 站"，它围绕用户、创作者和内容，构建了一个源源不断产生优质内容的生态系统，涵盖知识、生活、游戏、时尚、音乐等数千个品类和圈层，是特色短视频平台的代表。通过"清博指数"平台对 2022 年 7～9 月我国开通 B 站账号的科普期刊传播数据进行提取和统计。统计显示，我国 257 种科普期刊中开通 B 站账号的为 41 种，开通率为 15.95%，比例偏低。这 41 种科普期刊来自于不同的领域，涵盖自然科学、医疗健康、汽车、计算机、家装、摄影等门类，其中也包含面向少儿和青少年的科普读物。

选取科普期刊 2022 年 7～9 月 B 站视频传播指数 BVCI[①]排名前 10 的期刊（表 1-58）。

在作品更新数量上，平均每月有 16 种期刊更新和发布视频作品。视频作品发布数量差异明显，9 月视频发布总量最多的期刊为《绿色中国》，更新了 151 个视频，数量是第二位次科普期刊的 4.08 倍；其次是《中国三峡》《少年科学画报》《名车志》，依次更新了 37 个、31 个、30 个视频，视频发布数量较《绿色中国》差距明显。

播放量是考察视频作品传播广度的重要指标。已开通 B 站平台的 41 种科普期刊中，7～9 月内发布过视频作品的期刊有 21 种，月均播放量低于 1000 次的期刊有 5 种，在 1000～10 000 次之间的期刊有 7 种，在 10 000 次以上的期刊有 9 种。其中，《中国国家地理》月均播放量最高，超过 277 万次，7～9 月 3 个月的单月播放量均突破 240 万次；《博物》月均播放量超过 351.67 万次，超过《中国国家地理》，其 8 月的单月播放量高达 524 万次，在 21 种科普期刊中单月播放量

---

① B 站视频传播指数 BVCI 是"清博指数"平台综合 B 站账号的视频发布状况、粉丝数量、播放数量、评论情况这 4 个指标数据得出，用以反映 B 站视频账号的影响力与传播效果。

表 1-58 中国科普期刊的 BVCI 排名（前 10）

时间	期刊名称	作品数量/个	月播放量/次	评论数/条	B 站视频传播指数（BVCI）
7 月	中国国家地理	5	241 万+	4028	820.44
	博物	5	434 万+	1593	728.72
	家庭医生	5	88 万+	1228	661.78
	微型计算机	3	49 724	193	559.89
	科幻世界	4	37 250	89	544.2
	名车志	7	42 831	210	524.92
	摩托车	5	22 553	159	519.42
	中国三峡	11	29 070	179	458.48
	摄影世界	2	7 244	36	448.58
	少年科学画报	10	10 153	89	415.23
8 月	中国国家地理	5	284 万+	5872	965.63
	博物	9	524 万+	3937	915.79
	家庭医生	4	22 万+	519	707.59
	少年科学画报	10	22 万+	135	588.87
	摩托车	7	24 343	143	569.98
	微型计算机	3	33 423	32	539.53
	名车志	16	29 424	161	537.94
	中国三峡	13	27 674	146	525.12
	家居廊	5	5 089	6	475.97
	绿色中国	70	11 387	22	347.18
9 月	中国国家地理	7	305 万+	5505	955.41
	博物	9	97 万+	4696	868.92
	家庭医生	5	72 万+	1874	781.00
	摩托车	2	24 711	142	621.83
	中国三峡	13	99 346	398	614.06
	名车志	7	58 551	292	605.89
	微型计算机	4	37 036	121	584.10
	少年科学画报	11	46 785	182	573.37
	汽车导报	1	12 658	102	512.44
	汽车与运动	1	9 435	4	449.12

最高；《家庭医生》月均播放量约 61 万次，《少年科学画报》月均播放量达 9.23 万次。此外，这 4 种月均播放量较高的期刊，7~9 月发布的视频作品数量均相对稳定，粉丝数量呈连续增长趋势，可见持续稳定的优质作品输出，是不断吸引用户、扩大传播广度的关键因素。

评论数能反映视频作品的传播参与度，已开通 B 站平台的 41 种科普期刊中，7~9 月收获用户评论的有 19 种。单月最高评论数为 5872 条，单月最低评论数为 1 条。月均评论数最高的期刊分别为《中国国家地理》、《博物》和《家庭医生》，评论数均大于 1000 条；其余 16 种期刊的月均评论数全部在 300 条以下，表明大部分科普期刊视频作品的传播参与度有待提高。

三、中国科普期刊发展对策与建议

目前，中国科普期刊在媒体融合发展方面，人才、技术、管理和机制 4 个集中且突出的问题没有得到有效的克服与解决，而传统期刊又在新媒体的冲击下面临新的危机和挑战。虽然中国科普期刊数量呈现平稳上升趋势，但除了少数科普期刊的转型较为成功外，仍普遍存在着规模小、影响弱、利润低、受众量下滑等问题。近年来，国家高度重视科普工作，为科普期刊提供了更加广阔的发展空间。在新形势下，积极开拓新媒体传播途径，是科普期刊优质内容广泛传播的有效途径，尤其是在科普期刊传统发行渠道和收入日渐式微的趋势下，应该探索出更多的生存模式。目前发展良好的科普期刊无不在与时俱进，主动运用新技术、新工具、新渠道。当然，运用新技术和新手段的前提是优质内容，在受众心中树立品牌形象是做好各种宣发渠道的基础。

（一）汇聚科普原创资源，重塑内容供应格局

强化科普出版管理，创新科普内容和传播平台的载体，开展更多样本分析，研究和创设科普出版的盈利模式，推动可持续发展。根据不同科普对象的需求，设计开发汇聚针对不同受众的原创科普内容，丰富产品层次和形态；对科普期刊的评价既要重流量，也要重效果，在科普作品或科普微信公众号评价上，设计更多指标和维度，将"量和质"结合起来，特别是有些"质"的评价内容需要得到真正的用户和受众反映；科普期刊评优突出科普传播指标及权重，适应当下融合出版趋势；建立基于科普期刊新媒体指标的第三方权威监测体系，为科普期刊开拓运营活动、争取广告、赢得更权威的官方背书或者第三方支撑提供帮助。

（二）创新新媒体运营理念，发挥科普期刊品牌优势

在顶层设计上树立"受众思维"，持续推进并深化科普期刊的新媒体运营理念，充分利用科普期刊的品牌优势，打造适应新媒介技术条件下的运行机制、组织结构和传播渠道，深化传统科普期刊在内容转化、技术运用、价值引领等方面的主导地位。加大新媒体运营的资金与人才投入；创建品牌意识，推进科普期刊新媒体运营的内涵建设；秉持"内容为王"的品牌战略原则，强化内容建设的知识性、权威性、及时性和趣味性，培育科普期刊在社会公众中的公信力、传播力、美誉度；打造科学传播的平台矩阵，有力推进传播效果，最大限度地发挥科普期刊的社会功能。

（三）加快传统媒体战略转型，发挥融媒体平台作用

推动传统媒体的战略转型，大力发挥媒体组织、统筹、动员社会资源的能力，发挥媒体平台作用。打造融媒体"拳头产品"，提升科普期刊自身的品牌价值。科普期刊在进军新媒体时，要突出专业性、权威性的内容竞争优势，并通过在本领域内的深度资源建设来提升品牌价值，将科普期刊多年来积累的内容、作者资源转移至新媒体平台；拓展科普期刊的经营范围，延伸产业链的同时挖掘新资源；充分利用新媒体工具和各传播平台，对期刊策划出版的热点专题和特邀文章进行广泛和精准的宣传，并积极创立品牌活动，根据各期刊所处行业、领域和自身特点，积极与各科研单位、院校和出版机构展开合作，邀请科学家和科普作家深入参与线上线下科普活动，打造受关注度高的、互动性强的竞赛、实践课、亲子活动、线上沙龙等，全方位宣传期刊，同时不断与新技术、新理念相结合，积极探索出科普期刊发展的有效模式与路径。

（四）加强政策扶持力度，支持科普期刊全媒体出版

政府部门、研究机构、专业组织、行业协会及科普传播基地等在科普期刊全媒体出版过程中，都承担着重要的服务功能，要从政策、制度、理念及技术等方面共同促进科普期刊全媒体出版的发展。建立适合突破时空尺度的全程媒体、突破物理尺度的全息媒体、突破主体尺度的全员媒体、突破功能尺度的全效媒体构

架体系，为实现科普信息传播载体、传播内容、传播途径等创新提供政策及组织结构的充分保障；在评价体系中，建议在中国科普作家协会或中国科协维度上增加科普期刊数字化精品的遴选和相关评价，在人才上给予更多激励，促进科普期刊全媒体、全流程发展。

（五）大力提升办刊能力，提升科普期刊的知识价值

以专业化的内容、精品化的定位、特色化的营销、新颖化的形式，推动科普期刊沿着"专、精、特、新"方向持续发展，提升科普期刊的知识价值，发挥科普期刊的功能作用。通过建立专家智库、爱好者社群等，培养复合型人才对市场的敏感性；拓宽相应的宣传方式，保持更新频次，提高粉丝群、微信群等社群的活跃度，吸引更多的受众群体；紧跟热点内容，建立健全科普报道机制，缩短制作周期，开设绿色通道，通过多种形式加速出版系列内容，提升时效性，并保证传播过程中的首发能力；探索扶持原创科普内容传播的路径，集中科普类期刊视频号，对接 B 站、视频号和抖音等大的视频流量平台，借助科协在科普传播方面制定的相关政策和工作机制，探索对于原创科普内容的流量扶持；深挖期刊内容优质资源，充分发挥专家的意见，做权威性的科普；引进和培养高素质的各类办刊人才，包括经营管理人才、编辑出版人才和新媒体运营人才等。

（六）根植期刊优质选题，打造科普期刊立体传播模式

打造品牌栏目，培育专栏作者，培养专业团队，开展科普活动，实践媒体融合，尝试跨界出版。根植期刊优质选题进行合理科技成果科普化转化；多措并举，打造立体传播模式；在实践运营中，从图文、动画、视频、音频等方面进行综合性的融合和打造，多学科、多维度、多角度进行科普内容设计；寻求与相关新媒体平台、企业或机构的合作机会，选派人员到短视频运营品牌方面经验丰富的企事业部门学习，不断更新品牌运营理念。

（七）差异化定位发展，探索融媒体有效发展途径

根据受众对象的不同，设定满足受众差异化需求的内容和产品，从而进行交

互式生产和按需出版,探索发展以全媒体传播为主要渠道的智慧出版。例如,要根据大数据技术形成的用户画像,将云端存储的出版内容对受众进行差异化推送,可以借助算法推荐将内容和用户进行精准匹配,也可以借助 5G 商用消息进行按需推送,让用户在消息框内即可完成信息的阅读、互动与反馈;要对音频、视频及知识付费产品的内容生产进行系统策划,形成知识产品"超市",满足用户的个性化信息需求。

参考文献

[1] 习近平. 为建设世界科技强国而奋斗——在全国科技创新大会、两院院士大会、中国科协第九次全国代表大会上的讲话[R]. 北京: 人民出版社, 2016.

[2] 新华网. 第十一次中国公民科学素质抽样调查结果[EB/OL]. (2021-01-27) [2022-03-15]. http://www. xinhuanet.com/science/2021-01/27/c_139701108.htm.

[3] 中国科学技术协会. 中国科技期刊发展蓝皮书(2017)[M]. 北京: 科学出版社, 2017.

[4] 中国科学技术协会. 中国科技期刊发展蓝皮书(2020)[M]. 北京: 科学出版社, 2020.

[5] 吴尚之. 中国期刊行业发展报告(2017—2018)[M]. 北京: 中国书籍出版社, 2018.

[6] 刘泽林. 新形势下科普期刊的发展探索[C]//中国农机院报刊社科技期刊研究室. 科普期刊研究论文集. 北京: 中国农业机械化科学研究院, 2002: 32-37.

[7] 刘泽林, 张品纯. 25 年来我国科普期刊的回顾和展望[C]//中国农机院报刊社科技期刊研究室. 科普期刊研究论文集. 北京: 中国农业机械化科学研究院, 2002: 9-24.

[8] 新闻出版广电总局, 财政部. 新闻出版广电总局 财政部关于推动传统出版和新兴出版融合发展的指导意见[EB/OL]. (2015-03-31) [2023-03-13]. https://www.gov.cn/gongbao/content/2015/content_2893178.htm.

[9] 武瑾媛, 王亚男, 俞敏. 守正创新办好科普期刊——以《航空知识》为例[J]. 编辑学报, 2022, 34(1): 16-21.

[10] 席志武, 徐有军. 科普期刊的新媒体运营现状与优化路径探讨——以 2020 年度 50 种中国优秀科普期刊为例[J]. 编辑学报, 2021, 33(4): 434-439.

第二章 中国科技期刊发表论文概况①

内容提要

本章基于国内外相关数据库，对中国科技期刊发表的论文在发文量、学科分布、地区分布、机构分布、基金资助、国际合作和学术影响力等以及对中国学者发表的高影响力论文和热点论文在学科、机构和所属期刊的分布情况进行了分析。

基于 InCites 数据库，2022 年中国 SCI 期刊总量为 235 种。中国作者发表 SCI 论文 740 776 篇，占全球发表 SCI 论文数的 32.42%；中国 SCI 期刊发表论文 37 561 篇，占全球发表 SCI 论文总数的 1.64%。中国作者论文是中国 SCI 期刊发表论文的主要来源，共发表 32 919 篇，占中国 SCI 期刊发表论文数的 87.64%。从数量来看，中国 SCI 期刊数量及发表文章体量呈缓慢增加的趋势，但仍远不及中国作者发表 SCI 论文的增长速度。2013～2022 年十年间，中国作者发表 SCI 论文数量持续攀升，2022 年发表论文数是 2013 年的 3.45 倍，相较于中国 SCI 期刊发表论文数的缓慢增长，二者差距逐渐拉大，2013 年的中国作者发表 SCI 论文数是中国 SCI 期刊发表论文数的 8 倍，而 2022 年该指标接近 20 倍。

2013～2022 年，境外作者中国 SCI 期刊发文数量呈整体上升趋势。

---

① 第二章执笔：黄延红（牵头）；周英智（统计学指导）；翁彦琴、肖玥、黄沈燚、杨绮文（第一节）；伍军红、徐婉桢（第二节）；翁彦琴、肖玥、伍军红、徐婉桢（第三节）；侯修洲（统稿）。

2013 年，中国 SCI 期刊境外作者发文比例为 9.53%，2020 年达到最高（19.76%），该指标在 2021 年和 2022 年随中国 SCI 期刊发文数量增长而小幅降低，至 2022 年为 18.11%。

2022 年，中国作者发表 SCI 论文的被引频次为 1 988 706 次，占全球发表 SCI 论文被引频次的 39.85%；中国 SCI 期刊发表论文的被引频次为 145 675 次，占同期全球发表 SCI 论文总被引频次的 2.92%，高于同期中国 SCI 期刊发表论文数占全球发表 SCI 论文数的比例（1.64%）。14 个学科中国 SCI 期刊发表论文被引频次占同学科全球发表 SCI 论文被引频次大于 1.00%，其中占比最高的 5 个学科依次为"材料科学"（7.75%）、"物理学"（7.54%）、"地学"（5.24%）、"化学"（4.06%）和"植物学与动物学"（3.77%）。

2022 年，中国 SCI 期刊发表论文的引文影响力为 3.88，中国作者发表 SCI 论文的引文影响力为 2.68，二者均高于同期全球发表 SCI 论文引文影响力（2.18）。自 2021 年起，中国 SCI 期刊发表论文的引文影响力高于中国作者发表 SCI 论文的引文影响力，且二者的差值由 2021 年的 0.52 增加到 2022 年的 1.20。

2022 年，有 137 种中国 SCI 期刊入选 Q1 期刊，占同期全球 Q1 期刊数量（3461 种）的 3.96%；占中国 SCI 期刊的 58.30%。中国 SCI 期刊发表 Q1 期刊论文数为 22 106 篇，占同期全球发表 Q1 期刊论文数（947 219 篇）的 2.33%。发表高被引论文 20 篇及以上的中国 SCI 期刊有 14 种，均为英文刊；其中《材料科学技术（英文版）》发表高被引论文位列第 1（125 篇），《生物活性材料（英文）》（111 篇）与《中国化学快报（英文版）》（80 篇）分别位列第 2 和第 3。

2022 年，中国 SCI 期刊发表国际合作论文占比为 18.13%，同期，中国作者发表国际合作论文百分比为 20.58%，均低于全球发表国际论文占比（26.47%）。

2022 年，中国 SCI 期刊发表高被引论文数为 1218 篇，占同期全球发表高被引论文数（24 086 篇）的 5.06%；中国作者发表高被引论文数为 11 459 篇，占同期全球发表高被引论文数的 47.58%；中国机构发表高被引论文数为 11 350 篇，占同期全球发表高被引论文数的 47.12%。2013～2022 年十年间，中国作者发表高被引论文 65 962 篇，占全球高被引论文的 35.95%；中国研究人员以第一作者或通讯作者身份发表 SCI 高被引论文数量呈递增趋势，由 2013 年的 1694 篇增加至 2022 年的 10 656 篇，增幅为 529.04%，且于 2022 年首次突破 1 万篇。

2022 年，中国 SCI 期刊发表热点论文 126 篇，占同期全球发表热点论文数的 5.41%；中国作者发表热点论文 1141 篇，占同期全球发表热点论文数的 48.97%；中国机构发表热点论文 1127 篇，占同期全球发表热点论文数的 48.37%。

基于中国知网，2021 年中国科技期刊共发表可被引论文 114.06 万篇，受基金资助发表在中国科技期刊上的论文共 55.03 万篇。60 个学科中，在 2021 年的发文量位居前 6 名的学科依次为："自动化技术、计算机技术"（82 885 篇，7.25%）、"交通运输工程"（72 328 篇，6.33%）、"土木建筑工程"（66 342 篇，5.81%）、"内科学"（60 037 篇，5.25%）、"中医学与中药学"（59 368 篇，5.20%）和"护理学"（47 272 篇，4.14%）。

2021 年中国科技期刊论文的发文机构中，高等院校（不含大/中专学校）占 34.86%，医疗机构占 24.60%，企业和科研机构分别占 15.49% 和 10.93%，事业单位、大/中专学校和中小学校、幼儿园等其他类型机构发文合计占 14.13%。

中国科技期刊 2012～2021 年共发表可被引论文 1356.07 万篇，累计被引用 6684.49 万次，篇均被引用 4.93 次。总被引频次最高的是"医药、卫生，综合性医药卫生"（2488.9 万次），篇均被引频次最高的是"环境科学、安全科学"（7.33 次）。来自期刊论文的引用占比最大，引用频次达 4340.42 万次，占 64.93%，其次是硕士学位论文（引用 2042.09 万次，占 30.55%），博士学位论文和会议论文的引用占比较小，仅占 3.46%和 1.06%。

第一节　基于国际数据库的中国科技期刊发表论文分析

基于 InCites 数据库[①]，客观描述 SCI 收录的中国科技期刊（以下简称"中国 SCI 期刊"）论文的学科分布、国际合作及学术影响力等定量数据，记录并揭示国际视野下中国 SCI 期刊的影响力及国际地位。

一、中国 SCI 期刊发表论文的学科分布

从学科的视角，基于论文数量、被引频次、引文影响力、国际合作论文占比等学术指标，对 2022 年全球发表 SCI 论文、中国作者发表 SCI 论文、中国 SCI 期刊发表论文、中国作者发表在中国 SCI 期刊论文等相关数据进行统计分析。

（一）中国 SCI 期刊发表论文数

从发表 SCI 论文的规模来看，2022 年中国作者发表的 SCI 论文数（740 776 篇）占全球发表 SCI 论文数（2 284 623 篇）的 32.42%，论文数量较 2021 年的 642 391 篇增加 98 385 篇，占比较 2021 年的 27.40%提升 5.02 个百分点。同期，235 种[②]中国 SCI 期刊发表论文 37 561 篇，占全球发表 SCI 论文总数的 1.64%，论文数量较 2021 年 232 种中国 SCI 期刊发表论文 35 045 篇（占全球发表 SCI 论

[①] InCites 数据库是科睿唯安在汇集和分析 Web of Science（WoS）核心合集权威引文数据的基础上，综合各种计量指标和各学科各年度的国际对标数据，建立起来的科研绩效分析与学科分析工具。本节学科分类采用 ESI 学科分类模式，这种分类模式是基于期刊的分类，是一种较为宽泛的学科分类模式，由自然科学与社会科学的 22 个学科构成。每种期刊只被划分至 22 个 ESI 学科中的一个学科。数据库更新日期为 2023 年 7 月 28 日，Web of Science 数据截至 2023 年 6 月 30 日，检索日期为 2023 年 8 月 1 日。

[②] InCites 数据库共检出中国（未包含港澳台）期刊 287 种，其中无 CN 号期刊 52 种，实际列入统计范围的期刊有 235 种。

文数的 1.49%）增加 2516 篇。从数量来看，2018 年以来，中国 SCI 期刊数量及发表文章体量呈缓慢增加的趋势，但仍远不及中国作者发表 SCI 论文数及其增长（图 2-1）。中国作者发表 SCI 论文是中国 SCI 期刊发表论文的主要来源，共发表 32 919 篇，占中国 SCI 期刊发表论文数的 87.64%，较 2021 年的 85.62%略有上升。

2013～2022 年十年间，中国作者发表 SCI 论文数量持续攀升，2022 年发表论文数是 2013 年的 3.45 倍，相较于中国 SCI 期刊发表论文数的缓慢增长，二者差距逐渐拉大，2013 年的中国作者发表 SCI 论文数是中国 SCI 期刊发表论文数的 8 倍，而 2022 年该指标接近 20 倍（图 2-2）。

图 2-1　2013～2022 年中国 SCI 期刊、中国作者发表 SCI 论文数

2013～2021 年数据分别源自《中国科技期刊发展蓝皮书（2020）》、《中国科技期刊发展蓝皮书（2021）》和《中国科技期刊发展蓝皮书（2022）》。

2022 年数据检索方法——InCites 数据库选"研究方向"；时间窗口 2022 年；学科分类体系 ESI；文献类型"研究论文"和"综述"；依次采集中国 SCI 期刊、中国作者数据。

2013～2022 年，境外作者中国 SCI 期刊发文数量呈整体上升趋势，论文占中国 SCI 期刊发表论文数的比例同比上升。2013 年，中国 SCI 期刊境外作者发文比例为 9.53%，2020 年达到最高（19.76%）。该指标在 2021 年和 2022 年随中国 SCI 期刊发文数量增长而小幅降低，至 2022 年为 18.11%。

图 2-2　2013～2022 年中国 SCI 期刊及其境外作者发表论文数

检索方法——InCites 数据库选"研究方向"；时间窗口 2013～2022 年；学科分类体系 ESI；文献类型"研究论文"和"综述"；国内/国际合作论文选"国际"；依次采集中国 SCI 期刊和境外作者在中国 SCI 期刊的发文数据。

境外作者论文统计即文献发表的作者中至少有一位是境外作者，含中外合作论文。

　　从学科角度分析境外作者在中国期刊的发文变化情况可以发现，各学科发文量随年度变化大致呈现平稳增长趋势，如表 2-1 所示。其中，"材料科学""物理学""工程技术""化学""地学""植物学与动物学"6 个学科发文量随年度变化增幅较大，尤其是"材料科学"在 2018～2022 年间实现大幅增长。但值得注意的是，"化学""免疫学""数学""微生物学""分子生物学与遗传学""药学与毒理学""空间科学"2022 年度境外作者发文数量出现明显下降，"化学"下降数量达 124 篇。

　　如表 2-2 所示，中国 SCI 期刊发表论文数占本学科全球发表 SCI 论文数比例最高的学科为"物理学"（5.25%），其余学科该占比均小于 5%，其中"材料科学"（4.06%）、"地学"（3.99%）、"化学"（2.66%）大于 2%，9 个学科处于 1%～2%，6 个学科处于 0～1%，"精神病学与生理学""社会科学"各发文 1 篇、"经济贸易"无发文。

表 2-1　2013～2022 年各学科境外作者在中国 SCI 期刊的发文量

序号	学科	境外作者在中国 SCI 期刊发文量/篇									
		2013 年	2014 年	2015 年	2016 年	2017 年	2018 年	2019 年	2020 年	2021 年	2022 年
1	农业科学	67	102	134	123	174	201	211	247	279	360
2	生物与生物化学	71	108	74	81	89	94	87	92	102	114
3	化学	232	231	259	257	282	360	389	563	701	577
4	临床医学	160	164	167	186	178	215	231	227	239	284
5	计算机科学	138	130	144	168	164	163	186	203	173	205
6	经济贸易	0	0	0	0	0	1	0	0	0	0
7	工程技术	218	273	303	371	435	490	644	742	813	826
8	环境与生态学	143	165	172	206	260	266	272	304	347	376
9	地学	225	278	358	371	398	482	475	540	573	589
10	免疫学	20	32	40	81	106	94	88	130	98	81
11	材料科学	276	297	335	323	387	448	630	901	1179	1355
12	数学	157	150	148	138	163	184	163	186	157	143
13	微生物学	0	0	7	5	19	13	18	25	16	8
14	分子生物学与遗传学	76	73	89	106	107	123	122	182	181	163
15	多学科	0	0	2	0	1	2	1	4	5	4
16	神经科学与行为学	40	43	56	46	70	80	89	116	102	106
17	药学与毒理学	43	50	58	67	80	96	109	148	141	117
18	物理学	437	484	515	528	612	723	719	866	887	881
19	植物学与动物学	232	251	269	288	342	385	434	559	541	550
20	精神病学与生理学	0	0	0	0	0	0	0	0	1	0
21	社会科学	0	0	0	0	0	1	1	0	1	1
22	空间科学	23	24	38	49	35	43	58	39	94	62
	合计	2558	2855	3168	3394	3902	4464	4927	6074	6630	6802

注：数据检索方法——InCites 数据库选"研究方向"；时间窗口 2013～2022 年；学科分类体系 ESI；文献类型"研究论文"和"综述"；国内/国际合论文选"国际"；依次采集中国 SCI 期刊、境外作者在中国 SCI 期刊的发文数据。

依学科英文名称顺序排列。

　　2022 年，中国作者发表 SCI 论文数占本学科全球发表 SCI 论文数比例均大于 10%，其中 10 个学科该占比超过 30%。"材料科学"领域中国作者发表 SCI 论文数占全球同学科 SCI 论文数的比例高达 50.86%，该学科一半的学术论文是来自中国作者的贡献。另外，"工程技术""计算机科学""地学"3 个学科该占比超过 40%。对比各学科中国作者发表 SCI 论文数占比与中国 SCI 期

表 2-2　2022 年各学科全球、中国 SCI 期刊、中国作者发表 SCI 论文数

序号	学科	全球发表 SCI 论文数（A）/篇	中国 SCI 期刊发表论文数（B）/篇	占比（B/A×100%）/%	中国作者发表 SCI 论文数（C）/篇	占比（C/A×100%）/%	中国作者发表在中国 SCI 期刊论文数（D）/篇	占比（D/C×100%）/%	占比（D/B×100%）/%
1	农业科学	71 402	1 365	1.91	25 230	35.34	1 117	4.43	81.83
2	生物与生物化学	92 659	789	0.85	26 649	28.76	734	2.75	93.03
3	化学	231 133	6 156	2.66	90 471	39.14	5 941	6.57	96.51
4	临床医学	388 315	1 688	0.43	81 611	21.02	1 322	1.62	78.32
5	计算机科学	75 915	1 011	1.33	34 600	45.58	938	2.71	92.78
6	经济贸易	42 488	0	0.00	8 717	20.52	0	0.00	—
7	工程技术	283 665	4 130	1.46	129 980	45.82	3 458	2.66	83.73
8	环境与生态学	126 687	1 753	1.38	44 675	35.26	1 444	3.23	82.37
9	地学	74 308	2 964	3.99	32 039	43.12	2 632	8.21	88.80
10	免疫学	36 522	191	0.52	9 465	25.92	117	1.24	61.26
11	材料科学	163 879	6 657	4.06	83 342	50.86	5 784	6.94	86.89
12	数学	59 910	870	1.45	17 786	29.69	758	4.26	87.13
13	微生物学	33 210	95	0.29	9 579	28.84	91	0.95	95.79
14	分子生物学与遗传学	52 041	641	1.23	19 691	37.84	577	2.93	90.02
15	多学科	3 082	14	0.45	691	22.42	13	1.88	92.86
16	神经科学与行为学	61 511	600	0.98	14 220	23.12	367	2.58	61.17
17	药学与毒理学	61 743	844	1.37	19 295	31.25	757	3.92	89.69
18	物理学	113 264	5 941	5.25	40 459	35.72	5 447	13.46	91.68
19	植物学与动物学	94 966	1 586	1.67	24 326	25.62	1 200	4.93	75.66
20	精神病学与生理学	64 289	1	0.00	9 898	15.40	1	0.01	100.00
21	社会科学	137 062	1	0.00	15 027	10.96	1	0.01	100.00
22	空间科学	16 572	264	1.59	3 025	18.25	220	7.27	83.33
	合计	2 284 623	37 561	1.64	740 776	32.42	32 919	4.44	87.64

注：检索方法——InCites 数据库选"研究方向"；时间窗口 2022 年；学科分类体系 ESI；文献类型"研究论文"和"综述"；依次采集全球、中国 SCI 期刊、中国作者、中国 SCI 期刊中国作者数据。
依学科英文名称顺序排列。

刊发表论文数占比，二者差距十分明显。中国作者发表 SCI 论文数占比与中国 SCI 期刊发表论文数占比差值超过 30% 的学科有 9 个，分别为"材料科学"（46.80%）、"工程技术"（44.36%）、"计算机科学"（44.25%）、"地学"（39.13%）、"分子生物学与遗传学"（36.61%）、"化学"（36.48%）、"环境与生态学"（33.88%）、"农业科学"（33.43%）和"物理学"（30.47%）。

中国作者发表 SCI 论文数占比与中国 SCI 期刊发表论文数占比比值超过 30 的学科有 8 个，分别为"微生物学"（99.45）、"免疫学"（49.85）、"多学科"（49.82）、"临床医学"（48.88）、"计算机科学"（34.27）、"生物与生物化学"（33.84）、"工程技术"（31.38）、"分子生物学与遗传学"（30.76）。

2022 年，"物理学"领域中国作者发表在中国 SCI 期刊论文数占中国作者发表 SCI 论文数的比例最高，为 13.46%；其余占比超过 5%的学科依次为"地学"（8.21%）、"空间科学"（7.27%）、"材料科学"（6.94%）和"化学"（6.57%）。从中国 SCI 期刊发表论文来源来看，中国作者是中国 SCI 期刊发表论文的主体，其中 9 个学科的占比超过 90%，分别为"精神病学与生理学"（100.00%）、"社会科学"（100.00%）、"化学"（96.51%）、"微生物学"（95.79%）、"生物与生物化学"（93.03%）、"多学科"（92.86%）、"计算机科学"（92.78%）、"物理学"（91.68%）、"分子生物学与遗传学"（90.02%）。这些学科中，中国 SCI 期刊发表论文数和中国作者发表 SCI 论文数占全球发表 SCI 论文数比例均相对高的学科为"化学""计算机科学""分子生物学与遗传学""物理学"；中国作者发表 SCI 论文数占全球发表 SCI 论文数比例相对高、中国 SCI 期刊发表论文数占全球发表 SCI 论文数比例相对偏低的学科为"生物与生物化学""微生物学"；中国 SCI 期刊发表论文数和中国作者发表 SCI 论文数占全球发表 SCI 论文数比例均相对较低的学科为"多学科""精神病学与生理学""社会科学"。

（二）中国 SCI 期刊发表论文的学术影响力

1. 论文被引频次

2022 年，中国作者发表 SCI 论文的被引频次（1 988 706 次）占全球发表 SCI 论文被引频次（4 990 308 次）的 39.85%。中国 SCI 期刊发表论文的被引频次为 145 675 次，占同期全球发表 SCI 论文总被引频次的 2.92%，高于同期中国 SCI 期刊发表论文数占全球发表 SCI 论文数的比例（1.64%）。

如表 2-3 所示，14 个学科中国 SCI 期刊发表论文被引频次占同学科全球发表 SCI 论文被引频次大于 1%，其中占比最高的 5 个学科依次为"材料科学"（7.75%）、"物理学"（7.54%）、"地学"（5.24%）、"化学"（4.06%）和"植物学与动物学"（3.77%）。

表 2-3　2022 年各学科全球、中国 SCI 期刊、中国作者发表 SCI 论文被引频次

序号	学科	全球发表论文被引频次（A）	中国 SCI 期刊发表论文被引频次（B）	占比（B/A×100%）/%	中国作者发表论文被引频次（C）	占比（C/A×100%）/%	中国作者发表在中国 SCI 期刊论文被引频次（D）	占比（D/C×100%）/%	占比（D/B×100%）/%
1	农业科学	148 355	4 571	3.08	65 990	44.48	3 785	5.74	82.80
2	生物与生物化学	223 858	1 696	0.76	64 814	28.95	1 495	2.31	88.15
3	化学	632 385	25 698	4.06	299 963	47.43	24 661	8.22	95.96
4	临床医学	692 579	4 148	0.60	129 617	18.72	3 141	2.42	75.72
5	计算机科学	166 011	2 834	1.71	87 654	52.80	2 640	3.01	93.15
6	经济贸易	80 895	0	0.00	23 989	29.65	0	0.00	—
7	工程技术	726 125	13 952	1.92	384 830	53.00	11 468	2.98	82.20
8	环境与生态学	308 840	6 987	2.26	137 168	44.41	5 823	4.25	83.34
9	地学	152 220	7 981	5.24	77 845	51.14	6 979	8.97	87.45
10	免疫学	106 416	747	0.70	23 128	21.73	398	1.72	53.28
11	材料科学	534 913	41 474	7.75	330 779	61.84	36 249	10.96	87.40
12	数学	55 794	628	1.13	21 281	38.14	560	2.63	89.17
13	微生物学	76 550	203	0.27	20 848	27.23	197	0.94	97.04
14	分子生物学与遗传学	152 262	5 287	3.47	54 004	35.47	4 914	9.10	92.94
15	多学科	10 220	174	1.70	2 407	23.55	173	7.19	99.43
16	神经科学与行为学	119 897	2 431	2.03	22 993	19.18	1 309	5.69	53.85
17	药学与毒理学	133 233	3 936	2.95	42 223	31.69	3 419	8.10	86.86
18	物理学	231 562	17 465	7.54	93 924	40.56	15 575	16.58	89.18
19	植物学与动物学	137 085	5 164	3.77	46 061	33.60	4 179	9.07	80.93
20	精神病学与生理学	88 246	1	0.00	14 006	15.87	1	0.01	100.00
21	社会科学	166 960	2	0.00	36 319	21.75	2	0.01	100.00
22	空间科学	45 902	296	0.64	8 863	19.31	235	2.65	79.39
	合计	4 990 308	145 675	2.92	1 988 706	39.85	127 203	6.40	87.32

注：检索方法——InCites 数据库选择"研究方向"；时间窗口 2022 年；学科分类体系 ESI；文献类型"研究论文"和"综述"；依次采集全球、中国 SCI 期刊、中国作者、中国 SCI 期刊中国作者数据。

依学科英文名称顺序排列。

各学科中国作者发表 SCI 论文被引频次占同学科全球发表 SCI 论文被引频次超过 30%的学科有 12 个，其中"材料科学"（61.84%）、"工程技术"（53.00%）、"计算机科学"（52.80%）、"地学"（51.14%）该占比超过 50%，其余依次为"化学"（47.43%）、"农业科学"（44.48%）、"环境与生态学"（44.41%）、"物理学"（40.56%）、"数学"（38.14%）、"分子生物学与遗传学"（35.47%）、"植物学与动物学"（33.60%）和"药学与毒理学"（31.69%）。另外，除"分子生物学与遗传学"之外，其余 11 个学科中国作者发文被引频次占比高于中国作者发文数量占比。

中国作者发表在中国 SCI 期刊论文被引频次占中国 SCI 期刊论文被引频次的比例超过 90%的学科有 7 个，包括"多学科"（99.43%）、"微生物学"（97.04%）、"化学"（95.96%）、"计算机科学"（93.15%）、"分子生物学与遗传学"（92.94%），受中国 SCI 期刊学科分布不均影响，"精神病学与生理学"和"社会科学"发表论文数分别为 1 篇和 2 篇，被引占比为 100%。

2. 引文影响力及论文被引占比

2022 年，中国 SCI 期刊发表论文的引文影响力[①]为 3.88，中国作者发表 SCI 论文的引文影响力为 2.68，二者均高于同期全球发表 SCI 论文引文影响力（2.18）。自 2021 年起，中国 SCI 期刊发表论文的引文影响力高于中国作者发表 SCI 论文的引文影响力，且二者的差值由 2021 年的 0.52 增加到 2022 年的 1.20（图 2-3）。

如表 2-4 所示，从中国 SCI 期刊发表论文的引文影响力来看，"农业科学""化学""临床医学""计算机科学""工程技术""环境与生态学""地学""免疫学""材料科学""分子生物学与遗传学""多学科""神经科学与行为学""药学与毒理学""物理学""植物学与动物学""社会科学"16 个学科中国 SCI 期刊发表论文的引文影响力高于同学科全球水平。与 2021 年度相比，10 个学科该指标高于同学科全球水平，"临床医学""免疫学""分子生物学与

---

① 引文影响力是一组文献的引文总数除以总文献量，展现该组文献的平均引用次数，即篇均被引频次。

遗传学""多学科""神经科学与行为学""药学与毒理学"6 个学科 2022 年度该指标高于同学科全球水平；"经济贸易""数学""精神病学与生理学"3 个学科 2022 年度该指标低于同学科全球水平。

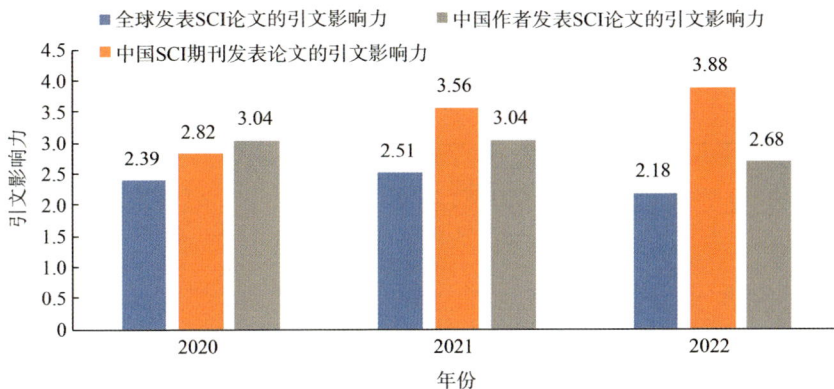

图 2-3　2020～2022 年全球、中国 SCI 期刊、中国作者发表 SCI 论文的引文影响力

2020 年与 2021 年数据分别源自《中国科技期刊发展蓝皮书（2021）》和《中国科技期刊发展蓝皮书（2022）》。

2022 年数据检索方法——InCites 数据库选"研究方向"；时间窗口 2022 年；学科分类体系 ESI；文献类型"研究论文"和"综述"；依次采集全球、中国 SCI 期刊、中国作者数据。

从中国作者发表 SCI 论文的引文影响力来看，"农业科学""生物与生物化学""化学""计算机科学""经济贸易""工程技术""环境与生态学""地学""材料科学""数学""多学科""药学与毒理学""物理学""植物学与动物学""精神病学与生理学""社会科学""空间科学"17 个学科中国作者发表 SCI 论文的引文影响力高于同学科全球水平。

对比中国作者发表 SCI 论文的引文影响力与中国 SCI 期刊发表论文的引文影响力，有 12 个学科中国作者发表 SCI 论文的引文影响力与中国 SCI 期刊发表论文的引文影响力均高于同学科全球水平，包括"农业科学""化学""计算机科学""工程技术""环境与生态学""地学""材料科学""多学科""药学与毒理学""物理学""植物学与动物学""社会科学"；"生物与生物化学""经济贸易""数学""精神病学与生理学""空间科学"领域，中国作者发表 SCI 论文的引文影响力高于同学科全球水平而中国 SCI 期刊发表论文的引文影响力低于同学科全球水平；"临床医学""免疫学""分子生物学与遗传学""神经科学与行为学"领域，中国 SCI 期刊发表论文的引文影响力高于同学科全球水平而中国作者发表 SCI 论文的引文影响力低于同学科全球水平。

表 2-4 2022 年各学科全球、中国 SCI 期刊、中国作者 SCI 论文引文影响力及论文被引占比

序号	学科	引文影响力				论文被引占比/%			
		全球发表 SCI 论文	中国 SCI 期刊发表论文	中国作者发表 SCI 论文	中国作者发表在中国 SCI 期刊论文	全球发表 SCI 论文	中国 SCI 期刊发表论文	中国作者发表 SCI 论文	中国作者发表在中国 SCI 期刊论文
1	农业科学	2.08	3.35	2.62	3.39	62.87	81.47	70.56	81.47
2	生物与生物化学	2.42	2.15	2.43	2.04	65.71	51.71	65.44	49.59
3	化学	2.74	4.17	3.32	4.15	66.40	65.19	68.51	64.45
4	临床医学	1.78	2.46	1.59	2.38	53.29	57.52	52.01	56.05
5	计算机科学	2.19	2.80	2.53	2.81	53.81	56.28	54.43	55.44
6	经济贸易	1.90	0.00	2.75	0.00	51.86	0.00	56.98	0.00
7	工程技术	2.56	3.38	2.96	3.32	62.17	65.28	63.60	63.97
8	环境与生态学	2.44	3.99	3.07	4.03	64.53	75.47	68.69	75.97
9	地学	2.05	2.69	2.43	2.65	61.27	60.90	63.71	60.30
10	免疫学	2.91	3.91	2.44	3.40	67.33	82.20	66.43	81.20
11	材料科学	3.26	6.23	3.97	6.27	68.30	74.61	71.12	72.84
12	数学	0.93	0.72	1.20	0.74	37.24	26.67	39.27	26.78
13	微生物学	2.31	2.14	2.18	2.16	65.65	77.89	65.19	76.92
14	分子生物学与遗传学	2.93	8.25	2.74	8.52	66.05	88.46	65.66	88.21
15	多学科	3.32	12.43	3.48	13.31	55.52	100.00	56.87	100.00
16	神经科学与行为学	1.95	4.05	1.62	3.57	59.70	83.67	55.11	83.38
17	药学与毒理学	2.16	4.66	2.19	4.52	63.51	76.90	64.05	76.75
18	物理学	2.04	2.94	2.32	2.86	58.13	58.09	58.81	56.47
19	植物学与动物学	1.44	3.26	1.89	3.48	54.06	74.65	62.11	77.33
20	精神病学与生理学	1.37	1.00	1.42	1.00	50.48	100.00	49.78	100.00
21	社会科学	1.22	2.00	2.42	2.00	44.35	100.00	57.46	100.00
22	空间科学	2.77	1.12	2.93	1.07	68.94	53.03	68.73	54.55
	合计	2.18	3.88	2.68	3.86	58.97	66.12	62.65	64.94

注：检索方法——InCites 数据库选择"研究方向"；时间窗口 2022 年；学科分类体系 ESI；文献类型"研究论文"和"综述"；依次采集全球、中国 SCI 期刊、中国作者、中国 SCI 期刊中国作者数据。
全学科引文影响力数据和全学科被引占比数据取基准值。
依学科英文名称顺序排列。

中国作者发表在"农业科学""化学""临床医学""计算机科学""工程技术""环境与生态学""地学""免疫学""材料科学""分子生物学与遗传学""多学科""神经科学与行为学""药学与毒理学""物理学""植物学与动物学"中国 SCI 期刊论文的引文影响力高于同期中国作者发表 SCI 论文的引文

影响力，这 15 个学科的中国 SCI 期刊吸引了更多我国高水平论文。

2022 年，中国 SCI 期刊发表论文的论文被引占比为 66.12%，中国作者发表 SCI 论文的论文被引占比为 62.65%，二者均高于同期全球发表 SCI 论文的论文被引占比（58.97%）。从各学科发表 SCI 论文的论文被引占比来看，15 个学科中国 SCI 期刊发表论文的论文被引占比高于同学科全球水平，14 个学科中国作者发表 SCI 论文的论文被引占比高于同学科全球水平。其中，9 个学科的中国作者与中国 SCI 期刊发表论文的论文被引占比均高于同学科全球水平，包括"农业科学""计算机科学""工程技术""环境与生态学""材料科学""多学科""药学与毒理学""植物学与动物学""社会科学"。

3. 学科规范化的引文影响力

2022 年，中国 SCI 期刊发表论文的学科规范化的引文影响力（Category Normalized Citation Impact，CNCI）[①]为 1.51，中国作者发表 SCI 论文的 CNCI 为 1.16。与 2021 年中国 SCI 期刊发表论文 CNCI（1.23）和中国作者发表 SCI 论文 CNCI（1.15）的差值相比，本年度中国 SCI 期刊发表论文的影响力提升较为明显。

从中国 SCI 期刊发表论文的 CNCI 来看，16 个学科中国 SCI 期刊发表论文的影响力高于学科平均水平。各学科中，"多学科"（3.76）、"分子生物学与遗传学"（2.37）、"植物学与动物学"（2.17）、"药学与毒理学"（2.03）、"材料科学"（1.84）、"神经科学与行为学"（1.76）、"社会科学"（1.69）、"农业科学"（1.62）、"环境与生态学"（1.59）、"化学"（1.52）、"物理学"（1.39）、"临床医学"（1.31）、"地学"（1.29）、"免疫学"（1.25）、"工程技术"（1.23）、"计算机科学"（1.18）的 CNCI>1.00；其余 6 个学科 CNCI<1.00。

从中国作者发表 SCI 论文的 CNCI 来看，17 个学科中国作者发表论文的影响力高于学科平均水平。在 CNCI<1.00 的学科中，"免疫学"中国作者发表 SCI 论文的 CNCI 偏低，为 0.83，其次为"神经科学与行为学"（0.85），其余 3 个学科

---

① 学科规范化引文影响力（CNCI）通过一篇论文在后续工作中被引用的次数来反映其学术影响力。由于被引用次数随时间增长的速度因学科而异，因此计数需要按主题类别和出版年份进行"归一化"，然后取平均值。作为参考基准，世界平均值一直为 1.00。

接近学科平均水平。

中国作者发表在中国 SCI 期刊论文的 CNCI 与中国 SCI 期刊发表论文的 CNCI 比较接近，20 个学科两者间差值在−0.10～0.10，另外 2 个学科分别是"多学科"，中国作者发表在中国 SCI 期刊论文的 CNCI 比中国 SCI 期刊发表论文的 CNCI 高 0.27；"植物学与动物学"中国作者发表在中国 SCI 期刊论文的 CNCI 比中国 SCI 期刊发表论文的 CNCI 高 0.20。

"农业科学""环境与生态学""材料科学""分子生物学与遗传学""多学科""植物学与动物学"6 个学科 CNCI 的排序为中国作者发表在中国 SCI 期刊论文的 CNCI ≥中国 SCI 期刊发表论文的 CNCI>中国作者发表 SCI 论文的 CNCI（图 2-4）。

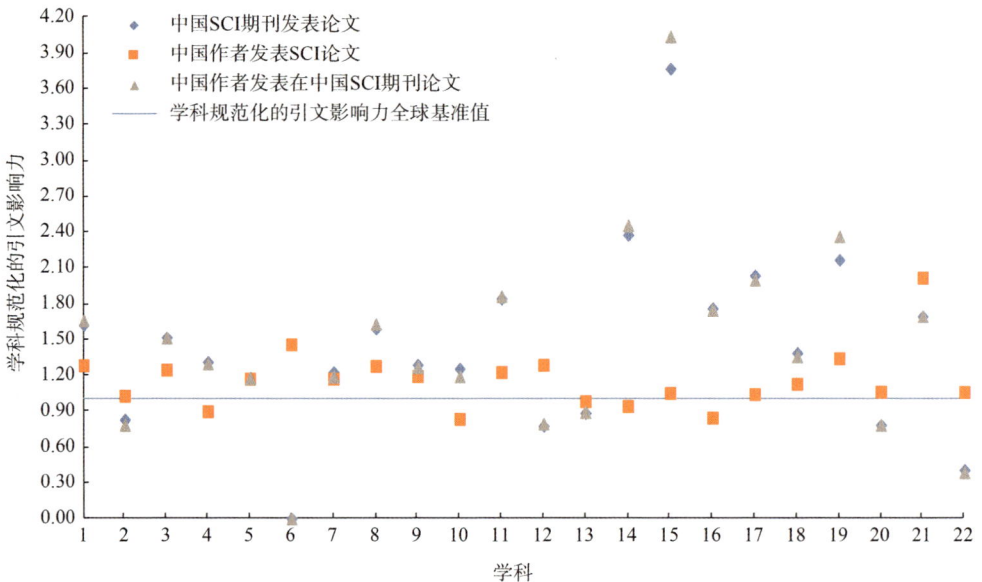

图 2-4　2022 年各学科全球、中国 SCI 期刊、中国作者发表 SCI 论文学科规范化的引文影响力对比

1.农业科学；2.生物与生物化学；3.化学；4.临床医学；5.计算机科学；6.经济贸易[*]；7.工程技术；8.环境与生态学；9.地学；10.免疫学；11.材料科学；12.数学；13.微生物学；14.分子生物学与遗传学；15.多学科；16.神经科学与行为学；17.药学与毒理学；18.物理学；19.植物学与动物学；20.精神病学与生理学；21.社会科学；22.空间科学。

检索方法——InCites 数据库选择"研究方向"；时间窗口 2022 年；学科分类体系 ESI；文献类型"研究论文"与"综述"；依次采集全球、中国 SCI 期刊、中国作者、中国 SCI 期刊中国作者数据。

*经济贸易中国 SCI 期刊无发表论文，中国 SCI 期刊发表论文和中国作者发表在中国 SCI 期刊论文的学科规范化引文影响力为 0。

7 个学科中国作者发表论文的 CNCI 高于中国 SCI 期刊发表论文的 CNCI，其中，"经济贸易"领域二者差值 $R>1.00$；有 2 个学科差值在 $0.50<R\leq1.00$；有 4 个学科差值在 $0<R\leq0.50$。15 个学科中国 SCI 期刊发表论文的 CNCI 比中国作者发表 SCI 论文的 CNCI 高，其中 9 个学科差值在 $-0.50<R\leq0$；4 个学科差值在 $-1.00<R\leq-0.50$；"分子生物学与遗传学"和"多学科"领域二者差值 $R\leq-1.00$（表 2-5）。

表 2-5　2022 年各学科中国作者发表 SCI 论文的 CNCI 与中国 SCI 期刊发表论文的 CNCI 的差值

差值（R）	学科
$R\leq-1.00$	多学科（−2.71）、分子生物学与遗传学（−1.43）
$-1.00<R\leq-0.50$	药理与毒理学（−0.99）、神经科学与行为学（−0.92）、植物学与动物学（−0.83）、材料科学（−0.62）
$-0.50<R\leq0$	免疫学（−0.42）、临床医学（−0.41）、农业科学（−0.34）、环境与生态学（−0.31）、化学（−0.27）、物理学（−0.26）、地学（−0.09）、工程技术（−0.05）、计算机科学（−0.01）
$0<R\leq0.50$	微生物学（0.10）、生物与生物化学（0.20）、精神病学与生理学（0.28）、社会科学（0.32）
$0.50<R\leq1.00$	数学（0.51）、空间科学（0.65）
$R>1.00$	经济贸易（1.46）

注：差值 R=中国作者发表 SCI 论文的 CNCI−中国 SCI 期刊发表论文的 CNCI。
依差值 R 大小排列。

4. Q1 期刊论文数

2022 年，中国 SCI 期刊发表 Q1 期刊论文数为 22 106 篇，占同期全球发表 Q1 期刊论文数（947 219 篇）的 2.33%；中国作者发表 Q1 期刊论文数为 360 687 篇，占同期全球发表 Q1 期刊论文数的 38.08%。2013～2022 十年间，中国 SCI 期刊发表 Q1 期刊论文数上升趋势明显，2022 年 Q1 期刊论文数量是 2013 年的 24.05 倍，如图 2-5 所示。

2022 年，有 137 种（58.30%）中国 SCI 期刊入选 Q1 期刊，占同期全球 Q1 期刊数量（3461 种）的 3.96%。如表 2-6 所示，中国 SCI 期刊发表 Q1 期刊论文全球占比超过 2%的学科有 11 个，依次为"物理学"（7.39%）、"材料科学"（5.69%）、"地学"（4.10%）、"农业科学"（3.14%）、"神经科学与行为学"（3.10%）""分子生物学与遗传学"（2.75%）、"植物学与动物学"

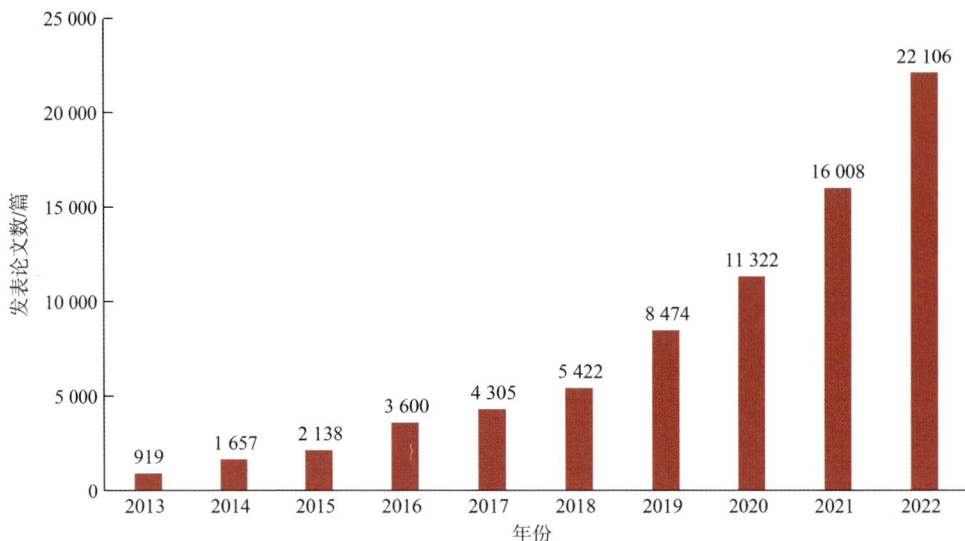

图 2-5　2013～2022 年中国 SCI 期刊发表 Q1 期刊论文数

检索方法——InCites 数据库选"研究方向"；时间窗口 2013～2022 年；学科分类体系 ESI；文献类型"研究论文"和"综述"；依次采集中国 SCI 期刊的发文数据。

（2.66%）、"化学"（2.54%）、"多学科"（2.18%）、"药学与毒理学"（2.09%）和"环境与生态学"（2.05%），其余 11 个学科所占比例均小于 2%。从中国 SCI 期刊发表 Q1 期刊论文贡献来看，中国作者发表在中国 Q1 期刊论文的比例更高，除 1 个无 Q1 期刊论文的学科外，其余 21 个学科的中国作者发表论文贡献均超过 60%，其中"社会科学""精神病学与生理学""空间科学""微生物学""化学""数学""多学科""计算机科学""分子生物学与遗传学"9 个学科的占比超过 90%。

中国作者发表 Q1 期刊论文数占全球发表 Q1 期刊论文数的比例超过 50%的学科有 3 个，依次为"材料科学"（59.36%）、"工程技术"（53.10%）、"地学"（50.03%）。中国作者与中国 SCI 期刊发表 Q1 期刊论文数的比例相差较大，特别是在"社会科学""精神病学与生理学""空间科学"3 个学科更为明显。

表 2-6　2022 年各学科全球、中国 SCI 期刊、中国作者发表 Q1 期刊论文数

序号	学科	全球发表Q1期刊论文数（A）/篇	中国SCI期刊发表Q1期刊论文数（B）/篇	占比（B/A×100%）/%	中国作者发表Q1期刊论文数（C）/篇	占比（C/A×100%）/%	中国作者与中国SCI期刊发表Q1期刊论文比（C/B）	中国作者发表在中国Q1期刊论文数（D）/篇	占比（D/B×100%）/%
1	农业科学	43 455	1 365	3.14	19 156	44.08	14.03	1 117	81.83
2	生物与生物化学	40 983	321	0.78	12 722	31.04	39.63	281	87.54
3	化学	102 133	2 591	2.54	45 206	44.26	17.45	2 441	94.21
4	临床医学	100 431	947	0.94	16 717	16.65	17.65	749	79.09
5	计算机科学	31 105	525	1.69	15 462	49.71	29.45	481	91.62
6	经济贸易	17 065	0	0.00	3 745	21.95	—	0	—
7	工程技术	128 057	2 520	1.97	67 999	53.10	26.98	2 064	81.90
8	环境与生态学	52 153	1 068	2.05	23 511	45.08	22.01	884	82.77
9	地学	37 786	1 550	4.10	18 904	50.03	12.20	1 286	82.97
10	免疫学	20 580	191	0.93	5 428	26.38	28.42	117	61.26
11	材料科学	88 196	5 018	5.69	52 353	59.36	10.43	4 206	83.82
12	数学	22 276	101	0.45	7 589	34.07	75.14	94	93.07
13	微生物学	8 618	95	1.10	2 508	29.10	26.40	91	95.79
14	分子生物学与遗传学	21 886	601	2.75	7 516	34.34	12.51	544	90.52
15	多学科	641	14	2.18	184	28.71	13.14	13	92.86
16	神经科学与行为学	19 368	600	3.10	2 858	14.76	4.76	367	61.17
17	药学与毒理学	34 417	718	2.09	12 443	36.15	17.33	644	89.69
18	物理学	34 411	2 544	7.39	12 257	35.62	4.82	2 199	86.44
19	植物学与动物学	50 017	1 332	2.66	17 909	35.81	13.45	989	74.25
20	精神病学与生理学	28 156	1	0.00	5 829	20.70	5 829.00	1	100.00
21	社会科学	52 894	1	0.00	8 128	15.37	8 128.00	1	100.00
22	空间科学	12 591	3	0.02	2 263	17.97	754.33	3	100.00
	合计	947 219	22 106	2.33	360 687	38.08	16.32	18 572	84.01

注：检索方法——InCites 数据库选择"研究方向"；时间窗口 2022 年；学科分类体系 ESI；文献类型"研究论文"和"综述"；依次采集全球、中国 SCI 期刊、中国作者、中国 SCI 期刊中国作者数据。

依学科英文名称顺序排列。

（三）中国 SCI 期刊发表论文的国际合作情况

2022 年，中国 SCI 期刊发表国际合作论文占比为 18.13%，与全球发表国际论文占比（26.47%）相差 8.34 个百分点。同期，中国作者发表国际合作论文百分比为 20.58%，低于全球水平 5.89 个百分点。

如表 2-7 所示，5 个学科中国 SCI 期刊发表国际合作论文占比高于同学科国际合作论文占比，依次为"社会科学""免疫学""多学科""植物学与动物学""农业科学"。中国作者发表在"社会科学""经济贸易""精神病学与生理学"3 个学科的国际合作论文百分比高于同学科国际合作论文百分比。各学科对比来看，中国作者发表在中国 SCI 期刊国际合作论文占比与中国 SCI 期刊发表国际合作论文占比相差不大。

表 2-7　2022 年各学科全球、中国 SCI 期刊、中国作者发表国际合作论文占比

序号	学科	全球发表国际合作论文占比（A）/%	中国 SCI 期刊发表国际合作论文占比（B）/%	差值（B−A）/百分点	中国作者发表国际合作论文占比（C）/%	差值（C−A）/百分点	中国作者发表在中国 SCI 期刊国际合作论文占比（D）/%	差值（D−B）/百分点
1	农业科学	24.80	26.37	1.57	21.44	−3.36	23.19	−3.18
2	生物与生物化学	27.17	14.45	−12.72	18.56	−8.61	12.94	−1.51
3	化学	22.97	9.34	−13.63	15.85	−7.12	8.89	−0.45
4	临床医学	22.15	16.82	−5.33	13.06	−9.09	14.07	−2.75
5	计算机科学	30.30	20.38	−9.92	28.25	−2.05	19.30	−1.08
6	经济贸易	38.74	0.00	−38.74	42.01	3.27	0.00	0.00
7	工程技术	25.07	20.02	−5.05	21.43	−3.64	18.31	−1.71
8	环境与生态学	31.88	21.51	−10.37	25.47	−6.41	19.53	−1.98
9	地学	34.43	19.80	−14.63	27.76	−6.67	18.05	−1.75
10	免疫学	28.18	42.41	14.23	15.07	−13.11	32.48	−9.93
11	材料科学	24.17	20.32	−3.85	18.92	−5.25	18.40	−1.92
12	数学	30.85	16.44	−14.41	23.27	−7.58	14.91	−1.53
13	微生物学	28.30	9.47	−18.83	19.10	−9.20	9.89	0.42
14	分子生物学与遗传学	26.79	25.12	−1.67	16.86	−9.93	24.61	−0.51
15	多学科	30.24	42.86	12.62	21.85	−8.39	38.46	−4.40
16	神经科学与行为学	27.57	17.67	−9.90	17.29	−10.28	14.99	−2.68
17	药学与毒理学	23.91	13.86	−10.05	12.41	−11.50	13.08	−0.78
18	物理学	29.00	14.96	−14.04	21.63	−7.37	13.03	−1.93
19	植物学与动物学	30.94	34.74	3.80	23.75	−7.19	32.67	−2.07
20	精神病学与生理学	27.99	0.00	−27.99	29.48	1.49	0.00	0.00
21	社会科学	23.53	100.00	76.47	32.93	9.40	100.00	0.00
22	空间科学	56.07	23.48	−32.59	53.59	−2.48	22.27	−1.21
	合计	26.47	18.13	−8.34	20.58	−5.89	16.15	−1.98

注：检索方法——InCites 数据库选择"研究方向"；时间窗口 2022 年；学科分类体系 ESI；文献类型"研究论文"和"综述"；依次采集全球、中国 SCI 期刊、中国作者、中国 SCI 期刊中国作者数据。

依学科英文名称顺序排列。

二、中国 SCI 期刊发表论文的机构分布

（一）中国 SCI 期刊论文的全球机构分布

2022 年，有 118 个国家/地区的 5022 个机构在中国 SCI 期刊发表论文共计 93 385 篇[①]。从发文机构数量来看，排名 TOP10 的国家分别为中国[②]、美国、印度、俄罗斯、西班牙、法国、日本、德国、韩国和意大利。从各国机构在中国 SCI 期刊发文数量来看，中国共计有 1263 个机构总计发文 32 551 篇，占中国 SCI 期刊发文的 86.66%；美国有 629 个机构总计发文 2784 篇，占中国 SCI 期刊发文的 7.41%；德国、韩国、日本、印度和法国机构发文占中国 SCI 期刊发文的比例超过 1%。此外，澳大利亚（79 个机构发文 832 篇）、英国（124 个机构发文 772 篇）、加拿大（87 个机构发文 550 篇），尽管发文机构数量不多，但是机构发文占中国 SCI 期刊发文的比例均超过 1%。

从各国机构在中国 SCI 期刊发表的高被引论文比例来看，在发文机构数量前 10 的国家中，中国（88.92%）和美国（13.05%）的高被引论文占比排在前两位，德国（3.12%）、印度（2.71%）、韩国（2.46%）、法国（1.40%）、俄罗斯（1.31%）、意大利（1.31%）和西班牙（1.07%）占比大于 1%（表 2-8）。此外，澳大利亚（4.68%）、英国（4.27%）和加拿大（2.13%）的高被引论文占比较为显著。

以发表论文数排序，在中国 SCI 期刊发表论文前 100 位的机构中，来自中国的有 95 个；美国加利福尼亚大学系统（University of California System）发文 274 篇，位列第 49；法国国家科学研究中心（Centre National de la Recherche Scientifique）发文 241 篇，位列第 57；UDICE 法国研究型大学联盟（UDICE-French Research Universities）发文 201 篇，位列第 69；新加坡国立大学（National University of Singapore）发文 168 篇，位列第 90；美国能源部（United States Department of Energy）发文 159 篇，位列第 100。

---

① 机构发文有重复计数，即同一篇文章不同单位计数各为 1。
② 本书所指中国机构数据未包含港澳台地区数据。

表 2-8　**2022 年在中国 SCI 期刊发表论文机构数 TOP10 国家发文情况**

序号	国家	机构数/个	SCI 论文数/篇	SCI 论文数占中国 SCI 期刊发文百分比/%	高被引论文数/篇	高被引论文占中国 SCI 期刊高被引论文百分比/%
1	中国	1263	32 551	86.66	10 83	88.92
2	美国	629	2 784	7.41	159	13.05
3	印度	297	444	1.18	33	2.71
4	俄罗斯	172	248	0.66	16	1.31
5	西班牙	167	302	0.80	13	1.07
6	法国	163	433	1.15	17	1.40
7	日本	155	502	1.34	12	0.99
8	德国	144	701	1.87	38	3.12
9	韩国	139	557	1.48	30	2.46
10	意大利	135	332	0.88	16	1.31

注：检索方法——InCites 数据库选择"机构"；时间窗口 2022 年；学科分类体系 ESI；文献类型"研究论文"和"综述"；依次采集各国在中国 SCI 期刊发文数据；选定机构数 TOP10 国家。
各国数据按照上述路径检索，选定特定国家，使用结果基准值。
中国 SCI 期刊发文数 37 561 篇，中国 SCI 期刊高被引论文数 1218 篇。

以发表高被引论文数排序，在中国 SCI 期刊发表高被引论文前 40 位（发表高被引论文 15 篇及以上）机构全部来自中国。

（二）中国 SCI 期刊论文的中国机构分布

InCites 数据库统计显示（表 2-9），2022 年有 1263 个中国机构在中国 SCI 期刊发文共计 32 551 篇，同期有 1546 个中国机构发表国际论文共计 718 598 篇。

2022 年，中国机构发表在中国 SCI 期刊的论文质量整体高于中国机构发表 SCI 论文。中国机构在中国 SCI 期刊发文的"引文影响力"（3.89）、"相对于全球平均水平的影响力"（1.78）和"学科规范化的引文影响力"（1.52）均高于中国机构整体发文的相应数据（2.73、1.25 和 1.18），且中国机构发表在中国 SCI 期刊论文的 CNCI 和中国机构发表论文的 CNCI 均超过学科全球平均水平（1.00）。中国机构在中国 SCI 期刊发文的"被引频次排名前 1%的论文百分比"（2.71%）和"被引频次排名前 10%的论文百分比"（15.57%），均高于中国机构全部 SCI

论文的该项指标（1.44%和11.04%）。

表2-9　2022年中国机构SCI论文与发表在中国SCI期刊论文情况

指标*	中国机构SCI论文	中国机构发表在中国SCI期刊论文
机构数/个	1 546	1 263
WoS论文数/篇	718 598	32 551
占全球论文百分比/%	31.45	1.42
论文被引百分比/%	63.19	65.17
总被引频次	1 958 935	126 641
引文影响力	2.73	3.89
相对于全球平均水平的影响力**	1.25	1.78
学科规范化的引文影响力	1.18	1.52
被引频次排名前1%的论文百分比/%	1.44	2.71
被引频次排名前10%的论文百分比/%	11.04	15.57
国际合作论文百分比/%	20.62	16.15
横向合作论文百分比/%	1.97	2.39
高被引论文百分比/%	1.58	3.33
热点论文百分比/%	0.16	0.35
所有开放获取论文百分比/%	44.98	43.26
金色论文百分比/%	35.94	26.74

注：检索方法——InCites数据库选择"机构"；时间窗口2022年；学科分类体系ESI；文献类型"研究论文"和"综述"；依次采集中国机构与中国SCI期刊数据。
*结果基准值。
**"相对于全球平均水平的影响力"（impact relative to world，IRW）是某组文献的引文影响力与全球总体的引文影响力的比值。全球平均值总是等于1。比值大于1时，表明该组论文的篇均被引频次高于全球平均水平；小于1时，则表示低于全球平均水平。

中国机构整体发文的国际合作论文百分比为20.62%，高于中国机构发表在中国SCI期刊论文的比例（16.15%）。从横向合作[①]来看，中国机构发表在中国SCI科技期刊论文的横向合作比例（2.39%）高于中国机构发文的整体比例（1.97%）。

2022年，中国机构发表在中国SCI期刊的高被引论文百分比为3.33%，高于中国机构发表论文的比例（1.58%），中国机构发表在中国SCI期刊的高被引论文百分

---

① 横向合作包含一位或多位组织机构类型标记为"企业"的作者。

比上升明显，二者差距逐渐拉开。中国机构及其发表在中国 SCI 期刊的热门论文百分比均较低，分别为 0.16% 和 0.35%。

从开放获取情况来看，中国机构整体发文的所有开放获取论文百分比（44.98%）和金色论文百分比（35.94%）均高于中国机构发表在中国 SCI 期刊的比例（43.26% 和 26.74%）。

（三）中国 TOP50 机构在中国 SCI 期刊发文情况

中国机构全球发文与在中国 SCI 期刊发文的表现不尽相同，本节以在中国 SCI 期刊发文数量的 TOP50[①] 机构为研究对象进行统计分析。

1. 发文数量

2022 年，在中国 SCI 期刊发文数量最多的 10 个机构依次为中国科学院（6398篇）、中国科学院大学（2789 篇）、清华大学（1096 篇）、中国科学技术大学（1038篇）、浙江大学（1026 篇）、上海交通大学（999 篇）、北京大学（979 篇）、中山大学（764 篇）、复旦大学（748 篇）和华中科技大学（745 篇）（表 2-10）。

TOP50 机构在中国 SCI 期刊发文数占该机构全部 SCI 论文数比例最高的 10个机构依次为中国科学院大学（9.23%）、中国科学技术大学（9.16%）、中国科学院（8.52%）、北京科技大学（8.51%）、中国石油大学（8.46%）、崂山实验室（8.15%）、西北工业大学（7.44%）、清华大学（7.11%）、南京大学（6.75%）和北京航空航天大学（6.67%）。

在中国 SCI 期刊发文数占该机构全部 SCI 论文数比例最低的 11 个机构依次为首都医科大学（3.40%）、东南大学（3.61%）、山东大学（3.83%）、同济大学（3.85%）、华南理工大学（4.03%）、电子科技大学（4.08%）、西安交通大学（4.08%）、中华人民共和国农业农村部（4.15%）、四川大学（4.48%）、武汉大学（4.78%）和中南大学（4.78%）。

---

① 2 个机构在中国 SCI 期刊发文数量并列第 49。

表 2-10 2022 年 TOP50 中国机构在全球 SCI 和中国 SCI 期刊发文数、高被引论文数、引文影响力和国际合作论文百分比

序号	机构名称	机构发表论文数 (A) /篇	发表在中国 SCI 期刊论文数 (B) /篇	占比 (B/A× 100%)/%	机构发表高被引论文数 (C) /篇	发表在中国 SCI 期刊高被引论文数 (D) /篇	占比 (D/C× 100%)/%	机构发文引文影响力 (E)	发表在中国 SCI 期刊引文影响力 (F)	差值 (F−E)	机构发表国际合作论文百分比 (G)/%	发表在中国 SCI 期刊国际合作论文百分比 (H) /%	差值 (H−G) /百分点
1	中国科学院	75 055	6398	8.52	1513	189	12.49	3.35	3.49	0.14	26.03	17.57	−8.46
2	中国科学院大学	30 228	2789	9.23	547	60	10.97	3.21	3.22	0.02	21.90	14.52	−7.38
3	清华大学	15 422	1096	7.11	381	52	13.65	3.86	5.54	1.68	28.99	18.43	−10.56
4	中国科学技术大学	11 328	1038	9.16	226	17	7.52	3.62	3.23	−0.39	25.04	14.74	−10.30
5	浙江大学	21 078	1026	4.87	391	38	9.72	3.08	4.48	1.40	25.57	18.71	−6.86
6	上海交通大学	20 159	999	4.96	356	31	8.71	3.03	4.14	1.11	25.99	20.92	−5.07
7	北京大学	15 604	979	6.27	310	32	10.32	3.11	3.47	0.36	30.56	22.17	−8.39
8	中山大学	15 682	764	4.87	253	19	7.51	2.88	3.78	0.91	25.05	19.63	−5.42
9	复旦大学	14 107	748	5.30	253	31	12.25	2.98	4.27	1.29	24.73	19.65	−5.08
10	华中科技大学	14 069	745	5.30	274	30	10.95	3.21	4.61	1.41	20.18	20.81	0.63
11	中南大学	14 272	682	4.78	290	36	12.41	3.22	5.92	2.71	21.19	19.21	−1.98
12	四川大学	14 792	662	4.48	258	35	13.57	2.98	5.89	2.91	19.40	18.43	−0.97
13	郑州大学	10 918	626	5.73	343	56	16.33	3.99	8.45	4.46	19.30	21.25	1.95
14	南京大学	9219	622	6.75	207	26	12.56	3.54	4.55	1.02	25.81	18.65	−7.16
15	天津大学	9586	615	6.42	190	18	9.47	3.40	4.03	0.63	22.36	16.91	−5.45
16	哈尔滨工业大学	11 180	563	5.04	229	24	10.48	3.36	4.43	1.08	21.26	15.45	−5.81
17	西北工业大学	7234	538	7.44	198	40	20.20	3.86	6.97	3.11	22.31	18.96	−3.35
18	武汉大学	10 988	525	4.78	290	19	6.55	3.67	4.28	0.61	22.84	20.19	−2.65
19	西安交通大学	12 699	518	4.08	253	21	8.30	3.18	5.32	2.15	23.98	19.50	−4.48
20	吉林大学	9821	507	5.16	168	25	14.88	2.91	4.25	1.34	17.62	17.55	−0.07

续表

序号	机构名称	机构发表论文数 (A)/篇	发表在中国SCI期刊论文数 (B)/篇	占比 (B/A×100%)/%	机构发表高被引论文数 (C)/篇	发表在中国SCI期刊高被引论文数 (D)/篇	占比 (D/C×100%)/%	机构发文引文影响力 (E)	发表在中国SCI期刊引文影响力 (F)	差值 (F-E)	机构发表国际合作论文百分比 (G)/%	发表在中国SCI期刊国际合作论文百分比 (H)/%	差值 (H-G)/百分点
21	北京科技大学	5 747	489	8.51	90	12	13.33	3.11	4.05	0.94	20.78	18.40	-2.38
22	中国石油大学	5 732	485	8.46	92	9	9.78	2.89	3.11	0.22	22.71	17.53	-5.18
23	北京理工大学	7 263	476	6.55	262	23	8.78	4.14	5.09	0.95	24.74	15.34	-9.40
24	山东大学	11 821	453	3.83	189	22	11.64	2.95	5.41	2.46	21.82	21.41	-0.41
25	北京航空航天大学	6 743	450	6.67	115	12	10.43	3.04	3.39	0.35	24.40	17.11	-7.29
26	中国医学科学院北京协和医学院	9 282	447	4.82	130	12	9.23	2.57	4.98	2.41	15.41	16.11	0.70
27	重庆大学	8 396	441	5.25	240	21	8.75	3.77	5.84	2.07	21.93	19.95	-1.98
28	同济大学	10 737	413	3.85	180	21	11.67	3.08	5.08	2.00	24.03	20.82	-3.21
29	中国地质大学	6 798	410	6.03	136	12	8.82	3.22	3.47	0.25	31.57	23.66	-7.91
30	中国农业科学院	7 062	409	5.79	118	16	13.56	2.73	3.89	1.16	26.65	26.65	0.00
31	厦门大学	6 647	386	5.81	136	16	11.76	3.33	4.37	1.04	27.98	23.83	-4.15
32	苏州大学	7 445	382	5.13	122	19	15.57	3.05	5.68	2.62	19.91	18.59	-1.32
33	东南大学	10 293	372	3.61	178	24	13.48	3.13	4.81	1.68	27.18	19.62	-7.56
34	深圳大学	7 012	370	5.28	175	18	10.29	3.74	5.05	1.31	30.18	21.35	-8.83
35	中华人民共和国农村部	8 894	369	4.15	145	28	19.31	2.73	6.56	3.83	19.26	20.87	1.61
36	东北大学	5 880	360	6.12	99	12	12.12	2.93	4.59	1.66	18.33	14.72	-3.61
37	大连理工大学	6 943	351	5.06	177	11	6.21	3.35	4.18	0.83	21.91	14.53	-7.38
38	南开大学	5 313	341	6.42	155	16	10.32	4.15	6.00	1.85	21.33	20.53	-0.80
39	上海大学	5 134	339	6.60	126	23	18.25	3.36	5.40	2.05	25.38	23.89	-1.49
40	华南理工大学	8 247	332	4.03	189	18	9.52	3.59	5.35	1.76	20.75	15.96	-4.79

续表

序号	机构名称	机构发表论文数 (A)/篇	发表在中国SCI期刊论文数 (B)/篇	占比 (B/A×100%)/%	机构发表高被引论文数 (C)/篇	发表在中国SCI期刊高被引论文数 (D)/篇	占比 (D/C×100%)/%	机构发文引文影响力 (E)	发表在中国SCI期刊引文影响力 (F)	差值 (F-E)	机构发表国际合作论文百分比 (G)/%	发表在中国SCI期刊国际合作论文百分比 (H)/%	差值 (H-G)/百分点
41	南方科技大学	5 194	314	6.05	127	16	12.60	3.89	5.18	1.29	34.87	26.75	-8.12
42	湖南大学	5 317	303	5.70	191	26	13.61	4.57	8.06	3.49	27.06	24.42	-2.64
43	中国农业大学	5 286	300	5.68	125	11	8.80	2.98	3.34	0.36	26.62	20.67	-5.95
44	北京师范大学	5 715	295	5.16	102	8	7.84	2.74	3.05	0.30	31.11	18.98	-12.13
45	电子科技大学	7 164	292	4.08	251	17	6.77	4.08	5.58	1.49	29.54	23.97	-5.57
46	兰州大学	5 683	280	4.93	79	7	8.86	2.77	4.24	1.48	23.40	18.93	-4.47
47	首都医科大学	8 141	277	3.40	72	9	12.50	1.90	2.79	0.89	16.79	16.97	0.18
48	中国海洋大学	4 176	270	6.47	66	6	9.09	2.78	2.45	-0.33	26.82	19.63	-7.19
49	南京航空航天大学	5 042	262	5.20	82	13	15.85	2.84	6.65	3.80	21.66	14.12	-7.54
49	崂山实验室	3 216	262	8.15	25	2	8.00	2.25	1.76	-0.49	24.53	15.27	-9.26

注：检索方法——InCites 数据库选择"机构"；时间窗口 2022 年；学科分类体系 ESI；文献类型"研究论文"和"综述"；依次采集中国机构与中国 SCI 期刊数据；选取发文数 TOP50 的中国机构。

Incites 数据库更新日期为 2023 年 7 月 28 日，Web of Science 数据截至 2023 年 6 月 30 日，检索日期为 2023 年 8 月 1 日。

2. 高被引论文数

2022 年，在中国 SCI 期刊发表高被引论文数最多的 11 个机构依次为中国科学院（189 篇）、中国科学院大学（60 篇）、郑州大学（56 篇）、清华大学（52 篇）、西北工业大学（40 篇）、浙江大学（38 篇）、中南大学（36 篇）、四川大学（35 篇）、北京大学（32 篇）、上海交通大学（31 篇）和复旦大学（31 篇）（表 2-10）。

机构在中国 SCI 期刊发表高被引论文占其发表全球高被引论文的比例最大值为 20.20%，TOP10 机构依次为西北工业大学（20.20%）、中华人民共和国农业农村部（19.31%）、上海大学（18.25%）、郑州大学（16.33%）、南京航空航天大学（15.85%）、苏州大学（15.57%）、吉林大学（14.88%）、清华大学（13.65%）、湖南大学（13.61%）和四川大学（13.57%）。

3. 引文影响力

2022 年，在中国 SCI 期刊发文的"引文影响力"最高的 10 个机构依次为郑州大学（8.45）、湖南大学（8.06）、西北工业大学（6.97）、南京航空航天大学（6.65）、中华人民共和国农业农村部（6.56）、南开大学（6.00）、中南大学（5.92）、四川大学（5.89）、重庆大学（5.84）和苏州大学（5.68）（表 2-10）。

47 个机构在中国 SCI 期刊发文的"引文影响力"高于该机构全部 SCI 论文的"引文影响力"，两者间差值较大的 TOP10 机构依次为郑州大学（4.46）、中华人民共和国农业农村部（3.83）、南京航空航天大学（3.80）、湖南大学（3.49）、西北工业大学（3.11）、四川大学（2.91）、中南大学（2.71）、苏州大学（2.62）、山东大学（2.46）和中国医学科学院北京协和医学院（2.41）。其余 3 个机构在中国 SCI 期刊发文的"引文影响力"低于该机构全部 SCI 论文的"引文影响力"，差值依次为崂山实验室（−0.49）、中国科学技术大学（−0.39）和中国海洋大学（−0.33）。

4. 国际合作论文百分比

TOP50 机构在中国 SCI 期刊所发论文的国际合作论文百分比最高的 10 个机构依次为南方科技大学（26.75%）、中国农业科学院（26.65%）、湖南大学

（24.42%）、电子科技大学（23.97%）、上海大学（23.89%）、厦门大学（23.83%）、中国地质大学（23.66%）、北京大学（22.17%）、山东大学（21.41%）和深圳大学（21.35%）（表 2-10）。

6 个机构在中国 SCI 期刊发文的"国际合作论文百分比"高于或等于该机构全部 SCI 论文的"国际合作论文百分比"，差值由高到低依次为郑州大学（1.95 个百分点）、中华人民共和国农业农村部（1.61 个百分点）、中国医学科学院北京协和医学院（0.70 个百分点）、华中科技大学（0.63 个百分点）、首都医科大学（0.18 个百分点）和中国农业科学院（0.00 个百分点）。剩余 44 个机构在中国 SCI 期刊发文的"国际合作论文百分比"均低于该机构全部 SCI 论文的"国际合作论文百分比"，差值区间为–12.13 个百分点～–0.07 个百分点。

三、中国 SCI 期刊发表论文的学术影响力

2022 年，全球 14 个国家发表论文超过 5 万篇，选取这 14 个主要 SCI 论文产出国家的本国期刊发表情况进行对比，展示其发表论文的主要影响力指标（总被引频次、引文影响力、论文被引百分比和学科规范化的引文影响力），客观呈现中国 SCI 期刊不同维度的国际竞争力。

（一）世界主要论文产出国家科技期刊发表论文学术影响力对比

14 个主要 SCI 论文产出国家（表 2-11），中国作者发表论文数位列第 1，中国 SCI 期刊发表论文数位列第 5，中国 SCI 期刊发表论文的引文影响力和学科规范化的引文影响力均位列第 1，与 2021 年相比未发生位次变化；美国作者发表论文数位列第 2，SCI 期刊数和期刊发表论文数均位列第 1，引文影响力和学科规范化的引文影响力均位列第 4；英国期刊数和期刊发表论文数均位列第 2，作者发表论文数位列第 4，引文影响力和学科规范化的引文影响力均位列第 3；德国期刊数和期刊发文数均位列第 4，作者发表论文数位列第 3，引文影响力和学科规范化的引文影响力均位列第 5；印度作者发表论文数位列第 5，期刊发表论文数位列第 11，引文影响力和学科规范化的引文影响力均位列第 14。

表 2-11　2022 年主要 SCI 论文产出国家发表论文影响力

序号	国家	SCI 期刊种数	该国作者发表 SCI 论文数（A）/篇	该国 SCI 期刊发表论文数（B）/篇	比值（B/A）	该国 SCI 期刊总被引频次（C）	该国 SCI 期刊引文影响力（C/B）	该国 SCI 期刊论文被引占比/%	该国 SCI 期刊学科规范化的引文影响力
1	中国	235	740 776	37 561	0.05	145 675	3.88	66.12	1.51
2	美国	4 175	448 110	689 514	1.54	1 591 927	2.31	58.72	1.09
3	德国	775	130 924	116 911	0.89	270 970	2.32	57.69	0.94
4	英国	3 020	130 246	530 431	4.07	1 265 999	2.39	61.23	1.11
5	印度	94	123 314	12 684	0.10	7 825	0.62	30.01	0.29
6	意大利	121	96 292	16 134	0.17	26 648	1.65	50.30	0.88
7	日本	252	92 662	22 937	0.25	24 593	1.07	45.12	0.53
8	加拿大	120	86 225	9 321	0.11	10 516	1.13	46.69	0.64
9	澳大利亚	156	84 433	10 943	0.13	15 525	1.42	49.27	0.77
10	法国	189	81 989	19 142	0.23	34 668	1.81	55.08	0.84
11	韩国	148	77 666	14 766	0.19	20 748	1.41	49.81	0.62
12	西班牙	126	77 281	6 151	0.08	6 076	0.99	36.51	0.61
13	巴西	118	57 644	14 744	0.26	14 807	1.00	39.09	0.46
14	荷兰	973	50 111	221 605	4.42	568 014	2.56	64.81	1.14

注：检索方法——InCites 数据库选择"研究方向"；时间窗口 2022 年；学科分类体系 ESI；文献类型"研究论文"和"综述"；依次采集各国作者、各国 SCI 期刊数据。
依各国作者发表论文数降序排列。

其余国家中作者发表论文数与期刊发文数相差较大的有，加拿大作者发表论文数位列第 8，期刊数和期刊发表论文数分别位列第 12 和第 13，引文影响力和学科规范化的引文影响力分别均位列第 9；荷兰作者发表论文数位列第 14，期刊数和期刊发表论文数均位列第 3，引文影响力和学科规范化的引文影响力均位列第 2。

本国 SCI 期刊数量 TOP5 国家分别为美国（4175 种）、英国（3020 种）、荷兰（973 种）、德国（775 种）和日本（252 种）。中国有 CN 号的 SCI 期刊 235 种，位列第 6。从本国 SCI 收录期刊发表论文数量与本国作者发表论文的比值来看，有 3 个国家本国期刊发表论文数高于本国作者发表论文数，分别为荷兰（4.42）、英国（4.07）和美国（1.54）；中国（0.05）、西班牙（0.08）、印度（0.10）、加拿大（0.11）、澳大利亚（0.13）、意大利（0.17）和韩国（0.19）7 个国家的本国期刊发表论文数量不及本国作者发表论文数量的 20%。

1）"引文影响力"最高的前 3 个国家依次为中国（3.88）、荷兰（2.56）和英国（2.39）。

2）"论文被引百分比"最高的前 3 个国家依次为中国（66.12%）、荷兰（64.81%）和英国（61.23%）。

3）"学科规范化的引文影响力"大于 1（即高于学科平均水平）的 4 个国家依次为中国（1.51）、荷兰（1.14）、英国（1.11）和美国（1.09）。

2022 年，本国作者发表高被引论文超过 1000 篇的 11 个国家依次为中国（11 459 篇）、美国（6 643 篇）、英国（2 633 篇）、德国（2 018 篇）、澳大利亚（1 832 篇）、意大利（1 687 篇）、印度（1 614 篇）、加拿大（1 566 篇）、法国（1 314 篇）、西班牙（1 209 篇）和荷兰（1 059 篇）。在本国 SCI 期刊发表高被引论文超过 1000 篇的 5 个国家依次为美国（8 219 篇）、英国（6 874 篇）、荷兰（3 017 篇）、中国（1 218 篇）和德国（1 146 篇）。荷兰、英国和美国 SCI 期刊发表的高被引论文数高于本国作者发表的高被引论文数（表 2-12）。

表 2-12 2022 年主要 SCI 论文产出国家作者和期刊发表的高被引论文数

序号	国家	该国作者发表高被引论文		发表在该国 SCI 期刊上的高被引论文		比值（B/A）
		数量（A）/篇	排序	数量（B）/篇	排序	
1	中国	11 459	1	1 218	4	0.11
2	美国	6 643	2	8 219	1	1.24
3	德国	2 018	4	1 146	5	0.57
4	英国	2 633	3	6 874	2	2.61
5	印度	1 614	7	11	13	0.01
6	意大利	1 687	6	120	7	0.07
7	日本	936	13	43	10	0.05
8	加拿大	1 566	8	11	13	0.01
9	澳大利亚	1 832	5	67	8	0.04
10	法国	1 314	9	141	6	0.11
11	韩国	988	12	63	9	0.06
12	西班牙	1 209	10	32	11	0.03
13	巴西	470	14	28	12	0.06
14	荷兰	1 059	11	3 017	3	2.85

注：检索方法——InCites 数据库选择"研究方向"；时间窗口 2022 年；学科分类体系 ESI；文献类型"研究论文"和"综述"；依次采集各国作者、各国 SCI 期刊数据。
依各国作者发表论文数降序排列。

（二）2022 年中国 SCI 期刊发表的高影响力论文

2022 年，235 种中国 SCI 期刊中有 139 种（59.15%）发表了高被引论文；有

48 种（20.43%）中国 SCI 期刊发表了热门论文。发表高被引论文 20 篇及以上的中国 SCI 期刊有 14 种，均为英文刊；其中《材料科学技术（英文版）》发表高被引论文位列第 1（125 篇），《生物活性材料（英文）》（111 篇）与《中国化学快报（英文版）》（80 篇）分别位列第 2 和第 3（表 2-13）。

表 2-13 2022 年发表高被引论文 20 篇及以上的中国 SCI 期刊

序号	英文刊名	中文刊名	文种	高被引论文数/篇
1	Journal of Materials Science & Technology	材料科学技术（英文版）	英文	125
2	Bioactive Materials	生物活性材料（英文）	英文	111
3	Chinese Chemical Letters	中国化学快报（英文版）	英文	80
4	Nano Research	纳米研究（英文版）	英文	55
5	Journal of Energy Chemistry	能源化学（英文版）	英文	50
5	Nano-Micro Letters	纳微快报（英文）	英文	50
7	Journal of Environmental Sciences	环境科学学报（英文版）	英文	38
8	Signal Transduction and Targeted Therapy	信号转导与靶向治疗（英文）	英文	35
9	Molecular Plant	分子植物（英文）	英文	34
10	Light-Science & Applications	光：科学与应用（英文）	英文	33
11	Chinese Journal of Catalysis	催化学报	英文	32
12	Acta Pharmaceutica Sinica B	药学学报（英文）	英文	30
13	National Science Review	国家科学评论（英文）	英文	29
14	Science Bulletin	科学通报（英文版）	英文	24

注：依期刊发表高被引论文数降序排列。

（三）中国 SCI 期刊发表国际合作论文情况

1. 中国与 13 个主要 SCI 论文产出国家的合作情况

2022 年，235 种中国 SCI 期刊普遍刊载与主要 SCI 论文产出国家的国际合作论文。从共同发表国际合作论文的期刊数量来看，有 212 种中国 SCI 期刊刊载了与美国的合作论文，其他国际合作论文较多的国家依次为英国、澳大利亚、加拿大、德国和日本。从论文被引情况看，这些国家发表的国际合作论文的被引百分比均高于中国 SCI 期刊的均值（66.12%），国际合作论文被引百分比 TOP5 国家分别为韩国（82.37%）、印度（81.41%）、德国（80.75%）、澳大利亚（80.19%）和英国（80.08%）。从学科规范化的引文影响力来看，国际合作论文的学科规范化的引文影响力均大于 1，其中大于 2 的国家为印度（3.49）、澳大利亚（2.36）、巴西

（2.33）、韩国（2.33）、英国（2.29）、美国（2.21）、加拿大（2.15）、西班牙（2.15）、荷兰（2.13）、德国（2.11）和意大利（2.01）（表 2-14）。

表 2-14 **2022 年中国 SCI 期刊发表论文与 13 个主要 SCI 论文产出国家的国际合作情况**

序号	国家	国际合作中国 SCI 期刊数/种	发表国际合作论文数/篇	总被引频次	国际合作论文被引百分比/%	学科规范化的引文影响力
1	美国	212	2 237	12 709	77.11	2.21
2	英国	181	713	4 469	80.08	2.29
3	澳大利亚	165	737	4 769	80.19	2.36
4	加拿大	165	466	2 691	77.68	2.15
5	德国	148	613	3 487	80.75	2.11
6	日本	137	400	1 908	76.75	1.75
7	法国	126	345	1 501	77.39	1.80
8	韩国	110	312	1 958	82.37	2.33
9	意大利	101	249	1 233	78.71	2.01
10	西班牙	94	223	1 099	76.68	2.15
11	印度	93	199	2 181	81.41	3.49
12	荷兰	83	166	828	79.52	2.13
13	巴西	55	113	598	75.22	2.33

注：检索方法——InCites 数据库选择"出版物"；时间窗口 2022 年；学科分类体系 ESI；文献类型"研究论文"和"综述"；依次采集各国国际合作中国 SCI 期刊数据。

依国际合作中国 SCI 期刊数降序排列。

2. 中国 SCI 期刊发表国际合作论文数量和被引表现

2022 年，235 种中国 SCI 期刊发表国际合作论文 6809 篇，发文数量范围为 1～271 篇。发表国际合作论文 TOP10 期刊依次是《材料科学技术（英文版）》（271 篇）、《纳米研究（英文版）》（236 篇）、《生物活性材料（英文）》（187 篇）、《能源化学（英文版）》（147 篇）、《中国化学快报（英文版）》（118 篇）、《环境科学学报（英文版）》（112 篇）、《计算材料学》（104 篇）、《光：科学与应用（英文）》（101 篇）、《园艺研究（英文）》（99 篇）、《地学前缘（英文版）》（98 篇）（表 2-15）。

发表国际合作论文占该刊全部论文百分比 TOP10 期刊依次是《真菌多样性（英文）》（93.33%）、《海洋生命科学与技术（英文）》（67.74%）、《植物分类学报》（62.65%）、《地学前缘（英文版）》（57.65%）、《分子植物（英文）》（57.14%）、《海洋工程与科学（英文）》（52.46%）、《贫困所致传染病（英文）》

（45.95%）、《运动与健康科学（英文）》（45.71%）、《自动化学报（英文版）》（45.00%）和《数字通信与网络（英文）》（44.66%）（表 2-16）。

表 2-15　2022 年发表国际合作论文数 TOP10 的中国 SCI 期刊

序号	英文刊名	中文刊名	文种	国际合作论文数/篇
1	*Journal of Materials Science & Technology*	材料科学技术（英文版）	英文	271
2	*Nano Research*	纳米研究（英文版）	英文	236
3	*Bioactive Materials*	生物活性材料（英文）	英文	187
4	*Journal of Energy Chemistry*	能源化学（英文版）	英文	147
5	*Chinese Chemical Letters*	中国化学快报（英文版）	英文	118
6	*Journal of Environmental Sciences*	环境科学学报（英文版）	英文	112
7	*NPJ Computational Materials*	计算材料学	英文	104
8	*Light-Science & Applications*	光：科学与应用（英文）	英文	101
9	*Horticulture Research*	园艺研究（英文）	英文	99
10	*Geoscience Frontiers*	地学前缘（英文版）	英文	98

注：依期刊发表国际合作论文数降序排列。

表 2-16　2022 年发表国际合作论文占该刊全部论文百分比 TOP10 的中国 SCI 期刊

序号	英文刊名	中文刊名	文种	发表国际合作论文百分比/%
1	*Fungal Diversity*	真菌多样性（英文）	英文	93.33
2	*Marine Life Science & Technology*	海洋生命科学与技术（英文）	英文	67.74
3	*Journal of Systematics and Evolution*	植物分类学报	英文	62.65
4	*Geoscience Frontiers*	地学前缘（英文版）	英文	57.65
5	*Molecular Plant*	分子植物（英文）	英文	57.14
6	*Journal of Ocean Engineering and Science*	海洋工程与科学（英文）	英文	52.46
7	*Infectious Diseases of Poverty*	贫困所致传染病（英文）	英文	45.95
8	*Journal of Sport and Health Science*	运动与健康科学（英文）	英文	45.71
9	*IEEE-CAA Journal of Automatica Sinica*	自动化学报（英文版）	英文	45.00
10	*Digital Communications and Networks*	数字通信与网络（英文）	英文	44.66

注：依期刊发表国际合作论文占该刊全部论文比例降序排列。

发表的国际合作论文的引文影响力 TOP10 期刊依次是《纳微快报（英文）》（26.81）、《计算可视媒体（英文）》（24.07）、《信号转导与靶向治疗（英文）》（18.89）、《高等学校学术文摘•机械工程前沿（英文）》（14.50）、《神经科学通报（英文版）》（14.43）、《极端制造（英文）》（13.67）、《细胞研究（英文版）》（13.44）、《真菌多样性（英文）》（13.00）、《先进光子学（英文）》（12.50）和《信息材料（英文）》（12.39）（表 2-17）。

表 2-17　2022 年发表国际合作论文的引文影响力 TOP10 的中国 SCI 期刊

序号	英文刊名	中文刊名	文种	发表国际合作论文引文影响力
1	Nano-Micro Letters	纳微快报（英文）	英文	26.81
2	Computational Visual Media	计算可视媒体（英文）	英文	24.07
3	Signal Transduction and Targeted Therapy	信号转导与靶向治疗（英文）	英文	18.89
4	Frontiers of Mechanical Engineering	高等学校学术文摘•机械工程前沿（英文）	英文	14.50
5	Science Bulletin	神经科学通报（英文版）	英文	14.43
6	International Journal of Extreme Manufacturing	极端制造（英文）	英文	13.67
7	Cell Research	细胞研究（英文版）	英文	13.44
8	Fungal Diversity	真菌多样性（英文）	英文	13.00
9	Advanced Photonics	先进光子学（英文）	英文	12.50
10	InfoMat	信息材料（英文）	英文	12.39

注：依期刊发表国际合作论文引文影响力降序排列。

有 109 种中国 SCI 期刊发表国际合作论文的学科规范化的引文影响力大于 1，即论文的被引表现高于该期刊所在学科的全球平均水平。发表国际合作论文的"学科规范化的引文影响力" TOP10 期刊依次是《真菌多样性（英文）》（8.35）、《纳微快报（英文）》（7.72）、《分子植物（英文）》（7.36）、《计算可视媒体（英文）》（7.25）、《科学通报（英文版）》（5.61）、《矿业科学技术学报（英文）》（5.53）、《光：科学与应用（英文）》（5.12）、《细胞研究（英文版）》（5.04）、《信号转导与靶向治疗（英文）》（4.97）和《运动与健康科学（英文）》（4.92）（表 2-18）。

表 2-18　2022 年发表国际合作论文的学科规范化的引文影响力 TOP10 的中国 SCI 期刊

序号	英文刊名	中文刊名	文种	国际合作论文引文影响力
1	Fungal Diversity	真菌多样性（英文）	英文	8.35
2	Nano-Micro Letters	纳微快报（英文）	英文	7.72
3	Molecular Plant	分子植物（英文）	英文	7.36
4	Computational Visual Media	计算可视媒体（英文）	英文	7.25
5	Science Bulletin	科学通报（英文版）	英文	5.61
6	International Journal of Mining Science and Technology	矿业科学技术学报（英文）	英文	5.53
7	Light-Science & Applications	光：科学与应用（英文）	英文	5.12
8	Cell Research	细胞研究（英文版）	英文	5.04
9	Signal Transduction and Targeted Therapy	信号转导与靶向治疗（英文）	英文	4.97
10	Journal of Sport and Health Science	运动与健康科学（英文）	英文	4.92

注：依国际合作论文的学科规范化的引文影响力降序排列。

（四）2022 年中国 SCI 期刊发文情况

2022 年，235 种中国 SCI 期刊共发表论文 37 561 篇，发文数量范围为 15～1262 篇。发表论文数量 TOP10、发表论文总被引频次 TOP10、发表论文引文影响力 TOP10、发表论文被引百分比 TOP10、发表论文学科规范化的引文影响力 TOP10、期刊影响因子 TOP10 的中国 SCI 期刊详情见表 2-19～表 2-24 以及附表 1。

表 2-19　2022 年发表论文数量 TOP10 的中国 SCI 期刊

序号	英文刊名	中文刊名	文种	论文数/篇
1	Nano Research	纳米研究（英文版）	英文	1 262
2	Chinese Physics B	中国物理 B	英文	1 072
3	Journal of Materials Science & Technology	材料科学技术（英文版）	英文	1 055
4	Chinese Chemical Letters	中国化学快报（英文版）	英文	1 045
5	Acta Physica Sinica	物理学报	中文	978
6	Journal of Environmental Sciences	环境科学学报（英文版）	英文	616
7	Spectroscopy and Spectral Analysis	光谱学与光谱分析	中文	600
7	Rare Metal Materials and Engineering	稀有金属材料与工程	中文	600
9	Bioactive Materials	生物活性材料（英文）	英文	583
10	Journal of Energy Chemistry	能源化学（英文版）	英文	555

注：依期刊发表论文数降序排列。

表 2-20　2022 年发表论文总被引频次 TOP10 的中国 SCI 期刊

序号	英文刊名	中文刊名	文种	总被引频次
1	Journal of Materials Science & Technology	材料科学技术（英文版）	英文	10 274
2	Chinese Chemical Letters	中国化学快报（英文版）	英文	7 939
3	Bioactive Materials	生物活性材料（英文）	英文	7 377
4	Nano Research	纳米研究（英文版）	英文	6 785
5	Nano-Micro Letters	纳微快报（英文）	英文	5 233
6	Journal of Energy Chemistry	能源化学（英文版）	英文	5 008
7	Signal Transduction and Targeted Therapy	信号转导与靶向治疗（英文）	英文	3 366
8	Chinese Journal of Catalysis	催化学报	英文	3 266
9	Journal of Environmental Sciences	环境科学学报（英文版）	英文	3 114
10	Light-Science & Applications	光：科学与应用（英文）	英文	2 533

注：依期刊发表论文被引频次降序排列。

表 2-21　2022 年发表论文引文影响力 TOP10 的中国 SCI 期刊

序号	英文刊名	中文刊名	文种	引文影响力
1	Nano-Micro Letters	纳微快报（英文）	英文	23.79
2	Signal Transduction and Targeted Therapy	信号转导与靶向治疗（英文）	英文	16.03
3	Bioactive Materials	生物活性材料（英文）	英文	12.65
4	Science Bulletin	科学通报（英文版）	英文	12.46
5	Fungal Diversity	真菌多样性（英文）	英文	12.33
6	Chinese Journal of Catalysis	催化学报（英文）	英文	12.01
7	InfoMat	信息材料（英文）	英文	11.88
8	Computational Visual Media	计算可视媒体（英文）	英文	11.76
9	Journal of Advanced Ceramics	先进陶瓷（英文）	英文	11.38
10	Carbon Energy	碳能源（英文）	英文	11.30

注：依期刊发表论文引文影响力降序排列。

表 2-22　2022 年发表论文被引百分比 TOP10 的中国 SCI 期刊

序号	英文刊名	中文刊名	文种	论文被引占比/%
1	Fungal Diversity	真菌多样性（英文）	英文	100.00
1	Cell Research	细胞研究（英文版）	英文	100.00
1	Journal of Sport and Health Science	运动与健康科学（英文）	英文	100.00
4	Nano-Micro Letters	纳微快报（英文）	英文	99.09
5	Green Energy & Environment	绿色能源与环境（英文）	英文	97.66
6	International Journal of Extreme Manufacturing	极端制造（英文）	英文	97.62
7	Molecular Plant	分子植物（英文）	英文	97.14
8	Journal of Advanced Ceramics	先进陶瓷（英文）	英文	97.08
9	Bone Research	骨研究（英文）	英文	96.72
10	Signal Transduction and Targeted Therapy	信号转导与靶向治疗（英文）	英文	96.67

注：依期刊发表论文被引百分比降序排列。

表 2-23　2022 年发表论文学科规范化的引文影响力 TOP10 的中国 SCI 期刊

序号	英文刊名	中文刊名	文种	学科规范化的引文影响力
1	Fungal Diversity	真菌多样性（英文）	英文	7.94
2	Molecular Plant	分子植物（英文）	英文	7.36
3	Nano-Micro Letters	纳微快报（英文）	英文	6.72
4	Science Bulletin	科学通报（英文版）	英文	5.11
5	Light-Science & Applications	光：科学与应用（英文）	英文	4.86
6	Chinese Journal of Catalysis	催化学报	英文	4.30
7	Journal of Sport and Health Science	运动与健康科学（英文）	英文	4.23
8	Signal Transduction and Targeted Therapy	信号转导与靶向治疗（英文）	英文	4.21
9	International Journal of Mining Science and Technology	矿业科学技术学报（英文）	英文	4.14
10	Bioactive Materials	生物活性材料（英文）	英文	3.92

注：依期刊发表论文学科规范化的引文影响力降序排列。

表 2-24　2022 年期刊影响因子 TOP10 的中国 SCI 期刊

序号	英文刊名	中文刊名	文种	期刊影响因子
1	*Cell Research*	细胞研究（英文版）	英文	44.10
2	*Signal Transduction and Targeted Therapy*	信号转导与靶向治疗（英文）	英文	39.30
3	*Electrochemical Energy Reviews*	电化学能源评论（英文）	英文	31.30
4	*Molecular Plant*	分子植物（英文）	英文	27.50
5	*Nano-Micro Letters*	纳微快报（英文）	英文	26.60
6	*Cellular & Molecular Immunology*	中国免疫学杂志（英文版）	英文	24.10
7	*InfoMat*	信息材料（英文）	英文	22.70
8	*Military Medical Research*	军事医学研究（英文）	英文	21.10
8	*Protein & Cell*	蛋白质与细胞	英文	21.10
10	*National Science Review*	国家科学评论（英文）	英文	20.60

注：依期刊影响因子降序排列。

第二节　基于国内数据库的中国科技期刊发表论文分析

以中国科技期刊中 2012～2021 年被 CNKI[①]收录的 4723 种为统计范围（即本部分"中国科技期刊"所指范围），统计分析其 2015 年、2018 年、2021 年论文数量、学科分布、机构分布、基金论文、国际合作及 2012～2021 年十年论文的学术影响力等情况[②]。

一、中国科技期刊论文学科分布

2021 年中国科技期刊共发表可被引论文 114.06 万篇，相比 2015 年 127.54 万篇、2018 年 130.00 万篇均有所下降。本文参考《影响因子年报》按 60 个专业学科类进行学科分析。2015 年、2018 年、2021 年的论文中，分别有 14.92 万篇、16.10 万篇、13.43 万篇为社科或跨社科的论文，科学技术专业领域的论文分别为

[①] China National Knowledge Infrastructure，由《中国学术期刊（光盘版）》电子杂志社有限公司研发，网址：www.cnki.net，即中国知网。

[②] 本节基于国家新闻出版总署全国期刊年检数据且被 CNKI 全文收录的期刊统计，由于期刊范围不同，2018 年相关统计数据有别于《中国科技期刊发展蓝皮书（2020）》，特此说明。

112.62 万篇、113.90 万篇、100.63 万篇，一些论文可涉及 2 个及以上专业领域。各学科各年度论文数、占比及排序如表 2-25 所示。

表 2-25 2015 年、2018 年、2021 年中国科技期刊发表各学科论文数及占比

序号	学科	2015 年			2018 年			2021 年		
		论文数	占比/%	排序	论文数	占比/%	排序	论文数	占比/%	排序
1	自动化技术、计算机技术	80 695	6.62	1	82 713	6.63	1	82 885	7.25	1
2	交通运输工程	55 290	4.53	6	71 152	5.70	4	72 328	6.33	2
3	土木建筑工程	61 751	5.06	5	80 383	6.44	2	66 342	5.81	3
4	内科学	76 277	6.25	2	72 134	5.78	3	60 037	5.25	4
5	中医学与中药学	66 902	5.49	3	62 065	4.97	6	59 368	5.20	5
6	护理学	64 770	5.31	4	68 998	5.53	5	47 272	4.14	6
7	环境科学技术	34 538	2.83	13	40 139	3.22	10	45 924	4.02	7
8	电气工程	48 060	3.94	9	50 410	4.04	8	45 432	3.98	8
9	肿瘤学	50 359	4.13	8	49 654	3.98	9	45 044	3.94	9
10	外科学	54 641	4.48	7	52 213	4.18	7	41 015	3.59	10
11	化学工程	37 786	3.10	11	36 033	2.89	13	38 114	3.34	11
12	无线电电子学、电信技术	39 342	3.23	10	36 261	2.90	12	33 770	2.96	12
13	妇产科学与儿科学	37 348	3.06	12	37 900	3.04	11	30 641	2.68	13
14	畜牧、兽医科学	24 913	2.04	17	25 586	2.05	16	28 075	2.46	14
15	金属学与金属工艺	26 973	2.21	15	25 905	2.08	15	23 531	2.06	15
16	食品科学技术	17 643	1.45	24	20 654	1.65	21	22 146	1.94	16
17	神经病学与精神病学	24 103	1.98	18	23 824	1.91	17	22 098	1.93	17
18	矿山工程技术	22 862	1.87	20	22 581	1.81	18	21 500	1.88	18
19	临床医学综合	27 004	2.21	14	30 207	2.42	14	21 489	1.88	19
20	农艺学	23 497	1.93	19	22 000	1.76	19	20 460	1.79	20
21	化学	25 516	2.09	16	21 910	1.76	20	18 413	1.61	21
22	石油天然气工业	17 768	1.46	22	20 312	1.63	22	17 583	1.54	22
23	地质学	18 585	1.52	21	19 407	1.55	23	17 353	1.52	23
24	水利工程	16 634	1.36	25	17 187	1.38	25	15 995	1.40	24
25	园艺学	17 651	1.45	23	17 293	1.39	24	15 991	1.40	25
26	医药卫生事业管理	15 494	1.27	27	15 212	1.22	27	15 117	1.32	26
27	机械工程	16 175	1.33	26	15 978	1.28	26	14 711	1.29	27
28	航空、航天科学技术	11 505	0.94	35	12 258	0.98	30	13 651	1.19	28
29	材料科学	8 467	0.69	36	10 138	0.81	36	11 980	1.05	29
30	林学	117 23	0.96	32	12 532	1.00	28	11 272	0.99	30
31	药学	12 811	1.05	28	11 509	0.92	31	10 848	0.95	31
32	植物保护学	11 711	0.96	33	11 469	0.92	32	10 716	0.94	32

序号	学科	2015 年			2018 年			2021 年		
		论文数	占比/%	排序	论文数	占比/%	排序	论文数	占比/%	排序
33	预防医学与卫生学	12 535	1.03	29	12 497	1.00	29	10 713	0.94	33
34	生物学	12 535	1.03	30	10 999	0.88	33	10 285	0.90	34
35	轻工业（除纺织、食品）	7 175	0.59	39	10 313	0.83	35	9 795	0.86	35
36	耳鼻咽喉科学与眼科学	11 772	0.97	31	10 852	0.87	34	9 318	0.82	36
37	农业基础科学	7 726	0.63	38	7 960	0.64	38	8 267	0.72	37
38	数学	11 632	0.95	34	9 566	0.77	37	8 225	0.72	38
39	基础医学	8 164	0.67	37	6 710	0.54	41	7 065	0.62	39
40	农业工程	6 716	0.55	43	6 722	0.54	40	6 681	0.58	40
41	工程与技术科学基础学科	5 539	0.45	47	5 364	0.43	47	6 367	0.56	41
42	大气科学	5 938	0.49	46	6 374	0.51	43	6 040	0.53	42
43	测绘科学技术	7 084	0.58	41	6 912	0.55	39	5 866	0.51	43
44	能源与动力工程	6 357	0.52	44	5 403	0.43	46	5 715	0.50	44
45	口腔医学	7 041	0.58	42	6 574	0.53	42	5 495	0.48	45
46	物理学	7 096	0.58	40	5 353	0.43	48	5 422	0.47	46
47	水产学	5 458	0.45	48	5 087	0.41	49	4 770	0.42	47
48	冶金工程技术	5 319	0.44	49	5 536	0.44	45	4 560	0.40	48
49	地球物理学	4 480	0.37	51	4 370	0.35	50	4 504	0.39	49
50	海洋科学	3 089	0.25	53	3 142	0.25	53	3 644	0.32	50
51	纺织科学技术	3 957	0.32	52	3 647	0.29	52	3 557	0.31	51
52	皮肤病学与性病学	4 588	0.38	50	4 173	0.33	51	3 364	0.29	52
53	军事医学与特种医学	6 019	0.49	45	6 009	0.48	44	2 997	0.26	53
54	武器工业与军事技术	2 714	0.22	55	2 547	0.20	54	2 555	0.22	54
55	核科学技术	1 998	0.16	56	1 614	0.13	56	1 821	0.16	55
56	力学	2 830	0.23	54	2 074	0.17	55	1 587	0.14	56
57	安全科学技术	1 233	0.10	57	1 031	0.08	57	1 034	0.09	57
58	天文学	689	0.06	58	718	0.06	58	971	0.08	58
59	自然地理学	590	0.05	59	498	0.04	59	720	0.06	59
60	系统科学	417	0.03	60	249	0.02	60	148	0.01	60
	合计	1 219 485	100.00	—	1 248 311	100.00	—	11 425 87	100.00	—

注：按照 2021 年发表论文数量降序排列。

学科间有重复，即一篇论文可能涉及 2 个及以上专业领域。

"排序"是指该学科当年论文数量的排名。

数据来源于 CNKI。

60 个学科中，三年发文量均位居前 6 名的学科一致，这 6 个学科在 2021 年的发文量和占比依次为："自动化技术、计算机技术"（82 885 篇，7.25%）、

"交通运输工程"（72 328 篇，6.33%）、"土木建筑工程"（66 342 篇，5.81%）、"内科学"（60 037 篇，5.25%）、"中医学与中药学"（59 368 篇，5.20%）和"护理学"（47 272 篇，4.14%）。其中"自动化技术、计算机技术"学科论文量三年均排名第一，"交通运输工程"学科论文量由 2015 年的第 6 名上升到 2018 年的第 4 名，2021 年再次提高至第 2 名，增长较快。

二、中国科技期刊论文地区分布

据对全部中国发文机构所在地区（不含港澳台）的统计结果显示（表 2-26），2015 年、2018 年、2021 年在中国科技期刊发表论文数量超过 5%的地区有 5 个，这 5 个地区发表论文数量的排序在三年间保持不变，5 个地区 2021 年发表论文数量及占比依次为：北京（127 699 篇，10.55%），江苏（102 848 篇，8.50%）、广东（87 215 篇，7.20%）、河南（70 513 篇，5.82%）、山东（66 286 篇，5.48%）。

表 2-26　2015 年、2018 年、2021 年中国科技期刊发表中国各地区（不含港澳台）论文数及占比

序号	地区	2015 年			2018 年			2021 年		
		论文数	占比/%	排序	论文数	占比/%	排序	论文数	占比/%	排序
1	北京	130 142	9.82	1	127 581	9.46	1	127 699	10.55	1
2	江苏	113 089	8.53	2	113 403	8.41	2	102 848	8.50	2
3	广东	92 158	6.96	3	91 733	6.80	3	87 215	7.20	3
4	河南	73 238	5.53	4	80 264	5.95	4	70 513	5.82	4
5	山东	67 558	5.10	5	71 236	5.28	5	66 286	5.48	5
6	上海	55 396	4.18	9	58 654	4.35	9	56 024	4.63	6
7	陕西	54 415	4.11	10	60 708	4.50	6	53 248	4.40	7
8	浙江	58 085	4.38	7	54 200	4.02	11	50 098	4.14	8
9	湖北	60 094	4.54	6	60 536	4.49	7	48 794	4.03	9
10	辽宁	56 872	4.29	8	59 272	4.40	8	48 252	3.99	10
11	四川	53 073	4.01	11	58 347	4.33	10	47 847	3.95	11
12	安徽	37 642	2.84	14	39 726	2.95	13	36 546	3.02	12
13	湖南	37 542	2.83	15	37 656	2.79	15	36 303	3.00	13
14	福建	31 213	2.36	17	36 504	2.71	16	36 093	2.98	14
15	河北	46 720	3.53	12	42 269	3.13	12	34 986	2.89	15
16	甘肃	25 509	1.93	23	26 721	1.98	22	32 075	2.65	16
17	山西	32 271	2.44	16	37 918	2.81	14	31 282	2.58	17

序号	地区	2015 年			2018 年			2021 年		
		论文数	占比/%	排序	论文数	占比/%	排序	论文数	占比/%	排序
18	天津	30 566	2.31	19	31 774	2.36	18	30 489	2.52	18
19	黑龙江	45 163	3.41	13	34 761	2.58	17	26 779	2.21	19
20	江西	28 065	2.12	21	30 675	2.27	19	26 750	2.21	20
21	广西	28 724	2.17	20	28 663	2.13	20	26 202	2.16	21
22	云南	24 567	1.85	24	25 170	1.87	24	22 317	1.84	22
23	重庆	26 217	1.98	22	25 903	1.92	23	20 423	1.69	23
24	新疆	24 062	1.82	25	22 517	1.67	26	19 129	1.58	24
25	吉林	31 738	2.40	17	27 673	2.05	21	19 092	1.58	25
26	贵州	19 559	1.48	27	23 592	1.75	25	18 735	1.55	26
27	内蒙古	21 008	1.59	26	17 117	1.27	27	14 199	1.17	27
28	宁夏	6 944	0.52	28	7 136	0.53	30	6 465	0.53	28
29	海南	6 443	0.49	29	7 205	0.53	29	6 301	0.52	29
30	青海	5 644	0.43	30	7 654	0.57	28	5 589	0.46	30
31	西藏	1 336	0.10	31	1 924	0.14	31	1 991	0.16	31
	合计	1 325 053	100.00	—	1 348 492	100.00	—	1 210 570	100.00	—

注：按照 2021 年发表论文数量降序排列。
跨地区合作论文将被统计到多个地区。
"排序"是指该地区当年论文数量的排名。
数据来源于 CNKI。

三、中国科技期刊论文发文机构分布

2015 年、2018 年、2021 年各类机构在中国科技期刊上发表论文数显示，高等院校一直是发文最多的机构类型[高等院校指全国普通高等学校中的本科院校，不含高职（专科）院校和成人高等学校，下文同]，其在中国科技期刊上的发文占比在 33%左右，其次是医疗机构、企业、科研机构、其他机构[含事业单位、高职（专科）院校、成人高等学校、中小学校、幼儿园等]。

从各类型机构三年发文占比的变化情况来看，高等院校、科研机构发文占比稳定；企业发文占比上升，从 2015 年的 12.34%增加到 2018 年的 14.50%，2021年进一步增加到 15.49%；而医疗机构发文占比有所下降（图 2-6）。

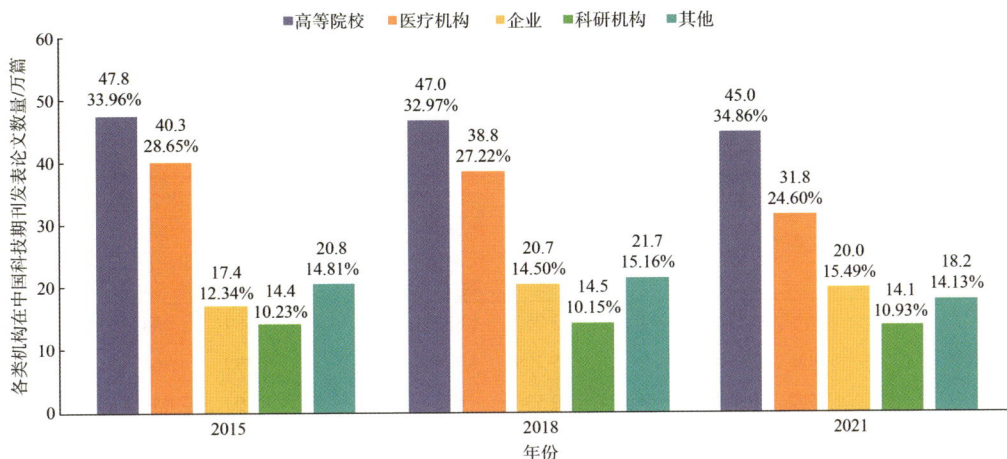

图 2-6　2015 年、2018 年、2021 年各类机构在中国科技期刊发表论文数及占比

对各学科论文的发文机构类型进行统计[①]，可以得到各类型机构在各学科的发文情况（表 2-27～表 2-30）。

1）2021 年，高校发表论文占比超过 70%的学科有 9 个，依次为"力学"（93.69%）、"物理学"（91.89%）、"数学"（90.94%）、"系统科学"（89.73%）、"材料科学"（86.42%）、"天文学"（86.29%）、"生物学"（82.61%）、"自然地理学"（71.82%）和"工程与技术科学基础学科"（71.38%）。2015 年、2018 年、2021 年高校发文占比最高的 3 个学科均为"力学""物理学""数学"（表 2-27）。

2）医疗机构是临床医学各领域发表论文的主体，2021 年医疗机构发表论文占比超过 90%的 10 个学科依次为"妇产科学与儿科学"（98.06%）、"外科学"（97.89%）、"皮肤病学与性病学"（95.55%）、"护理学"（95.10%）、"肿瘤学"（94.75%）、"耳鼻咽喉科学与眼科学"（94.44%）、"口腔医学"（94.38%）、"内科学"（94.23%）、"临床医学综合"（93.37%）和"神经病学与精神病学"（91.13%）（表 2-28）。在药学领域医疗机构发文占比有所上升，从 2015 年的 63.26%上升到 2021 年的 67.25%；在基础医学领域医疗机构发文占比有

---

① 由于是基于单篇论文全部发文机构的统计结果，一篇论文若跨多个学科或由多个类型机构合作完成，将被分别统计。

较大幅度的下降，从 2015 年的 55.35%降至 2021 年的 46.41%。

表 2-27　2015 年、2018 年、2021 年中国科技期刊发表高等院校各学科论文数及占比

（TOP20 学科）

学科	2015 年				2018 年				2021 年			
	论文数/篇	高等院校论文数/篇	占比/%	排序	论文数/篇	高等院校论文数/篇	占比/%	排序	论文数/篇	高等院校论文数/篇	占比/%	排序
力学	2 818	2 537	90.03	2	2 057	1 883	91.54	1	1 584	1 484	93.69	1
物理学	6 900	6 110	88.55	3	5 309	4 744	89.36	3	5 399	4 961	91.89	2
数学	11 502	10 441	90.78	1	9 530	8 655	90.82	2	8 197	7 454	90.94	3
系统科学	414	364	87.92	4	249	215	86.35	4	146	131	89.73	4
材料科学	8 331	7 154	85.87	5	10 030	8 607	85.81	5	11 868	10 256	86.42	5
天文学	669	499	74.59	7	708	572	80.79	7	963	831	86.29	6
生物学	12 280	9 970	81.19	6	10 826	8 837	81.63	6	10 139	8 376	82.61	7
自然地理学	576	419	72.74	8	473	345	72.94	8	699	502	71.82	8
工程与技术科学基础学科	5 361	3 457	64.48	12	5 234	3 543	67.69	10	6 227	4 445	71.38	9
化学	25 117	17 689	70.43	9	21 378	14 720	68.86	9	17 693	11 899	67.25	10
海洋科学	3 045	1 907	62.63	14	3 107	2 063	66.40	11	3 598	2 393	66.51	11
自动化技术、计算机技术	78 858	51 422	65.21	11	80 957	50 897	62.87	13	80 958	53 217	65.73	12
食品科学技术	17 081	11 528	67.49	10	19 772	12 541	63.43	12	20 993	13 746	65.48	13
能源与动力工程	6 138	3 463	56.42	17	5 261	3 240	61.59	14	5 598	3 550	63.42	14
基础医学	8 091	4 311	53.28	24	6 657	3 978	59.76	16	6 875	4 352	63.30	15
纺织科学技术	3 708	2 139	57.69	16	3 460	2 059	59.51	17	3 382	2 062	60.97	16
水产学	5 181	2 951	56.96	18	4 797	2 658	55.41	19	4 456	2 710	60.82	17
轻工业（除纺织、食品）	6 296	3 542	56.26	20	9 745	5 675	58.23	18	9 422	5 609	59.53	18
武器工业与军事技术	2 673	1 705	63.79	13	2 520	1 511	59.96	15	2 528	1 480	58.54	19
化学工程	36 395	21 143	58.09	15	34 611	18 510	53.48	22	36 506	21 340	58.46	20

注：按照 2021 年高校发文学科占比降序排列。

本表中的"论文数"为各学科有署名机构的论文数量。

"占比"指高校发文量占本学科论文总量的比例。

"排序"是指该学科当年高校发文学科占比的排名。

数据来源于 CNKI。

3）2021 年企业发表论文占比较高的前 10 个学科依次为"石油天然气工业"

（73.69%）、"矿山工程技术"（72.79%）、"冶金工程技术"（68.89%）、"交

通运输工程"（55.41%）、"电气工程"（53.25%）、"金属学与金属工艺"

（42.47%）、"土木建筑工程"（39.74%）、"能源与动力工程"（38.35%）、"化学工程"（36.19%）和"水利工程"（35.28%）。这 10 个学科 2015 年、2018 年、2021 年的企业发文占比多数呈上升趋势（表 2-29）。

表 2-28 2015 年、2018 年、2021 年中国科技期刊发表医疗机构各学科论文数及占比
（TOP20 学科）

学科	2015 年				2018 年				2021 年			
	论文数/篇	医疗机构论文数/篇	占比/%	排序	论文数/篇	医疗机构论文数/篇	占比/%	排序	论文数/篇	医疗机构论文数/篇	占比/%	排序
妇产科学与儿科学	36 975	36 161	97.80	1	37 592	36 823	97.95	1	29 686	29 110	98.06	1
外科学	54 291	52 964	97.56	2	51 765	50 682	97.91	2	39 685	38 846	97.89	2
皮肤病学与性病学	4 540	4 299	94.69	5	4 130	3 926	95.06	7	3 262	3 117	95.55	3
护理学	64 312	60 891	94.68	6	68 569	65 416	95.40	4	46 188	43 924	95.10	4
肿瘤学	50 173	47 638	94.95	4	49 427	47 043	95.18	5	43 581	41 295	94.75	5
耳鼻咽喉科学与眼科学	11 677	11 187	95.80	3	10 744	10 300	95.87	3	8 874	8 381	94.44	6
口腔医学	6 960	6 457	92.77	9	6 433	5 971	92.82	10	5 358	5 057	94.38	7
内科学	75 426	71 287	94.51	7	71 402	67 709	94.83	8	58 273	54 910	94.23	8
临床医学综合	26 854	25 239	93.99	8	30 033	28 555	95.08	6	20 946	19 558	93.37	9
神经病学与精神病学	23 947	22 121	92.37	10	23 659	21 986	92.93	9	21 376	19 481	91.13	10
军事医学与特种医学	5 983	5 237	87.53	11	5 973	5 472	91.61	11	2 923	2 587	88.50	11
医药卫生事业管理	15 232	11 425	75.01	12	14 886	11 356	76.29	12	14 747	11 108	75.32	12
预防医学与卫生学	11 985	8 835	73.72	13	11 937	8 913	74.67	13	10 351	7 673	74.13	13
中医学与中药学	65 866	45 096	68.47	14	61 256	43 020	70.23	14	58 824	42 548	72.33	14
药学	12 609	7 976	63.26	15	11 319	7 182	63.45	15	10 643	7 157	67.25	15
基础医学	8 091	4 478	55.35	16	6 657	3 198	48.04	16	6 875	3 191	46.41	16
畜牧、兽医科学	22 053	1 545	7.01	18	22 219	1 577	7.10	17	22 976	1 618	7.04	17
生物学	12 280	505	4.11	19	10 826	368	3.40	19	10 139	634	6.25	18
化学	25 117	2 099	8.36	17	21 378	1 048	4.90	18	17 693	670	3.79	19
食品科学技术	17 081	444	2.60	20	19 772	502	2.54	20	20 993	662	3.15	20

注：按照 2021 年医疗机构发文学科占比降序排列。
本表中的"论文数"为各学科有署名机构的论文数量。
"占比"指医疗机构发文量占本学科论文总量的比例。
"排序"是指该学科当年医疗机构发文学科占比的排名。
数据来源于 CNKI。

4）2021 年科研机构发表论文占比较高的前 10 个学科依次为"核科学技术"（60.84%）、"天文学"（54.00%）、"水产学"（42.66%）、"农艺学"

（41.77%）、"武器工业与军事技术"（41.10%）、"海洋科学"（39.55%）、"园艺学"（39.10%）、"航空、航天科学技术"（38.80%）、"地质学"（38.10%）和"植物保护学"（37.27%）。其中"核科学技术""武器工业与军事技术"领域总论文量下降但科研机构发文略有增加，因此和 2015 年相比其占比上升超过 7 个百分点（表 2-30）。

表 2-29　2015 年、2018 年、2021 年中国科技期刊发表企业各学科论文数及占比（TOP20 学科）

学科	2015 年				2018 年				2021 年			
	论文数/篇	企业论文数/篇	占比/%	排序	论文数/篇	企业论文数/篇	占比/%	排序	论文数/篇	企业论文数/篇	占比/%	排序
石油天然气工业	17 388	10 902	62.70	1	19 992	14 174	70.90	1	17 272	12 728	73.69	1
矿山工程技术	22 099	13 029	58.96	3	21 849	14 182	64.91	3	20 292	14 770	72.79	2
冶金工程技术	5 203	3 127	60.10	2	5 321	3 496	65.70	2	4 420	3 045	68.89	3
交通运输工程	52 586	23 653	44.98	5	67 739	34 648	51.15	5	67 716	37 520	55.41	4
电气工程	46 291	22 628	48.88	4	48 992	25 780	52.62	4	44 111	23 491	53.25	5
金属学与金属工艺	26 002	8 987	34.56	8	25 106	9 532	37.97	7	23 022	9 777	42.47	6
土木建筑工程	56 318	21 165	37.58	7	73 247	28 927	39.49	6	61 328	24 369	39.74	7
能源与动力工程	6 138	2 312	37.67	6	5 261	1 744	33.15	9	5 598	2 147	38.35	8
化学工程	36 395	11 517	31.64	10	34 611	12 551	36.26	8	36 506	13 210	36.19	9
水利工程	15 381	4 208	27.36	11	15 768	4 644	29.45	10	14 305	5 047	35.28	10
纺织科学技术	3 708	812	21.90	15	3 460	829	23.96	13	3 382	936	27.68	11
地质学	18 377	4 518	24.59	13	19 041	4 273	22.44	15	16 964	4 673	27.55	12
安全科学技术	830	265	31.93	9	768	198	25.78	12	929	250	26.91	13
机械工程	15 475	4 191	27.08	12	15 290	4 060	26.55	11	14 209	3 629	25.54	14
环境科学技术	32 969	5 729	17.38	17	37 581	7 900	21.02	16	42 256	10 414	24.65	15
无线电电子学、电信技术	38 104	6 685	17.54	18	35 257	8 020	22.75	14	32 763	7 732	23.60	16
航空、航天科学技术	11 160	1 727	15.47	20	12 042	2 183	18.13	18	13 487	3 029	22.46	17
轻工业（除纺织、食品）	6 296	1 513	24.03	14	9 745	1 784	18.31	17	9 422	1 989	21.11	18
食品科学技术	17 081	2 064	12.08	21	19 772	2 462	12.45	24	20 993	3 749	17.86	19
测绘科学技术	6 789	707	10.41	24	6 582	838	12.73	23	5 494	954	17.36	20

注：按照 2021 年企业发文学科占比降序排列。

本表中的"论文数"为各学科有署名机构的论文数量。

"占比"指企业发文量占本学科论文总量的比例。

"排序"是指该学科当年企业发文学科占比的排名。

数据来源于 CNKI。

表 2-30　2015 年、2018 年、2021 年中国科技期刊发表科研机构各学科论文数及占比

（TOP20 学科）

学科	2015 年				2018 年				2021 年			
	论文数/篇	科研机构论文数/篇	占比/%	排序	论文数/篇	科研机构论文数/篇	占比/%	排序	论文数/篇	科研机构论文数/篇	占比/%	排序
核科学技术	1 978	1 025	51.82	2	1 598	983	61.51	1	1 803	1 097	60.84	1
天文学	669	364	54.41	1	708	395	55.79	2	963	520	54.00	2
水产学	5 181	2 086	40.26	4	4 797	1 838	38.32	4	4 456	1 901	42.66	3
农艺学	21 949	9 076	41.35	3	20 326	8 193	40.31	3	18 766	7 838	41.77	4
武器工业与军事技术	2 673	908	33.97	12	2 520	908	36.03	8	2 528	1 039	41.10	5
海洋科学	3 045	1 158	38.03	8	3 107	1 160	37.34	7	3 598	1 423	39.55	6
园艺学	16 281	5 839	35.86	10	15 528	5 556	35.78	10	14 229	5 563	39.10	7
航空、航天科学技术	11 160	4 150	37.19	9	12 042	4 585	38.08	6	13 487	5 233	38.80	8
地质学	18 377	7 035	38.28	7	19 041	6 857	36.01	9	16 964	6 463	38.10	9
植物保护学	10 901	3 744	34.35	11	10 358	3 484	33.64	12	9 553	3 560	37.27	10
自然地理学	576	225	39.06	5	473	181	38.27	5	699	258	36.91	11
地球物理学	4 357	1 675	38.44	6	4 297	1 486	34.58	11	4 287	1 566	36.53	12
农业基础科学	7 378	2 466	33.42	13	7 572	2 441	32.24	13	7 851	2 787	35.50	13
测绘科学技术	6 789	2 011	29.62	15	6 582	1 937	29.43	16	5 494	1 798	32.73	14
林学	10 694	3 543	33.13	14	11 083	3 417	30.83	14	9 702	3 175	32.73	15
大气科学	5 847	1 540	26.34	18	6 262	1 442	23.03	18	5 939	1 807	30.43	16
生物学	12 280	3 546	28.88	16	10 826	3 330	30.76	15	10 139	3 025	29.84	17
水利工程	15 381	4 236	27.54	17	15 768	4 519	28.66	17	14 305	4 218	29.49	18
环境科学技术	32 969	7 849	23.81	19	37 581	8 362	22.25	19	42 256	9 662	22.87	19
农业工程	5 780	1 304	22.56	20	5 871	1 237	21.07	20	5 589	1 241	22.20	20

注：按照 2021 年科研机构发文学科占比降序排列。

本表中的"论文数"为各学科有署名机构的论文数量。

"占比"指科研机构发文量占本学科论文总量的比例。

"排序"是指该学科当年科研机构发文学科占比的排名。

数据来源于 CNKI。

四、中国科技期刊基金论文分析

由基金资助的课题成果产出的论文称为基金论文。2021 年受基金资助发表在中国科技期刊上的论文共 55.03 万篇，资助论文数量最多的 3 个基金依次为国家自然科学基金（167 887 篇）、国家重点研发计划（66 906 篇）和河南省科技攻关计划（6669 篇）。

2021 年中国科技期刊发表基金论文数量占论文总量的 48.25%。这个比例相较于 2018 年的 38.81% 提高了 9.44%，相较于 2015 年的 37.14% 提高了 11.11%。可以看出，近年来中国科技期刊发表论文中受基金资助的比例有较大提升（表2-31）。

表2-31　2015年、2018年、2021年中国科技期刊基金论文数及占比

年份	论文数（A）/篇	基金论文数（B）/篇	占比（$B/A \times 100\%$）/%
2015	1 275 401	473 737	37.14
2018	1 299 966	504 526	38.81
2021	1 140 647	550 318	48.25

注：按照论文发表年份排序。
本表统计所有受基金资助论文，不限定资助基金级别。
数据来源于CNKI。

表2-32给出了2015年、2018年、2021年中国科技期刊发表各学科基金论文数量及占比。基金论文数量最多的学科集中在民生领域。2021年基金论文数最多的3个学科分别为"中医学与中药学"（40 612篇）、"食品科学技术"（15 640篇）

表2-32　2015年、2018年、2021年中国科技期刊发表各学科基金论文数及占比（TOP20学科）

学科	2015年				2018年				2021年			
	论文数/篇	基金论文数/篇	占比/%	排序	论文数/篇	基金论文数/篇	占比/%	排序	论文数/篇	基金论文数/篇	占比/%	排序
生物学	12 535	10 710	85.44	1	10 999	9 467	86.07	1	10 285	9 085	88.33	1
天文学	689	553	80.26	2	718	606	84.40	2	971	829	85.38	2
物理学	7 096	5 668	79.88	3	5 353	4 230	79.02	3	5 422	4 517	83.31	3
数学	11 632	8 855	76.13	7	9 566	7 489	78.29	5	8 225	6 756	82.14	4
基础医学	8 164	5 857	71.74	9	6 710	5 174	77.11	7	7 065	5 719	80.95	5
力学	2 830	2 190	77.39	4	2 074	1 626	78.40	4	1 587	1 279	80.59	6
系统科学	417	276	66.19	13	249	173	69.48	10	148	119	80.41	7
材料科学	8 467	6 461	76.31	6	10 138	7 793	76.87	8	11 980	9 585	80.01	8
海洋科学	3 089	2 325	75.27	8	3 142	2 379	75.72	9	3 644	2 866	78.65	9
自然地理学	590	455	77.12	5	498	385	77.31	6	720	561	77.92	10
水产学	5 458	3 695	67.70	10	5 087	3 410	67.03	13	4 770	3 500	73.38	11
地球物理学	4 480	3 004	67.05	12	4 370	2 954	67.60	12	4 504	3 299	73.25	12
大气科学	5 938	3 766	63.42	16	6 374	3 694	57.95	17	6 040	4 301	71.21	13
化学	25 516	17 226	67.51	11	21 910	14 989	68.41	11	18 413	13 030	70.77	14
食品科学技术	17 643	11 493	65.14	14	20 654	13 312	64.45	14	22 146	15 640	70.62	15
农业基础科学	7 726	4 904	63.47	15	7 960	5 063	63.61	15	8 267	5 729	69.30	16
中医学与中药学	66 902	31 222	46.67	26	62 065	33 895	54.61	20	59 368	40 612	68.41	17
农艺学	23 497	14 336	61.01	17	22 000	13 230	60.14	16	20 460	13 864	67.76	18
地质学	18 585	10 952	58.93	18	19 407	10 882	56.07	19	17 353	11 046	63.65	19
核科学技术	1 998	1 035	51.80	22	1 614	934	57.87	18	1 821	1 133	62.22	20

注：按照2021基金论文学科占比降序排列。
本表统计所有受基金资助论文，不限定资助基金级别。
"占比"是指该学科当年基金论文数占学科总论文数的比例。
"排序"是指该学科当年基金论文学科占比的排名。
数据来源于CNKI。

和"农艺学"（13 864 篇）。

2021 年基金论文占比最高的 10 个学科主要集中在基础学科。对比三年数据，基金论文占比最高的前 3 个学科均为"生物学""天文学""物理学"，它们在 2021 年的基金论文占比分别为 88.33%、85.38% 和 83.31%。"中医学与中药学""系统科学""核科学技术"3 个学科 2021 年基金论文占比相较 2015 年增长最多。

五、中国科技期刊境外作者论文和境外合作论文

本研究的"境外作者论文"是指境外作者作为第一作者在中国科技期刊发表的论文；"境外合作论文"是中国作者作为第一作者，与境外作者合作在中国科技期刊共同发表的论文，两类论文合称"境外论文"。中国科技期刊 2021 年发表境外作者论文 6469 篇，境外合作论文 7749 篇。中国科技期刊 2015 年、2018 年、2021 年的境外作者论文数量先升后降，境外合作论文数量逐年上升，中国科技期刊发表境外作者论文 2015 年 6935 篇、2018 年 7461 篇，2021 年相比 2018 年下降 13.30%；中国科技期刊发表境外合作论文 2015 年 6454 篇、2018 年 7145 篇，2021 年相比 2015 年增长 20.07%（图 2-7）。

图 2-7　2015 年、2018 年、2021 年中国科技期刊发表境外论文数量

中国科技期刊发表境外作者论文占比超过 1% 的学科共 20 个。2021 年发表境外作者论文数量最多的学科是"化学工程"（387 篇）、"材料科学"（361 篇）、

"金属学与金属工艺"（325 篇），相比过去几年略有变化，2015 年是"生物学""化学""材料科学"，2018 年是"生物学""材料科学""数学"。发表境外作者论文数量占比最高的学科为"天文学""物理学""力学"，2021 年境外作者论文数占比分别为 9.68%、4.21%、3.21%（表 2-33）。

表 2-33　2015 年、2018 年、2021 年中国科技期刊部分学科发表境外作者论文数及占比

序号	学科	2015 年				2018 年				2021 年			
		论文数/篇	境外作者论文数/篇	占比/%	排序	论文数/篇	境外作者论文数/篇	占比/%	排序	论文数/篇	境外作者论文数/篇	占比/%	排序
1	天文学	689	52	7.55	1	718	83	11.56	1	971	94	9.68	1
2	物理学	7 096	257	3.62	5	5 353	265	4.95	3	5 422	228	4.21	2
3	力学	2 830	154	5.44	2	2 074	114	5.50	2	1 587	51	3.21	3
4	材料科学	8 467	332	3.92	3	10 138	425	4.19	5	11 980	361	3.01	4
5	数学	11 632	290	2.49	6	9 566	308	3.22	7	8 225	191	2.32	5
6	基础医学	8 164	182	2.23	7	6 710	169	2.52	9	7 065	164	2.32	6
7	自然地理学	590	8	1.36	11	498	13	2.61	8	720	16	2.22	7
8	生物学	12 535	486	3.88	4	10 999	516	4.69	4	10 285	226	2.20	8
9	地球物理学	4 480	83	1.85	9	4 370	89	2.04	11	4 504	84	1.87	9
10	海洋科学	3 089	61	1.97	8	3 142	73	2.32	10	3 644	59	1.62	10
11	大气科学	5 938	60	1.01	12	6 374	70	1.10	14	6 040	87	1.44	11
12	地质学	18 585	159	0.86	15	19 407	206	1.06	15	17 353	246	1.42	12
13	金属学与金属工艺	26 973	231	0.86	14	25 905	184	0.71	24	23 531	325	1.38	13
14	神经病学与精神病学	24 103	189	0.78	20	23 824	153	0.64	25	22 098	238	1.08	14
15	能源与动力工程	6 357	45	0.71	25	5 403	49	0.91	18	5 715	60	1.05	15
16	林学	11 723	100	0.85	16	12 532	117	0.93	16	11 272	118	1.05	16
17	化学工程	37 786	305	0.81	17	36 033	283	0.79	21	38 114	387	1.02	17
18	化学	25 516	413	1.62	10	21 910	281	1.28	12	18 413	173	0.94	18
19	核科学技术	1 998	16	0.80	18	1 614	19	1.18	13	1 821	16	0.88	19
20	系统科学	417	3	0.72	24	249	10	4.02	6	148	1	0.68	28

注：按照 2021 年境外作者论文学科占比降序排列。
"占比"是指该学科当年境外作者论文数占学科总论文数的比例。
"排序"是指该学科当年境外作者论文学科占比的排名。
数据来源于 CNKI。

中国科技期刊 2015 年、2018 年、2021 年任意一年发表境外合作论文占比超过 1%的学科共 20 个。发表境外合作论文数量最多的学科，2015 年是"化

学"（289 篇），2018 年是"电气工程"（331 篇），2021 年是"电气工程"（578 篇）；发表境外合作论文数量占比最高的学科各年均为"天文学"，2021年为 10.61%（表 2-34）。

表 2-34　2015 年、2018 年、2021 年中国科技期刊部分学科发表境外合作论文数及占比

序号	学科	2015 年				2018 年				2021 年			
		论文数/篇	境外合作论文数/篇	占比/%	排序	论文数/篇	境外合作论文数/篇	占比/%	排序	论文数/篇	境外合作论文数/篇	占比/%	排序
1	天文学	689	35	5.08	1	718	56	7.80	1	971	103	10.61	1
2	物理学	7 096	198	2.79	4	5 353	202	3.77	2	5 422	239	4.41	2
3	材料科学	8 467	176	2.08	8	10 138	286	2.82	7	11 980	461	3.85	3
4	生物学	12 535	277	2.21	7	10 999	330	3.00	5	10 285	290	2.82	4
5	地球物理学	4 480	110	2.46	6	4 370	95	2.17	9	4 504	118	2.62	5
6	海洋科学	3 089	95	3.08	3	3 142	101	3.21	4	3 644	91	2.50	6
7	大气科学	5 938	115	1.94	9	6 374	128	2.01	10	6 040	146	2.42	7
8	数学	11 632	178	1.53	11	9 566	221	2.31	8	8 225	185	2.25	8
9	力学	2 830	96	3.39	2	2 074	60	2.89	6	1 587	35	2.21	9
10	自然地理学	590	8	1.36	12	498	8	1.61	12	720	15	2.08	10
11	基础医学	8 164	133	1.63	10	6 710	111	1.65	11	7 065	139	1.97	11
12	能源与动力工程	6 357	47	0.74	20	5 403	54	1.00	16	5 715	103	1.80	12
13	地质学	18 585	203	1.09	14	19 407	257	1.32	14	17 353	308	1.77	13
14	化学	25 516	289	1.13	13	21 910	267	1.22	15	18 413	293	1.59	14
15	金属学与金属工艺	26 973	188	0.70	23	25 905	212	0.82	18	23 531	374	1.59	15
16	核科学技术	1 998	18	0.90	18	1 614	24	1.49	13	1 821	28	1.54	16
17	化学工程	37 786	203	0.54	27	36 033	214	0.59	28	38 114	561	1.47	17
18	系统科学	417	11	2.64	5	249	9	3.61	3	148	2	1.35	18
19	电气工程	48 060	230	0.48	33	50 410	331	0.66	26	45 432	578	1.27	19
20	无线电电子学、电信技术	39 342	288	0.73	21	36 261	260	0.72	21	33 770	357	1.06	20

注：按照 2021 年境外合作论文学科占比降序排列。
"占比"是指该学科当年境外合作论文数占学科总论文数的比例。
"排序"是指该学科当年境外合作论文学科占比的排名。
数据来源于 CNKI。

中国科技期刊发表中国港澳台地区第一作者论文、与内地合作论文数量见表2-35。2021 年相比 2015 年，发表澳门作者论文数量增长 214.97%，发表香港作者论文数量增长 19.31%，发表台湾作者论文数量下降 59.34%。

表 2-35 2015 年、2018 年、2021 年中国科技期刊发表港澳台作者论文数量

序号	地区	2015 年			2018 年			2021 年		
		第一作者论文数（A）/篇	与内地合作论文数（B）/篇	论文总数（A+B）/篇	第一作者论文数（C）/篇	与内地合作论文数（D）/篇	论文总数（C+D）/篇	第一作者论文数（E）/篇	与内地合作论文数（F）/篇	论文总数（E+F）/篇
1	香港	334	567	901	380	567	947	347	728	1075
2	澳门	101	86	187	141	155	296	309	280	589
3	台湾	227	164	391	147	174	321	55	104	159

注：数据来源于 CNKI。

中国科技期刊发表境外论文总量排名前 20 的国家及各国第一作者论文与合作论文数量见表 2-36。在中国科技期刊发表论文最多的国家，2021 年分别为美国（3504 篇）、英国（1160 篇）、澳大利亚（1053 篇）；2021 年相比 2015 年，在中国科技期刊发表论文总数增长率最高的是丹麦（78.21%）、马来西亚（71.70%）、巴基斯坦（58.06%）。

表 2-36 2015 年、2018 年、2021 年中国科技期刊发表境外作者论文数量（TOP20 国家）

序号	国家	2015 年			2018 年			2021 年		
		第一作者论文数（A）/篇	与中国合作论文数（B）/篇	论文总数（A+B）/篇	第一作者论文数（C）/篇	与中国合作论文数（D）/篇	论文总数（C+D）/篇	第一作者论文数（E）/篇	与中国合作论文数（F）/篇	论文总数（E+F）/篇
1	美国	1602	2396	3998	1784	2713	4497	1204	2300	3504
2	英国	355	513	868	393	687	1080	383	777	1160
3	澳大利亚	275	468	743	370	577	947	319	734	1053
4	日本	305	520	825	337	465	802	272	489	761
5	加拿大	239	365	604	280	422	702	205	446	651
6	韩国	301	144	445	349	132	481	386	231	617
7	德国	276	240	516	256	244	500	259	358	617
8	新加坡	123	168	291	134	169	303	130	253	383
9	伊朗	425	1	426	407	6	413	307	19	326
10	印度	409	16	425	362	21	383	279	29	308
11	法国	136	116	252	158	142	300	128	180	308
12	意大利	147	35	182	168	59	227	143	83	226
13	俄罗斯	104	56	160	147	74	221	89	112	201
14	巴基斯坦	101	23	124	116	62	178	100	96	196
15	马来西亚	87	19	106	91	26	117	102	80	182
16	瑞典	63	71	134	48	88	136	57	123	180
17	荷兰	62	76	138	69	94	163	63	109	172
18	丹麦	31	47	78	51	71	122	38	101	139
19	西班牙	68	22	90	89	29	118	77	45	122
20	沙特阿拉伯	68	23	91	59	50	109	63	51	114

注：按照 2021 年境外论文总数降序排列。
数据来源于 CNKI。

六、中国科技期刊论文学术影响力

期刊文献被引用频次在一定程度上反映该论文受学术界关注的程度，也就是代表学术影响力大小。本小节基于 CNKI 收录的 4723 种中国科技期刊 2012～2021 年发表的论文，在其发表之后累计被引用的情况统计分析中国科技期刊论文的学术影响力。被引频次的统计源文献包括期刊论文、博硕士学位论文和在国内召开的会议论文，数据来自中国知网《中国知识资源总库》，统计截止时间为 2023 年 7 月 31 日。4723 种科技期刊 2012～2021 年共发表可被引论文 1356.07 万篇，累计被引用 6684.49 万次，篇均被引用 4.93 次。

1356.07 万篇论文中科技类可被引论文 1160.70 万篇，按照《中国图书馆分类法》的一级学科类别分析各学科发表论文数量及被引用情况，论文数量最多的是"医药、卫生，综合性医药卫生"（448.7 万篇），总被引频次最高的是"医药、卫生，综合性医药卫生"（2488.9 万次），篇均被引频次最高的是"环境科学、安全科学"（7.33 次）（表 2-37）。

表 2-37　2012～2021 年中国科技期刊发表各学科论文被引用情况

序号	学科类别	论文数/篇	总被引频次/次	篇均被引频次/次
1	R 医药、卫生，综合性医药卫生	4 487 196	24 889 281	5.55
2	T 工业技术总论	4 191 618	20 493 668	4.89
3	S 农业、林业、综合性农业科学	1 185 357	6 080 442	5.13
4	X 环境科学、安全科学	418 868	3 072 128	7.33
5	P 天文学、地球科学	397 031	2 861 031	7.21
6	U 交通运输	671 097	2 646 288	3.94
7	O 数理科学和化学	411 943	1 790 863	4.35
8	Q 生物科学	116 239	798 257	6.87
9	V 航空、航天	122 329	613 145	5.01
10	N 自然科学总论	6392	37 156	5.81

注：按照总被引频次降序排列。

总被引频次是指该论文自发表后至 2023 年 7 月 31 日被期刊论文、博硕士学位论文、会议论文的累计引用频次。

数据来源于 CNKI。

表 2-38 给出了被引频次来源分布情况。可以看出，来自期刊论文的引用占比最大，引用频次达 4340.42 万次，占 64.93%，其次是硕士学位论文（引用 2042.09 万次，占 30.55%），博士学位论文和会议论文的引用占比较小，仅占 3.46% 和

1.06%。以上数据说明，中国科技期刊不仅对学术交流和科研实践活动起到重要的支撑作用，而且在高等教育的专业人才培养中也扮演了重要角色。

表 2-38　各类型文献引用 2012～2021 年中国科技期刊论文次数及占比

施引文献类型	引用次数/次	占比/%
期刊论文	43 404 179	64.93
硕士学位论文	20 420 865	30.55
博士学位论文	2 313 823	3.46
会议论文	706 000	1.06
合计	66 844 867	100.00

注：按照各类型文献引用次数排序。
数据来源于 CNKI。

第三节　中国学者高影响力论文分析

一、中国学者发表高被引论文情况

（一）中国学者发表高被引论文的学科分布

2022 年，中国 SCI 期刊发表高被引论文数[①]为 1218 篇，占同期全球发表高被引论文数（24 086 篇）的 5.06%；中国作者发表高被引论文数为 11 459 篇，占同期全球发表高被引论文数的 47.58%；中国机构发表高被引论文数为 11 350 篇，占同期全球发表高被引论文数的 47.12%。

如表 2-39 所示，15 个学科中国 SCI 期刊发表高被引论文全球占比超过 1%，其中 3 个学科的占比超过 10%，分别为"材料科学"（19.13%）、"物理学"（12.05%）和"地学"（10.15%）。从高被引论文数量来看，3 个学科中国 SCI 期刊发表高被引论文数超过 100 篇，分别为"材料科学"（361 篇）、"化学"（211 篇）和"物理学"（134 篇）。

2022 年，中国作者发表高被引论文全球占比超过 60% 的学科有 5 个，分别为"材料科学"（79.65%）、"工程技术"（69.89%）、"地学"（69.55%）、"计算机科学"（68.72%）和"化学"（64.84%）。从各学科来看，中国作者发表高

① 根据 2022 年同一 ESI 学科统计发表论文中被引用次数进入世界前 1% 的论文。

被引论文比例均高于中国 SCI 期刊发表论文的高被引论文比例，特别是在"工程技术""计算机科学""材料科学"领域。

表 2-39　2022 年各学科全球、中国 SCI 期刊、中国作者、中国机构发表高被引论文数

序号	学科	全球发表高被引论文数（A）/篇	中国 SCI 期刊发表高被引论文数（B）/篇	占比（B/A×100%）/%	中国作者发表高被引论文数（C）/篇	占比（C/A×100%）/%	中国作者发表在中国 SCI 期刊的高被引论文数（D）/篇	占比（D/B×100%）/%	中国机构发表高被引论文数（E）	占比（E/A×100%）/%
1	农业科学	871	33	3.79	483	55.45	24	72.73	475	54.54
2	生物与生物化学	1034	12	1.16	317	30.66	11	91.67	314	30.37
3	化学	2560	211	8.24	1660	64.84	207	98.10	1651	64.49
4	临床医学	3807	26	0.68	568	14.92	17	65.38	549	14.42
5	计算机科学	780	16	2.05	536	68.72	15	93.75	533	68.33
6	经济贸易	455	0	0.00	212	46.59	0	—	209	45.93
7	工程技术	3115	80	2.57	2177	69.89	74	92.50	2155	69.18
8	环境与生态学	1446	70	4.84	865	59.82	58	82.86	860	59.47
9	地学	729	74	10.15	507	69.55	66	89.19	505	69.27
10	免疫学	351	1	0.28	50	14.25	0	0.00	48	13.68
11	材料科学	1887	361	19.13	1503	79.65	326	90.30	1495	79.23
12	数学	598	8	1.34	307	51.34	7	87.50	303	50.67
13	微生物学	338	1	0.30	68	20.12	1	100.00	69	20.41
14	分子生物学与遗传学	544	42	7.72	173	31.80	40	95.24	171	31.43
15	多学科	36	2	5.56	13	36.11	2	100.00	13	36.11
16	神经科学与行为学	658	18	2.74	114	17.33	9	50.00	113	17.17
17	药学与毒理学	624	44	7.05	195	31.25	35	79.55	194	31.09
18	物理学	1112	134	12.05	592	53.24	122	91.04	587	52.79
19	植物学与动物学	897	84	9.36	408	45.48	69	82.14	404	45.04
20	精神病学与生理学	631	0	0.00	113	17.91	0	—	109	17.27
21	社会科学	1452	0	0.00	563	38.77	0	—	558	38.43
22	空间科学	161	1	0.62	35	21.74	0	0.00	35	21.74
	合计	24 086	1218	5.06	11 459	47.58	1083	88.92	11 350	47.12

注：检索方法——InCites 数据库选"机构"；时间窗口 2022 年；学科分类体系 ESI；文献类型"研究论文"和"综述"；依次采集全球、中国 SCI 期刊、中国作者、中国 SCI 期刊中国作者、中国机构数据。

依学科英文名称顺序排列。

2022 年，中国机构发表高被引论文全球占比超过 60% 的学科有 5 个，分别为"材料科学"（79.23%）、"地学"（69.27%）、"工程技术"（69.18%）、"计算机科学"（68.33%）和"化学"（64.49%）。从高被引论文数量来看，3 个学科中国机构发表高被引论文数超过 1000 篇，依次为"工程技术"（2155 篇）、"化学"（1651 篇）和"材料科学"（1495 篇）。

从中国 SCI 期刊发表高被引论文贡献来看，中国作者发表在中国 SCI 期刊的高被引论文数占中国 SCI 期刊发表高被引论文数的比例更高。在有高被引论文的 19 个学科中，除"免疫学"和"空间科学"外，其余 17 个学科中国作者发表高被引论文的比例超过 50%。

（二）中国学者发表高被引论文的年度分布

2013 年，全球范围研究人员以第一作者或通讯作者身份发表 SCI 高被引论文 14 415 篇，至 2022 年达到 24 086 篇，十年增加了 9671 篇高被引论文，发表数量呈逐年递增趋势。十年间，中国研究人员以第一作者或通讯作者身份发表 SCI 高被引论文数量也呈递增趋势，由 2013 年的 1694 篇增加至 2022 年的 10 656 篇，增幅为 529.04%，且于 2022 年首次突破 1 万篇（图 2-8）。

图 2-8　2013～2022 年中国研究人员发表高被引论文数及其全球占比

检索方法——InCites 数据库选择"研究方向"；时间窗口 2013～2022 年；学科分类体系 ESI；文献类型"研究论文"和"综述"；作者位置"第一作者"或"通讯作者"；依次采集中国研究人员数据。

从中国研究人员以第一作者或通讯作者身份发表 SCI 高被引论文百分比情况来看，2013 年中国研究人员高被引论文百分比为 0.84%，2016 年首次突破 1%，至 2022 年百分比达到 1.49%，十年间百分比增加 0.65%。

从中国研究人员以第一作者或通讯作者身份发表 SCI 高被引论文占全球高被引论文数量百分比来看，2013 年中国研究人员以第一作者或通讯作者身份发表 SCI 高被引论文占全球高被引论文的 11.75%，2022 年百分比达到 44.24%，年度增长速度较快，并且 2022 年相较之前年份占比增幅最大。

（三）十年 TOP30 中国学者发表高被引论文情况

2013～2022 年间，共有 1 575 457 名[①]中国研究人员在全球范围内发表论文，发表论文共计 4 677 987 篇，占全球论文的 25.68%；同期中国作者发表高被引论文共计 65 962 篇，占全球高被引论文的 35.95%。

从十年间以第一作者或通讯作者身份发表 SCI 高被引论文数量来看，5 位研究人员发表的高被引论文数量超过 100 篇。发表高被引论文数量 TOP10 的作者依次为湖州师范学院和杭州师范大学褚玉明（Chu, Yuming）发文 126 篇，武汉理工大学和中国地质大学的余家国（Yu, Jiaguo）发文 121 篇，湖南大学的曾光明（Zeng, Guangming）发文 121 篇，清华大学的张强（Zhang, Qiang）发文 110 篇，中国科学院北京纳米能源与系统研究所、中国科学院、中国科学院大学和国家纳米科学中心的王中林（Wang, Zhonglin）发文 103 篇，清华大学的王定胜（Wang, Dingsheng）发文 84 篇，南京工业大学、南京邮电大学和西北工业大学的黄维（Huang, Wei）发文 73 篇，深圳大学的张晗（Zhang, Han）发文 72 篇，温州大学的陈慧灵（Chen, Huiling）发文 66 篇，西北工业大学的顾军渭（Gu, Junwei）发文 63 篇（表 2-40）。

从发表高被引论文百分比来看，来自中国科学技术大学的江海龙（Jiang, Hailong）和来自华南农业大学的李鑫（Li, Xin）高被引论文百分比较高，分别为 51.75% 和 51.22%；另有 8 位研究人员高被引论文百分比超过 35%，位列第 3 至第 10，依次为清华大学的王定胜（Wang, Dingsheng）占比 49.41%，青岛理工大学的李长河（Li, Changhe）占比 45.35%，上海理工大学的张晓东（Zhang, Xiaodong）占比 44.63%，西北工业大学的顾军渭（Gu, Junwei）占比 42.86%，武汉理工大学和中国地质大学的余家国（Yu, Jiaguo）占比 39.54%，北京理工大学的黄佳琦（Huang, Jiaqi）占比 37.50%，福州大学的王心晨（Wang, Xinchen）占比 35.65%，青岛大学的吴广磊（Wu, Guanglei）占比 35.51%。

---

① 研究人员有重复计数，即不同姓名书写方式计数各为 1。

表 2-40　2013～2022 年发表高被引论文 TOP30 的中国研究人员发表论文数量、总被引频次、

高被引论文数和高被引论文百分比

序号	研究人员英文姓名	研究人员中文姓名	所属机构	发表论文数/篇	总被引频次	发表高被引论文数/篇	高被引论文百分比/%
1	Chu, Yuming	褚玉明	湖州师范学院，杭州师范大学	633	18 198	126	19.91
2	Yu, Jiaguo	余家国	武汉理工大学，中国地质大学	306	68 906	121	39.54
2	Zeng, Guangming	曾光明	湖南大学	502	44 936	121	24.10
4	Zhang, Qiang	张强	清华大学	322	54 617	110	34.16
5	Wang, Zhonglin	王中林	中国科学院北京纳米能源与系统研究所，中国科学院，中国科学院大学，国家纳米科学中心	804	97 560	103	12.81
6	Wang, Dingsheng	王定胜	清华大学	170	22 720	84	49.41
7	Huang, Wei	黄维	南京工业大学，南京邮电大学，西北工业大学	1 004	51 609	73	7.27
8	Zhang, Han	张晗	深圳大学	388	32 834	72	18.56
9	Chen, Huiling	陈慧灵	温州大学	242	16 261	66	27.27
10	Gu, Junwei	顾军渭	西北工业大学	147	15 733	63	42.86
11	Guo, Shaojun	郭少军	北京大学	295	31 882	61	20.68
12	Liu, Zhuang	刘庄	苏州大学	228	34 852	60	26.32
12	Wang, Xiangke	王祥科	华北电力大学	281	25 726	60	21.35
14	Jiang, Hailong	江海龙	中国科学技术大学	114	25 310	59	51.75
15	Zhang, Xiaodong	张晓东	上海理工大学	121	8 356	54	44.63
16	Guo, Yuguo	郭玉国	中国科学院化学所，中国科学院，中国科学院大学	222	28 568	53	23.87
16	Mai, Liqiang	麦立强	武汉理工大学	462	38 883	53	11.47
18	Wang, Shuangyin	王双印	湖南大学	193	23 439	51	26.42
19	Huang, Danlian	黄丹莲	湖南大学	168	15 126	50	29.76
20	Wu, Guanglei	吴广磊	青岛大学	138	9 524	49	35.51
20	Pang, Huan	庞欢	扬州大学	387	26 206	49	12.66
22	Hou, Jianhui	侯剑辉	中国科学院化学研究所，中国科学院，中国科学院大学	211	29 869	48	22.75
23	Zhang, Tierui	张铁锐	中国科学院理化技术研究所，中国科学院，中国科学院大学	149	19 291	46	30.87
24	Cao, Maosheng	曹茂盛	北京理工大学	145	15 973	45	31.03
25	Shi, Jianlin	施剑林	中国科学院上海硅酸盐研究所，中国科学院，中国科学院大学，同济大学	242	22 008	44	18.18
26	Yu, Shuhong	俞书宏	中国科学技术大学	208	27 777	43	20.67
27	Li, Xin	李鑫	华南农业大学	82	16 117	42	51.22
27	Ma, Wenxiu	马文秀	上海电力大学	149	6 869	42	28.19
29	Wang, Xinchen	王心晨	福州大学	115	21 367	41	35.65
30	Li, Changhe	李长河	青岛理工大学	86	8 770	39	45.35
30	Huang, Jiaqi	黄佳琦	北京理工大学	104	13 894	39	37.50

注：检索方法——InCites 数据库选择"人员"；时间窗口 2013～2022 年；学科分类体系 ESI；文献类型"研究论文"和"综述"；作者位置"第一作者"或"通讯作者"；依次采集中国研究人员数据。

位列第 30 的研究人员有 2 位，共 31 位研究人员。

研究人员已做姓名消歧，表中数据均取自姓名消歧后的结果，每位研究人员的每篇论文计数为 1。

依作者发表高被引论文数降序排列。

（四）中国学者发表高被引论文机构分布

《学术精要数据库》是由中国知网评价中心推出的支持代表作论文遴选、衡量学者研究成果影响力的评价参考工具。对中国知网收录的近十年的论文数据进行统计，按 PCSI 指数、他引频次、下载频次分别遴选前 1% 的论文，三者统称高影响力论文。其中高被引论文是指同年度同学科[①]同种文献类型（研究型、综述型文献）的国内期刊会议论文中，他引总被引频次排名前 1% 的论文。

根据《学术精要数据库》2023 年 9 月更新数据（评价指标统计截止日期为 2023 年 7 月 31 日）统计，中国科技期刊 2013～2022 年发表论文入选高被引论文的共计 164 420 篇。表 2-41 列出了发表高被引论文数量较多的 20 个机构，可以看出高等院校、科研机构的高被引论文产出较多，其中高被引论文数量最多的是中国科学院（6680 篇），高被引论文篇均被引频次最高的是清华大学（80.54 次）。

表 2-41　2013～2022 年高被引论文数量 TOP20 机构

序号	机构名称	高被引论文数/篇	高被引论文篇均被引频次/次
1	中国科学院	6680	77.56
2	中国科学院大学	3041	73.02
3	清华大学	2469	80.54
4	同济大学	2020	60.89
5	中国农业科学院	1990	64.03
6	北京大学	1616	72.14
7	浙江大学	1543	69.14
8	中国农业大学	1437	62.94
9	武汉大学	1370	66.31
10	西北农林科技大学	1361	60.74
11	重庆大学	1308	61.24
12	华北电力大学	1284	78.43
13	东南大学	1264	64.81
14	中国矿业大学	1216	66.29
15	天津大学	1195	67.51
16	上海交通大学	1149	65.17
17	中南大学	1123	53.62
18	华南理工大学	1114	58.97
19	华中科技大学	1106	64.81
20	西南交通大学	1020	51.87

注：按照高被引论文数量降序排列。
数据来源于《学术精要数据库》。

[①] 学科体系为中国知网 168 学科。

（五）中国科技期刊高被引论文分析

表 2-42 给出了 2013～2022 年各学科发表高被引论文数量最多的 3 种期刊。其中高被引论文数最多的期刊是《生态学报》（1908 篇高被引论文），高被引论文的篇均被引频次最高的期刊是《地理学报》（篇均被引为 127.58 次）。

表 2-42　2013～2022 年各学科发表高被引论文数量 TOP3 期刊

学科类别	序号	期刊名称	高被引论文数/篇	篇均被引频次/次
N 自然科学总论	1	中国人口•资源与环境	756	104.78
	2	现代教育技术	509	99.67
	3	自然资源学报	494	74.91
O 数理科学和化学	1	岩石力学与工程学报	957	65.75
	2	岩土力学	930	54.66
	3	光学学报	322	45.01
P 天文学、地球科学	1	地理学报	614	127.58
	2	地理研究	594	98.35
	3	地理科学	513	86.29
Q 生物科学	1	生态学报	1908	70.64
	2	应用生态学报	788	64.80
	3	生态学杂志	345	54.79
S 农业、林业、综合性农业科学	1	农业工程学报	1532	70.63
	2	农业机械学报	864	59.22
	3	动物营养学报	719	38.08
T 工业技术总论	1	中国电机工程学报	1715	114.17
	2	食品科学	1422	44.70
	3	电力系统自动化	1331	92.04
U 交通运输	1	中国公路学报	404	58.60
	2	交通运输系统工程与信息	247	45.21
	3	汽车工程	246	44.83
V 航空、航天	1	航空学报	224	52.07
	2	系统仿真学报	121	43.90
	3	航空制造技术	119	57.64
X 环境科学、安全科学	1	环境科学	681	69.15
	2	中国环境科学	365	69.11
	3	环境科学学报	278	75.61
R 医药、卫生，综合性医药卫生	1	中华护理杂志	1130	70.78
	2	中国老年学杂志	1082	46.02
	3	中国全科医学	1011	49.65

注：学科按照期刊 CN 号划分。
数据来源于《学术精要数据库》。

二、中国学者发表热点论文情况

（一）中国学者发表热点论文的学科分布

2022 年，中国 SCI 期刊发表热点论文数为 126 篇，占同期全球发表热点论文数（2330 篇）的 5.41%。881 040 名[①]中国作者在全球范围内发表论文，共计 774 257 篇，占全球论文数的 33.89%；同期中国作者发表热点论文共计 1141 篇，占全球热点论文数的 48.97%；中国机构发表热点论文数为 1127 篇，占全球发表热点论文数的 48.37%。

如表 2-43 所示，4 个学科中国 SCI 期刊发表热点论文全球占比超过 10%，依次为"物理学"（20.37%）、"材料科学"（19.21%）、"药学与毒理学"（13.11%）和"分子生物学与遗传学"（11.54%）。从热点论文数量来看，3 个学科中国 SCI 期刊发表热点论文数超过 10 篇，分别为"材料科学"（34 篇）、"物理学"（22 篇）和"化学"（18 篇）。

2022 年，中国作者发表热点论文全球占比超过 60%的学科有 6 个，分别为"材料科学"（74.01%）、"化学"（71.09%）、"工程技术"（69.86%）、"环境与生态学"（66.67%）、"计算机科学"（63.38%）和"社会科学"（60.28%）。从各学科来看，22 个学科中国 SCI 期刊发表热点论文比例均明显低于中国作者发表热点论文比例。

2022 年，中国机构发表热点论文全球占比超过 60%的学科有 5 个，分别为"材料科学"（73.45%）、"化学"（70.70%）、"工程技术"（68.84%）、"环境与生态学"（66.67%）和"计算机科学"（61.97%）。从热点论文数来看，3 个学科中国机构发表热点论文超过 100 篇，依次为"工程技术"（201 篇）、"化学"（181 篇）和"材料科学"（130 篇）。

从中国 SCI 期刊发表热点论文贡献来看，在有热点论文的 14 个学科中，除"生物与生物化学"和"神经科学与行为学"外，其余 12 个学科中国作者发表在

[①] 研究人员有重复计数，即不同姓名书写方式计数各为 1。

中国 SCI 期刊的热点论文数占中国 SCI 期刊发表热点论文数的比例超过 75%。

表 2-43　2022 年各学科全球、中国 SCI 期刊、中国作者、中国机构发表热点论文数

序号	学科	全球发表热点论文数（A）/篇	中国 SCI 期刊发表热点论文数（B）/篇	占比（B/A×100%）/%	中国作者发表热点论文数（C）/篇	占比（C/A×100%）/%	中国作者发表在中国 SCI 期刊的热点论文数（D）/篇	占比（D/B×100%）/%	中国机构发表热点论文数（E）	占比（E/A×100%）/%
1	农业科学	81	2	2.47	44	54.32	2	100.00	44	54.32
2	生物与生物化学	96	1	1.04	28	29.17	0	0.00	28	29.17
3	化学	256	18	7.03	182	71.09	17	94.44	181	70.70
4	临床医学	392	2	0.51	61	15.56	2	100.00	56	14.29
5	计算机科学	71	3	4.23	45	63.38	3	100.00	44	61.97
6	经济贸易	43	0	0.00	24	55.81	0	—	24	55.81
7	工程技术	292	8	2.74	204	69.86	8	100.00	201	68.84
8	环境与生态学	135	8	5.93	90	66.67	6	75.00	90	66.67
9	地学	68	6	8.82	39	57.35	6	100.00	39	57.35
10	免疫学	37	0	0.00	3	8.11	0	—	3	8.11
11	材料科学	177	34	19.21	131	74.01	33	97.06	130	73.45
12	数学	57	0	0.00	33	57.89	0	—	33	57.89
13	微生物学	33	0	0.00	7	21.21	0	—	7	21.21
14	分子生物学与遗传学	52	6	11.54	17	32.69	6	100.00	16	30.77
15	多学科	9	0	0.00	1	11.11	0	—	1	11.11
16	神经科学与行为学	58	1	1.72	8	13.79	0	0.00	8	13.79
17	药学与毒理学	61	8	13.11	16	26.23	7	87.50	16	26.23
18	物理学	108	22	20.37	61	56.48	18	81.82	61	56.48
19	植物学与动物学	89	7	7.87	46	51.69	6	85.71	46	51.69
20	精神病学与生理学	59	0	0.00	10	16.95	0	—	10	16.95
21	社会科学	141	0	0.00	85	60.28	0	—	83	58.87
22	空间科学	15	0	0.00	6	40.00	0	—	6	40.00
	合计	2330	126	5.41	1141	48.97	114	90.48	1127	48.37

注：检索方法——InCites 数据库选"机构"；时间窗口 2022 年；学科分类体系 ESI；文献类型"研究论文"和"综述"；依次采集全球、中国 SCI 期刊、中国作者、中国 SCI 期刊中国作者、中国机构数据。

依学科英文名称顺序排列。

（二）2022 年 TOP20 中国学者发表热点论文情况

2022 年，从以第一作者或通讯作者身份发表 SCI 热点论文数量来看，共 21 位研

究人员发表热点论文超过 3 篇。其中，来自清华大学的王定胜（Wang, Dingsheng）发表热点论文最多，共计 16 篇。此外，还有 9 位研究人员发表热点论文超过 5 篇，位列第 2 至第 10，依次为浙江海洋大学的李世杰（Li, Shijie）发文 9 篇，上海理工大学的张晓东（Zhang, Xiaodong）发文 9 篇，西北工业大学的顾军渭（Gu, Junwei）发文 7 篇，温州理工学院的刘明哲（Liu, Mingzhe）发文 6 篇，北京邮电大学的田播（Tian, Bo）发文 6 篇，电子科技大学的郑文锋（Zheng, Wenfeng）发文 6 篇，华北电力大学的王祥科（Wang, Xiangke）发文 6 篇，中南大学的周江（Zhou, Jiang）发文 6 篇，温州大学的陈慧灵（Chen, Huiling）发文 6 篇（表 2-44）。

表 2-44 2022 年发表热点论文 TOP20 的中国研究人员发表论文数量、总被引频次、热点论文数和热点论文百分比

序号	研究人员英文姓名	研究人员中文姓名	所属机构	发表论文数/篇	总被引频次	发表热点论文数/篇	热点论文百分比/%
1	Wang, Dingsheng	王定胜	清华大学	29	1658	16	55.17
2	Li, Shijie	李世杰	浙江海洋大学	19	1189	9	47.37
2	Zhang, Xiaodong	张晓东	上海理工大学	28	1193	9	32.14
4	Gu, Junwei	顾军渭	西北工业大学	26	1618	7	26.92
5	Liu, Mingzhe	刘明哲	温州理工学院	14	399	6	42.86
5	Tian, Bo	田播	北京邮电大学	20	533	6	30.00
5	Zheng, Wenfeng	郑文锋	电子科技大学	22	993	6	27.27
5	Wang, Xiangke	王祥科	华北电力大学	29	907	6	20.69
5	Zhou, Jiang	周江	中南大学	29	1232	6	20.69
5	Chen, Huiling	陈慧灵	温州大学	88	1410	6	6.82
11	Pan, Yong	潘勇	西南石油大学	14	437	5	35.71
11	Chu, Ke	褚克	兰州交通大学	16	498	5	31.25
11	Deng, Wu	邓武	中国民航大学	21	1095	5	23.81
11	Yi, Zao	易早	西南科技大学	24	844	5	20.83
11	Li, Xin	李鑫	华南农业大学	25	1267	5	20.00
16	Liu, Xuan	刘宣	电子科技大学	4	186	4	100.00
16	Tong, De	仝德	北京大学	6	191	4	66.67
16	Li, Changhe	李长河	青岛理工大学	14	1551	4	28.57
16	Yu, Jiaguo	余家国	武汉理工大学，中国地质大学	32	1223	4	12.50
16	Wang, Qiang	王强	中国石油大学（华东）	35	562	4	11.43
16	Pang, Huan	庞欢	扬州大学	67	930	4	5.97

注：检索方法——InCites 数据库选择"人员"；时间窗口 2022 年；学科分类体系 ESI；文献类型"研究论文"和"综述"；作者位置"第一作者"或"通讯作者"；依次采集中国研究人员数据。

位列第 2 的研究人员有 2 位，位列第 5 的研究人员有 6 位，位列第 11 的研究人员有 5 位，位列第 16 的研究人员有 6 位，共 21 位研究人员。

研究人员已做姓名消歧，表中数据均取自姓名消歧后的结果，每位研究人员的每篇论文计数为 1。

依作者发表热点论文数降序排列。

从发表热点论文百分比来看，19 位研究人员发表热点论文百分比高于 10%。发表热点论文百分比 TOP10 的作者依次为电子科技大学的刘宣（Liu, Xuan）占 100.00%，北京大学的仝德（Tong, De）占 66.67%，清华大学的王定胜（Wang, Dingsheng）占 55.17%，浙江海洋大学的李世杰（Li, Shijie）占 47.37%，温州理工学院的刘明哲（Liu, Mingzhe）占 42.86%，西南石油大学的潘勇（Pan, Yong）占比 35.71%，上海理工大学的张晓东（Zhang, Xiaodong）占 32.14%，兰州交通大学的褚克（Chu, Ke）占 31.25%，北京邮电大学的田播（Tian, Bo）占 30.00%，青岛理工大学的李长河（Li, Changhe）占 28.57%。

第三章　基于一流期刊建设的中国科技期刊国际化发展格局①

内容提要

　　本章利用 Scopus 数据库与 SciVal 科研分析平台，分析中国学者在各学科中发表论文数量、影响力、开放获取、境外合作情况，与现有各学科中国科技期刊情况进行对比，论述基于一流期刊建设的中国科技期刊国际化发展格局。Scopus 数据库由爱思唯尔公司（Elsevier）于 2004 年 11 月推出，收录内容由独立的领域专家遴选，收录文献均经同行评议。Scopus 涵盖了由 7000 余家出版商出版的科学、技术、医学和社会科学以及人文艺术领域的 2 万余种活跃期刊[1]，实现了"中国科技期刊卓越计划（2019～2023 年）"领军期刊、重点期刊的全面收录[2]，收录梯队期刊 174 种（覆盖 87% 的梯队期刊），收录高起点新刊 64 种（覆盖 46% 的高起点新刊）。相较于其他文摘索引数据库，Scopus 数据更加全面，学科范围更加广泛。SciVal 是爱思唯尔公司基于 Scopus 数据开发的科研分析平台，包含概览、对标、合作和趋势分析四个模块，可方便快捷地查看多种数据。本章利用 Scopus 与 SciVal 进行检索，以 Scopus 收录的期刊及所有语种、所有类型的论文为统计范围，统计的中国期刊包括出版机构或主办机构所在地为中国（未含港澳台）的期刊。

---

① 第三章执笔：李广良（牵头）；周英智（统计学指导）；张靓晖（第一节）；王贵林（第二节）；柴钊、杨保华（第三节）。

一、中国学者发表论文的学科结构分析

2013～2022 年中国学者发表论文 648.69 万篇，占世界学者发表论文的 19.24%。中国学者发表论文最多的学科依次为"工程技术""材料科学""计算机科学""物理学与天文学""医学"，其中"医学"这十年年均增长率最高。2022 年中国学者发表论文 103.29 万篇，占世界学者发表论文的 25.57%，超过美国，排名世界第一。中国作者发表论文占世界比例最高的学科依次为"材料科学""化学工程""化学""能源科学""工程技术"。中国期刊载文 17.13 万篇，有至少一位作者所属机构为中国大陆的论文 15.32 万篇。中国学者在中国期刊上的发文仅占中国学者全部发文的 14.83%。

2013～2022 年中国学者发表论文的归一化引文影响力（FWCI）为 1.03，高于世界平均水平。其中"牙医学""化学""兽医学""环境科学"比世界平均水平总被引频次多出 30%以上。2022 年中国学者在中国期刊上发表论文的 FWCI 超过世界平均水平的学科包括"牙医学""生物化学、遗传学和分子生物学""兽医学""材料科学"等。

2013～2022 年中国学者发表的开放获取论文数量占全部发文的 29.92%。有 6 个学科的开放获取论文占比超过了 50%，依次为"多学科""免疫学和微生物学""兽医学""生物化学、遗传学和分子生物学""神经科学""医学"。

2013～2022 年中国学者发表的论文中，有 21.0%为与境外合作论文，41.2%为境内不同机构合作论文，34.7%为境内同一机构合作论文，3.1%为单一作者论文。与境外合作论文的篇均被引频次最高。与境外合作论文占比高的学科包括"心理学""多学科"等。

二、中国科技期刊的学科结构与国际对比

2022 年，Scopus 收录出版机构或主办机构所在地为中国机构（不含港澳台）的期刊共 1197 本，占 Scopus 数据库期刊总数的 4.47%。Scopus 数据库学科分类包含一级学科 27 个，中国在所有学科都有 5

种以上的期刊，各学科中国期刊数量均呈现逐年增长的趋势。中国期刊数量分布最多的学科是"工程技术""医学""材料科学""地球与行星科学"。中国期刊学科分布呈现一定的不均衡性，在工科领域相关的学科中中国期刊数量世界占比相对较高，而在与医疗健康相关的学科中中国期刊数量世界占比普遍偏低。2019～2022 年中国期刊总发文量为 60.36 万篇，占世界论文 5.61%，远远低于中国作者论文的世界占比（22.40%）。2019～2022 年中国期刊发表论文的总被引频次为 2 126 060 次。2022 年中国期刊刊均 CiteScore 值为 3.9，高于世界均值（3.6）。

综合分析各学科中国期刊的发文数量、世界占比和 CiteScore 相对值等指标，中国期刊学科影响力较强的学科有"地球与行星科学""能源科学""工程技术""材料科学""农业与生物科学""环境科学"；影响力较弱的学科有"心理学""护理学""免疫学和微生物学""神经科学""决策科学"。

在 Scopus 收录期刊数量排名前 10 的国家（美国、英国、荷兰、德国、中国、瑞士、西班牙、意大利、俄罗斯和波兰）中，中国科技期刊在期刊数量（2022 年）、总发文量（2019～2022 年）、平均 CiteScore 值（2022 年）和 Q1 期刊数量（2022 年）方面均位列第 5，总被引频次（2019～2022 年）位列第 6。美国和英国的期刊整体综合实力突出，处于科技期刊出版的第一方阵，中国同荷兰、德国和瑞士 3 个国家处于第二方阵。考虑到中国作者的发文量和世界占比，中国科技期刊仍有巨大的发展空间，需进一步增加期刊数量和总载文能力，并持续提升学术影响力。

三、中国科技期刊出版格局与发展态势

Scopus 收录的中国大陆科技期刊分布在 453 家出版商/平台，其中 41 家国外出版商/平台（注：国外出版商/平台表示其注册地在中国以外，中国出版商/平台包括注册地在港澳台的出版商/平台）承载了 343

种，412 家中国出版商/平台承载了 854 种。中国科技期刊数量最多的出版商/平台依次是科学出版社 114 种期刊（占 9.52%），施普林格•自然 111 种（占 9.27%）、科爱公司 99 种（占 8.27%）、中华医学会 53 种（占 4.43%）、爱思唯尔（未包含科爱公司）52 种（占 4.34%）。

中国位居 Q1 区和 Q2 区的科技期刊共有 537 种，占中国期刊总数的 44.86%，其中国外出版商/平台上承载了中国 Q1 区和 Q2 区科技期刊 256 种，占国外出版商/平台上承载的中国科技期刊总数的 74.64%。科学出版社、施普林格•自然、科爱公司、中华医学会和爱思唯尔承载中国科技期刊的刊均年发文量依次是：194 篇、71 篇、40 篇、164 篇和 100 篇；总被引频次依次是：261 883 次、281 757 次、135 724 次、20 363 次和 257 394 次。

本节还分析了中国科技期刊在各家出版商/平台上的学科分布，其中 Q1 区和 Q2 区的中国科技期刊在爱思唯尔、威科、约翰•威立、AME 的期刊数量最多的学科均是"医学"；在施普林格•自然、科爱公司、清华大学、中国科学院 Q1 区和 Q2 区期刊数量最多的学科均为"工程技术"；科学出版社的 Q1 区和 Q2 区期刊数量最多的学科为"地球与行星科学"。

2018 年学术期刊"走出去"专家委员会暨 Scopus 中国学术委员会成立以来，中国科技期刊被 Scopus 收录逐步增多，2019～2022 年共收录 381 种，其中元数据语言为英文的期刊 246 种、中文期刊 88 种、中英文期刊 47 种。新收录期刊数量较多的学科包括"医学"119 种、"工程技术"63 种、"农业与生物科学"45 种、"计算机科学"45 种。

我国科技期刊以非开放获取为主要的出版模式，我国共有 270 种科技期刊是以开放获取模式出版的，占期刊总数的 22.56%。我国开放获取期刊最多的学科依次为"医学""工程技术""材料科学""农业与生物科学""生物化学、遗传学和分子生物学"。

第一节 中国学者发表论文的学科结构分析

本节按照 Scopus 27 个一级学科分学科统计分析中国学者发表论文①的数量、增长率、影响力等情况。Scopus 将跨学科论文归入不同学科重复计算，因此各学科论文数之和多于实际论文总数。

一、中国学者发表论文的总体情况

（一）中国学者发表论文数量

1. 2013～2022 年中国学者发表论文总数及年均增长率

2023 年 8 月 SciVal 检索显示，2013～2022 年世界学者发表论文 3371.31 万篇，其中中国学者发表论文 648.69 万篇，占世界学者发表论文总数的 19.24%。中国已成为科研大国，十年间中国学者发表论文总数排名世界第二，仅次于美国（718.01 万篇），为第三名英国（225.67 万篇）的 2.87 倍。十年间参与发表论文的中国作者共 626.06 万人，排名世界第一；美国（410.20 万人）、英国（136.76 万人）排名世界第二、第三。

中国学者发表各学科论文数、占比、数量变化趋势如表 3-1 所示。27 个一级学科中，十年发文总量超过 100 万篇的有 4 个，依次为"工程技术"（207.01 万篇）、"材料科学"（112.72 万篇）、"计算机科学"（108.81 万篇）、"物理学与天文学"（102.52 万篇）。

中国学者发表论文数量逐年增长，并且总体增速有所加快。年均增长率均超过 20% 的一级学科有 4 个，分别为"心理学""决策科学""健康科学""护理学"。其中"心理学""护理学"两个学科仍在加速增长。"决策科学""健康科学"两个学科增长速度有所放缓。除这 4 个学科外，有 6 个学科近年来发表论文数量增速也较快，2020～2022 年年均增长率超过了 20%，包括"兽医学""免

---

① 本章"中国学者发表论文"是指至少有一位作者所属机构为中国（不含港澳台）机构的论文。我国港澳台地区作者的论文另行统计。

疫学和微生物学""神经科学""农业与生物科学""经济学、计量经济学和金融学""计算机科学"。

表 3-1　2013～2022 年中国学者发表论文总数及年均增长率

序号	学科	中国学者发表论文总数/篇	2013～2022 年年均增长率/%	2018～2022 年年均增长率/%	2020～2022 年年均增长率/%
1	工程技术	2 070 058	6.50	12.42	15.73
2	材料科学	1 127 191	10.96	9.64	9.73
3	计算机科学	1 088 105	13.02	16.12	20.64
4	物理学与天文学	1 025 236	9.68	10.81	15.06
5	医学	970 299	14.07	21.66	17.56
6	化学	856 361	10.27	11.25	14.73
7	生物化学、遗传学和分子生物学	781 275	11.36	13.05	13.03
8	数学	616 144	12.21	13.34	19.35
9	化学工程	527 452	13.31	14.81	19.08
10	环境科学	526 215	18.28	20.05	15.72
11	农业与生物科学	459 934	13.56	18.90	23.09
12	能源科学	447 682	15.39	15.72	15.83
13	地球与行星科学	422 900	10.14	10.44	5.40
14	药理学、毒理学和药剂学	223 985	11.04	13.36	12.51
15	社会科学	202 301	18.32	22.18	19.78
16	免疫学和微生物学	176 231	15.28	20.49	27.94
17	多学科	139 221	3.28	7.29	10.20
18	决策科学	130 745	28.40	24.97	21.00
19	神经科学	112 590	16.67	20.59	24.06
20	商业、管理和会计	90 825	16.55	20.54	16.55
21	经济学、计量经济学和金融学	53 760	18.51	22.50	21.19
22	艺术与人文	44 086	13.35	18.25	17.77
23	心理学	37 957	29.40	42.92	44.28
24	护理学	31 226	24.55	38.14	42.72
25	健康科学	27 874	25.47	42.71	29.17
26	兽医学	20 977	14.46	27.55	30.93
27	牙医学	10 529	12.05	23.11	18.80
	合计	6 486 873	9.48	13.92	14.67

注：按照中国学者发表论文总数降序排列。

本表中一篇论文可能涉及 2 个或以上学科。

2013～2022 年年均增长率=[（2022 年中国学者发表论文总数/2013 年中国学者发表论文总数）$^{1/9}$−1]×100%；

2018～2022 年年均增长率=[（2022 年中国学者发表论文总数/2018 年中国学者发表论文总数）$^{1/4}$−1]×100%；

2020～2022 年年均增长率=[（2022 年中国学者发表论文总数/2020 年中国学者发表论文总数）$^{1/2}$−1]×100%。

数据来源于 SciVal，查询时间为 2023 年 8 月。

2. 2022 年中国学者发表论文数量

2023 年 8 月 SciVal 检索显示，2022 年世界学者发表论文 403.89 万篇，中国学者发表论文 103.29 万篇，占比 25.57%。2022 年中国学者发表论文占十年间中国学者发表论文总数的 15.92%。2022 年，中国学者发表的论文数已经超越美国（73.79 万篇），排名世界第一。

各学科发表论文数量如图 3-1 所示。2022 年中国学者发文超过 10 万篇的一级学科共 9 个，依次为"工程技术"（31.33 万篇）、"计算机科学"（19.38 万篇）、"医学"（17.97 万篇）、"材料科学"（17.10 万篇）、"物理学与天文学"（15.77 万篇）、"化学"（13.25 万篇）、"生物化学、遗传学和分子生物学"（12.41 万篇）、"数学"（10.46 万篇）、"环境科学"（10.18 万篇）。2022 年发文最少的学科为"牙医学"（0.19 万篇）。对比十年间作者发表论文总数与 2022 年情况可以发现，"计算机科学""医学"这两个学科已经超越"材料科学""物理学与天文学"，分别成为中国学者发表论文数量排名第二、第三的学科。

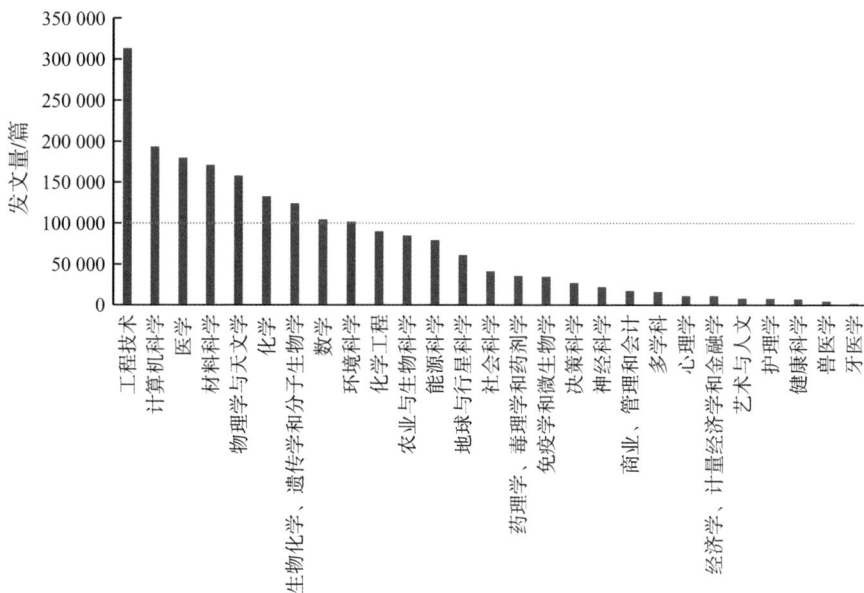

图 3-1　2022 年中国学者发表各学科论文数量

按照发文量降序排列。

数据来源于 SciVal，查询时间为 2023 年 8 月。

（二）中国学者发表论文的影响力

2023 年 7 月使用 SciVal 检索 2013～2022 年中国学者发表论文，以 Scopus 数据库中的被引频次、阅读量、归一化引文影响力（FWCI）指标统计分析中国学者发表论文的总体影响力及变化趋势。结果显示，十年间中国学者发表论文在 Scopus 数据库中总被引频次 0.92 亿次，排名世界第二，仅次于美国学者发表论文的总被引频次（1.40 亿次），约为第三名英国学者发表论文总被引频次（0.46 亿次）的 2 倍。

如表 3-2 所示，2013～2022 年中国学者发表论文总被引频次超过 1000 万次的学科有 8 个，依次为"工程技术""化学""材料科学""生物化学、遗传学和分子生物学""物理学与天文学""医学""化学工程""计算机科学"，这些学科的论文有较高的整体影响力。篇均被引频次最高的 8 个学科则依次为"多学科"（篇均被引频次 24.4，总被引频次排名 14）、"化学"（篇均被引频次 23.0，总被引频次排名第 2）、"化学工程"（篇均被引频次 21.5，总被引频次排名第 7）、"生物化学、遗传学和分子生物学"（篇均被引频次 18.8，总被引频次排名第 4）、"环境科学"（篇均被引频次 18.6，总被引频次排名第 9）、"能源科学"（篇均被引频次 17.8，总被引频次排名第 10）、"材料科学"（篇均被引频次 17.2，总被引频次排名第 3）、"神经科学"（篇均被引频次 16.0，总被引频次排名第 18），这些学科的论文平均影响力较强。

2013～2022 年中国学者发表论文各学科在 Scopus 中的篇均阅读量均达到 15 次以上，为科研成果传播奠定了坚实的基础。其中篇均阅读量最高的 5 个学科为"商业、管理和会计"（40.3 次）、"经济学、计量经济学和金融学"（31.5 次）、"心理学"（31.5 次）、"化学"（30.4 次）、"环境科学"（30.4 次），这些学科的研究成果受到了较多关注。

2013～2022 年中国学者发表论文 FWCI 为 1.03，高于世界平均水平（1）。分学科来看，中国学者十年间发表论文在 27 个学科中的 20 个学科中表现出色，FWCI 高于世界平均水平，其中 7 个学科比世界平均水平高 30%，依次为"经济学、计量经济学和金融学"（1.45）、"化学"（1.34）、"牙医学"（1.34）、

表 3-2 2013～2022 年中国学者发表论文被引情况、阅读情况、FWCI 及年均增长率

序号	学科	总被引频次/次	篇均被引频次/次	总阅读量/次	篇均阅读量/次	FWCI	FWCI 年均增长率/%		
							2013～2022 年	2018～2022 年	2020～2022 年
1	经济学、计量经济学和金融学	730 908	13.6	1 695 582	31.5	1.45	3.92	5.70	3.70
2	化学	19 682 093	23.0	26 021 603	30.4	1.34	1.11	0.74	0.36
3	牙医学	134 466	12.8	244 663	23.2	1.34	0.08	1.15	−11.22
4	商业、管理和会计	1 409 672	15.5	3 657 949	40.3	1.33	4.89	2.36	0.00
5	艺术与人文	350 764	8.0	795 811	18.1	1.33	5.62	10.67	1.58
6	兽医学	205 845	9.8	402 339	19.2	1.32	2.62	−1.72	−9.32
7	环境科学	9 765 569	18.6	16 010 253	30.4	1.30	3.91	2.99	4.84
8	化学工程	11 329 400	21.5	15 755 884	29.9	1.28	1.05	1.35	0.38
9	心理学	460 190	12.1	1 197 483	31.5	1.23	−0.37	−1.43	−6.16
10	护理学	382 156	12.2	728 811	23.3	1.17	0.00	−4.38	−12.89
11	能源科学	7 951 016	17.7	11 975 750	26.8	1.16	1.34	−1.87	−1.28
12	材料科学	19 407 441	17.2	29 284 880	26.0	1.15	2.33	1.26	2.10
13	生物化学、遗传学和分子生物学	14 664 238	18.8	18 225 959	23.3	1.15	1.33	−0.84	−4.43
14	社会科学	1 892 731	9.4	5 000 782	24.7	1.13	5.66	5.33	3.28
15	健康科学	286 216	10.3	538 561	19.3	1.10	1.73	−4.64	−6.46
16	农业与生物科学	6 148 530	13.4	10 393 629	22.6	1.08	3.38	2.52	−2.89
17	药理学、毒理学和药剂学	3 142 731	14.0	4 942 660	22.1	1.08	3.69	0.66	−4.84
18	神经科学	180 6111	16.0	2 397 763	21.3	1.07	0.61	−4.29	−13.28
19	多学科	3 403 510	24.4	3 413 658	24.5	1.04	5.84	8.06	−0.73
20	免疫学和微生物学	2 804 143	15.9	3 725 259	21.1	1.04	2.32	−0.72	−11.76
21	医学	11 783 302	12.1	17 169 021	17.7	0.99	2.09	−2.02	−15.29
22	计算机科学	10 072 022	9.3	18 644 275	17.1	0.97	2.80	−3.05	−7.78
23	物理学与天文学	12 567 376	12.3	22 008 498	21.5	0.96	1.96	1.03	−0.99
24	工程技术	22 851 575	11.0	43 853 233	21.2	0.95	5.52	1.71	0.95
25	地球与行星科学	4 850 962	11.5	6 983 834	16.5	0.93	3.43	3.85	6.69
26	数学	4 458 131	7.2	9 631 071	15.6	0.88	0.95	−1.13	−4.35
27	决策科学	1 004 968	7.7	2 553 346	19.5	0.88	−5.66	−6.54	−9.82
	合计	91 663 130	14.1	140 084 474	21.6	1.03	3.64	0.70	−3.06

注：本表首先按照 FWCI 降序排列，其次按照总被引频次降序排列。本表中一篇论文可能涉及 2 个或以上学科。

FWCI 指标由 Scopus 计算，用文献在出版当年及接下来三年中的实际被引用的总数除以该学科领域所预计的引用总数的平均值，校正学科差异，便于对论文的影响力进行跨学科比较。若 FWCI 为 1，表示文献引用数正好为 Scopus 计算的世界平均水平。若大于 1，表示文献引用数超过世界平均水平。例如，1.30 表示比预期的引用数多出 30%。若小于 1，表示文献引用数低于预期的世界平均水平[3]。2020～2022 年发表论文的 FWCI 在查询时间后仍有可能随着文献引用数的增加有所变化。

FWCI 2013～2022 年年均增长率=[（2022 年中国学者发表论文在搜索时的 FWCI/2013 年中国学者发表论文在搜索时的 FWCI）$^{1/9}$−1]×100%；FWCI 2018～2022 年年均增长率=[（2022 年中国学者发表论文在搜索时的 FWCI/2018 年中国学者发表论文在搜索时的 FWCI）$^{1/4}$−1]×100%；FWCI 2020～2022 年年均增长率=[（2022 年中国学者发表论文在搜索时的 FWCI/2020 年中国学者发表论文在搜索时的 FWCI）$^{1/2}$−1]×100%。

本表中被引频次、阅读量指论文在 Scopus 数据库中的被引频次、阅读量。

数据来源于 SciVal，查询时间为 2023 年 7 月。

"商业、管理与会计"（1.33）、"艺术与人文"（1.33）、"兽医学"（1.32）、"环境科学"（1.30）。FWCI 2013～2022 年年均增长率为正值的有 24 个学科，仅"决策科学""心理学"FWCI 有所下降。FWCI 三年年均增长率为正的有 9 个学科，增幅最高的三个学科为"地球与行星科学""环境科学""经济学、计量经济学和金融学"。

2013～2022 年，在发文量排名前五的国家中，中国学者发表论文的 FWCI 高于印度（0.91），低于英国（1.55）、美国（1.40）、德国（1.36）。2013～2022 年各国 FWCI 变化趋势如图 3-2 所示。

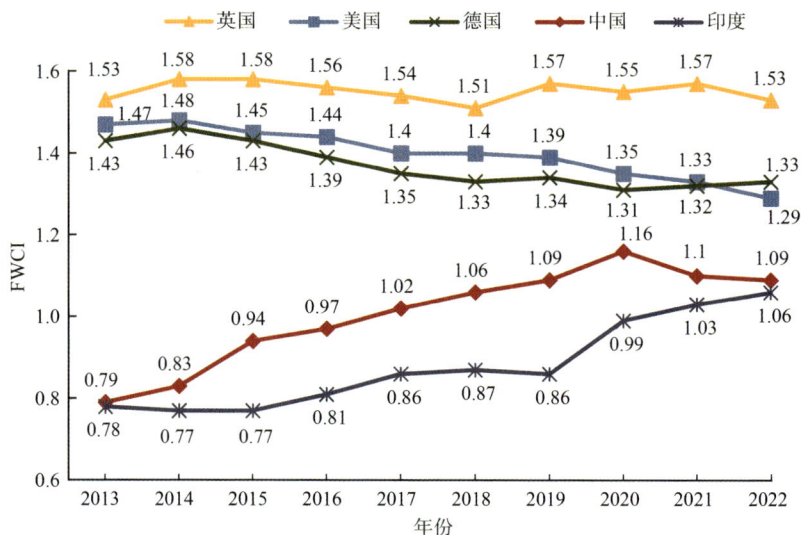

图 3-2　2013～2022 年发文量排名前五国家学者发文 FWCI 变化趋势
2020～2022 年发表论文的 FWCI 在查询时间后仍会随着文献引用数的增加有所变化。
数据来源于 SciVal，查询时间为 2023 年 7 月。

（三）中国学者发表论文的开放获取情况[①]

如表 3-3 所示，2013～2022 年中国学者开放获取论文数量占全部论文的

---

① 本章中"开放获取"以 Scopus 为标准，包括绿色（green）、金色（gold）、混合（hybrid）和青铜（bronze）等四个类型。详细定义参见 https://service.elsevier.com/app/answers/detail/a_id/31647/supporthub/scival/kw/open+access/ 以及 https://support.unpaywall.org/support/solutions/articles/44001777288-what-do-the-types-of-oa-status-green-gold-hybrid-and-bronze-mean- 。

29.92%，在 6 个学科发文的开放获取占比已经超过了 50%，依次为"多学科"（74.02%）、"免疫学和微生物学"（59.76%）、"兽医学"（58.93%）、"生物化学、遗传学和分子生物学"（51.75%）、"神经科学"（51.44%）、"医学"（50.41%）。在这些学科中，开放获取已经成为了主流发表模式，广为学者所接受。

表 3-3　2013～2022 年中国学者发表论文的开放获取情况

序号	学科	论文总数（A）/篇	开放获取论文数（B）/篇	金色开放获取论文数（C）/篇	开放获取论文占比（B/A）/%	金色开放获取论文占比（C/A）/%
1	多学科	139 221	103 055	89 149	74.02	64.03
2	免疫学和微生物学	176 231	105 317	73 020	59.76	41.43
3	兽医学	20 977	12 361	7 436	58.93	35.45
4	生物化学、遗传学和分子生物学	781 275	404 326	260 621	51.75	33.36
5	神经科学	112 590	57 921	41 423	51.44	36.79
6	医学	970 299	489 163	333 090	50.41	34.33
7	护理学	31 226	14 199	9 084	45.47	29.09
8	心理学	37 957	16 323	10 916	43.00	28.76
9	健康科学	27 874	11 852	7 401	42.52	26.55
10	农业与生物科学	459 934	165 922	100 804	36.08	21.92
11	药理学、毒理学和药剂学	223 985	78 181	52 274	34.90	23.34
12	地球与行星科学	422 900	137 086	71 340	32.42	16.87
13	环境科学	526 215	166 853	96 953	31.71	18.42
14	社会科学	202 301	60 746	40 469	30.03	20.00
15	牙医学	10 529	3 084	1 350	29.29	12.82
16	物理学与天文学	1 025 236	276 547	141 896	26.97	13.84
17	数学	616 144	157 686	76 866	25.59	12.48
18	经济学、计量经济学和金融学	53 760	13 196	5 828	24.55	10.84
19	化学工程	527 452	117 042	77 520	22.19	14.70
20	计算机科学	1 088 105	237 965	140 089	21.87	12.87
21	化学	856 361	182 642	109 102	21.33	12.74
22	艺术与人文	44 086	9 381	2 832	21.28	6.42
23	材料科学	1 127 191	224 341	140 230	19.90	12.44
24	能源科学	447 682	83 592	60 820	18.67	13.59
25	商业、管理和会计	90 825	15 863	5 464	17.47	6.02
26	工程技术	2 070 058	356 158	213 679	17.21	10.32
27	决策科学	130 745	13 447	3 405	10.28	2.60
	合计	6 486 873	1 940 731	1 151 894	29.92	17.76

注：按照开放获取论文占比降序排列。本表中一篇论文可能涉及 2 个或以上学科。

数据来源于 SciVal，SciVal 通过调用 Unpaywall 底层数据判断论文的出版模式。查询时间为 2023 年 7 月。

（四）中国学者发表论文的合作情况

2013～2022 年中国学者发表论文 648.69 万篇中，有 21.00% 为境内学者与境外学者合作论文，41.20%为境内不同机构合作论文，34.70%为境内同一机构合作论文，3.10%为单一作者论文。境内学者与境外学者合作论文篇均被引频次为 25.4 次，明显高于境内不同机构合作论文篇均被引频次（12.8 次）、同一机构合作论文篇均被引频次（9.8 次）、单一作者论文篇均被引频次（4.1 次）。

如表 3-4 所示，境内学者与境外学者合作论文占比超 30%的学科共 5 个，依次为"心理学"（42.80%）、"经济学、计量经济学和金融学"（42.50%）、"商

表 3-4　2013～2022 年中国学者发表论文的合作情况

序号	学科	境外合作占比/%	境内不同机构 合作占比/%	境内同一机构 合作占比/%	境内单一作者 占比/%
1	心理学	42.80	32.30	19.70	5.20
2	经济学、计量经济学和金融学	42.50	27.90	18.60	11.00
3	商业、管理和会计	39.10	27.00	26.10	7.70
4	社会科学	30.60	29.70	26.60	13.10
5	多学科	30.00	41.40	26.40	2.30
6	艺术与人文	28.40	21.90	18.20	31.50
7	神经科学	28.30	40.80	29.00	1.90
8	健康科学	28.30	34.20	35.10	2.50
9	牙医学	27.60	34.10	37.30	1.00
10	护理学	26.80	36.90	34.80	1.50
11	环境科学	24.70	47.00	25.80	2.50
12	地球与行星科学	23.90	48.00	24.80	3.20
13	农业与生物科学	23.80	49.10	25.70	1.40
14	免疫学和微生物学	22.60	47.20	29.60	0.60
15	计算机科学	22.60	33.90	39.10	4.40
16	决策科学	22.60	30.30	40.20	6.90
17	生物化学、遗传学和分子生物学	22.30	45.40	31.50	0.80
18	兽医学	21.10	51.30	27.00	0.60
19	数学	21.10	35.00	37.70	6.20
20	化学	20.60	47.70	30.90	0.90
21	化学工程	20.20	46.80	31.80	1.20
22	能源科学	20.20	43.70	33.90	2.30
23	物理学与天文学	20.00	41.90	35.40	2.70
24	材料科学	19.80	44.40	34.20	1.60
25	医学	18.30	39.60	40.70	1.50
26	工程技术	18.00	39.50	39.20	3.30
27	药理学、毒理学和药剂学	16.80	49.40	32.80	1.10
	合计	21.00	41.20	34.70	3.10

注：本表首先按照境内学者发表论文的境外合作占比降序排列，其次按照境内不同机构合作占比降序排列。本表中一篇论文可能涉及 2 个或以上学科。

数据来源于 SciVal，查询时间为 2023 年 7 月。

业、管理和会计"（39.10%）、"社会科学"（30.60%）、"多学科"（30.00%）。境外合作论文占比最低的三个学科依次为"药理学、毒理学和药剂学"（16.80%）、"工程技术"（18.00%）、"医学"（18.30%）。

二、中国学者在中国期刊上发表论文的情况

根据 2023 年 5 月 Scopus 来源出版物列表，Scopus 收录出版机构或主办机构所在地为中国（不含港澳台）的期刊共 1197 本。本部分以这些期刊为统计范围，按 Scopus 27 个一级学科，分学科统计分析中国期刊上发表的中国学者的论文数量、影响力等情况。

（一）中国期刊发表论文地区分布

2022 年中国期刊发文共 17.13 万篇，其中中国学者的论文 15.32 万篇，占 89.43%，有至少一位境外作者的论文（即"中国期刊上境外学者发表论文"）2.87 万篇，占 16.75%[①]。2022 年中国学者在中国期刊上的发文仅占中国学者全部发文（103.29 万篇）的 14.83%，相比 2017~2020 年的 19.50%有所下降[2]。由此可见，中国期刊承载量增长速度不及中国学者发表论文的增长速度。

如表 3-5 所示，2022 年中国期刊刊载中国学者发文占比最高的 5 个学科为"多学科"（刊载中国学者发文 3663 篇，占期刊全部承载量的 96.75%）、"药理学、毒理学和药剂学"（6269 篇，94.96%）、"农业与生物科学"（19 209 篇，93.06%）、"物理学与天文学"（20 371 篇，92.89%）、"工程技术"（47 117 篇，92.64%）。

（二）中国学者在中国期刊上发表论文的影响力

2022 年中国学者在中国期刊上发表的大部分学科论文的 FWCI 略低于中国学者在全球期刊上发表论文的平均 FWCI。如表 3-6 所示，2022 年中国期刊刊载中国学者发表论文的影响力学科间差距较大。2022 年中国学者在中国期刊上

---

① 中国学者与境外学者合作论文系重复计算，因此两项之和超过了中国期刊发文总数。

表 3-5　2022 年中国期刊发表论文地区分布

序号	学科	中国期刊发文数（A）/篇	中国期刊上境内学者发文数（B）/篇	境内学者发文占比（B/A）/%	中国期刊上境外学者发文数（C）/篇	境外学者发文占比（C/A）/%
1	多学科	3 786	3 663	96.75	647	17.09
2	药理学、毒理学和药剂学	6 602	6 269	94.96	607	9.19
3	农业与生物科学	20 642	19 209	93.06	2 656	12.87
4	物理学与天文学	21 931	20 371	92.89	2 927	13.35
5	工程技术	50 858	47 117	92.64	6 568	12.91
6	地球与行星科学	18 046	16 567	91.80	2 814	15.59
7	能源科学	13 530	12 318	91.04	2 182	16.13
8	化学	13 545	12 291	90.74	2 335	17.24
9	兽医学	1 394	1 263	90.60	254	18.22
10	环境科学	14 611	13 155	90.03	2 425	16.60
11	化学工程	8 367	7 457	89.12	1 364	16.30
12	材料科学	28 342	24 727	87.25	6 278	22.15
13	计算机科学	12 725	11 074	87.03	2 620	20.59
14	数学	7 970	6 903	86.61	1 680	21.08
15	生物化学、遗传学和分子生物学	11 285	9731	86.23	2 728	24.17
16	心理学	745	639	85.77	140	18.79
17	免疫学和微生物学	2 056	1 743	84.78	430	20.91
18	医学	37 048	31 128	84.02	7 344	19.82
19	健康科学	1 752	1 467	83.73	341	19.46
20	艺术与人文	1 635	1 339	81.90	358	21.90
21	牙医学	308	229	74.35	100	32.47
22	神经科学	1 912	1 406	73.54	585	30.60
23	社会科学	6 949	5 099	73.38	2 267	32.62
24	经济学、计量经济学和金融学	890	585	65.73	402	45.17
25	护理学	1 937	1 257	64.89	716	36.96
26	商业、管理和会计	1 257	617	49.09	726	57.76
27	决策科学	803	364	45.33	503	62.64
	总计	171 263	153 161	89.43	28 706	16.76

注：按照境内学者发文占比降序排列。

本表中中国期刊上境内学者发文数为各学科有至少一位作者所属机构为境内机构的论文数量。中国期刊上境外学者发文数为各学科至少有一位作者所属机构为境外机构的论文数量。学科间有重复，即一篇论文可能涉及 2 个及以上 Scopus 一级学科。如一篇论文作者同时具有境内及境外学者，则境内学者发文数量与境外学者发文数量有重复。

数据来源于 Scopus，查询时间为 2023 年 8 月。

表 3-6　2022 年中国大陆学者在中国期刊上发表论文的影响力

序号	学科	总被引频次/次	篇均被引频次/次	世界前 10%高被引论文占比/%	FWCI
1	牙医学	589	2.6	14.0	1.24
2	生物化学、遗传学和分子生物学	35 322	3.6	10.9	1.04
3	材料科学	102 192	4.1	11.0	1.03
4	兽医学	2 437	1.9	10.8	1.03
5	化学	52 259	4.3	10.3	0.98
6	能源科学	43 379	3.5	7.9	0.82
7	多学科	11 326	3.1	8.4	0.82
8	药理学、毒理学和药剂学	10 928	1.8	7.5	0.78
9	经济学、计量经济学和金融学	1 127	1.9	8.4	0.78
10	免疫学和微生物学	3 855	2.2	5.2	0.75
11	决策科学	629	1.7	4.7	0.65
12	地球与行星科学	32 415	2.0	4.6	0.63
13	工程技术	100 097	2.2	5.2	0.61
14	环境科学	26 093	2.0	4.7	0.60
15	物理学与天文学	40 190	2.0	5.0	0.58
16	农业与生物科学	27 210	1.4	4.7	0.55
17	计算机科学	19 072	1.7	3.7	0.53
18	数学	9 101	1.3	3.2	0.49
19	社会科学	5 656	1.1	3.1	0.46
20	神经科学	1 959	1.4	4.4	0.44
21	化学工程	13 695	1.8	3.4	0.43
22	医学	28 404	0.9	2.8	0.38
23	商业、管理和会计	671	1.1	2.3	0.33
24	健康科学	933	0.6	2.7	0.31
25	护理学	592	0.5	1.5	0.27
26	艺术与人文	309	0.2	2.0	0.27
27	心理学	216	0.3	0.3	0.17

注：本表首先按照 FWCI 降序排列，其次按照总被引频次降序排列。本表中一篇论文可能涉及 2 个或以上学科。
数据来源于 Scopus、SciVal，查询时间为 2023 年 8 月。

发表论文 FWCI 超过世界平均水平的学科有 4 个，分别为"牙医学"（1.24）、
"生物化学、遗传学和分子生物学"（1.04）、"兽医学"（1.03）、"材料科
学"（1.03），其中只有"牙医学"中国期刊上发表的中国学者论文的 FWCI 高
于中国学者总体 FWCI（1.09）。这 4 个学科刊载高被引论文数量较多，期刊
2022 年发表中国学者论文中有超过 10%的论文为世界前 10%高被引论文。篇
均被引频次最高的前 5 个学科为"化学"（4.3 次），"材料科学"（4.1 次）、

"生物化学、遗传学和分子生物学"（3.6 次）、"能源科学"（3.5 次）、"多学科"（3.1 次）。除"生物化学、遗传学和分子生物学"以外的 4 个学科，学科热度高、竞争较为激烈，篇均被引频次的绝对值较高，但 FWCI 相较世界水平仍较低。

（三）中国学者在中国期刊上发表论文的开放获取情况

2022 年有 7 个学科的中国期刊上中国学者发表论文采用开放获取模式的占比超过了 30%。如表 3-7 所示，开放获取论文占比最多的三个学科为"生物化学、

表 3-7　2022 年中国学者在中国期刊上的开放获取情况

序号	学科	中国学者发表论文总数（A）/篇	中国学者开放获取论文数（B）/篇	中国学者金色开放获取论文数（C）/篇	开放获取论文占比（B/A）/%	金色开放获取论文占比（C/A）/%
1	生物化学、遗传学和分子生物学	9 743	4 670	3 278	47.93	33.64
2	牙医学	229	102	76	44.54	33.19
3	兽医学	1 263	562	430	44.50	34.05
4	决策科学	364	124	87	34.07	23.90
5	多学科	3 663	1 132	721	30.90	19.68
6	免疫学和微生物学	1 740	533	305	30.63	17.53
7	护理学	1 258	381	370	30.29	29.41
8	神经科学	1 406	405	309	28.81	21.98
9	经济学、计量经济学和金融学	585	164	136	28.03	23.25
10	数学	6 891	1 704	442	24.73	6.41
11	商业、管理和会计	617	143	137	23.18	22.20
12	医学	31 019	7 007	5 202	22.59	16.77
13	计算机科学	11 071	2 448	1 020	22.11	9.21
14	材料科学	24 696	5 164	3 281	20.91	13.29
15	社会科学	5 097	1 022	620	20.05	12.16
16	药理学、毒理学和药剂学	6 168	1 198	781	19.42	12.66
17	环境科学	13 154	2 501	1 385	19.01	10.53
18	能源科学	12 318	2 315	1 878	18.79	15.25
19	地球与行星科学	16 570	3 082	1 616	18.60	9.75
20	农业与生物科学	19 204	3 415	2 340	17.78	12.18
21	心理学	639	112	12	17.53	1.88
22	物理学与天文学	20 371	3 562	1 878	17.49	9.22
23	化学	12 291	1 784	713	14.51	5.80
24	化学工程	7 439	1 030	795	13.85	10.69
25	工程技术	45 997	6 158	3 497	13.39	7.60
26	健康科学	1 468	166	154	11.31	10.49
27	艺术与人文	1 339	55	25	4.11	1.87

注：按照开放获取论文占比降序排列。

本表中中国学者发文数量为各学科有至少一位作者所属机构为中国机构，并且有完整开放获取信息的论文数量。学科间有重复，即一篇论文可能涉及 2 个及以上 Scopus 一级学科。

数据来源于 Scopus、SciVal，查询时间为 2023 年 8 月。

遗传学和分子生物学"（47.93%）、"牙医学"（44.54%）、"兽医学"（44.50%），这 3 个学科中国学者在中国期刊上发表论文的 FWCI 均高于世界平均水平。

（四）中国学者在中国期刊上发表论文的合作情况

2022 年有 6 个学科的中国学者在中国期刊上发表的与境外作者合作的论文占比超过了 10%。如表 3-8 所示，这 6 个学科依次是"决策科学"（17.6%）、

表 3-8　2022 年中国学者在中国期刊上发表论文的合作情况

序号	学科	境外合作占比/%	境内不同机构合作占比/%	境内同一机构合作占比/%	境内单一作者占比/%
1	决策科学	17.6	46.7	31.0	4.7
2	经济学、计量经济学和金融学	16.8	48.0	28.5	6.7
3	多学科	14.4	53.0	28.4	4.2
4	商业、管理和会计	13.6	49.3	33.9	3.2
5	生物化学、遗传学和分子生物学	12.4	53.8	32.8	1.0
6	材料科学	10.8	53.8	34.2	1.1
7	兽医学	9.7	60.3	29.5	0.5
8	化学	8.9	55.1	34.8	1.2
9	计算机科学	8.8	51.4	38.8	1.1
10	数学	8.8	47.0	40.7	3.5
11	牙医学	8.7	40.6	48.5	2.2
12	地球与行星科学	8.0	66.1	23.8	2.2
13	社会科学	8.0	44.8	36.7	10.5
14	能源科学	7.9	56.7	33.1	2.3
15	环境科学	7.4	65.4	26.1	1.1
16	免疫学和微生物学	6.8	47.9	44.0	1.2
17	物理学与天文学	6.7	55.0	36.7	1.5
18	农业与生物科学	6.4	61.9	31.0	0.7
19	神经科学	6.4	47.2	43.7	2.3
20	工程技术	6.1	54.5	38.2	1.3
21	化学工程	6.1	52.0	38.6	3.3
22	心理学	5.3	53.8	39.3	1.6
23	药理学、毒理学和药剂学	4.9	56.4	37.7	1.1
24	医学	4.7	43.5	49.6	2.2
25	艺术与人文	4.1	31.8	33.7	30.4
26	健康科学	4.0	32.3	60.9	2.8
27	护理学	2.9	33.9	59.8	3.3

注：本表首先按照中国学者在中国期刊上发表的与境外作者合作论文的占比降序排列，其次按照境内不同机构合作占比序降序排列。本表中一篇论文可能涉及 2 个或以上学科。

数据来源于 Scopus、SciVal，查询时间为 2023 年 8 月。

"经济学、计量经济学和金融学"（16.8%）、"多学科"（14.4%）、"商业、管理和会计"（13.6%）、"生物化学、遗传学和分子生物学"（12.4%）、"材料科学"（10.8%）。合作占比最低的 5 个学科为"药理学、毒理学和药剂学"（4.9%）、"医学"（4.7%）、"艺术与人文"（4.1%）、"健康科学"（4.0%）、"护理学"（2.9%），这 5 个学科中国学者在中国期刊上发表论文的 FWCI 也较低，应考虑通过加强合作增加中国期刊影响力。

三、中国学者与世界学者发表论文情况的对比分析

本部分以被 Scopus 收录的论文为统计范围，按 Scopus 27 个一级学科，分学科统计分析世界所有论文数量、影响力、发展趋势等情况，与中国作者发表论文进行对比。

（一）世界学者发表论文数量

1. 2013～2022 年世界学者发表论文总数及年均增长率

Scopus 收录 2013～2022 年世界学者发表论文 3371.32 万篇，各学科论文数、占比、数量变化趋势如表 3-9 所示。按照十年发文数量降序排列，世界学者发文最多的学科依次为"医学""工程技术""计算机科学""物理学与天文学""社会科学"。中国学者相对世界学者在"医学""社会科学"等学科发表论文数量较少，在"材料科学""化学"等学科发表论文数量较多。

世界学者发文数量年均增长率均超过 10%的学科为"决策科学"，中国学者在该学科发文数量的年均增长率也较高。除此之外，世界学者发文数量 2020～2022 年年均增长率较高的学科还包括"心理学"（12.17%）、"免疫学和微生物学"（10.15%）、"健康科学"（9.55%）、"计算机科学"（8.94%）、"化学工程"（8.84%）等。中国学者在这些学科的发文数量 2020～2022 年年均增长率均高于 19%，比世界发文数量增速更快。

表 3-9　2013～2022 年世界学者发表论文数及年均增长率

序号	学科	发表论文总数/篇	2013～2022 年年均增长率/%	2018～2022 年年均增长率/%	2020～2012 年年均增长率/%
1	医学	8 459 509	4.19	7.07	5.63
2	工程技术	6 910 984	4.31	4.44	5.83
3	计算机科学	4 462 139	7.22	7.15	8.94
4	物理学与天文学	3 735 785	3.83	2.77	3.21
5	社会科学	3 620 214	4.82	5.47	4.10
6	生物化学、遗传学和分子生物学	3 550 732	3.54	5.68	4.97
7	材料科学	3 432 614	5.43	3.53	1.47
8	化学	2 728 724	4.57	5.57	6.68
9	农业与生物科学	2 433 461	4.14	6.09	5.70
10	数学	2 423 047	6.53	6.16	8.29
11	环境科学	2 170 573	9.74	10.28	6.23
12	艺术与人文	1 745 490	1.79	1.54	1.04
13	化学工程	1 632 758	7.22	8.62	8.84
14	地球与行星科学	1 608 974	4.43	2.40	−1.61
15	能源科学	1 476 028	9.82	7.32	6.07
16	药理学、毒理学和药剂学	1 044 239	4.06	5.89	2.07
17	商业、管理和会计	1 040 288	4.17	3.77	2.52
18	免疫学和微生物学	927 973	5.83	9.52	10.15
19	心理学	823 904	4.85	5.87	12.17
20	神经科学	810 669	4.18	5.09	5.11
21	经济学、计量经济学和金融学	741 527	2.85	3.86	5.14
22	多学科	703 541	3.23	5.47	5.23
23	护理学	589 296	5.17	8.31	7.12
24	决策科学	587 234	16.38	14.00	11.58
25	健康科学	443 867	7.21	11.45	9.55
26	兽医学	269 837	2.57	6.16	4.78
27	牙医学	187 766	2.43	4.16	2.24
	合计	33 713 163	3.67	4.94	4.53

注：按照发表论文总数降序排列。本表中一篇论文可能涉及 2 个或以上学科。

数据来源于 SciVal，查询时间为 2023 年 7 月。

2. 2022 年中国学者与世界学者发表论文数量对比

Scopus 收录 2022 年世界学者发表论文 403.89 万篇，超过 1/4 的论文有至少一位作者所属机构位于中国。一级学科中国、世界学者发表论文数量以及中国学者发表论文数占比如表 3-10 所示。

表 3-10　2022 年中国学者与世界学者发表论文总数对比

序号	学科	世界学者发表论文数（A）/篇	中国学者发表论文数（B）/篇	中国学者发表论文数占比（B/A）/%
1	材料科学	415 570	170 962	41.14
2	化学工程	224 743	90 104	40.09
3	化学	339 794	132 474	38.99
4	能源科学	206 661	79 325	38.38
5	工程技术	845 702	313 333	37.05
6	物理学与天文学	433 530	157 686	36.37
7	地球与行星科学	183 561	61 382	33.44
8	数学	321 938	104 557	32.48
9	环境科学	316 811	101 765	32.12
10	计算机科学	605 989	193 816	31.98
11	生物化学、遗传学和分子生物学	430 297	124 071	28.83
12	农业与生物科学	300 135	84 814	28.26
13	药理学、毒理学和药剂学	126 777	35 831	28.26
14	免疫学和微生物学	126 022	35 066	27.83
15	决策科学	102 235	27 450	26.85
16	神经科学	97 838	22 426	22.92
17	多学科	81 756	16 086	19.68
18	医学	1 051 675	179 698	17.09
19	商业、管理和会计	120 968	17 207	14.22
20	兽医学	32 787	4 531	13.82
21	经济学、计量经济学和金融学	85 776	11 017	12.84
22	健康科学	62 603	7 081	11.31
23	心理学	107 341	11 157	10.39
24	护理学	76 229	7 920	10.39
25	社会科学	447 677	41 392	9.25
26	牙医学	2 1671	1 877	8.66
27	艺术与人文	186 510	8 110	4.35
	合计	4 038 870	1 032 860	25.57

注：相同时，按照中国学者发表论文数降序排列。
学科间有重复，即一篇论文可能涉及 2 个及以上 Scopus 一级学科。
数据来源于 SciVal，查询时间为 2023 年 7 月

中国学者发表论文占比超过 30% 的学科共 10 个，依次为"材料科学"（41.14%）、"化学工程"（40.09%）、"化学"（38.99%）、"能源科学"

（38.38%）、"工程技术"（37.05%）、"物理学与天文学"（36.37%）、"地球与行星科学"（33.44%）、"数学"（32.48%）、"环境科学"（32.12%）、"计算机科学"（31.98%）。

（二）中国学者与世界学者发表论文数量、增长率、影响力综合对比

根据 Scopus 收录 2013～2022 年中国学者发表论文占比、FWCI、发文量十年年均增长率，比较各学科近年来的发展情况。图 3-3 使用散点图综合分析了这三个维度的数据。学科所在位置靠右代表中国学者发文占比高，是中国的研究热点领域。学科所在位置靠上代表中国发表论文 FWCI 高，是中国在世界范围内影响力高的领域。学科气泡直径大代表 2013～2022 年年均增长率高，是中国学者发表量增速快、有潜力的领域。

27 个学科大致可分为 5 个群集：

1）右上方的群集（即橙色群集）代表在中国热度高（中国发文占世界发文占比≥30%）、影响力高（FWCI>1.15）的学科，包括"化学""化学工程""能源科学""材料科学"，其中"化学工程""能源科学"两个学科近十年发表论文数增速更快。

2）中下方的群集（即黄色群集）代表在中国热度中等（30%>占比≥15%）、影响力有待提升（FWCI<1）的学科，包括"决策科学""计算机科学""地球与行星科学""物理学与天文学""数学""工程技术"，其中"决策科学"近十年发表论文数增速最快。

3）中上方的群集（即绿色群集）代表在中国热度中等（30%>占比≥15%）、影响力高（FWCI>1）的学科集群，包括"环境科学""生物化学、遗传学和分子生物学""药理学、毒理学和药剂学""农业与生物科学""免疫学和微生物学""多学科"，其中"环境科学"近十年发表论文数增速最快，有望进入右上方的群集。

4）中间偏左的群集（即紫色群集）代表在中国热度偏低（15%>占比

≥10%）、影响力中等（FWCI 约等于 1）的学科，包括"医学""神经科学"，其中"神经科学"近十年发表论文数增速略高。

5）左上方的群集（即蓝色群集）代表在中国热度低（占比<10%）、影响力高（FWCI>1）的学科，包括"经济学、计量经济学和金融学""商业、管理和会计""牙医学""兽医学""艺术与人文""心理学""护理学""社会科学""健康科学"，其中"心理学""健康医学""护理学"增速更快，2013～2022 年年均增长率均超过了 20%。

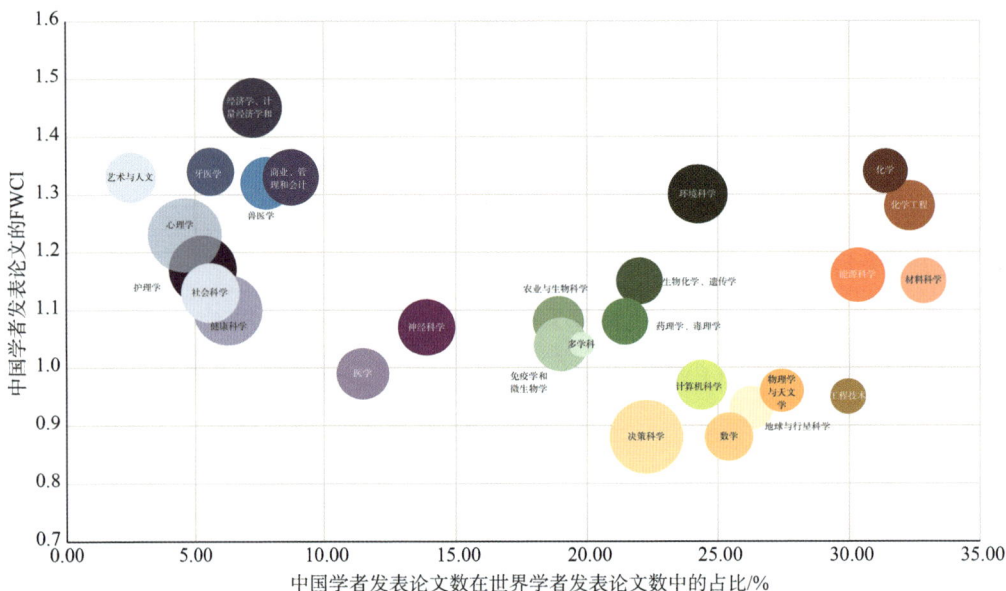

图 3-3　2013～2022 年中国各学科发文量、影响力、增长情况综合对比

（三）中国学者与世界学者论文发表模式对比

Scopus 收录 2013～2022 年世界学者发表论文的开放获取情况如表 3-11 所示，中国学者发表论文的开放获取情况如表 3-3 所示。一级学科有 4 个学科的世界发文开放获取占比已经超过 50%，依次为"多学科"（82.27%）、"免疫学和微生物学"（64.59%）、"生物化学、遗传学和分子生物学"（58.30%）、"神经科学"（57.54%）。

表 3-11　2013～2022 年中国学者与世界学者发表论文开放获取情况对比

序号	学科	世界开放获取论文占比（A）/%	世界金色开放获取论文占比（B）/%	中国与世界开放获取论文占比差值（A–中国占比）/百分点	中国与世界金色开放获取论文占比差值（B–中国占比）/百分点
1	牙医学	42.24	15.76	12.95	2.94
2	决策科学	23.17	5.20	12.89	2.59
3	物理学与天文学	38.98	13.85	12.00	0.01
4	化学	32.76	15.08	11.43	2.34
5	农业与生物科学	47.28	24.62	11.20	2.71
6	数学	36.40	10.14	10.81	−2.33
7	地球与行星科学	43.19	17.00	10.77	0.13
8	环境科学	42.45	21.14	10.75	2.72
9	化学工程	32.59	15.96	10.40	1.26
10	材料科学	28.37	12.51	8.47	0.07
11	多学科	82.27	68.03	8.25	3.99
12	能源科学	26.28	15.02	7.61	1.44
13	药理学、毒理学和药剂学	42.35	19.15	7.45	−4.19
14	工程技术	23.95	9.96	6.74	−0.36
15	生物化学、遗传学和分子生物学	58.30	29.10	6.55	−4.25
16	神经科学	57.54	25.57	6.09	−11.23
17	商业、管理和会计	23.51	6.34	6.05	0.33
18	计算机科学	27.65	11.18	5.78	−1.70
19	经济学、计量经济学和金融学	30.11	7.75	5.56	−3.10
20	艺术与人文	26.33	9.15	5.05	2.73
21	免疫学和微生物学	64.59	33.84	4.83	−7.60
22	健康科学	44.23	18.43	1.71	−8.12
23	社会科学	31.68	12.93	1.65	−7.07
24	医学	49.98	22.03	−0.43	−12.30
25	护理学	42.22	15.87	−3.25	−13.22
26	心理学	38.12	11.83	−4.88	−16.93
27	兽医学	46.81	26.75	−12.12	−8.70
	合计	39.03	16.61	9.11	−1.15

注：按照中国与世界的开放获取论文占比差值降序排列。本表中一篇论文可能涉及 2 个或以上学科。
数据来源于 SciVal，查询时间为 2023 年 7 月。

　　Scopus 收录中国学者开放获取论文占全部发文的比例仍与世界水平有一定的差距，总体开放获取占比较世界低 9.11 个百分点。23 个学科开放获取水平低于世界平均水平，其中低于世界水平超过 10 个百分点以上的学科有 9 个，依次为"牙医学""决策科学""物理学与天文学""化学""农业与生物科学""数学""地球与行星科学""环境科学""化学工程"。中国金色开放获取发文占比与世界平均水平相当，总体金色开放获取占比较世界占比高 1.15 个百分点，13个学科略低于世界平均水平，但低于世界水平的幅度均在 5 个百分点以内。

（四）中国学者与世界学者发表论文的合作情况对比

Scopus 收录 2013～2022 年世界学者发表论文 3371.31 万篇中，有 19.90%为国家或地区间合作论文，32.10%为同一国家或地区不同机构合作论文，32.00%为同一机构合作论文，16.00%为单一作者论文。中国学者与世界学者国家或地区间合作情况对比如图 3-4 所示，中国学者境外合作占比较世界国家或地区间合作平均水平略高。

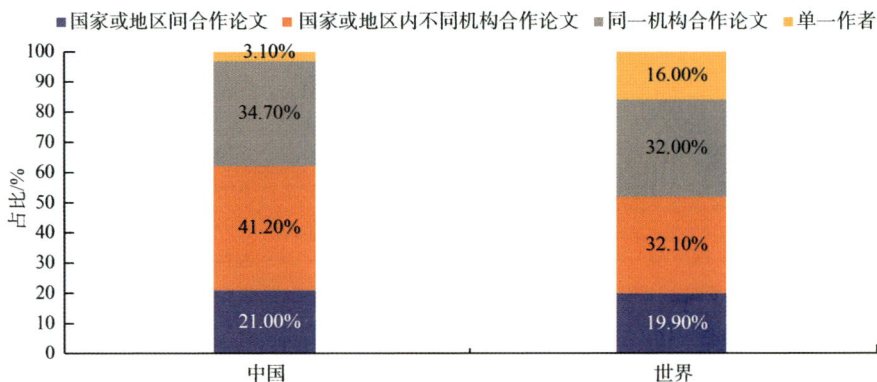

图 3-4　2013～2022 年中国学者境外合作情况与世界学者的对比

世界国家或地区间合作论文篇均被引频次 21.2 次，同一国家或地区不同机构合作论文篇均被引频次 13.4 次，同一机构合作论文篇均被引频次 10.9 次，单一作者发表论文篇均被引频次 4.4 次。科研合作普遍为论文带来了更多的引用。被收录中国学者发表境外合作论文的篇均被引频次高于世界国家或地区间合作平均水平。但境内不同机构合作论文的篇均被引频次、境内同一机构合作篇均被引频次、单一作者篇均被引频次均低于世界平均水平。

图 3-5 对中国学者发表论文的合作情况与世界学者的进行了分学科对比。差值计算方式为 2013～2022 年世界学者该合作类型在世界学者发表论文中的占比减去中国学者该合作类型在中国学者发表论文中的占比，大于 0 说明中国学者该学

科发表论文在该合作类型的占比低于世界平均水平。如图 3-5 所示，中国在 11
个学科的境外合作占比略低于世界国家或地区间合作平均水平，差距从高到低
依次为"免疫学和微生物学"（4.3 个百分点）、"物理学与天文学"（4.2 个百
分点）、"地球与行星科学"（3.7 个百分点）、"药理学、毒理学和药剂学"
（2.7 个百分点）、"化学"（2.6 个百分点）、"农业与生物科学"（2.2 个百分
点）、"生物化学、遗传学和分子生物学"（2.1 个百分点）、"化学工程"（1.4
个百分点）、"材料科学"（1.8 个百分点）、"数学"（1.8 个百分点）、"多学
科"（0.2 个百分点）。

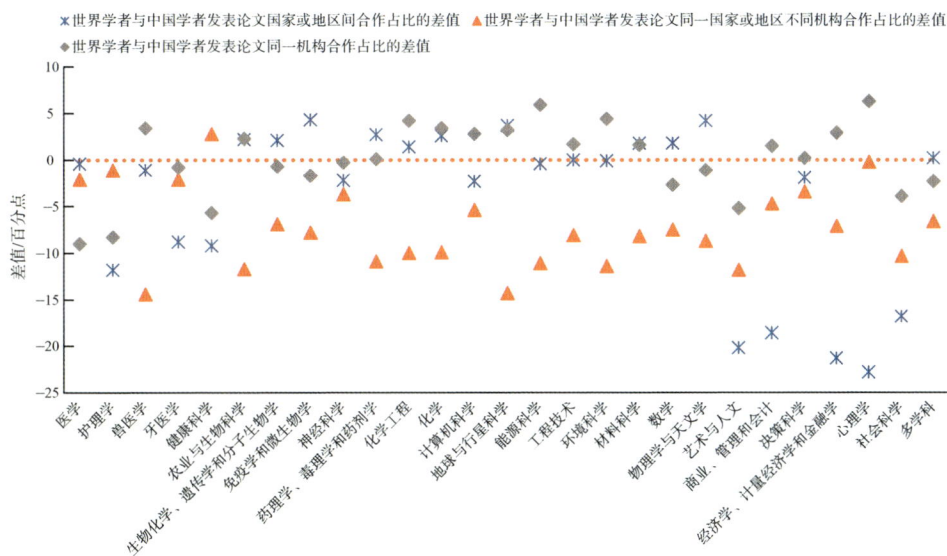

图 3-5 2013～2022 年中国学者境外合作情况与世界学者的对比
数据来源于 SciVal，查询时间为 2023 年 7 月

第二节 中国科技期刊的学科结构与国际对比

本节基于 Scopus 数据库分析了中国科技期刊及其发文量的增长情况和学科结
构，并与近 10 年（2013～2022 年）被 Scopus 收录期刊数量最多的代表国家进行
了对比分析。Scopus 数据库中的期刊包含了科学、技术、医学和社会科学以及人
文艺术领域，鉴于本节聚焦于科技期刊，虽然表格中列出了所有学科，但本节在
按学科进行统计分析和对比时仅针对科技期刊，不提及 Scopus 数据库学科分类中

的"艺术与人文""商业、管理和会计""经济学、计量经济学和金融学""社会科学"4 个类别。

一、中国科技期刊的学科结构

（一）有文献收录的中国科技期刊的增长情况及学科分布[①]

根据 2023 年 5 月发布的 Scopus 来源出版物列表数据，2022 年 Scopus 收录出版机构或主办机构所在地为中国大陆的期刊共 1197 本，占 Scopus 数据库期刊总数的 4.47%。Scopus 有文献收录的中国期刊数量总体上呈现逐年增长的趋势，2022 年的期刊数量比 2012 年（559 种）翻了一番多，特别是 2020 年和 2021 年增加文献收录的期刊数最多，分别增加了 120 种和 97 种。

Scopus 数据库学科分类包含一级学科 27 个，表 3-12 列出了 2013～2022 年每年按照一级学科统计的中国期刊数量。各学科中国期刊数量普遍呈现逐年增长的趋势。2013 年，中国期刊虽然覆盖了全部 27 个学科，但在 4 个学科（"决策科学""护理学""心理学""牙医学"）仅有 1 种期刊，而 2022 年所有学科都有了 5 种以上的期刊。与 2013 年相比，2022 年中国期刊数量增长幅度超过 100%的有 18 个学科，达到了学科总数的 2/3。从绝对增长量看，2013～2022 年中期刊数量增加较多的学科依次是"医学"（166 种）、"工程技术"（106 种）、"农业与生物科学"（74 种）、"计算机科学"（73 种）和"环境科学"（68 种）。2013～2022 年年均增长率=$\{[（2022 年期刊数量/2013 年期刊数量）^{1/9}-1]\times100\%\}$超过 10%的学科有"决策科学"（37.00%）、"护理学"（34.07%）、"心理学"（24.14%）、"健康科学"（24.14%）、"牙医学"（19.58%）、"环境科学"（13.50%）、"计算机科学"（12.23%）、"神经科学"（12.12%）、"农业与生物科学"（11.58%）、"医学"（10.90%）。2020～2022 年年均增长率=$\{[（2022 年期刊数量/2020 年期刊数量）^{1/2}-1]\times100\%\}$超过 10%的学科有"护理学"

---

① Scopus 收录期刊时会对期刊创立以来所有文章质量进行评估，会收录评估时间之前发表的高质量论文。2022 年新增被收录期刊的 2021 年文献也有可能被收录。本部分重点关注有文献收录的中国科技期刊情况，并对有文献收录的中国科技期刊的增长情况及学科分布进行分析。

（41.42%）、"牙医学"（29.10%）、"免疫学和微生物学"（19.52%）、"心理学"（18.32%）、"神经科学"（12.82%）、"医学"（11.10%）、"决策科学"（10.19%）。从中国科技期刊总量增长情况看，2020～2022 年年均增长率（6.62%）低于 2013～2022 年年均增长率（7.64%），说明 2020 年后增长速度有所减缓。

表 3-12　2013～2022 年 Scopus 收录的中国各学科期刊逐年累计数量

序号	学科	各年度累计中国期刊数量/种										2013～2022 年年均增长率/%	2020～2022 年年均增长率/%
		2013年	2014年	2015年	2016年	2017年	2018年	2019年	2020年	2021年	2022年		
1	多学科	16	17	19	19	20	21	21	22	24	25	5.08	6.60
2	农业与生物科学	44	52	54	66	75	81	91	100	111	118	11.58	8.63
3	艺术与人文	8	11	14	14	20	23	25	26	31	33	17.05	12.66
4	生物化学、遗传学和分子生物学	45	51	53	58	62	70	79	89	96	98	9.03	4.93
5	商业、管理和会计	8	9	12	13	15	16	19	21	21	23	12.45	4.65
6	化学工程	39	40	41	42	43	47	52	56	65	67	6.20	9.38
7	化学	39	41	42	43	47	48	53	55	59	61	5.10	5.31
8	计算机科学	40	45	53	56	62	69	76	100	107	113	12.23	6.30
9	决策科学	1	3	3	5	8	8	9	14	17	17	37.00	10.19
10	地球与行星科学	74	77	79	88	96	101	106	124	131	135	6.91	4.34
11	经济学、计量经济学和金融学	8	8	11	11	11	11	13	16	18	22	11.90	17.26
12	能源科学	46	49	53	58	62	69	76	86	93	100	9.01	7.83
13	工程技术	198	206	217	227	233	243	262	282	291	304	4.88	3.83
14	环境科学	32	33	37	47	55	61	71	87	95	100	13.50	7.21
15	免疫学和微生物学	10	10	10	11	12	12	13	14	17	20	8.01	19.52
16	材料科学	87	88	96	101	108	119	134	145	149	153	6.47	2.72
17	数学	44	51	55	58	60	60	65	68	69	71	5.46	2.18
18	医学	108	113	118	131	142	161	182	222	266	274	10.90	11.10
19	神经科学	5	6	6	6	7	8	11	11	13	14	12.12	12.82
20	护理学	1	2	3	3	3	5	6	7	12	14	34.07	41.42
21	药理学、毒理学和药剂学	21	22	24	24	24	25	26	30	33	34	5.50	6.46
22	物理学与天文学	70	70	73	77	83	85	89	90	91	92	3.08	1.11
23	心理学	1	2	2	2	2	3	4	5	6	7	24.14	18.32
24	社会科学	31	36	41	49	55	64	73	90	100	108	14.88	9.54
25	兽医学	3	4	5	5	5	6	6	6	6	7	9.87	8.01
26	牙医学	1	1	1	1	1	2	3	3	5	5	19.58	29.10
27	健康科学	2	3	3	3	3	3	7	12	14	14	24.14	8.01
	总体	617	652	688	744	794	853	933	1053	1150	1197	7.64	6.62

注：按照 Scopus 数据库学科类别编码排序。

由于一种期刊可能归属于 2 个及以上学科，各学科期刊数量的加和值大于所有学科的期刊总数（总体值）。

数据来源于 Scopus 数据库，查询时间为 2023 年 8 月。

从学科分布（表 3-13）来看，中国期刊数量最多的学科是"工程技术"，有 304 种，占中国期刊总数的 25.40%；其次是"医学""材料科学""地球与行星

表 3-13　2022 年中国期刊学科分布及与世界期刊学科分布的对比

序号	学科	中国期刊数量（A）/种	所在学科中国期刊占中国期刊总数的比例/%	世界期刊数量（B）/种	所在学科世界期刊占世界期刊总数的比例/%	中国期刊数量世界占比（A/B）/%
1	工程技术	304	25.40	2 808	10.47	10.83
2	医学	274	22.89	6 955	25.94	3.94
3	材料科学	154	12.87	1 257	4.69	12.25
4	地球与行星科学	135	11.28	1 214	4.53	11.12
5	农业与生物科学	118	9.86	2 275	8.49	5.19
6	计算机科学	113	9.44	1 798	6.71	6.28
7	社会科学	108	9.02	7 363	27.47	1.47
8	能源科学	101	8.44	521	1.94	19.39
9	环境科学	100	8.35	1 630	6.08	6.13
10	生物化学、遗传学和分子生物学	98	8.19	2 008	7.49	4.88
11	物理学与天文学	92	7.69	1 135	4.23	8.11
12	数学	71	5.93	1 647	6.14	4.31
13	化学工程	67	5.60	627	2.34	10.69
14	化学	62	5.18	908	3.39	6.83
15	药理学、毒理学和药剂学	34	2.50	670	2.50	5.07
16	艺术与人文	33	2.76	4 591	17.13	0.72
17	多学科	25	2.09	124	0.46	20.16
18	商业、管理和会计	23	1.92	1 491	5.56	1.54
19	经济学、计量经济学和金融学	22	1.84	1 198	4.47	1.84
20	免疫学和微生物学	20	1.67	591	2.20	3.38
21	决策科学	17	1.42	460	1.72	3.70
22	护理学	14	1.17	573	2.14	2.44
23	健康科学	14	1.17	594	2.22	2.36
24	神经科学	14	1.17	653	2.44	2.14
25	兽医学	7	0.58	268	1.00	2.61
26	心理学	7	0.58	1 295	4.83	0.54
27	牙医学	5	0.42	211	0.79	2.37
	总体	1 197	100.00	26 807	100.00	4.47

注：按照中国期刊各学科期刊数量排序，数量相同时按所在学科中国期刊数量世界占比排序。
由于一种期刊可能归属于 2 个及以上学科，各学科期刊数量的加和值大于所有学科的期刊总数（总体值）。
数据来源于 Scopus 数据库，查询时间为 2023 年 8 月。

科学"，分别有 274 种、154 种和 135 种，分别占中国期刊总数的 22.89%、12.87% 和 11.28%。这与世界期刊学科分布略有不同：世界期刊数量最多的前 4 个学科依次是"医学""工程技术""农业与生物科学""生物化学、遗传学和分子生物学"。中国期刊数量较少的学科有"牙医学""心理学""兽医学"，分别仅有 5 种、7 种和 7 种。中国期刊数量世界占比超过 10% 的学科有 6 个，依次是"多学科"（20.16%）、"能源科学"（19.39%）、"材料科学"（12.25%）、"地球与行星科学"（11.12%）、"工程技术"（10.83%）和"化学工程"（10.69%）。中国期刊数量世界占比小于 3% 的学科有 6 个："兽医学"（2.61%）、"护理学"（2.44%）、"牙医学"（2.37%）、"健康科学"（2.36%）、"神经科学"（2.14%）和"心理学"（0.54%）。这些统计数据反映了中国期刊学科分布的不均衡性，特别是在与医疗健康相关的学科中，中国期刊数量世界占比普遍偏低，而在工科相关的学科中中国期刊数量世界占比相对较高。

　　进一步细分学科进行统计，Scopus 数据库的 334 个二级学科中，2022 年中国期刊已覆盖 283 个，比 2020 年（覆盖 241 个二级学科）增加了 42 个。其中中国期刊超过 50 种的有 5 个学科，超过 30 种的有 19 个学科，超过 20 种的有 44 个学科。表 3-14 列出了有至少 30 种中国期刊被收录的二级学科以及中国期刊数量占该学科世界期刊数量的比例。中国期刊在 51 个二级学科尚没有文献被收录，具体如表 3-15 所示。

　　结合中国作者在各学科发表论文的数量，中国期刊应根据不同学科领域的具体情况制定不同的建设目标。中国作者发文量大、中国期刊数量多的学科，应侧重提高刊均发文量，形成规模优势；中国作者发文量大，中国期刊数量少或处于空白的学科领域，有较大的创刊需求和发展空间，应加强调研创办新刊的基础条件，增加期刊品种。对于中国作者发文量少的学科，建议谨慎创办新刊，并尝试对现有期刊进行优化整合。

表 3-14　2022 年 Scopus 收录中国期刊数量超过 30 种的二级学科

二级学科英文名称	被收录的中国期刊数量/种	占该学科世界期刊的比例/%
Mechanical Engineering	82	13.00
Electrical and Electronic Engineering	75	10.16
Energy Engineering and Power Technology	55	21.83
Computer Science Applications	54	6.82
Medicine（all）	52	6.27
Control and Systems Engineering	42	14.79
Geology	42	14.69
Materials Science（all）	39	12.75
Materials Chemistry	39	8.61
Applied Mathematics	37	6.08
Ecology	36	17.06
Geotechnical Engineering and Engineering Geology	36	8.24
Surgery	34	8.70
Mechanics of Materials	34	6.87
Plant Science	33	6.78
Ecology, Evolution, Behavior and Systematics	32	4.66
Civil and Structural Engineering	31	10.26
Engineering（all）	31	8.86
Computer Networks and Communications	30	7.92

注：按照中国期刊各二级学科期刊数量排序，数量相同时按所在学科中国期刊数量世界占比排序。
数据来源于 Scopus 数据库，查询时间为 2023 年 8 月。

表 3-15　2022 年 Scopus 数据库中尚没有中国期刊文献被收录的二级学科

序号	二级学科	序号	二级学科
1	Arts and Humanities（all）	27	Maternity and Midwifery
2	Assessment and Diagnosis	28	Medical and Surgical Nursing
3	Behavioral Neuroscience	29	Medical Assisting and Transcription
4	Care Planning	30	Medical Terminology
5	Chiropractics	31	Museology
6	Classics	32	Music
7	Community and Home Care	33	Nurse Assisting
8	Complementary and Manual Therapy	34	Nursing（miscellaneous）
9	Critical Care Nursing	35	Occupational Therapy
10	Dental Assisting	36	Optometry
11	Dentistry（miscellaneous）	37	Pediatrics
12	Discrete Mathematics and Combinatorics	38	Periodontics

续表

序号	二级学科	序号	二级学科
13	Drug Guides	39	Pharmacology（nursing）
14	Embryology	40	Pharmacology, Toxicology and Pharmaceutics（miscellaneous）
15	Equine		
16	Experimental and Cognitive Psychology	41	Podiatry
17	Fundamentals and Skills	42	Psychiatric Mental Health
18	Gender Studies	43	Psychology（miscellaneous）
19	Geometry and Topology	44	Research and Theory
20	Gerontology	45	Respiratory Care
21	Health Professions（all）	46	Review and Exam Preparation
22	Human Factors and Ergonomics	47	Reviews and References（medical）
23	Immunology and Microbiology（miscellaneous）	48	Sensory Systems
24	Industrial Relations	49	Small Animals
25	Life-span and Life-course Studies	50	Social Psychology
26	LPN and LVN	51	Speech and Hearing

（二）中国科技期刊的学科影响力

1. 中国科技期刊各学科发文量

根据 Scopus 数据库统计，2019～2022 年中国期刊总发文量为 603 568 篇，占世界论文总数的 5.61%，远远低于中国作者论文的世界占比（22.40%）。这说明中国期刊的总载文能力整体上远未满足中国作者的高质量发文需求。

按一级学科统计（表 3-16），2019～2022 年中国期刊发文量超过 5 万篇的有 6 个学科，依次是"工程技术"（182 498 篇）、"医学"（133 777 篇）、"材料科学"（95 913 篇）、"物理学与天文学"（74 230 篇）、"农业与生物科学"（64 816 篇）、"地球与行星科学"（59 560 篇）。中国期刊发文量世界占比最高的 3 个学科是"地球与行星科学"（11.45%）、"能源科学"（10.44%）、"工程技术"（10.06%），均超过了 10%；还有 5 个学科中国期刊发文量世界占比超过 5%，分别是"材料科学"（7.95%）、"农业与生物科学"（6.72%）、"物理学与天文学"（6.57%）、"药理学、毒理学和药剂学"（5.75%）、"环境科学"（5.26%）。中国期刊发文量不足 1 万篇且世界占比较低的学科有"牙医学"（935 篇，1.40%）、"心理学"（2071 篇，0.71%）、"决策科学"（2089 篇，1.88%）、"兽医学"（3045 篇，2.70%）、"神经科学"（5732 篇，1.85%）"健康科学"（5767 篇，3.25%）、"护理学"（6616 篇，2.97%）、"免疫学和微生物学"（7138 篇，1.83%）。以上数据与按学科统计的中国期刊数量世界占比的情况基本一致。

表3-16　2019~2022年中国期刊各学科发文量、世界占比及与中国作者发文量和世界占比的对比

序号	学科	中国期刊发文量（A）/篇	世界期刊发文量（B）/篇	中国期刊发文量世界占比（A/B）/%	中国作者发文量（C）/篇	世界作者发文量（D）/篇	中国作者发文量世界占比（C/D）/%	占比差值（C/D–A/B）/百分点
1	工程技术	182 498	1 814 171	10.06	1 030 597	3 166 072	32.55	22.49
2	医学	133 777	3 402 131	3.93	563 795	3 902 324	14.45	10.52
3	材料科学	95 913	1 206 820	7.95	596 011	1 607 790	37.07	29.12
4	物理学与天文学	74 230	1 129 853	6.57	532 191	1 689 507	31.50	24.93
5	农业与生物科学	64 816	964 795	6.72	257 443	1 108 892	23.22	16.50
6	地球与行星科学	59 560	520 322	11.45	231 832	774 915	29.92	18.47
7	能源科学	48 463	464 410	10.44	261 761	767 113	34.12	23.69
8	环境科学	46 652	887 167	5.26	332 094	1 173 222	28.31	23.05
9	化学	44 129	1 121 737	3.93	435 240	1 235 945	35.22	31.29
10	计算机科学	41 483	843 762	4.92	624 202	2 228 566	28.01	23.09
11	生物化学、遗传学和分子生物学	40 915	1 386 642	2.95	413 679	1 590 793	26.00	23.05
12	化学工程	31 868	694 468	4.59	285 375	797 334	35.79	31.20
13	数学	27 482	643 760	4.27	333 326	1 164 835	28.62	24.35
14	药理学、毒理学和药剂学	23 560	409 614	5.75	121 373	474 412	25.58	19.83
15	社会科学	21 172	1 113 166	1.90	126 079	1 705 875	7.39	5.49
16	多学科	13 779	277 680	4.96	52 890	298 303	17.73	12.77
17	免疫学和微生物学	7 138	391 081	1.83	100 649	440 544	22.85	21.02
18	护理学	6 616	222 535	2.97	21 351	278 424	7.67	4.70
19	健康科学	5 767	177 427	3.25	20 338	223 909	9.08	5.83
20	神经科学	5 732	310 489	1.85	65 958	367 757	17.94	16.09
21	艺术与人文	5 337	486 256	1.10	25 768	760 505	3.39	2.29
22	商业、管理和会计	3 247	277 736	1.17	54 979	473 008	11.62	10.45
23	兽医学	3 045	112 822	2.70	12 437	122 740	10.13	7.43
24	经济学、计量经济学和金融学	2 332	206 447	1.13	33 657	322 622	10.43	9.30
25	决策科学	2 089	111 062	1.88	92 023	357 541	25.74	23.86
26	心理学	2 071	292 780	0.71	26 727	372 625	7.17	6.47
27	牙医学	935	66 730	1.40	6 018	84 142	7.15	5.75
	总体	6 035 68	10 755 473	5.61	3 415 454	15 246 594	22.40	16.79

注：按中国期刊各学科发文量排序。

由于一种期刊可能归属于2个及以上学科，各学科期刊数量的加和值大于所有学科的期刊总数（总体值）。

数据来源于Scopus数据库，查询时间为2023年8月。

中国期刊发文量世界占比与同期中国作者发文量世界占比相比，总体上差了16.79 个百分点，而且各学科均有较大差距（表 3-16，图 3-6）。其中"化学"和"化学工程" 2 个学科的占比差值（占比差值=中国作者发文量世界占比−中国期刊发文量世界占比）最大，分别为31.29 个百分点和31.20 个百分点；另外还有 10 个学科的占比差值超过 20 个百分点："材料科学"（29.12 个百分点）、"物理学与天文学"（24.93 个百分点）、"数学"（24.35 个百分点）、"决策科学"（23.86 个百分点）、"能源科学"（23.69 个百分点）、"计算机科学"（23.09 个百分点）、"生物化学、遗传学和分子生物学"（23.05 个百分点）、"环境科学"（23.05 个百分点）、"工程技术"（22.49 个百分点）、"免疫学和微生物学"（21.02 个百分点）。

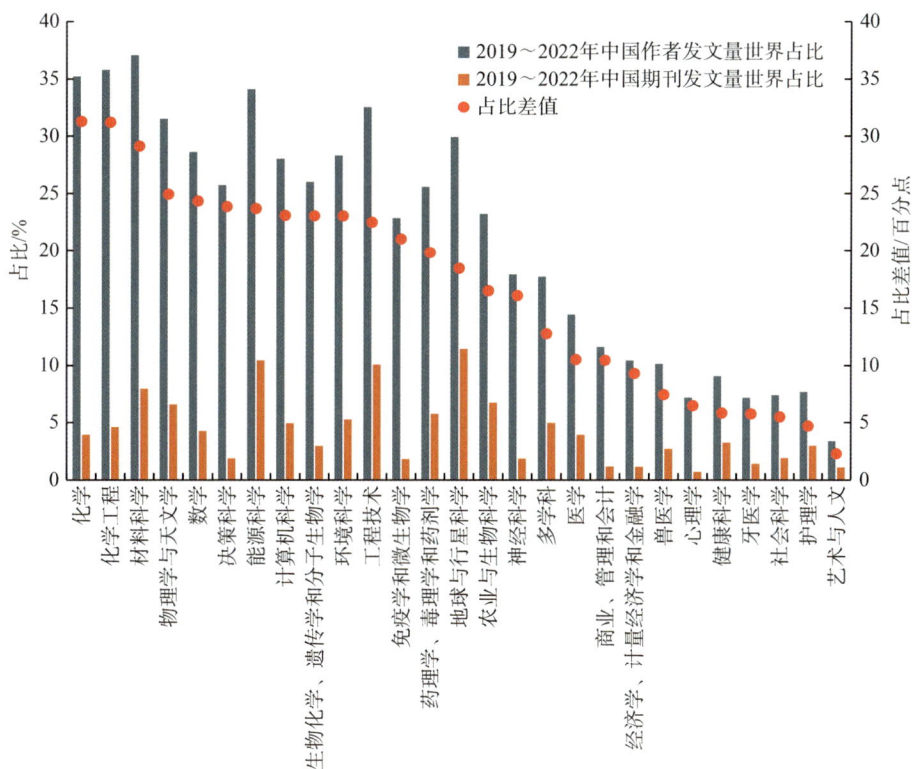

图 3-6　2019～2022 年中国作者发文量与中国期刊载文量各学科世界占比及二者差值

这些数据表明，中国期刊仅仅刊载了中国学者论文的一小部分，与中国学术界普遍认为的"中国科技论文外流严重"的观点是一致的。另外，也说明中国科技期刊的载文能力亟须提升，特别是在中国作者发文量大而中国期刊数量少、载文量低的学科领域。

2. 中国科技期刊各学科论文总被引频次和 CiteScore

表 3-17 列出了 2019～2022 年发表在中国期刊上的论文的总被引频次，以及各学科 2022 年中国期刊 CiteScore 平均值和最高值[CiteScore 的计算方法：期刊在 4 年内引用文献（文章、综述、会议论文、书籍章节、数据论文）的次数，除以编入 Scopus 索引的相同类型文献在这 4 年内的发表总数[①]。中国期刊论文总被引频次最多的前 10 个学科依次是"工程技术"（631 055 次）、"材料科学"（572 553 次）、"医学"（308 537 次）、"化学"（264 805 次）、"能源科学"（237 036 次）、"物理学与天文学"（235 524 次）、"生物化学、遗传学和分子生物学"（220 146 次）、"地球与行星科学"（213 920 次）、"农业与生物科学"（204 359 次）、"环境科学"（170 772 次）。中国期刊论文总被引频次世界占比较高的学科有"地球与行星科学"（6.81%）、"材料科学"（5.76%）、"能源科学"（5.35%）、"工程技术"（4.95%）、"兽医学"（4.28%）。而在"心理学""决策科学""牙医学""护理学"这四个学科，中国期刊论文总被引频次均少于 1 万次，且世界占比也偏低。

CiteScore 值反映了期刊所发表论文的篇均被引频次的多少，是衡量期刊影响力的一个重要指标。2022 年中国期刊平均 CiteScore 为 3.9，该值相比 2020 年的数据（2.81[②]）有了大幅度提升，且已超过了世界均值（3.6）。由于各学科间 CiteScore 差异较大，为了便于对不同学科进行比较分析，本节提出一个新的指标，CiteScore 相对值（某学科中国期刊 CiteScore 平均值与世界 CiteScore 平均值的比值）。一个学科期刊的 CiteScore 相对值越高，代表该学科期刊的水平相对较高。从表 3-17 可以看出，中国期刊 CiteScore 相对值较高（平均 CiteScore 高于世界平均值）的学科有"牙医学""兽医学""农业与生物科学""材料科学""健康科学""环境科

---

① https://cn.service.elsevier.com/app/answers/detail/a_id/16203/supporthub/scopus.

② 2022 年和 2020 年 CiteScore 平均值小数位数不同，是为了与 CiteScore 公布年份的数值小数位数保持一致。

学""多学科""化学""数学""能源科学"。中国期刊平均 CiteScore 与世界平均 CiteScore 差距最大的 5 个学科是"心理学""护理学""免疫学和微生物学""医学""神经科学",均低于世界平均水平的 75%。

表 3-17　2019～2022 年中国期刊各学科论文总被引频次和 2022 年 CiteScore 及世界对比

序号	学科	中国期刊论文总被引频次（A）	世界期刊论文总被引频次（B）	中国期刊论文总被引频次世界占比（A/B）/%	中国期刊平均 CiteScore（C）	中国期刊最高 CiteScore	世界期刊平均 CiteScore（D）	世界期刊最高 CiteScore	中国期刊 CiteScore 相对值（C/D）
1	工程技术	631 055	12 744 239	4.95	3.8	32.6	4.3	82.5	0.88
2	材料科学	572 553	9 943 530	5.76	6.7	42.8	5.6	103.2	1.20
3	医学	308 537	21 310 624	1.45	3.0	30.1	4.5	642.9	0.67
4	化学	264 805	10 208 832	2.59	6.7	42.8	5.7	102.7	1.18
5	能源科学	237 036	4 428 090	5.35	6.4	42.8	6.1	103.2	1.05
6	物理学与天文学	235 524	7 752 240	3.04	3.6	25.2	5.0	91.5	0.72
7	生物化学、遗传学和分子生物学	220 146	11 703 406	1.88	6.1	41.8	6.6	164.4	0.92
8	地球与行星科学	213 920	3 139 848	6.81	3.8	15.3	3.9	47.2	0.97
9	农业与生物科学	204 359	5 243 875	3.90	4.5	44.9	3.5	59.3	1.29
10	环境科学	170 772	7 126 021	2.40	4.6	44.9	4.3	52.8	1.07
11	计算机科学	159 941	5 875 182	2.72	4.5	22.5	4.9	91.4	0.92
12	化学工程	116 548	6 244 422	1.87	5.0	42.8	6.2	71.9	0.81
13	数学	84 094	2 783 605	3.02	3.1	17.6	2.9	33.5	1.07
14	药理学、毒理学和药剂学	78 108	2 736 701	2.85	4.8	23.1	5.1	123.8	0.94
15	多学科	67 908	3 084 322	2.20	4.9	23.6	4.3	83.4	1.14
16	社会科学	56 814	4 025 445	1.41	3.0	17.8	2.2	52.8	1.36
17	免疫学和微生物学	39 328	3 118 063	1.26	4.2	23.1	7.0	83.0	0.60
18	神经科学	23 097	2 240 580	1.03	4.1	18.9	5.6	49.5	0.73
19	兽医学	15 675	366 612	4.28	5.0	7.8	2.3	23.5	2.17
20	健康科学	14 142	825 349	1.71	3.8	16.7	3.3	52.8	1.15
21	商业、管理和会计	9 825	1 856 851	0.53	3.5	10.9	4.1	31.0	0.85
22	经济学、计量经济学和金融学	7 978	908 765	0.88	2.8	9.7	3.0	25.1	0.93
23	护理学	7 052	1 022 725	0.69	1.1	5.7	3.0	63.1	0.37
24	牙医学	6 179	268 349	2.30	8.2	29.7	3.2	29.7	2.56
25	决策科学	5 849	706 162	0.83	4.0	10.9	4.1	33.1	0.98
26	艺术与人文	4 393	810 431	0.54	0.9	6.5	1.0	31.4	0.90
27	心理学	1 877	1 488 577	0.13	1.2	3.3	3.8	68.0	0.32
	总体	2 126 060	68 645 490	3.10	3.9	44.9	3.6	642.9	1.09

注：按照中国期刊各学科论文总被引频次排序。
由于一种期刊可能归属于 2 个及以上学科，各学科期刊数量的加和值大于所有学科的期刊总数（总体值）。
数据来源于 CiteScore 2022 列表。

按一级学科统计（表 3-17），各学科世界 CiteScore 最高值普遍高于中国期刊的 CiteScore 最高值，仅有"牙医学"这一个学科的 CiteScore 最高值属于中国期刊（《国际口腔医学杂志》，*International Journal of Oral Science*）。这说明我国顶尖科技期刊总体上仍然偏少，各学科期刊普遍与世界最高水平仍有一定差距。但是，从二级学科来看，近几年我国也涌现了一些 CiteScore 值排名学科第一的期刊（表 3-18），说明有些期刊在学科排名上取得了一定突破。

表 3-18　Scopus 数据库二级学科中 CiteScore 2022 排名第一的中国期刊

英文刊名	中文刊名	CiteScore	所在二级学科
Fungal Diversity	真菌多样性	44.9	Ecology, Evolution, Behavior and Systematics
Fungal Diversity	真菌多样性	44.9	Ecology
Electrochemical Energy Reviews	电化学能源评论（英文）	42.8	Materials Science (miscellaneous)
Electrochemical Energy Reviews	电化学能源评论（英文）	42.8	Chemical Engineering (miscellaneous)
Electrochemical Energy Reviews	电化学能源评论（英文）	42.8	Electrochemistry
Journal of Bioresources and Bioproducts	生物质资源与工程（英文）	30.6	Forestry
International Journal of Oral Science	国际口腔医学杂志	29.7	Dentistry (all)
Protection and Control of Modern Power Systems	现代电力系统保护与控制（英文）	22.5	Safety, Risk, Reliability and Quality
Acta Pharmaceutica Sinica B	药学学报（英文）	19.4	Pharmacology, Toxicology and Pharmaceutics (all)
General Psychiatry	综合精神医学（英文）	18.9	Neurology
IEEE/CAA Journal of Automatica Sinica	自动化学报（英文版）	17.6	Control and Optimization
Journal of Pharmaceutical Analysis	药物分析学报（英文）	16.7	Pharmacy
International Journal of Mining Science and Technology	矿业科学技术学报（英文）	15.3	Geotechnical Engineering and Engineering Geology
International Journal of Mining Science and Technology	矿业科学技术学报（英文）	15.3	Geochemistry and Petrology
Sensors International	国际传感器	10.2	Chemical Health and Safety
Eye and Vision	眼视光学杂志（英文）	7.1	Health Professions (miscellaneous)
Radiation Medicine and Protection	放射医学与防护（英文）	2.1	Emergency Medical Services

3. 中国科技期刊的学科影响力分析

中国科技期刊的学科影响力可以从规模和水平两个维度来衡量，一个学科在这两个维度均表现突出，才能被认为是期刊学科影响力较强的学科。这里选取了两个指标，即期刊总发文量世界占比（某学科中国期刊发文数占世界期刊发文数比例）和 CiteScore 相对值，分别对应学科期刊规模和水平两个维度。

表 3-16 和表 3-17 分别统计分析了中国期刊各学科的这两个指标。图 3-7 基于这两个指标比较了中国期刊各学科的学科影响力。综合起来看，中国期刊学科影响力较强的学科（发文量较大，发文量世界占比大于 5%，CiteScore 相对值大于或接近 1）有"地球与行星科学""能源科学""工程技术""材料科学""农业与生物科学""环境科学"。中国期刊的学科影响力较弱的学科（发文量较少，发文量世界占比小于 5%，CiteScore 相对值小于 1）有"心理学""护理

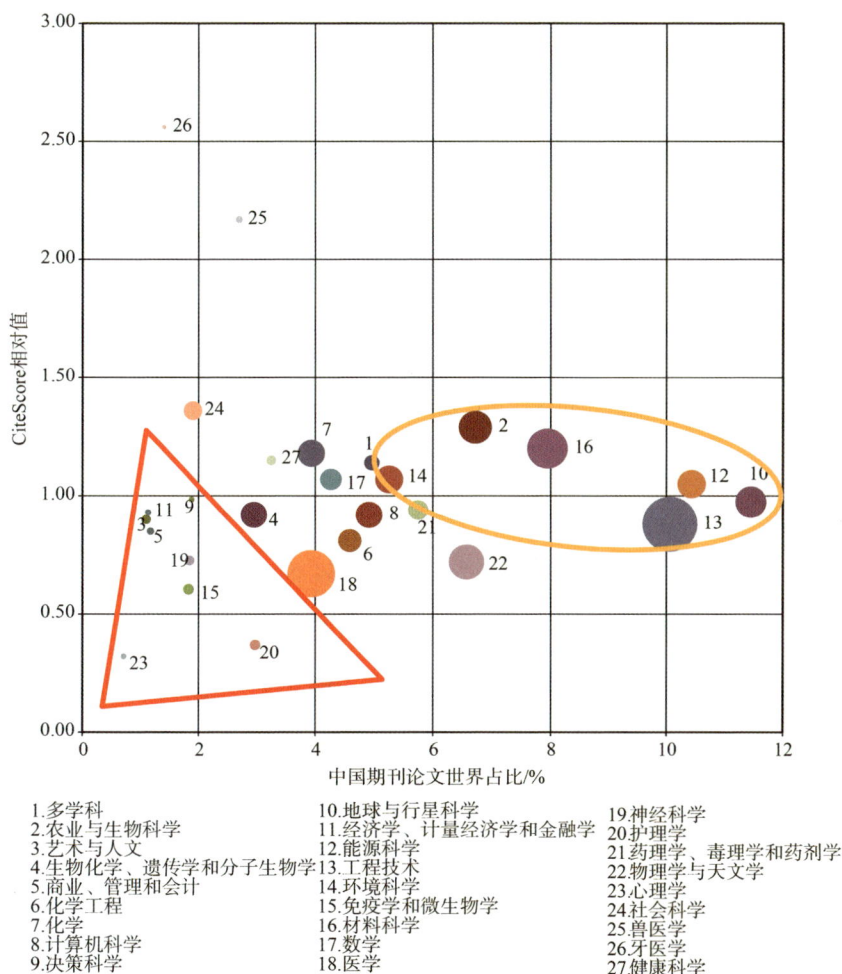

1.多学科
2.农业与生物科学
3.艺术与人文
4.生物化学、遗传学和分子生物学
5.商业、管理和会计
6.化学工程
7.化学
8.计算机科学
9.决策科学

10.地球与行星科学
11.经济学、计量经济学和金融学
12.能源科学
13.工程技术
14.环境科学
15.免疫学和微生物学
16.材料科学
17.数学
18.医学

19.神经科学
20.护理学
21.药理学、毒理学和药剂学
22.物理学与天文学
23.心理学
24.社会科学
25.兽医学
26.牙医学
27.健康科学

图 3-7　中国期刊的学科影响力

X 轴数值代表 2019～2022 年某学科中国期刊论文世界占比（%），*Y* 轴数值表示某学科中国期刊 2022 年的 CiteScore 相对值（中国 CiteScore 平均值/世界 CiteScore 平均值），圆圈大小代表发文量的相对多少。

学""免疫学和微生物学""神经科学""决策科学"。中国期刊在"牙医学"和"兽医学"这两个学科的 CiteScore 相对值较高（分别为 2.56 和 2.17），但期刊数量和发文量世界占比较低。在"物理学与天文学"和"药理学、毒理学和药剂学"这 2 个学科，中国期刊的发文量世界占比不低（分别为 6.75% 和 5.75%），但 CiteScore 相对值小于 1，说明这两个学科虽然中国期刊的规模不小，但期刊所发表论文的平均水平仍低于世界平均水平。"医学""化学工程""计算机科学""生物化学、遗传学和分子生物学"这 4 个学科虽然中国期刊的发文量较大，但发文量世界占比小于 5%，且 CiteScore 相对值小于 1。"数学"和"化学"这两个学科中国期刊发文量和 CiteScore 相对值表现尚可，但发文量世界占比不足 5%。

除了 CiteScore 值，期刊分区也是衡量期刊学术水平的一个重要指标。Scopus 将期刊按 CiteScore 值在各自所属二级学科内由高到低进行排序，划分为 Q1、Q2、Q3 和 Q4 四个区，每个等级占比平均为 25%，如 Q1 对应前 25%。中国期刊各学科在 Q1～Q4 区的分布如表 3-19 所示。2022 年中国 Q1 期刊共计 329 种，占世界 Q1 期刊的 3.84%，占中国期刊总量的 27.49%，三个数据相对于 2020 年均有明显增长（2020 年中国 Q1 期刊 190 种，占世界 Q1 期刊的 2.7%，占中国期刊总量的 22.3%）[2]。

按一级学科统计，中国 Q1 期刊数量排名前 5 的学科依次是"工程技术"（86 种）、"材料科学"（64 种）、"医学"（54 种）、"能源科学"（46 种）、"农业与生物科学"（41 种）。有 4 个学科中国 Q1 期刊占世界 Q1 期刊比例超过了 10%，分别是"能源科学"（46 种，占 23.23%）、"多学科"（7 种，占 19.44%）、"材料科学"（64 种，占 15.31%）、"地球与行星科学"（41 种，占 10.25%）。从各学科 Q1 期刊占该学科中国期刊数量的比例看，最高的是"兽医学"，7 种期刊有 6 种位于 Q1 区（占 85.71%）。另外，"决策科学""能源科学""化学""材料科学""牙医学"Q1 期刊占所在学科中国期刊比例也超过了 40%。中国 Q1 期刊比例较低且数量较少的学科有"护理学""心理学""神经科学"，其中"护理学""心理学"只有 1 种 Q1 期刊，"神经科学"只有 3 种 Q1 期刊，无论从数量还是世界占比来看，与其他学科相比明显较弱。"医学"

表 3-19　Scopus 收录的中国期刊按 CiteScore 2022 分区统计的各学科期刊分布及 Q1 期刊占比

序号	学科	中国期刊数量/种					合计（B）	世界 Q1 期刊数量（C）/种	中国 Q1 期刊占该学科中国期刊比例（A/B）/%	中国 Q1 期刊占世界 Q1 期刊比例（A/C）/%
		Q1（A）	Q2	Q3	Q4	未分区				
1	工程技术	86	52	73	91	2	304	940	28.29	9.15
2	材料科学	64	19	26	45	0	154	418	41.56	15.31
3	医学	54	42	68	108	2	274	2185	19.71	2.47
4	能源科学	46	13	20	20	2	101	198	45.54	23.23
5	社会科学	42	29	23	14	0	108	2757	38.89	1.52
6	农业与生物科学	41	15	35	27	0	118	690	34.75	5.94
7	地球与行星科学	41	38	38	18	0	135	400	30.37	10.25
8	生物化学、遗传学和分子生物学	38	16	17	27	0	98	824	38.78	4.61
9	计算机科学	37	26	26	24	0	113	752	32.74	4.92
10	环境科学	35	17	32	15	1	100	601	35.00	5.82
11	化学	26	5	15	16	0	62	303	41.94	8.58
12	物理学与天文学	23	11	23	35	0	92	363	25.00	6.34
13	化学工程	18	12	8	28	1	67	225	26.87	8.00
14	数学	16	19	18	18	0	71	542	22.54	2.95
15	药理学、毒理学和药剂学	10	4	6	13	1	34	237	29.41	4.22
16	商业、管理和会计	10	4	5	4	0	23	598	43.48	1.67
17	经济学、计量经济学和金融学	9	2	4	7	0	22	408	40.91	2.21
18	决策科学	8	4	3	2	0	17	172	47.06	4.65
19	多学科	7	6	8	4	0	25	36	28.00	19.44
20	兽医学	6	0	0	1	0	7	73	85.71	8.22
21	健康科学	5	1	1	7	0	14	189	35.71	2.65
22	免疫学和微生物学	5	2	3	10	0	20	238	25.00	2.10
23	艺术与人文	5	9	12	7	0	33	1553	15.15	0.32
24	神经科学	3	3	3	5	0	14	240	21.43	1.25
25	牙医学	2	1	0	2	0	5	64	40.00	3.13
26	心理学	1	0	3	3	0	7	534	14.29	0.19
27	护理学	1	3	3	7	0	14	220	7.14	0.45
	总体	329	208	297	359	4	1197	8569	27.49	3.84

注：按照各学科中国 Q1 期刊数量排序，中国 Q1 期刊数量相同时按中国 Q1 期刊占世界 Q1 期刊比例排序。

部分 2023 年新收录期刊无 CiteScore 分区。

由于一种期刊可能归属于 2 个及以上学科，各学科期刊数量的加和值大于所有学科的期刊总数（总体值）。

数据来源于 CiteScore 2022 列表，查询时间为 2023 年 8 月。

"数学""物理学与天文学"这 3 个学科虽然中国 Q1 期刊数量不少（分别有 54 种、16 种和 23 种），但占该学科中国期刊数量的比例均低于 25%，且占该学科世界 Q1 期刊的比例也分别仅有 2.47%、2.95%和 6.34%，说明这三个学科的中国期刊整体水平还有较大的提升空间。

二、中国科技期刊的国际对比

本小节根据 Scopus 数据库 2019～2022 年的数据，选取了收录期刊数量排名前 10 的国家（美国、英国、荷兰、德国、中国、瑞士、西班牙、意大利、俄罗斯和波兰），对中国科技期刊的国际影响力进行了对比分析。

（一）期刊数量对比

表 3-20 列出了 2022 年 10 个国家被 Scopus 数据库收录的各学科期刊数量。美国和英国被收录的期刊数量最多，分别为 6270 种和 5805 种，中国（1197 种）在期刊总数上与美国、英国有较大差距，同时也少于荷兰（2191 种）、德国（1597 种），位列第 5。荷兰、德国与瑞士期刊数排名靠前，主要是由于爱思唯尔（荷兰）、施普林格•自然（德国）、威立（德国）、MDPI（瑞士）等大型期刊出版机构拥有数量较多的期刊。位列期刊数量第 7～10 位的国家依次是西班牙、意大利、俄罗斯和波兰。

按一级学科分析，美国和英国各学科期刊数量占世界期刊总数的比例均超过了 10%，且有一半以上学科期刊世界占比超过 20%，反映了这两个国家在期刊数量和学科覆盖度上具有综合优势。除"心理学"外，中国期刊在各学科的期刊数量排名都位列前 10，其中 13 个学科进入前 5，4 个学科位列前 3（分别是"多学科"第 1、"能源科学"第 2、"工程技术"第 3、"地球与行星科学"第 3）。在 27 个学科中，中国期刊数量世界占比超过 10%的有 6 个："多学科""能源科学""材料科学""地球与行星科学""工程技术""化学工程"。荷兰因为爱思唯尔期刊数量多且综合实力较强，有近一半的学科期刊数量世界占比超过 10%（"化学""免疫学和微生物学""神经科学""物理学与天文学""化学工程""材料科学""生物化学、遗传学和分子生物学""计算机科学""药理学、毒理学和药剂学""决策科学""能源科学"）。中国期刊数量排名相对靠后的学科有"心理学"（第14）、"护理学"（第10）、"牙医学"（第9）和"兽医学"（第9）。德国虽然被收录的期刊总量比中国多，但只有

表 3-20　2022 年被 Scopus 收录期刊最多的 10 个国家各学科期刊数量分布

学科	期刊数量/种										中国期刊数量学科世界排名
	美国	英国	荷兰	德国	中国	瑞士	西班牙	意大利	俄罗斯	波兰	
多学科	17	14	7	3	25	5	1	1	0	1	1
能源科学	110	100	53	24	101	17	0	7	7	8	2
地球与行星科学	206	193	96	102	135	48	21	25	31	35	3
工程技术	676	540	237	141	304	118	28	37	43	59	3
化学工程	141	120	82	39	67	28	1	8	9	7	4
计算机科学	530	333	216	111	113	86	20	16	25	18	4
材料科学	285	243	162	83	154	57	4	2	30	19	4
物理学与天文学	298	203	154	82	92	51	2	9	27	15	4
医学	1722	1468	572	435	274	246	131	137	169	108	5
农业与生物科学	374	379	221	153	118	79	29	42	46	49	5
生物化学、遗传学和分子生物学	504	453	249	136	98	90	4	23	30	17	5
化学	223	160	138	75	62	30	4	4	13	6	5
环境科学	307	354	162	117	100	62	14	28	32	40	5
免疫学和微生物学	130	138	89	31	20	30	6	7	16	3	6
神经科学	176	143	81	38	14	49	1	6	6	6	6
数学	421	234	156	185	71	75	11	27	40	34	6
决策科学	120	130	47	34	17	18	3	4	2	7	6
健康科学	169	114	39	26	14	13	20	5	11	13	7
药理学、毒理学和药剂学	146	124	76	36	34	24	5	4	9	7	7
商业、管理和会计	377	578	86	72	23	48	27	11	8	22	7
兽医学	28	52	23	16	7	6	3	7	2	4	9
牙医学	40	43	9	13	5	8	4	5	0	4	9
经济学、计量经济学和金融学	244	335	125	102	22	30	29	24	27	19	9
护理学	220	158	52	17	14	16	19	6	4	3	10
社会科学	1660	2033	492	329	108	109	354	211	137	156	12
心理学	509	293	80	64	7	36	40	33	19	20	14
艺术与人文	887	1046	340	236	33	39	336	222	111	137	20
总体	6270	5805	2191	1597	1197	812	720	578	515	504	5

注：学科按照中国期刊数量学科世界排名排序。

国家按各国被收录期刊总数排序。

由于一种期刊可能归属于 2 个及以上学科，各学科期刊数量的加和值大于所有学科的期刊总数（总体值）。

数据来源于 Scopus 数据库，查询时间为 2023 年 8 月。

"数学"一个学科期刊数量世界占比超过了 10%（11.23%），反映了德国各学科期刊发展水平较为均衡和其在"数学"领域的传统优势。瑞士的各学科期刊数量世界占比普遍低于 5%；而排名前 6 以外的其他国家各学科期刊数量世界占比普遍少于 3%。

（二）期刊发文量对比

期刊发文量是体现期刊影响力的一个重要因素。表 3-21 列出了 Scopus 收录期刊数量前 10 的国家 2019~2022 年期刊发文量的情况。从发文总量看，中国期刊发文总量为 603 568 篇，在 10 个国家中位列第 5。美国和英国由于拥有期刊数量多，期刊发文总量列前 2 位，分别为 2 776 803 篇和 2 330 735 篇，其次是荷兰和瑞士，分别为 1 517 892 篇和 1 179 460 篇。德国期刊总发文量为 532 512 篇，略少于中国。

表 3-21　Scopus 收录期刊数量最多的 10 个国家 2019~2022 年期刊发文量比较

国家	2019~2022 年该国期刊总发文量/篇	该国期刊年均发文量/篇	该国期刊年均发文量刊均值/篇	该国期刊年均发文量中位数/篇
美国	2 776 803	694 201	114	45
英国	2 330 735	582 684	102	40
荷兰	1 517 892	379 473	177	71
德国	532 512	133 128	90	42
中国	603 568	150 892	129	83
瑞士	1 179 460	294 865	370	63
西班牙	92 581	23 145	33	24
意大利	88 976	22 244	40	23
俄罗斯	124 092	31 023	62	46
波兰	82 149	20 537	41	29

注：该国期刊年均发文量刊均值=该国期刊年均发文量/2022 年期刊总数。
数据来源于 CiteScore 2022 列表。

2019~2022 年中国期刊年均发文量刊均值为 129 篇，高于世界年均发文量刊均值（103 篇），在 10 个国家中位列第 3；但是中国期刊年均发文量中位数（83 篇）在 10 个国家中位列首位。中国期刊年均发文量刊均值高于世界平均水平，这与利用《科学引文索引》分析的结果不太一致[4]，可能是因为 Scopus 数据库收录了更多未被《科学引文索引》收录但发文量较大的期刊，特别是部分发文量较大的中文期刊[2]。期刊年均发文量刊均值排名前两位的国家是瑞士和荷兰，分别为

370 篇和 177 篇。美国和英国期刊年均发文量刊均值分别为 114 篇和 102 篇，与中国数据差别不大。德国、西班牙、意大利、俄罗斯和波兰的期刊年均发文量刊均值均少于 100 篇。

对比 2017～2020 年的中国期刊 4 年刊均发文量（580 篇）[2]，中国期刊在 2019～2022 年的 4 年刊均发文量（517 篇）有所下降，这与利用《科学引文索引》分析的中国科技期刊年均发文量下降趋势一致[4]。发文量下降的原因可能在于近年有较多新创办英文期刊发文量较少或收录数据不完整，以及有部分期刊为提升影响力指标而采取了降低发文量的策略。降低发文量对于期刊实际影响力的提升是不利的，我国主办的具有国际影响力的期刊需要在提升平均质量和扩大发文量之间进行平衡。特别是对于已经获得影响因子类指标的期刊和新创办期刊，期刊主管、主办单位应分类管理，采取不同措施，前者应适当鼓励其扩大发文量，为中国本土科技成果提供更广阔的平台。而后者则可优先侧重提升期刊质量和引证指标，以期快速获得学术界的关注和认可。

（三）期刊影响力对比

表 3-22 比较了 Scopus 收录期刊数量前 10 的国家的期刊论文总被引频次和平均 CiteScore。在期刊论文总被引频次上，美国（20 615 459 次）、英国（19 115 640 次）、荷兰（13 339 877 次）均超过 1000 万次，分列前 3，与其期刊数量和总发文

表 3-22　Scopus 收录期刊数量最多的 10 个国家 2019～2022 年期刊论文总被引频次和 2022 年 CiteScore 比较

国家	2019～2022 年该国期刊论文总被引频次	总被引频次世界占比/%	该国期刊平均 CiteScore
美国	20 615 459	30.03	4.7
英国	19 115 640	27.85	4.8
荷兰	13 339 877	19.43	5.6
德国	3 077 814	4.48	3.4
中国	2 126 060	3.10	3.9
瑞士	6 344 018	9.24	4.0
西班牙	135 897	0.20	1.1
意大利	212 059	0.31	1.2
俄罗斯	109 416	0.16	0.8
波兰	158 574	0.23	1.4

注：数据来源于 CiteScore 2022 列表。

量的排名一致。其次是瑞士（6 344 018 次）和德国（3 077 814 次），中国（2 126 060 次）排名第 6。10 个国家中，期刊平均 CiteScore 最高的国家是荷兰（5.6），其次是英国（4.8）、美国（4.7）、瑞士（4.0），中国（3.9）位列第 5，略高于德国（3.4）。期刊数量分列第 7~10 名的西班牙、意大利、俄罗斯和波兰，期刊论文总被引频次和平均 CiteScore 均与前 6 名有较大差距。

表 3-23 比较了 Scopus 收录期刊数量前 10 的国家的 Q1 期刊数量。虽然美国拥有最多的期刊，但在 Q1 期刊数量上，英国有 2883 种，多于美国的 2583 种而居首位，两个国家的 Q1 期刊数量均超过了世界 Q1 期刊总数的 25%。荷兰 Q1 期刊数量为 1153 种，占世界 Q1 期刊的比例超过 10%。德国（495 种）、中国（329 种）和瑞士（268 种）分列 Q1 期刊数量第 4 到 6 位，和前 3 个国家有一定差距，但明显领先西班牙等其他国家。从 Q1 期刊数量占本国期刊总数的比例看，Q1 期刊比例最高的是荷兰和英国，分别有半数左右的期刊进入 Q1 区（52.89% 和49.88%），美国的期刊也有超过 40% 进入 Q1 区。瑞士和德国期刊进入 Q1 区的比例在 30% 以上，中国期刊进入 Q1 区的比例为 27.58%。意大利、俄罗斯和波兰的 Q1 期刊数量都少于 60 种，占世界 Q1 期刊的比例均不足 1%，其 Q1 期刊数量占本国期刊的比例也都低于 10%。

表 3-23　Scopus 收录期刊数量最多的 10 个国家按 CiteScore 2022 分区期刊数量比较

国家	期刊数量/种				合计（*B*）	各国 Q1 期刊占世界 Q1 期刊比例/%	各国 Q1 期刊占本国期刊总数的比例（*A/B*）/%
	Q1（*A*）	Q2	Q3	Q4			
美国	2583	1879	1166	598	6226	30.14	41.49
英国	2883	1730	845	322	5780	33.64	49.88
荷兰	1153	605	291	131	2180	13.46	52.89
德国	495	501	340	252	1588	5.78	31.17
中国	329	208	297	359	1 193	3.84	27.58
瑞士	268	298	165	80	811	3.13	33.05
西班牙	110	177	258	173	718	1.28	15.32
意大利	51	128	206	190	575	0.60	8.87
俄罗斯	31	81	176	227	515	0.36	6.02
波兰	36	121	182	164	503	0.42	7.16

注：数据来源于 CiteScore 2022 列表。

通过以上对 Scopus 收录期刊数量排名前 10 的国家的期刊数量、发文量和期刊影响力的对比分析，可以看出，美国和英国被 Scopus 收录的期刊整体综合实力突出，在各方面都有较大的领先优势，处于科技期刊出版的第一方阵。荷兰、德国、中国和瑞士 4 个国家处于第二方阵，其中荷兰的期刊数量、发文量和影响力也明显领先于后三个国家，中国和德国的各项指标较为接近，瑞士的期刊数量虽然少于德国和中国，但其期刊总发文量和影响力有一定优势。虽然中国科技期刊综合实力已经跻身世界第二方阵，但考虑到中国作者的发文量已经与美国相当而居于世界前两位，中国科技期刊仍有巨大的发展空间，需进一步增加期刊数量和提升总载文能力，并持续提升学术影响力，才能满足中国作者的发文需求，更好地承担起学术交流和科学文化传播的枢纽作用。

第三节　中国科技期刊出版格局与发展态势

一、中国科技期刊的出版格局

（一）中国科技期刊所合作的出版商/平台分布

1. 基于 Scopus 数据库统计的中国科技期刊出版商/平台基本情况

根据 Scopus 中国委员会办公室提供的 2023 年 5 月 Scopus 期刊列表数据，Scopus 收录的中国大陆科技期刊共计 1197 种，占 Scopus 收录期刊总数（26 807 种）的 4.47%。Scopus 收录的中国科技期刊分散在各家出版平台上，表 3-24 为出版商/平台中有 3 种及以上中国科技期刊的列表。在所有出版商/平台中，国外出版商/平台（注：国外出版商/平台表示出版商/平台注册地在中国以外，中国出版商/平台包括在港澳台注册的出版商/平台）的共有 41 家，期刊数量共计 343 种，平均每家出版商/平台拥有期刊 8.37 种；其余 854 种期刊分布在 412 家中国出版商/平台，平均每家出版商/平台拥有期刊 2.07 种，以期刊编辑部、学术机构为主。国外出版商/平台平均承载中国期刊规模是中国出版商/平台的 4.04 倍。

　　在所有出版商/平台中，期刊数量不低于 20 种的有 11 家，其中期刊数量最多的为科学出版社（未包含北京科爱森蓝文化传播有限公司，以下简称科爱公司），有 114 种，占 9.52%，之后依次为施普林格•自然 111 种（占 9.27%）、科爱公司 99 种（占 8.27%）、中华医学会 53 种（占 4.43%）、爱思唯尔（未包含科爱公司）52 种（占 4.34%）、AME 38 种（占 3.17%）、约翰•威立 36 种（占 3.01%）、中国科学院 22 种（占 1.84%）、威科 21 种（占 1.75%）、泰勒-弗朗西斯 20 种（占 1.67%）、清华大学出版社 20 种（占 1.67%）。这 11 家出版商/平台期刊数量总和达到 586 种，占中国期刊总量的 48.96%，其中中国出版商/平台为 6 个：科学出版社、科爱公司、中华医学会、AME、中国科学院和清华大学出版社；其余 5 家为国外出版商/平台，分别为施普林格•自然、爱思唯尔、约翰•威立、威科和泰勒-弗朗西斯（表 3-24）。

表 3-24　出版商/平台中有 3 种及以上的中国期刊列表及刊均年度发文量 [1]

出版商/平台	中国期刊数量/种	刊均年度发文量/篇
科学出版社 [2]	114	194
施普林格•自然	111	71
科爱公司 [2]	99	40
中华医学会	53	164
爱思唯尔 [2]	52	100
AME	38	81
约翰•威立	36	75
中国科学院	22	151
威科	21	75
泰勒-弗朗西斯	20	40
清华大学出版社	20	76
高等教育出版社	17	74
牛津大学出版社	16	63
浙江大学出版社	13	98
美国物理学会	8	282
世哲	7	25
德古意特	6	30
英国皇家化学会	6	699
爱墨瑞得	6	34
中国农业科学院	6	195
天津大学	6	95
（新加坡）世界科技出版社	5	35
美国科学促进会	5	41
剑桥大学出版社	4	46
化学工业出版社	4	299
中国化学会	4	119

续表

出版商/平台	中国期刊数量/种	刊均年度发文量/篇
北京理工大学	4	109
北京信通传媒有限公司	4	92
上海交通大学	3	111
长安大学	3	87
同济大学	3	104
美国电气电子工程师学会	3	69
北京大学出版社	3	88
博睿	3	9
中国药科大学	3	102
BMJ 出版社	3	46
武汉理工大学	3	186
中国机械工程学会	3	292
西安交通大学	3	188
哈尔滨工业大学	3	137
现代教育与计算机科学出版社	3	31
南京航空航天大学	3	141
中南大学	3	157

注：1.本表中部分期刊在 Scopus 数据库信息的出版商/平台为中国科研机构，如中国科学院、北京大学、长安大学等，是由于期刊编辑部提交信息时，填写的出版商信息为所在机构或期刊编辑部。

2.科爱公司为科学出版社与爱思唯尔的合资公司，为便于分析，本章节中科学出版社与爱思唯尔数据均未包含科爱公司。

数据来源于 Scopus 中国委员会办公室提供的 2023 年 5 月 Scopus 期刊列表数据并结合本章编写团队进一步手动整理。此表刊均年度发文量是由在该出版商/平台上的中国期刊在 2019～2022 年发文总量平均计算所得。

表 3-24 列举了各出版商/平台的刊均年度发文量，其中最多的为英国皇家化学会（699 篇），次之为化学工业出版社（299 篇）。在期刊数量 20 种及以上的 11 家出版商/平台中，年度发文量超过 100 篇的仅有 3 家，以科学出版社为最多（194篇），其次为中华医学会（164 篇）、中国科学院（151 篇）。

2. 中国科技期刊语种分布以及在出版商/平台的语种分布

在 1197 种中国科技期刊中，元数据语种有英文、中文、中英文和多语种[①]，分

---

① Scopus 基于收录元数据内容（标题、摘要、关键词等）的语种自动生成元数据语种信息，该信息与国家新闻出版署定义的期刊语种有所不同。如：在国家新闻出版注册的中文语种期刊如发表部分英文文章，在 Scopus 收录元数据中呈现中文和英文两种语言，这类期刊被标记为中英文。

别有 659 种、428 种、108 种和 2 种，分别占 55.05%、35.76%、9.02%和 0.17%。

本节重点了解期刊数量在 20 种及以上的出版商/平台的元数据语种分布，如表 3-25 所示，其中国外出版商/平台绝大部分为英文科技期刊，仅有少量中文（爱思唯尔 2 种和约翰·威立 1 种）、中英文（施普林格·自然 2 种和约翰·威立 1 种）和多语种（泰勒-弗朗西斯 1 种）；而中国出版商/平台中，科学出版社、中华医学会和中国科学院的期刊元数据主要语种为中文，英文期刊占比分别为 22.81%、11.32%和 31.82%，科爱公司、AME 和清华大学出版社的英文语种数量占大比例，分别为 98.99%、100.00%和 75.00%。

表 3-25　出版商/平台中的元数据语种分布及英文期刊占比

出版商/平台	英文/种	中文/种	中英文/种	多语种/种	合计/种	英文期刊占比/%
科学出版社	26	77	11	0	114	22.81
施普林格·自然	109	0	2	0	111	98.20
科爱公司	98	0	1	0	99	98.99
中华医学会	6	33	14	0	53	11.32
爱思唯尔	50	2	0	0	52	96.15
AME	38	0	0	0	38	100.00
约翰·威立	34	1	1	0	36	94.44
中国科学院	7	11	4	0	22	31.82
威科	21	0	0	0	21	100.00
泰勒-弗朗西斯	19	0	0	1	20	95.00
清华大学出版社	15	3	2	0	20	75.00

3. 出版商/平台上的期刊分区分布

为全面了解中国科技期刊在国外和中国出版商/平台上的期刊表现，进一步分析各出版商/平台的期刊的 CiteScore 2022 分区。

从表 3-26 中可以看出，中国出版商/平台的期刊总体集中在 Q3 区和 Q4 区，其中 Q4 区期刊数量最多，达到 331 种；而国外出版商/平台的期刊集中在 Q1 区和 Q2 区，其中 Q1 区期刊数量最多，达到 175 种，超过中国出版商/平台中 Q1 区期刊总数（154 种）；表 3-25 也统计了 Q1 区和 Q2 区期刊数量在出版商/平台期刊总数中的占比，国外出版商/平台的 Q1 区和 Q2 期刊数量占比达到 74.56%，而中国出版商/平台的 Q1 区和 Q2 区期刊数量占比仅为 32.98%（表 3-26）。

表 3-26　中国和境外出版商/平台上中国科技期刊 CiteScore 2022 分区分布

类型	Q1 区期刊数量/种	Q2 区期刊数量/种	Q3 区期刊数量/种	Q4 区期刊数量/种	未分区期刊数量/种	合计/种	Q1 区和 Q2 区期刊占比/%
国外出版商/平台	175	81	58	28	1	343	74.64
中国出版商/平台	154	127	239	331	3	854	32.90
合计	329	208	297	359	4	1197	44.86

我们集中关注承载中国科技期刊在 20 种及以上的 11 家期刊出版商/平台。其中，Q1 区期刊数量最多的为施普林格•自然，共有 66 种，其次为科爱公司 64 种、爱思唯尔 29 种和约翰•威立 20 种；Q1 区和 Q2 区期刊占比最高的为科爱公司（占 84.85%），其次为爱思唯尔（80.77%）、约翰•威立（80.56%）和施普林格•自然（80.18%）（表 3-27）。

表 3-27　中国科技期刊 20 种及以上的出版商/平台的期刊分区分布和引用情况

出版商/平台	中国科技期刊数量/种					合计/种	Q1 区和 Q2 区期刊占比/%	刊均年发文量/篇	总被引频次/次	篇均被引频次/次
	Q1	Q2	Q3	Q4	未分区					
科学出版社	16	30	36	32	0	114	40.35	194	261 883	2.96
施普林格•自然	66	23	19	3	0	111	80.18	71	281 757	8.95
科爱公司	64	20	11	3	1	99	84.85	40	135 724	8.60
中华医学会	1	0	9	43	0	53	1.89	164	20 363	0.59
爱思唯尔	29	13	8	2	0	52	80.77	100	257 394	12.42
AME	3	10	14	10	1	38	34.21	81	31 711	2.56
约翰•威立	20	9	3	3	1	36	80.56	75	84 942	7.86
中国科学院	3	4	13	2	0	22	31.82	151	38 654	2.91
威科	5	3	6	7	0	21	38.10	69	29 776	5.17
泰勒-弗朗西斯	11	2	3	4	0	20	65.00	40	30 033	9.41
清华大学出版社	11	1	4	4	0	20	60.00	76	55 684	9.18
合计	229	115	126	113	3	586	58.70	103.59	1 227 921	5.06

表 3-27 对这 11 家出版商/平台的刊均年发文量、总被引频次和篇均被引频次也进行了对比分析。总被引频次为该平台上期刊所有在 2019～2022 年发表的文章在 2019～2022 年总被引的次数总和，代表了该期刊在行业内的受关注程度，施普

林格•自然上的中国科技期刊总被引频次最高，达到 28.18 万次，其次为科学出版社（26.19 万次）和爱思唯尔（25.74 万次）；篇均被引频次最高的为爱思唯尔（12.42 次/篇），其次为泰勒-弗朗西斯（9.41 次/篇）、清华大学出版社（9.18 次/篇）、施普林格•自然（8.95 次/篇）、科爱公司（8.60 次/篇）。

（二）中国科技期刊在出版商/平台的学科分布

为了解中国科技期刊在出版商/平台的学科布局，我们来关注中国科技期刊数量在 20 种及以上的出版商/平台上的 Q1 区和 Q2 区期刊数量的学科分布。表 3-28 列举了这 11 家出版商/平台各个学科的 Q1 区和 Q2 区的中国科技期刊数量以及在该学科中国科技期刊中的占比。

从表 3-28 中可以看出，Q1 区和 Q2 区期刊数量在各个学科中比较集中在施普林格•自然和科爱公司这两家出版平台。中国期刊在"医学"（15 种）、"材料科学"（21 种）、"社会科学"（11 种）、"生物化学、遗传学和分子生物学"（13 种）、"物理与天文学"（9 种）、"数学"（6 种）、"化学"（8 种）、"神经科学"（3 种）这 8 个学科选择施普林格•自然平台的数量最多；中国期刊在工程技术（28 种）、"农业与生物科学"（12 种）、"计算机科学"（13 种）、"社会科学"（11 种）、"环境科学"（12 种）、"能源科学"（21 种）、"化学工程"（15 种）、"商业、管理和会计"（3 种）、"免疫学和微生物学"（4 种）、"决策科学"（5 种）这 10 个学科选择科爱公司的数量最多；爱思唯尔、威科、约翰•威立、AME 期刊数量最多的学科均是"医学"；施普林格•自然、科爱公司、清华大学出版社、中国科学院 Q1 区和 Q2 区期刊数量最多的学科均为"工程技术"；科学出版社的 Q1 区和 Q2 区期刊数量集中在"地球与行星科学"；泰勒-弗朗西斯的 Q1 区和 Q2 区期刊数量最多的学科是"社会科学"。表 3-28 最后一列也统计了这 11 家出版商/平台的 Q1 区和 Q2 区期刊数量在学科中的占比，其中 Q1 区和 Q2 区期刊数量最多的为"工程技术"（83 种），占学科期刊总量的 27.30%，其次为"医学"，Q1 区和 Q2 区期刊数量为 74 种，占学科期刊总量的 27.01%；Q1 区和 Q2 区期刊数量占比最高的"牙医学"期刊数量为 3 种，其次为"兽医学"，Q1 区和 Q2 区期刊数量为 4 种。

表3-28　中国科技期刊CiteScore 2022 Q1和Q2区数量在出版商/平台的学科分布及占比

序号	学科	科学出版社/种	施普林格·自然/种	科爱公司/种	中华医学会/种	爱思唯尔/种	AME/种	约翰威立/种	中国科学院/种	威科/种	泰勒-弗朗西斯/种	清华大学出版社/种	合计(A)/种	2022年中国期刊总数(B)/种	占比(A/B×100%)/%
1	工程技术	9	**24**	**28**	0	5	0	4	**5**	0	2	**6**	83	304	27.30
2	医学	2	15	13	**1**	**11**	**11**	**12**	0	**6**	3	0	74	274	27.01
3	材料科学	4	**21**	17	0	5	0	4	2	0	3	4	57	154	37.01
4	地球与行星科学	**19**	7	15	0	5	0	1	3	0	3	1	54	135	40.00
5	农业与生物科学	3	10	**12**	0	4	0	5	1	1	0	0	36	118	30.51
6	计算机科学	4	**11**	**13**	0	5	1	2	2	0	4	3	45	113	39.82
7	社会科学	6	11	11	0	7	0	0	0	0	**5**	2	37	108	34.26
8	环境科学	7	9	12	0	7	0	2	0	0	2	0	39	100	39.00
9	能源科学	4	7	**21**	0	6	0	4	0	0	0	3	45	101	44.55
10	生物化学、遗传学和分子生物学	3	**13**	8	0	6	2	7	0	0	1	0	41	98	41.84
11	物理学与天文学	3	**9**	0	0	1	0	1	1	0	0	3	18	92	19.57
12	数学	2	**6**	4	0	1	0	1	2	0	3	0	19	71	26.76
13	化学工程	4	3	**15**	0	2	1	0	0	0	0	1	25	67	37.31
14	化学	4	**8**	4	0	3	0	0	1	0	1	0	22	62	35.48
15	药理学、毒理学和药剂学	0	2	2	0	**3**	0	0	0	0	0	0	9	34	26.47
16	艺术与人文	0	**2**	0	0	0	0	0	0	0	0	0	2	33	6.06
17	多学科	3	0	1	0	2	0	0	1	0	0	1	7	25	28.00
18	商业、管理和会计	0	1	**3**	0	1	0	0	0	0	0	0	6	23	26.09
19	经济学、计量经济学和金融	0	1	1	0	1	0	**2**	0	0	1	0	6	22	27.27
20	免疫学和微生物学	0	0	**4**	0	0	1	0	0	0	2	0	7	20	35.00
21	决策科学	0	1	**5**	0	0	1	0	1	0	2	1	9	17	52.94
22	护理学	0	0	1	0	**2**	0	0	0	0	0	0	4	14	28.57
23	健康科学	0	**2**	0	0	2	0	0	0	1	0	0	5	14	35.71
24	神经科学	0	**3**	1	0	0	0	0	0	0	0	0	5	14	35.71
25	兽医学	0	0	0	0	2	0	0	1	0	0	0	4	7	57.14
26	心理学	0	0	0	0	0	0	0	0	0	0	0	0	7	0.00
27	牙医学	0	1	1	0	0	0	0	0	0	0	0	3	5	60.00

注：在每个学科中，将对应学科出版商/平台的Q1区和Q2区期刊数量最多的数字加粗，因此应两个学科并未加粗最大数字；带下划线数字为各出版平台中期刊数量最大数字；由于学科交叉性，一种期刊可能同时归属于2～3个不同学科，因此各个学科分别归属的期刊数量总和超过了整体期刊数量总和。"护理学""兽医学""牙医学"期刊数量在单一出版平台中无期刊；"心理学"在这11家出版平台中无期刊。

（三）中国科技期刊在主要国际出版商/平台的学科表现

为了解中国科技期刊在世界科技期刊界的整体实力表现，我们着重关注中国科技期刊数量不低于 20 种的国际出版商/平台，即施普林格•自然、爱思唯尔、泰勒-弗朗西斯、约翰•威立和威科这 5 家出版商/平台，并对比各出版商/平台中中国科技期刊的分学科表现。表 3-29～表 3-33 详细列举了这 5 家出版商/平台整体期刊分区情况，并将 Q1 区和 Q2 区中国科技期刊的数量进行对比。

施普林格•自然被 Scopus 收录期刊总数为 2489 种，各学科期刊数量如表 3-29 所示，表 3-29 按施普林格•自然各学科期刊总数大小排序。由于同一种期刊可能同属于不同学科，因此各学科的期刊数量总和超过期刊总数。施普林格•自然期刊数量最多的学科为"医学"，共计 832 种，占 33.43%，学科期刊数量第 2 到第 5 位分别为"社会科学"（382 种，占 15.35%）、"生物化学、遗传学和分子生物学"（350 种，占 14.06%）、"数学"（301 种，占 12.09%）和"工程技术"（269 种，占 10.81%）。施普林格•自然 Q1 区和 Q2 区期刊数量占比超过 90% 的学科共 5 个，分别是"社会科学""环境科学""艺术与人文""药理学毒理学和药剂学""多学科"，其中"多学科"全部 8 种期刊均位居学科 Q1 区和 Q2 区；施普林格•自然出版的中国 Q1 区和 Q2 区的科技期刊数量最多的 5 个学科是"工程技术""材料科学""医学""生物化学、遗传学和分子生物学""社会科学"，分别是 24 种（占 10.67%）、21 种（占 16.67%）、15 种（占 2.36%）、13 种（占 4.55%）和 11 种（占 3.17%）；值得注意的是，中国"能源科学"的 Q1 区和 Q2 区期刊在整体施普林格•自然"能源科学"Q1 区和 Q2 区期刊占比达到 18.92%，为各学科之首，其次为"材料科学"，占 16.67%，而中国"医学"的 Q1 区和 Q2 区期刊数量 15 种，但占比仅为 2.36%。

爱思唯尔被 Scopus 收录期刊总数为 2460 种，各学科期刊数量如表 3-30 所示。爱思唯尔期刊数量最多的为"医学"，共计 1008 种，占比达到 40.98%，9.72%）、"材料科学"（196 种，占 7.97%）。爱思唯尔 Q1 区和 Q2 区期刊数量占比超过 90% 的学科有 13 个，分别是"社会科学""材料科学""农业与生物科学""计算机科学""物理与天文学""环境科学""地球与行星科学""经济学、计量

表 3-29　施普林格•自然整体期刊 CiteScore 2022 分区以及中国 Q1 区和 Q2 区期刊占比

序号	学科	Q1 区期刊数量（A）/种	Q2 区期刊数量（B）/种	Q3 区期刊数量/种	Q4 区期刊数量/种	未分区期刊数量/种	合计（C）/种	Q1 区和 Q2 区期刊占比[（A+B）/C×100%]/%	中国 Q1 区和 Q2 区期刊数量（D）/种	中国 Q1 区和 Q2 区/整体 Q1 区和 Q2 区[D/（A+B）×100%]/%
1	医学	399	237	121	49	26	832	76.44	15	2.36
2	社会科学	253	94	19	3	13	382	90.84	11	3.17
3	生物化学、遗传学和分子生物学	191	95	47	11	6	350	81.71	13	4.55
4	数学	123	110	48	15	5	301	77.41	6	2.58
5	工程技术	125	100	33	8	3	269	83.64	24	10.67
6	计算机科学	143	76	24	3	3	249	87.95	11	5.02
7	农业与生物科学	147	77	17	3	6	250	89.60	10	4.46
8	环境科学	102	52	9	4	4	171	90.06	9	5.84
9	材料科学	65	61	21	6	2	155	81.29	21	16.67
10	物理与天文学	54	55	31	6	6	152	71.71	9	8.26
11	艺术与人文	108	22	6	0	8	144	90.28	2	1.54
12	经济学、计量经济学和金融学	52	55	18	2	2	129	82.95	1	0.93
13	地球与行星科学	62	41	20	1	4	128	80.47	7	6.80
14	心理学	60	30	11	5	3	109	82.57	0	0.00
15	商业、管理和会计	57	37	10	0	3	107	87.85	1	1.06
16	神经科学	55	20	24	5	1	105	71.43	3	4.00
17	免疫学和微生物学	47	29	15	2	1	94	80.85	1	1.32
18	化学	37	37	15	3	4	96	77.08	8	10.81
19	药理学、毒理学和药剂学	45	26	2	2	1	76	93.42	2	2.82
20	化学工程	22	32	4	0	6	64	84.38	3	5.56
21	决策科学	24	22	6	0	0	52	88.46	1	2.17
22	健康科学	24	12	6	3	0	45	80.00	2	5.56
23	能源科学	18	19	6	1	4	48	77.08	7	18.92
24	护理学	22	10	2	3	2	39	82.05	1	3.13
25	牙医学	6	10	2	1	1	20	80.00	1	6.25
26	兽医学	8	3	0	1	1	13	84.62	0	0.00
27	多学科	7	1	0	0	0	8	100.00	0	0.00

表 3-30 爱思唯尔整体期刊 CiteScore 2022 分区以及中国 Q1 区和 Q2 区期刊占比

序号	学科	Q1 区期刊数量（A）/种	Q2 区期刊数量（B）/种	Q3 区期刊数量/种	Q4 区期刊数量/种	未分区期刊数量/种	合计（C）/种	Q1 区和 Q2 区期刊占比 [（A+B）/C×100%]/%	中国 Q1 区和 Q2 区期刊数量（D）/种	中国 Q1 区和 Q2 区/整体 Q1 区和 Q2 区 [D/（A+B）×100%]/%
1	医学	483	242	156	98	29	1008	71.92	11	1.52
2	生物化学、遗传学和分子生物学	207	83	33	15	3	341	85.04	6	2.07
3	工程技术	224	38	16	3	11	292	89.73	5	1.91
4	社会科学	202	16	9	5	7	239	91.21	2	0.92
5	材料科学	133	45	11	1	6	196	90.82	5	2.81
6	农业与生物科学	151	38	4	2	0	195	96.92	4	2.12
7	计算机科学	144	31	9	2	1	187	93.58	5	2.86
8	物理与天文学	116	48	10	2	5	181	90.61	1	0.61
9	环境科学	139	26	4	1	2	172	95.93	7	4.24
10	化学	103	31	13	8	2	157	85.35	3	2.24
11	数学	84	26	15	3	1	129	85.27	1	0.91
12	免疫学和微生物学	72	28	15	3	0	118	84.75	0	0.00
13	地球与行星科学	90	22	2	1	1	116	96.55	5	4.46
14	心理学	74	24	10	7	1	116	84.48	0	0.00
15	经济学、计量经济学和金融学	81	26	2	0	0	109	98.17	1	0.93
16	神经科学	63	33	9	3	0	108	88.8	0	0.00
17	护理学	53	23	7	17	3	103	73.79	1	1.32
18	化学工程	82	14	4	0	1	101	95.05	2	2.08
19	商业、管理和会计	82	13	1	0	2	98	96.94	1	1.05
20	药理学、毒理学和药剂学	59	22	8	5	2	96	84.38	3	3.70
21	能源科学	68	11	2	0	2	83	95.18	6	7.59
22	健康科学	33	11	8	6	1	59	74.58	2	4.55
23	艺术与人文	44	7	2	2	1	56	91.07	0	0.00
24	决策科学	36	8	4	1	3	52	84.62	0	0.00
25	兽医学	20	10	1	1	0	32	93.75	3	10.00
26	牙医学	16	7	4	0	0	27	85.19	0	0.00
27	多学科	6	1	1	1	0	9	77.78	2	28.57

经济学和金融学""化学工程""商业、管理和会计""能源科学""艺术与人文"
"兽医学"，其中"经济学、计量经济学和金融学"全部 109 种期刊仅有 2 种位居

学科 Q3 区，其余均在 Q1 区和 Q2 区。爱思唯尔中国 Q1 区和 Q2 区期刊品种最多的前 4 个学科是"医学""环境科学""能源科学""生物化学、遗传学和分子生物学"；值得注意的是，中国"多学科"的 Q1 区和 Q2 区期刊在爱思唯尔全部"多学科" Q1 区和 Q2 区期刊中占比达到 28.57%，为各学科中占比最高的，其次为"兽医学"，中国 Q1 区和 Q2 区期刊 3 种，占比 10%，而中国 Q1 区和 Q2 区的"医学"期刊为 11 种，仅占比 1.52%。在占比超过 90% 的学科中，中国"环境科学"学科 Q1 区和 Q2 区的期刊数量最多，达到 7 种。

泰勒-弗朗西斯被 Scopus 收录期刊总数为 2362 种，各学科期刊数量如表 3-31 所示。泰勒-弗朗西斯期刊数量最多的学科为"社会科学"，共计 1179 种，占比达到 49.92%，期刊数量第 2 到第 5 位的学科分别为"艺术与人文"（540 种，占 22.86%）、"医学"（408 种，占 17.27%）、"心理学"（233 种，占 9.86%）和"工程技术"（190 种，占 8.04%）。泰勒-弗朗西斯 Q1 区和 Q2 区期刊数量占比超过 90% 的学科有 4 个，分别是"药理学、毒理学和药剂学""化学工程""能源科学""牙医学"，在这 4 个学科中，仅有一种中国 Q1 区和 Q2 区期刊在"药理学、毒理学和药剂学"，其余均无；泰勒-弗朗西斯出版中国 Q1 区和 Q2 区科技期刊数量最多的前 5 个学科是"社会科学"（5 种）、"计算机科学"（4 种）、"医学"（3 种）、"数学"（3 种）、"地球与行星科学"（3 种）；泰勒-弗朗西斯出版的中国 Q1 区和 Q2 区科技期刊合计有 13 种，分布在 14 个学科（有的期刊同时分属不同学科）。

约翰•威立被 Scopus 收录期刊总数为 1559 种，各学科期刊数量如表 3-32 所示。约翰•威立期刊数量最多的学科为"医学，共计 452 种，占比达到 28.99%，期刊数量第 2 到第 5 位的学科分别为"社会科学"（314 种，占 20.14%）、"生物化学、遗传学和分子生物学"（197 种，占 12.64%）、"农业与生物科学"（194 种，占 12.44%）、"艺术与人文（131 种，占 8.40%）"。约翰•威立 Q1 区和 Q2 区期刊数量占比超过 90% 的学科有 8 个，分别是"农业与生物科学""环境科学""商业、管理和会计""地球与行星科学""护理学""药理学、毒理学和药剂学""能源科学""健康科学"，其中"护理学"全部 50 种期刊仅有 2 种位居学科 Q3 区和 1

种未分区，其余均在 Q1 和 Q2 区。在约翰•威立出版中国 Q1 区和 Q2 区期刊数量最多的前 6 个学科是"医学""生物化学、遗传学和分子生物学""农业与生

表 3-31　泰勒-弗朗西斯整体期刊 CiteScore 2022 分区以及中国 Q1 区和 Q2 区期刊占比

序号	学科	Q1 区期刊数量（A）/种	Q2 区期刊数量（B）/种	Q3 区期刊数量/种	Q4 区期刊数量/种	未分区期刊数量/种	合计（C）/种	Q1 区和 Q2 区期刊占比 [（A+B）/C×100%]/%	中国 Q1 区和 Q2 区期刊数量（D）/种	中国 Q1 区和 Q2 区/整体 Q1 区和 Q2 区 [D/（A+B）×100%]/%
1	社会科学	639	340	138	32	30	1179	83.04	5	0.51
2	艺术与人文	315	128	60	23	14	540	82.04	0	0.00
3	医学	155	156	78	13	6	408	76.23	3	0.96
4	心理学	112	63	39	14	5	233	75.11	0	0.00
5	工程技术	83	79	20	5	3	190	85.26	2	1.23
6	商业、管理和会计	105	48	22	4	2	181	84.53	1	0.65
7	环境科学	71	60	12	3	3	149	87.92	2	1.53
8	农业与生物科学	53	70	23	2	1	149	82.55	0	0.00
9	生物化学、遗传学和分子生物学	30	41	27	4	2	104	68.27	1	1.41
10	计算机科学	51	37	8	3	2	101	87.13	4	4.55
11	数学	40	35	12	7	1	95	78.95	3	4.00
12	经济学、计量经济学和金融学	45	30	16	2	0	93	80.65	1	1.33
13	地球与行星科学	40	34	9	2	0	85	87.06	3	4.05
14	材料科学	19	43	15	5	0	82	75.61	0	0.00
15	物理与天文学	17	35	15	7	0	74	70.27	0	0.00
16	化学	18	34	13	2	0	67	77.61	1	1.92
17	健康科学	33	18	10	0	2	63	80.95	0	0.00
18	药理学、毒理学和药剂学	27	20	4	0	1	52	90.38	1	2.13
19	决策科学	23	14	4	2	1	44	84.09	2	5.41
20	化学工程	9	31	2	0	0	42	95.24	0	0.00
21	护理学	19	15	4	0	2	40	85.00	0	0.00
22	神经科学	14	15	7	0	1	37	78.38	0	0.00
23	免疫学和微生物学	16	13	4	0	0	33	87.88	2	6.90
24	能源科学	7	17	2	0	0	26	92.31	0	0.00
25	兽医学	9	0	2	0	0	11	81.82	0	0.00
26	多学科	1	2	1	0	1	5	60.00	0	0.00
27	牙医学	1	3	0	0	0	4	100.00	0	0.00

表 3-32　约翰·威立整体期刊 CiteScore 2022 分区以及中国 Q1 区和 Q2 区期刊占比

序号	学科	Q1 区期刊数量（A）/种	Q2 区期刊数量（B）/种	Q3 区期刊数量/种	Q4 区期刊数量/种	未分区期刊数量/种	合计（C）/种	Q1 区和 Q2 区期刊占比 [（A+B）/C×100%)]/%	中国 Q1 区和 Q2 区期刊数量（D）/种	中国 Q1 区和 Q2 区/整体 Q1 区和 Q2 区 [D/（A+B）×100%)]/%
1	医学	242	141	49	12	8	452	84.73	12	3.13
2	社会科学	197	85	26	3	3	314	89.81	0	0.00
3	生物化学、遗传学和分子生物学	114	56	20	1	6	197	86.29	7	4.12
4	农业与生物科学	121	58	10	4	1	194	92.27	5	2.79
5	艺术与人文	90	27	9	3	2	131	89.31	0	0.00
6	环境科学	75	37	7	0	2	121	92.56	2	1.79
7	工程技术	60	43	10	4	2	119	86.55	4	3.88
8	心理学	72	27	10	3	0	112	88.39	0	0.00
9	化学	29	51	18	3	2	103	75.73	1	1.25
10	经济学、计量经济学和金融学	44	34	19	4	2	103	77.67	2	2.56
11	商业、管理和会计	61	30	6	0	3	100	91.00	0	0.00
12	材料科学	41	32	10	1	2	86	84.88	4	5.48
13	地球与行星科学	50	19	2	3	1	75	92.00	1	1.45
14	计算机科学	34	29	6	2	0	71	88.73	2	3.17
15	数学	38	21	4	5	1	69	85.51	1	1.69
16	神经科学	33	20	5	1	2	61	86.89	0	0.00
17	护理学	34	18	2	0	1	55	94.55	0	0.00
18	药理学、毒理学和药剂学	23	22	4	0	1	50	90.00	1	2.22
19	物理与天文学	19	15	9	3	3	49	69.39	1	2.94
20	免疫学和微生物学	30	11	5	2	0	48	85.42	0	0.00
21	化学工程	20	19	7	1	0	47	82.98	0	0.00
22	能源科学	21	7	2	1		31	90.32	4	14.29
23	决策科学	14	9	3	2	0	28	89.29	0	0.00
24	牙医学	19	6	3	0	0	28	82.14	1	4.00
25	兽医学	13	11	2	1	0	27	88.89	1	4.17
26	健康科学	9	8	1	0	0	18	94.44	0	0.00
27	多学科	2	0	1	0	0	3	66.67	0	0.00

物科学""工程技术""材料科学""能源科学"；值得注意的是，中国"能源科学"的 Q1 区和 Q2 区期刊在约翰·威立全部"能源科学"Q1 区和 Q2 区期刊中占比最大，达到 14.29%，其次为"材料科学"，占 5.48%，而约翰·威立出版的中国 Q1

区和 Q2 区期刊中，"医学"期刊数量最多，达到 12 种。

威科被 Scopus 收录期刊总数为 440 种，各学科期刊数量如表 3-33 所示。威科期刊学科比较集中，数量最多的为"医学"，共计 381 种，占比达到 86.59%，期刊数量第 2 到第 5 位的学科分别为"护理学"（62 种，占 14.09%）、"生物化学、遗传

表 3-33　威科整体期刊 CiteScore 2022 分区以及中国 Q1 区和 Q2 区期刊占比

序号	学科	Q1 区期刊数量（A）/种	Q2 区期刊数量（B）/种	Q3 区期刊数量/种	Q4 区期刊数量/种	未分区期刊数量/种	合计（C）/种	Q1 区和 Q2 区期刊占比 [（A+B）/C×100%]/%	中国 Q1 区和 Q2 区期刊数量（D）/种	中国 Q1 区和 Q2 区/整体 Q1 区和 Q2 区 [D/（A+B）×100%]/%
1	医学	97	116	102	49	17	381	55.91	6	2.82
2	护理学	13	27	12	7	3	62	64.52	0	0.00
3	生物化学、遗传学和分子生物学	9	10	8	3	3	33	57.58	1	5.26
4	健康科学	9	7	6	2	1	25	64.00	0	0.00
5	牙医学	0	5	8	5	2	20	25.00	0	0.00
6	社会科学	4	6	6	2	1	19	52.63	0	0.00
7	神经科学	6	4	6	1	0	17	58.82	1	10.00
8	药理学、毒理学和药剂学	1	8	5	2	1	17	52.94	0	0.00
9	免疫学和微生物学	1	3	3	1	1	9	44.44	0	0.00
10	心理学	0	4	2	2	0	8	50.00	0	0.00
11	工程技术	0	1	3	1	0	5	20.00	0	0.00
12	环境科学	2	2	1	0	0	5	80.00	0	0.00
13	商业、管理和会计	1	0	2	0	0	3	33.33	0	0.00
14	材料科学	0	1	1	0	0	2	50.00	0	0.00
15	化学工程	0	1	1	0	0	2	50.00	0	0.00
16	计算机科学	0	0	1	1	0	2	0.00	0	—
17	农业与生物科学	1	1	0	0	0	2	100.00	1	50.00
18	兽医学	2	0	0	0	0	2	100.00	1	50.00
19	经济学、计量经济学和金融学	0	0	0	1	0	1	0.00	0	—
20	数学	0	1	0	0	0	1	100.00	0	0.00
21	物理与天文学	0	0	1	0	0	1	0.00	0	—
22	艺术与人文	1	0	0	0	0	1	100.00	0	0.00
23	地球与行星科学	0	0	0	0	0	0	—	0	—
24	多学科	0	0	0	0	0	0	—	0	—
25	化学	0	0	0	0	0	0	—	0	—
26	决策科学	0	0	0	0	0	0	—	0	—
27	能源科学	0	0	0	0	0	0	—	0	—

学和分子生物学"（33 种，占 7.50%）、"健康科学"（25 种，占 5.68%）和"牙医学"（20 种，占 4.55%）。威科出版的中国期刊进入 Q1 区和 Q2 区的学科仅有"医学"（6 种）、"生物化学、遗传学和分子生物学"（1 种）、"农业与生物科学"（1 种）、"神经科学"（1 种）和"兽医学"（1 种）。

（四）中国科技期刊与主要国际出版商/平台影响力对比

为充分了解中国科技期刊的学术影响力，表 3-34 和表 3-35 分别列举了 5 家境外出版商/平台的中国期刊数量、总被引频次、刊均总被引频次刊均年发文量、CiteScore 2022 平均值和篇均被引频次，并对比了期刊数量在 100 种以上的世界各出版商/平台的对应数据，可以了解中国科技期刊在对应平台上期刊表现以及对比其他出版商/平台的学术影响力。

从表 3-34 和表 3-35 中可以看到，在这 5 家出版商/平台上的中国科技期刊刊均总被引频次数量均远高于该出版商/平台整体的刊均总被引频次，其中在泰勒-弗朗西斯上的中国科技期刊刊均总被引频次为 1501.65 次，约是泰勒-弗朗西斯整体期刊的刊均总被引频次（217.26 次）的 7 倍；在施普林格•自然上的中国科技期刊刊均总被引频次为 2538.35 次，是其整体期刊的刊均总被引频次（941.45 次）的 2.7 倍。在这 5 家出版商/平台上的中国科技期刊是非常优秀的期刊集群，刊均总被引频次远高于大多数的其他国际出版商/平台。刊均总被引频次最高的为 MDPI 和美国电气电子工程师学会，分别为 5018.02 次和 3259.27 次，刊均总被引频次与刊均年发文量有直接关系，发文量大的期刊其总被引频次通常要高。发文量最大的中国科技期刊境外出版商/平台是爱思唯尔，刊均年发文量为 100 篇，而在期刊数量超过 100 种的世界出版商/平台中，年均发文量超过 100 篇的有 10 家，其中 MDPI 的刊均年发文量为 903 篇。

考虑到总被引频次与发文量的正相关性，为了解期刊单篇文章的影响力，主要分析期刊的 CiteScore 2022 均值和篇均被引频次。在表 3-34 和表 3-35 中，我们同样对比一下中国科技期刊在这 5 家境外出版商/平台的表现与其整体表现。因学科存在差异，CiteScore 2022 均值仅能一定程度表明期刊的学术影响力。在这 5 家境外出版商/平台中，中国科技期刊 CiteScore 2022 均值最高为爱思唯尔（8.73次），略高于爱思唯尔整体期刊均值（7.41 次），篇均被引频次最高同样为爱思唯尔（12.42 次），高于爱思唯尔整体期刊篇均被引频次（9.69 次）。

表 3-34　收录 20 种及以上的境外出版商/平台上的中国科技期刊影响力

出版商/平台	刊数/种	总被引频次	刊均总被引频次	刊均年发文量/篇	CiteScore 2022 均值	篇均被引频次
施普林格•自然	111	281 757	2 538.35	71	8.10	8.95
爱思唯尔	52	257 394	4 949.88	100	8.73	12.42
约翰•威立	36	84 942	2 359.50	75	7.53	7.86
威科	21	29 776	1 417.90	69	2.47	5.17
泰勒-弗朗西斯	20	30 033	1 501.65	40	5.00	9.41

表 3-35　期刊数量 100 种以上的世界出版商/平台上的期刊影响力

出版商/平台	刊数/种	总被引频次	刊均总被引频次	刊均年发文量/篇	CiteScore 2022 均值	篇均被引频次
施普林格•自然	2 489	9 373 052	941.45	125	5.98	7.53
爱思唯尔	2 460	21 042 448	2 138.46	221	7.41	9.69
泰勒-弗朗西斯	2 362	2 052 667	217.26	49	3.47	4.40
约翰•威立	1 559	6 083 859	975.60	126	5.86	7.74
世哲	923	959 429	259.87	56	4.09	4.60
威科	440	993 499	564.49	111	3.42	5.09
德古意特	422	153 234	90.78	33	1.85	2.74
牛津大学出版社	399	1 484 520	930.15	108	5.24	8.61
剑桥大学出版社	360	237 779	165.12	44	2.69	3.75
爱墨瑞得	329	312 301	237.31	46	4.37	5.15
博睿	239	16 573	17.34	18	0.77	0.99
Inderscience	230	42 524	46.22	28	1.53	1.63
MDPI	213	4 275 352	5 018.02	903	4.15	5.55
美国电气电子工程师学会	197	2 568 308	3 259.27	317	9.34	10.28
Hindawi	182	392 549	539.22	147	3.51	3.68
Pleiades	161	105 203	163.36	112	1.41	1.46
Bentham	125	105 643	211.29	53	2.93	4.00
科学出版社	114	262 029	579.71	193	3.05	3.00
（新加坡）世界科技出版社	112	100 151	223.55	78	2.68	2.88
蒂姆出版社	107	93 199	217.75	68	2.16	3.20

二、新被 Scopus 收录的中国科技期刊影响力

（一）新被 Scopus 收录的中国科技期刊整体分析

2018 年，学术期刊"走出去"专家委员会暨 Scopus 中国学术委员会成立，加

快了中国科技期刊被 Scopus 收录的速度。自 2019 年起，该委员会的官方网站（goingglobal.cnpiec.com.cn）实时更新年度被 Scopus 收录的中国科技期刊列表，本小节数据即根据该网站发布的 2019～2022 年新被 Scopus 收录的中国科技期刊名单进行整理，以此来了解中国科技期刊的最新发展情况。其中，部分 2022 年新被收录的期刊在 Scopus 上尚未建立页面。经统计，2019～2022 年新被 Scopus 收录的中国科技期刊数量分别为 42 种、103 种、113 种和 123 种，共计 381 种，占 Scopus 收录中国科技期刊总量 1197 种的 31.83%，接近 1/3，尤其是在 2020 年后，每年被收录的期刊数量都超过 100 种。

图 3-8 展示了 2019～2022 年度新被收录的中国科技期刊的语种分布，其中 381 种期刊中包括 88 种中文期刊、246 种英文期刊和 47 种中英文期刊，新增英文期刊数量占比达到 64.57%。从图 3-8 中可以看出，尤其是在 2021 年和 2022 年，新被收录的期刊以英文为主。

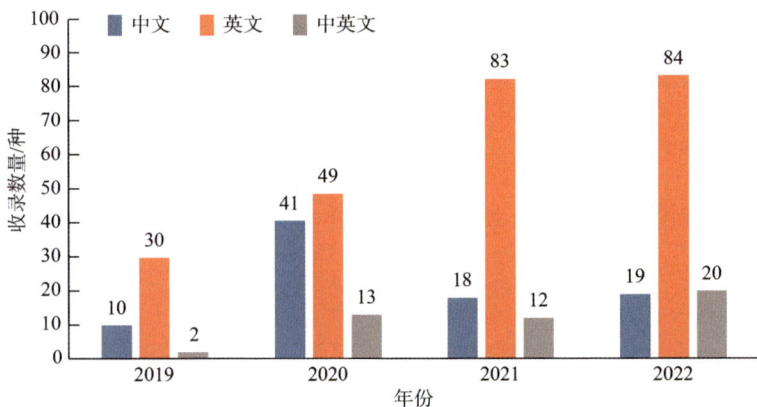

图 3-8 2019～2022 年 Scopus 新收录各语种中国科技期刊数量

（二）新被 Scopus 收录的中国科技期刊学科分析

表 3-36 进一步分析了在 2019～2022 年度新被收录的中国科技期刊的学科和对应语种，表 3-37 中逐年列举了各个学科新被 Scopus 收录期刊以及英文刊占对应学科期刊的比例。

表 3-36　2019～2022 年各学科新增 Scopus 收录各语种中国科技期刊分布

序号	学科	中文期刊新增数量/种	英文期刊新增数量（A）/种	中英文期刊新增数量/种	2019～2022年新增总数（B）/种	英文刊比例（A/B×100%）/%
1	医学	31	75	13	119	63.03
2	工程技术	11	43	9	63	68.25
3	社会科学	9	40	5	54	74.07
4	计算机科学	9	33	3	45	73.33
5	农业与生物科学	11	26	8	45	57.78
6	环境科学	10	29	5	44	65.91
7	地球与行星科学	18	21	4	43	48.84
8	能源科学	8	26	3	37	70.27
9	材料科学	4	26	4	34	76.47
10	生物化学、遗传学和分子生物学	7	22	1	30	73.33
11	化学工程	2	19	2	23	82.61
12	艺术与人文	3	11	2	16	68.75
13	化学	2	10	2	14	71.43
14	数学	2	10	0	12	83.33
15	健康科学	5	5	1	11	45.45
16	决策科学	0	10	0	10	100.00
17	物理与天文学	1	8	1	10	80.00
18	经济学、计量经济学和金融学	0	7	2	9	77.78
19	药理学、毒理学和药剂学	1	6	2	9	66.67
20	护理学	1	6	1	8	75.00
21	免疫学和微生物学	2	6	0	8	75.00
22	神经科学	2	4	1	7	57.14
23	商业、管理和会计	0	5	1	6	83.33
24	多学科	0	4	2	6	66.67
25	牙医学	0	3	1	4	75.00
26	心理学	2	1	1	4	25.00
27	兽医学	1	1	0	2	50.00

整体来看，各个学科的新增期刊的语种以英文期刊为主，27 个学科中有 21 个学科的新增英文语种期刊占比达 60%以上，仅有 6 个学科的新增英文期刊占比不足 60%，分别是："农业与生物科学"（26 种，占比 57.78%）、"地球与行星科学"（21 种，占比 48.84%）、"健康科学"（5 种，占比 45.45%）、"神经科学"（4 种，占比 57.14%）、"心理学"（1 种，占比 25.00%）和"兽医学"（1 种，占比 50.00%）。

其中"医学"期刊新增最多，达到 119 种，占 Scopus 目前收录中国"医学"期刊的 43.43%；其次为"工程技术"新增期刊 63 种，占现有期刊数量的 20.72%；新增期刊在 20 种以上的学科依次为"社会科学"（54 种，占整体比例

50.00%）、"农业与生物科学"（45 种，占整体比例 38.14%）、"计算机科学"（45 种，占整体比例 39.82%）、"环境科学"（44 种，占整体比例 44.00%）、"地球与行星科学"（43 种，占整体比例 31.85%）、"能源科学"（37 种，占整体比例 36.63%）、"材料科学"（34 种，占整体比例 22.08%）、"生物化学、遗传学和分子生物学"（30 种，占整体比例 30.61%）和"化学工程"（23 种，占整体比例 34.33%）。

表 3-37　2019～2022 年各年新增 Scopus 收录期刊数量及其所占对应学科期刊数量比例

序号	学科	新增刊数/种					2022 年中国期刊总数（B）/种	占比（A/B×100%）/%
		2019 年	2020 年	2021 年	2022 年	合计（A）		
1	医学	12	33	41	33	119	274	43.43
2	工程技术	4	15	15	29	63	304	20.72
3	社会科学	8	15	13	18	54	108	50.00
4	农业与生物科学	9	8	10	18	45	118	38.14
5	计算机科学	3	11	11	20	45	113	39.82
6	环境科学	7	15	14	8	44	100	44.00
7	地球与行星科学	2	23	11	7	43	135	31.85
8	能源科学	2	8	11	16	37	101	36.63
9	材料科学	3	6	11	14	34	154	22.08
10	生物化学、遗传学和分子生物学	5	7	7	11	30	98	30.61
11	化学工程	1	0	9	13	23	67	34.33
12	艺术与人文	5	4	5	2	16	33	48.48
13	化学	3	2	3	6	14	62	22.58
14	数学	3	2	2	5	12	71	16.90
15	健康科学	1	4	5	1	11	14	78.57
16	物理与天文学	2	2	3	3	10	92	10.87
17	决策科学	1	2	3	4	10	17	58.82
18	药理学、毒理学和药剂学	1	3	2	3	9	34	26.47
19	经济学、计量经济学和金融学	0	3	2	4	9	22	40.91
20	护理学	0	0	5	3	8	14	57.14
21	免疫学和微生物学	0	1	1	6	8	20	40.00
22	神经科学	1	2	2	2	7	14	50.00
23	商业、管理和会计	0	4	1	1	6	23	26.09
24	多学科	1	2	1	2	6	25	24.00
25	牙医学	0	0	2	2	4	5	80.00
26	心理学	1	1	1	1	4	7	57.14
27	兽医学	0	0	0	2	2	7	28.57

（三）不同学科的新被 Scopus 收录的中国科技期刊与中国科技期刊整体影响力对比分析

为进一步了解各个学科新增 Scopus 收录的科技期刊的影响力，在表 3-38 中，详细对比了 2019～2022 年新被 Scopus 收录的中国科技期刊的刊均年发文量、CiteScore 2022 均值以及篇均被引频次与现有中国科技期刊的总体情况。由于新被收录期刊大多创刊时间较短，所以尚处于快速发展过程之中。

刊均年发文量分析：各个学科中，大多数新被收录的期刊的刊均年发文量均明显低于现有期刊整体的刊均年发文量，仅有"牙医学"新增期刊刊均年发文量（48.06 篇）高于整体刊均年发文量（46.75 篇）；新增期刊中学科年发文量超过 100 篇的仅有"药理学、毒理学和药剂学"（124.22 篇）、"护理学"（108.38 篇）、"健康科学"（115.82 篇）、"兽医学"（108.63 篇），新增期刊中刊均年发文量低于 40 篇的有"物理与天文学"（33.88 篇）、"数学"（37.29 篇）、"艺术与人文"（31.05 篇）、"商业、管理和会计"（37.92 篇）、"经济学、计量经济学和金融学"（23.14 篇）、"免疫学和微生物学"（24.09 篇）和"决策科学"（29.48 篇）。其中差异最明显的是"物理与天文学"，新增期刊刊均年发文量不及现有期刊刊均年发文量的 1/6。

CiteScore 分析：仅有 8 个学科的期刊 CiteScore 2022 均值高于整体学科表现，分别是"工程技术"（5.30∶3.80）、"材料科学"（10.43∶6.69）、"计算机科学"（4.78∶4.45）、"能源科学"（7.76∶6.40）、"物理与天文学"（4.95∶3.61）、"化学工程"（6.70∶5.03）、"化学"（8.61∶6.67）和"多学科"（7.22∶4.85），其余学科新增期刊表现略低于整体期刊，少量学科差距较大，如"生物化学、遗传学和分子生物学"（3.18∶6.09）。

篇均被引频次分析：仅有 6 个学科的新增收录期刊的篇均被引频次表现优于整体期刊，分别为"工程技术"（15.48∶13.52）、"材料科学"（28.38∶23.41）、"能源科学"（20.35∶19.82）、"物理与天文学"（17.37∶12.38）、"数学"（14.27∶11.52）和"多学科"（43.76∶19.71）。

表 3-38　2019～2022 年新增期刊与整体中国科技期刊的数量、刊均年发文量、CiteScore 2022
均值和篇均被引频次对比

学科	刊数/种		刊均年发文量/篇		CiteScore 2022 均值		篇均被引频次	
	(A)	(B)	(A)	(B)	(A)	(B)	(A)	(B)
工程技术	63	304	47.72	156.21	5.30	3.80	15.48	13.52
医学	119	274	84.77	124.11	1.93	3.03	4.13	9.12
材料科学	34	154	53.78	162.13	10.43	6.69	28.38	23.41
地球与行星科学	43	135	70.08	118.95	3.65	3.78	11.69	14.28
农业与生物科学	45	118	94.51	143.02	2.65	4.46	6.85	12.42
计算机科学	45	113	43.16	96.34	4.78	4.45	12.23	14.97
社会科学	54	108	47.91	49.01	2.98	2.99	8.37	10.73
能源科学	37	101	53.50	120.14	7.76	6.40	20.35	19.82
环境科学	44	100	70.80	124.37	4.61	4.62	12.02	14.08
生物化学、遗传学和分子生物学	30	98	56.13	106.02	3.18	6.09	7.83	21.26
物理与天文学	10	92	33.88	217.13	4.95	3.61	17.37	12.38
数学	12	71	37.29	105.12	2.95	3.09	14.27	11.52
化学工程	23	67	62.59	123.84	6.70	5.03	13.00	14.18
化学	14	62	66.43	189.87	8.61	6.67	21.09	23.28
药理学、毒理学和药剂学	9	34	124.22	173.24	2.71	4.81	3.39	13.26
艺术与人文	16	33	31.05	40.43	0.70	0.86	2.11	3.29
多学科	6	25	48.21	137.79	7.22	4.85	43.76	19.71
商业、管理和会计	6	23	37.92	35.29	3.38	3.53	7.79	12.10
经济学、计量经济学和金融学	9	22	23.14	26.50	1.14	2.82	3.32	13.68
免疫学和微生物学	8	20	24.09	89.23	1.41	4.21	4.37	22.04
决策科学	10	17	29.48	30.72	3.74	4.01	9.27	11.20
神经科学	7	14	62.86	102.36	1.00	4.06	2.11	16.12
护理学	8	14	108.38	118.14	0.83	1.12	1.60	4.26
健康科学	11	14	115.82	102.98	1.86	3.81	3.71	9.81
心理学	4	7	96.50	73.96	0.58	1.24	1.75	3.63
兽医学	2	7	108.63	108.75	2.85	5.00	5.12	20.59
牙医学	4	5	48.06	46.75	2.85	8.22	6.51	26.43

注：表中（A）表示在 2019～2022 年被收录的中国科技期刊数量，（B）表示中国现有科技期刊整体数量。

三、中国科技期刊的出版模式

（一）中国科技期刊的出版模式概况

表 3-39 详细列举了承载中国期刊数量在 3 种及以上的各出版商/平台的开放获

取期刊数量和占比。

表 3-39　出版商/平台中有 3 种及以上的中国期刊开放获取期刊数及占比

出版商/平台	刊数/种	开放获取刊数/种	开放获取期刊占比/%
科学出版社	114	0	0.00
施普林格•自然	111	44	39.64
科爱公司	99	80	80.81
中华医学会	53	0	0.00
爱思唯尔	52	30	57.69
AME	38	0	0.00
约翰•威立	36	17	47.22
中国科学院	22	2	9.09
威科	21	15	71.43
泰勒-弗朗西斯	20	11	55.00
清华大学出版社	20	5	25.00
高等教育出版社	17	3	17.65
牛津大学出版社	16	12	75.00
浙江大学出版社	13	0	0.00
美国物理学会	8	1	12.50
世哲	7	4	57.14
德古意特	6	1	16.67
英国皇家化学会	6	1	16.67
爱墨瑞得	6	2	33.33
中国农业科学院	6	0	0.00
天津大学	6	0	0.00
（新加坡）世界科技出版社	5	2	40.00
美国科学促进会	5	2	40.00
剑桥大学出版社	4	1	25.00
化学工业出版社	4	0	0.00
中国化学会	4	1	25.00
北京理工大学	4	0	0.00
北京信通传媒有限公司	4	0	0.00
上海交通大学	3	1	33.33
长安大学	3	0	0.00
同济大学	3	1	33.33
美国电气电子工程师学会	3	2	66.67

续表

出版商/平台	刊数/种	开放获取刊数/种	开放获取期刊占比/%
北京大学出版社	3	0	0.00
博睿	3	1	33.33
中国药科大学	3	0	0.00
BMJ 出版社	3	3	100.00
武汉理工大学	3	0	0.00
中国机械工程学会	3	0	0.00
西安交通大学	3	1	33.33
哈尔滨工业大学	3	0	0.00
现代教育与计算机科学出版社	3	0	0.00
南京航空航天大学	3	0	0.00
中南大学	3	0	0.00

科技期刊数量前 10 国家中，开放获取期刊总数最多的为英国（888 种），占英国期刊总数的 15.30%；其次为美国，开放获取期刊总数为 653 种，占美国期刊总数的 10.41%；开放获取期刊占比最高的为西班牙，期刊总数为 720 种，其中开放获取期刊数量为 389 种，占比达到 54.03%；中国开放获取期刊数量为 270 种，占期刊总数的 22.56%，开放获取期刊总量和比例均在这 10 个国家中位列第 5 名（表 3-40）。

表 3-40　科技期刊数量前 10 国家的科技期刊出版模式对比

国家	期刊总数/种	开放获取期刊总数/种	开放获取期刊占比/%
美国	6 270	653	10.41
英国	5 805	888	15.30
荷兰	2 190	264	12.05
德国	1 597	251	15.72
中国	1 197	270	22.56
瑞士	812	333	41.01
西班牙	720	389	54.03
意大利	578	89	15.40
俄罗斯	515	182	35.34
波兰	504	225	44.64
合计	20 188	3 544	17.55

（二）中国开放获取期刊的学科布局

在各个学科中，开放获取期刊数量最多的学科为"医学"，共有开放获取期刊72种，占该学科期刊总量（274种）的26.28%，其中有36种位居学科Q1区，占"医学"Q1区期刊总数的2/3，仅有5种期刊位居Q4区，Q1区和Q2区开放获取期刊数量达到51种，占学科整体的18.61%。其次为"工程技术"，开放获取期刊数量为60种，占"工程技术"期刊总量的19.74%，值得注意的是，其中有51种位居学科的Q1区，7种位居Q2区，即有96.67%的开放获取"工程技术"期刊均位居学科前50%。"材料科学"学科中，开放获取期刊数量为38种，占24.68%，其中有33种期刊均位居学科Q1区，占开放获取期刊的86.84%。开放获取期刊比例最高的为"兽医学"，整体开放获取期刊占比为57.14%，其中4种"兽医学"开放获取期刊为Q1区，占比达66.67%（表3-41）。

从上述学科都可以看出，开放获取期刊数量在Q1区均占有较高比例，各个学科的Q1区期刊数量为329种（占中国科技期刊的27.49%），其中开放获取期刊数量为183种，占Q1区所有期刊总数的55.62%。

（三）中国学者开放获取论文的发表量与中国开放获取期刊的出版量对比

中国科技期刊在2019～2022年共发表论文622 411篇，其中66 003篇以开放获取模式发表，占中国科技期刊总发文量的10.60%。上文提到中国科技期刊开放获取占比为22.56%，这说明我国开放获取期刊的刊均发文量远低于非开放获取期刊的发文量。从表3-42可以看出，中国开放获取期刊的刊均发文量为244篇，而非开放获取期刊的刊均发文量为603篇，是开放获取期刊刊均发文量的2.47倍。

进一步对比中国科技期刊与中国学者的开放获取发表量如表3-43所示。2019～2022年中国学者在世界科技期刊发文量达到2 892 560篇，其中开放获取论文为1 110 934篇，开放获取论文占38.40%，高于中国科技期刊的开放获取占比；中国科技期刊开放获取文章占中国学者发文量仅为5.94%。

表3-41 各学科开放获取期刊与分区

序号	学科	Q1			Q2			Q3			Q4			合计		
		分区期刊数量/种	开放获取期刊数量/种	开放获取期刊占比/%	分区期刊数量/种	开放获取期刊数量/种	开放获取期刊占比/%	分区期刊数量/种	开放获取期刊数量/种	开放获取期刊占比/%	分区期刊数量/种	开放获取期刊数量/种	开放获取期刊占比/%	分区期刊数量/种	开放获取期刊数量/种	开放获取期刊占比/%
1	医学	54	36	66.67	42	15	35.71	68	16	23.53	108	5	4.63	274	72	26.28
2	护理学	1	1	100.00	3	1	33.33	1	0	0.00	9	2	22.22	14	4	28.57
3	兽医学	6	4	66.67	0	0	—	0	0	—	1	0	0.00	7	4	57.14
4	牙医学	2	1	50.00	1	0	0.00	0	0	—	2	0	0.00	5	1	20.00
5	健康科学	5	5	100.00	1	0	0.00	0	0	0.00	7	0	0.00	14	5	35.71
6	农业与生物科学	41	25	60.98	15	6	40.00	35	4	11.43	27	1	3.70	118	36	30.51
7	生物化学、遗传学和分子生物学	38	25	65.79	16	5	31.25	17	6	35.29	25	0	0.00	98	36	36.73
8	免疫学和微生物学	5	3	60.00	2	2	100.00	3	0	0.00	10	0	0.00	20	5	25.00
9	神经科学	3	3	100.00	3	2	66.67	2	2	100.00	6	0	0.00	14	7	50.00
10	药理学、毒理学和药剂学	10	7	70.00	4	2	50.00	6	0	0.00	13	0	0.00	34	9	26.47
11	化学工程	18	11	61.11	12	5	41.67	8	0	0.00	28	0	0.00	67	16	23.88
12	化学	26	9	34.62	5	0	0.00	15	0	0.00	16	0	0.00	62	9	14.52
13	计算机科学	37	23	62.16	26	6	23.08	26	2	7.69	24	1	4.17	113	32	28.32
14	地球与行星科学	41	20	48.78	38	5	13.16	38	0	0.00	18	0	0.00	135	25	18.52
15	能源科学	46	28	60.87	13	5	38.46	20	0	0.00	20	0	0.00	101	33	32.67
16	工程技术	86	51	59.30	52	7	13.46	73	2	2.74	91	0	0.00	304	60	19.74
17	环境科学	35	23	65.71	17	2	11.76	32	1	3.13	15	0	0.00	100	26	26.00
18	材料科学	64	33	51.56	19	4	21.05	26	1	3.85	45	0	0.00	154	38	24.68
19	数学	16	4	25.00	19	3	15.79	18	1	5.56	18	1	5.56	71	9	12.68

续表

序号	学科	Q1			Q2			Q3			Q4			合计		
		分区期刊数量/种	开放获取期刊数量/种	开放获取期刊占比/%	分区期刊数量/种	开放获取期刊数量/种	开放获取期刊占比/%	分区期刊数量/种	开放获取期刊数量/种	开放获取期刊占比/%	分区期刊数量/种	开放获取期刊数量/种	开放获取期刊占比/%	分区期刊数量/种	开放获取期刊数量/种	开放获取期刊占比/%
20	物理学与天文学	23	9	39.13	11	3	27.27	23	0	0.00	35	0	0.00	92	12	13.04
21	艺术与人文	5	2	40.00	9	0	0.00	12	3	25.00	7	0	0.00	33	5	15.15
22	商业、管理和会计	10	8	80.00	4	1	25.00	5	0	0.00	4	1	25.00	23	10	43.48
23	决策科学	8	4	50.00	4	3	75.00	3	0	0.00	2	1	50.00	17	8	47.06
24	经济学、计量经济学和金融学	9	4	44.44	2	0	0.00	4	1	25.00	7	1	14.29	22	6	27.27
25	心理学	1	1	100.00	0	0	—	3	1	33.33	3	0	0.00	7	2	28.57
26	社会科学	42	27	64.29	29	4	13.79	23	8	34.78	14	1	7.14	108	40	37.04
27	多学科	7	4	57.14	6	0	0.00	8	0	0.00	4	0	0.00	25	4	16.00
	合计	329	183	55.62	208	46	22.12	297	31	10.44	359	10	2.79	1197	270	22.56

表 3-42 Scopus 收录中国科技期刊开放获取文章数量

类型	期刊数/种	发文总量/篇	刊均发文量/篇	发文量中位数/篇
开放获取	270	66 003	244	155
非开放获取	927	556 408	600	445

表 3-43 中国开放获取期刊发文与中国学者开放获取发文对比 （篇，%）

期刊类型	中国科技期刊发文量/篇	中国学者世界期刊发文量/篇
开放获取	66 003（10.60%）	1 110 934（38.40%）
非开放获取	556 408（89.40%）	1 781 626（61.60%）

表 3-44 详细展示各个学科中国学者开放获取发文与中国科技期刊发文情况。中国期刊"多学科"位居开放获取文章量第一，发文量为 18 160 篇，中国学者发表多学科开放获取文章总量为 52 037 篇，是前者的 2.87 倍，这是中国学者开放获取发文与中国期刊开放获取发文差异最小的学科。

表 3-44 各学科的开放获取期刊与中国学者开放获取对比

学科	中国学者开放获取发文量/篇	中国期刊开放获取发文量/篇	中国学者开放获取发文/中国期刊开放获取发文	中国期刊发文总量/篇	中国期刊开放获取发文量/中国期刊发文总量/%
多学科	52 037	18 160	2.87	136 027	13.35
工程技术	773 291	16 058	48.16	189 949	8.45
数学	193 894	13 475	14.39	99 874	13.49
生物化学、遗传学和分子生物学	408 710	10 799	37.85	41 559	25.98
农业与生物科学	254 357	9 559	26.61	67 506	14.16
能源科学	200 764	7 935	25.30	48 538	16.35
地球与行星科学	187 385	6 261	29.93	64 234	9.75
环境科学	293 201	5 567	52.67	49 736	11.19
物理学与天文学	423 235	4 863	87.03	79 902	6.09
计算机科学	312 764	4 759	65.72	43 545	10.93
化学工程	279 753	4 522	61.86	33 190	13.62
社会科学	94 556	4 477	21.12	21 172	21.15
化学	432 193	4 196	103.00	47 087	8.91
药理学、毒理学和药剂学	121 108	2 889	41.92	23 560	12.26
神经科学	64 494	2 345	27.50	5 732	40.91
医学	547 943	2 072	264.45	29 855	6.94

续表

学科	中国学者开放获取发文量/篇	中国期刊开放获取发文量/篇	中国学者开放获取发文/中国期刊开放获取发文	中国期刊发文总量/篇	中国期刊开放获取发文量/中国期刊发文总量/%
兽医学	12 424	1 892	6.57	3 045	62.13
健康科学	19 588	1 676	11.69	13 779	12.16
材料科学	532 399	1 229	433.20	7 138	17.22
商业、管理和会计	42 100	968	43.49	3 247	29.81
免疫学和微生物学	100 463	954	105.31	5 767	16.54
经济学、计量经济学和金融学	28 908	625	46.25	2 332	26.80
护理学	21 206	617	34.37	6 616	9.33
决策科学	26 434	606	43.62	2 089	29.01
艺术与人文	19 145	309	61.96	5 337	5.79
牙医学	5 929	166	35.72	935	17.75
心理学	25 730	156	164.94	2 071	7.53

中国学者开放获取发文量与中国期刊开放获取发文量差距最大的 5 个学科分别是："材料科学"（433.20 倍）、"医学"（264.45 倍）、"心理学"（164.94 倍）、"免疫学和微生物学"（105.31 倍）；发文差距最小的 5 个学科分别是："多学科"（2.87 倍）、"兽医学"（6.57 倍）、"健康科学"（11.69 倍）、"数学"（14.39 倍）、"社会科学"（21.12 倍）和"神经科学"（27.50 倍）；中国期刊开放获取文章量占期刊文章总量比例最大的 5 个学科分别是："兽医学"（62.13%）、"神经科学"（40.91%）、"商业、管理和会计"（29.81%）、"决策科学"（29.01%）和"经济学、计量经济学和金融学"（26.80%）。

致谢

感谢 Scopus 中国委员会办公室在本章研究撰写过程中提供的大力支持。

参考文献

[1] Scopus. Scopus Corporate Fact Sheet [EB/OL]. (2021-12-01) [2023-08-30]. https://www.elsevier.

com/__data/assets/pdf_file/0017/114533/Scopus-fact-sheet-2022_WEB.pdf.

[2] Scopus 中国学术委员会办公室. 2021 中国学术期刊分析报告 [EB/OL]. (2022-04-06) [2023-08-30]. https://goingglobal.cnpiec.com.cn/news/info?id=75177ab24fb1469c9c76981c04ab335b.

[3] SciVal. SciVal Metric: Field-Weighted Citation Impact (FWCI)[EB/OL]. (2022-05-06) [2023-08-30]. https://service.elsevier.com/app/answers/detail/a_id/28192/supporthub/scival/p/10961/28192/.

[4] 任胜利, 杨洁, 宁笔, 等. 2022 年我国英文科技期刊发展回顾[J]. 科技与出版, 2023, 42(3): 50-57.

第四章 支撑科技期刊发展的人才队伍建设①

内容提要

近些年来，我国科技期刊人才队伍建设成效显著，人才队伍结构日近合理，人才成长路径、科学评价和激励机制日趋完善。科技期刊的发展离不开人才队伍。本章围绕支撑科技期刊发展的人才队伍建设这一核心议题，全面阐述了构成科技期刊的人才队伍的类型。从编委、编辑、审稿人、作者等不同角色，以及管理、学术、技术等不同类型的人才入手，结合问卷调查、访谈等方式，深入分析了构成科技期刊的人才体系，指出当前发展现状及存在的问题，并提出了优化人才队伍建设的对策建议。

在整个生态体系，科技期刊人才队伍体系庞大。从全产业链来看，编委、编辑、审稿人和作者是最主要的四类学术人力因素。①编委会由主编团队和编委团队构成，是科技期刊的重要专家智库，通过高效运转确保内容质量。高效的编委团队由主编、编委和青年编委等组成，保证了期刊内容的高质量。合格的编委团队应该由主编负责学术内容的全盘策划，并将任务分解给编委团队。编委团队是期刊学术质量的第一责任人，应了解科技出版的基本规律，并在编辑的配合下，主动采用各种宣传手段，对学术期刊进行宣传推广。优秀的编委团队必定是主编亲力亲

---

① 第四章执笔：刘冰（牵头）；杨蕾、何卓铭、宋梅梅、李瑞娟、刘丽英（第一节）；王贵林、潘旸、李燕丽、米然（第二节）；赵巍、高霏、付辉、邓履翔（第三节）；李苑、刘惠琴、刘晶晶、刘静雅、孙悦、刘荣（第四节）。

为、率先垂范，带动整个编委团队的全情投入和高效运转。需要强调的是，对于学者在学术共同体的兼职应当给予鼓励，高校和科研院所等主办机构应该在对学者的评价中考量这一工作，并在全社会形成共识。倡议国家新闻出版署、中国科协等科技期刊主管部门设置专项基金等，鼓励学者参与期刊高质量发展的相关研究，以提升编委服务期刊发展的能力和水平。②专业的编辑队伍，包括期刊管理人、科学编辑、出版编辑、传播人员、技术工程师、运营人员、品牌发展人员等。一个成熟的科技期刊全产业链，必定对编辑岗位进行细分，人尽其用。查询国内外具有一定规模的出版机构，已经实现岗位分工的专业化和精细化，同时又有公共岗位的共享模式。但是在大量的小型出版机构，往往是多个角色集于一身，在单刊，更加是一人多岗，完成多种工作。③审稿人对稿件进行评议，对于稿件是否接受起到关键作用，帮助主编判断稿件的质量。在一个学术共同体中，作者、审稿人往往是多位一体的。一本优秀的期刊，必然要建设高质量审稿专家数据库，对审稿人的审稿态度、速度、质量等做出定性定量的评价。审稿是学者对于学术共同体的责任，多数学者都乐于接受，也有部分学者因种种原因审稿态度不够积极。因此，对于热心审稿、审稿质量较高的学者，应该给予较高的评价。国际上已经发展出独立的第三方评审认证平台，可将审稿工作和学术评论转化为可衡量的产出。专家们可以一站式在这类平台记录他们参与的所有期刊的同行评议工作和编辑加工方面的工作贡献。④核心作者为期刊提供高质量的稿件。一本优秀的期刊，经常会对作者来源进行分析，对于符合高下载、高被引等指标的作者，编辑部会与他们保持经常性的沟通互动。大型的出版机构经常利用数据库优势发布高被引作者，以此彰显出版实力和对作者的鼓励式评价。以上作者通常被定义为期刊的核心作者，编辑部会主动了解他们的研究动态，并及时调整期刊的报道计划，以保证他们的高质量论文能持续发表在本期刊上。

在期刊生产和运营环节，编辑队伍中的管理者、科学编辑、出版编辑等不同岗位的人员通力合作，才能保障科技期刊出版的顺利完成。当前我国科技期刊在人才配置上存在着与期刊发展需要极度不匹配的问题，导致关键岗位，如刊群牵头人、全职主编、资深 IT 人员等仍然十分稀缺。因此，需要进一步完善编辑岗位的专业化分工，优化人才结构，设计合理的职业成长通道，以吸引更多优秀人才投身科技期刊事业。

总体上，科技期刊全产业链的完备发展需要管理、学术、出版、传播、运营、技术、评价等七方面的人才。管理人才主要包括多刊集群化运作的牵头人，期刊管理人（期刊社社长、期刊中心主任、单刊编辑部主任等）；学术人才主要包含：编委、审稿人、作者、科学编辑；出版人才包括图文编辑、音视频编辑、美术编辑、排版人员、知识发现与数据科学编辑、版权管理人员等；传播人才包括新媒体编辑、创意设计人员、科技新闻编辑/记者；运营人才包括品牌管理人员、法务专员、出版伦理专员、广告业务人员、发行人员、会议主管、培训专员、财务、营销专员等；技术人才包括技术总监（总架构师）、技术工程师（软件工程师、硬件工程师、运维工程师）；评价人才包括科学计量人员和学科专家，科学计量人员负责对科技期刊进行定量评价，学科专家负责对科技期刊进行定性评价。科技期刊的发展得益于各类人才的合力协作，期刊人才队伍建设不仅是科技期刊快速发展的重要任务，也是我国科研成果快速发表进而体现国际核心竞争力的迫切需求。

在发展维度，随着科技期刊功能演变和发展衍生，科技期刊战略人才作用凸显。科技期刊战略人才是在科技期刊出版与管理方面具备战略眼光和领导才能的高端专业人才，他们具有广阔的知识背景、创新思维能力、全面综合素质和跨部门合作能力，能够及时掌握国内外科技期刊发展趋势，识别和利用机遇，制定战略计划，指导和带领办刊团队有效执行发展战略，解决科技期刊建设中的复杂难题。科技期刊战略人才包括高端编辑人才，比如高水平期刊的主编、副主编以及核心编委等，科技期刊出版机构的领导管理人才，科技期刊技术平台或数字融合出版人才，科技期刊研究和评价体系相关人才，出版伦理规范研究和制定相关人才等。

科学家作为期刊创办者和要职担任者，是战略人才的核心。通过对国际办刊模式，编委会组成、职能和运作效能的对比分析并结合对国内期刊的调研，结果显示，中国科技期刊编委会规模差异大，高水平科技期刊的编委会更国际化，高层次科学家比例更高。国内科技期刊绝大多数编委为兼职，如何发挥其积极作用是重要课题。目前我国科技期刊战略人才整体仍较短缺。未来，需要进一步培育优秀战略人才，推进我国科技期刊的高质量发展。随着中国科技期刊的不断发展，一系列促进科技期刊发展的政策和指导意见发布，极大地促进了中国科技期刊领域人才的发展。中国科技期刊出版领域相关机构也在积极借鉴国内外同行的先进经验，内部挖潜与外部引进相结合，积极扩充人才队伍，从而打造适应新时代科技期刊发展趋势和方向的高水平专业化的高端办刊团队。

随着科学技术研究在全球范围内的迅猛发展，科技期刊作为科技创新和传播的重要载体，也面临着前所未有的变革和挑战。伴随着开放科学、数字化、集群化、媒体融合化、社交化等发展特征，不仅科技期刊的承载内容、出版与传播形式得到改变，也对科技期刊的从业人才提出了更高的要求。在此背景下，复合型人才，即具备多种专业知识和技能，能够跨界沟通和协作，适应不同文化和环境，创新解决问题的人才，成为国际科技期刊创办和运营中不可或缺的力量。近年来，国际科技期刊行业的从业人员岗位结构呈现出多样化和细分化的特点。除了传统的编辑、审稿、校对、排版等岗位外，还出现了数据分析师、社交媒体经理、数字出版专家、开放获取顾问、影响力评估师等新兴岗位。这些岗位不仅要求具备相关领域的专业知识，还要求具备跨学科、跨媒介、跨文化等方面的综合能力。对交叉型、多元型、创新型人才的需求，促进了人才的跨机构、跨行业流动，从过往的科技期刊间流动，走向科技期刊与其他机构或领域间的流动；一部分复合型人才从学术科研机构、政府部门、非政府组织、科技公司等转向科技期刊行业，带来跨行业经验。科技期刊服务科学共同体生态体系发展变化和技术推动期刊业态的变化，国际科技期刊领域的新兴岗位对人才的复合能力提出更高要求，复合型人才成为科技期刊发展的重要力量。目前我国科技期刊急需的复合型人才有高水平学术编辑、综合型运营编辑和资深出版人等类型，应进一步完善相关理论体系研究，系统性进行培养，打造专业化的复合型人才队伍。我国传统出版编辑在数字化转型中面临挑战，需要转变观念，加强继续教育。中国科技期刊出版与国际相比，在管理运营、技术发展、人才培育等方面仍存在差距，国家"建设世界一流科技期刊"的宏大目标为中国科技期刊出版工作、期刊复合型人才培育带来了契机。

中国科技期刊人才发展的政策环境对人才成长和队伍建设非常重要。近年来，国家在科技人才评价、期刊人才专项、继续教育、表彰奖励等方面出台了一系列政策，对科技期刊人才发展提供了有力支撑。但是薪酬待遇、职业发展路径等问题仍较突出。因此，重视编辑的职业发展，还需要改革编辑出版专业教育体系，并进一步提升科技期刊编辑职业的待遇，改善工作环境，继续完善科技人才评价机制，设立期刊人才专项，保障青年编辑在职业发展中安心、安身、安业。

第一节　科技期刊人才队伍组成及其作用

一、科技期刊人才队伍体系的宏观分类

（一）岗位分类

马克思主义政治经济学认为：人是第一生产力。在科技期刊出版中，也体现了这一规律。从科技期刊出版的全产业角度观察，编委、编辑、审稿人和作者是最主要的四类学术人力因素，他们的通力合作，是科技期刊出版顺利完成的有力保障。以下对这四种岗位分别作以概述，并对其不同的功能进行初步讨

论（图 4-1）。

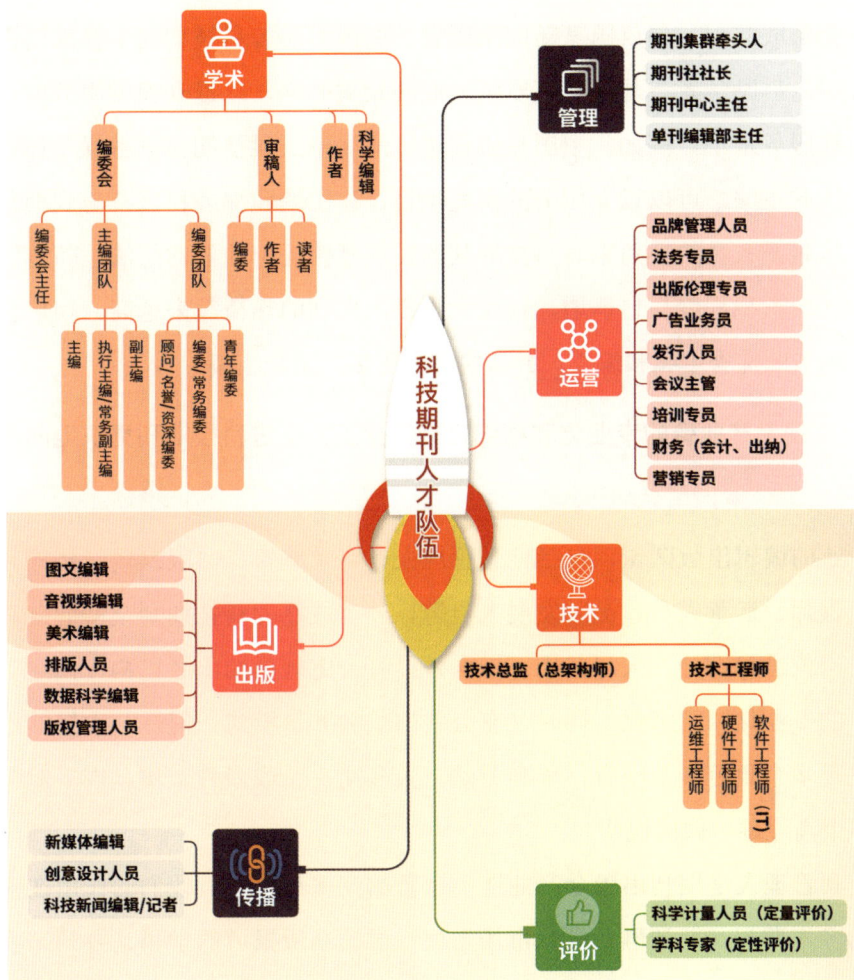

图 4-1 科技期刊人才队伍构成图

1. 组建优秀的编委团队，为打造世界一流期刊提供学术保障

高效优质的编委团队由主编、编委和青年编委等组成，是期刊内容高质量的有力保障。一个合格的编委团队应该是主编负责学术内容的全盘策划，并将任务分解给编委团队。编委团队是期刊学术质量的第一责任人，应了解科技出版的基本规律，并在编辑的配合下，主动采用各种宣传手段，对学术期刊进行宣传推广。一个优秀的编委团队，必定是主编亲力亲为、率先垂范，带动整个编委团队的全情投入和高效运转。这里需要强调的是，对于学者在学术共同体的兼职应当给予鼓励，高校和科研院所等主办机构应该在对学者的评价中考量这一工作，并在全社会形成共识。倡议国家新闻出版署、中国科协等科技期刊主管部门设置专项基金等，鼓励学者参与期刊高质量发展的相关研究，以提升编委服务期刊发展的能力和服务水平。例如，中国科协评选了两届中国科技期刊卓越行动计划入选期刊的优秀主编，可以设立相关的研究项目，让主编和编委积极参与到期刊研究中来，从科研人员的视角来对科技期刊的发展规律提出他们的想法。随着国家对科技期刊的重视程度与日俱增，科研人员投入期刊的热情越来越高，相信会涌现出越来越多的优秀主编和编委，并从中产生更多的全职主编。

2. 实现全产业链的专业化和精细化岗位分工，促进科技期刊更快地向现代出版转型

专业的编辑出版队伍，包括期刊管理人、科学编辑、出版编辑、传播人员、技术工程师、运营人员、品牌发展人员等。一个成熟的科技期刊全产业链，必定对编辑岗位进行细分，人尽其用。国内外具有一定规模的出版机构，已经实现岗位分工的专业化和精细化，同时又有公共岗位的共享模式。但是，大量的出版机构往往是多个角色集于一身，单刊更是一人多岗，完成多种工作。以下对编辑队伍的多个岗位逐一做出说明。

期刊管理人是期刊出版全产业链中运营的灵魂和核心。他们的作用在于对所管理的多本期刊（期刊群）进行市场定位，根据其所报道的学科、办刊宗旨等因素，对所属的期刊及其编委、编辑进行合理匹配，人尽其才，力求做到合理高效。他们熟悉所服务的学科和行业，具有敏锐的观察力、社会责任感和公益心，有主动的奉献意识，活跃于本领域，从某种角度来看，也是一名社会活动者。对于编委、编辑的使用，有成熟并不断更新的方式。对于管理的期刊，进行人财物的成本控制和市场发展前瞻性判断，并对期刊的主管、主办等相关上级单位负有第一责任。目前在国内很多小型出版机构，编辑部主任承担了管理者这一职责，但是并没有被赋予相匹配的责权利。相反，轻管理、重编辑的现象非常普遍，管理的作用被严重低估。管理者不仅仅是期刊生产的组织者，更应该是期刊发展规划的顶层设计者。

科学编辑在编委会的指导下，在期刊管理人的领导下，具体完成稿件的投审稿流程，帮助审稿人和作者顺利完成同行评议过程，帮助主编确定稿件的录用或退稿。这一岗位要求有一定的学术背景，熟练掌握投审稿出版流程的每个环节，并了解稿件的价值，帮助作者快速出版有价值的学术内容，并进一步加强高质量的学术内容的推广。

出版编辑在稿件定稿之后，和作者共同讨论，对稿件进行编辑加工润色，并对接排版、印刷、网络发布、新媒体传播等环节。很多小规模的出版单位往往是把科学编辑和文字编辑合二为一。

在本章所讨论的技术工程师并不是传统的编辑校对人员，而是保障传统媒体向新媒体转型中，掌握 IT 技能的专业出版技术人员，包括软件工程师、硬件工程师和运维工程师。具体描述为：具有架构计算机端、手机端的网站、软件、APP 等系统的能力，并能对本出版机构的基于互联网的传播技术进行支持，包括对论文数据进行结构化生产，支持内容的一次生产，多次利用，便利多个客户端传播。他们掌握 IT 技术，熟悉出版全产业链并了解所从事学科的特色。在国内，这样的岗位基本不会单独设置。国内也少有 IT 公司涉足出版产业。由于科技出版的小众化及专业化程度高，过高的门槛和较低的回报，投入产出的性价比倒挂，因此对于 IT 人员不具备吸引力，但是在实现新媒体转型中，这一岗位确实是非常重要的，应该得到主管、主办部门的重视。

传播人员是指将纸质的论文内容，用新媒体手段进行二次创作，生产并传播的人员，如新媒体编辑、创意设计人员、科技新闻编辑/记者等。本节所定义的新媒体包括网站、微信、微博、QQ 等社交平台。他们了解传统媒体的不足，熟练运用新媒体的各种表现手段，文字、音频、视频等，并掌握新媒体的特质，理解所服务的学科的特点。这类人员可以从科学编辑中转型或独立培养，目前国内只有少数机构设立了专职的新媒体编辑，大量工作是编辑兼职完成。国外出版机构则有专职的科学编辑，还有为数不少的独立撰稿人，为一个或多个出版机构供稿。目前理想的途径是招募更多的对科技传播感兴趣的科研人员（尤其是青年学者）作为兼职人员加入。中华医学会杂志社《母胎医学杂志（英文版）》在编委团队中专门设置了新媒体传播相关的编委岗位（Social Media Committee Member），以推进期刊的内容传播。

3. 审稿人是学术共同体中积极的参与者，是帮助编委团队完成稿件审理的关键

审稿人对于稿件是否接收发挥着关键作用，帮助主编判断稿件的质量。在一个学术共同体中，作者、审稿人往往是多位一体的。一本优秀的期刊必然要建设高质量审稿专家数据库，对审稿人的审稿态度、速度、质量等做出定性定量的评价。审稿是学者对于学术共同体的责任，多数学者都乐于接受，也有部分学者因种种原因审稿态度不够积极。因此，对于热心审稿、审稿质量较高的学者，应该给予较高的评价。国际上已经发展出独立的第三方评审认证平台，可将审稿工作和学术评论转化为可衡量的产出。专家们可以一站式在这类平台记录他们参与的所有期刊的同行评议工作和编辑加工方面的工作贡献。

4. 核心作者是期刊的宝藏

一本优秀的期刊经常会对作者来源进行分析，对于符合高下载、高被引等指标的作者，编辑部会与他们保持经常性的沟通互动。大型的出版机构经常利用数据库优势发布高被引作者，以此彰显出版实力和对作者的鼓励式评价。编辑部会主动了解核心作者的研究动态，并及时调整期刊的报道计划，以保证核心作者的高质量论文能持续发表在该期刊上。

（二）关键岗位的稀缺性人才

1. 领军人物是团队的灵魂，是整个出版团队的核心

现代科技期刊出版的全流程是团队协作的过程，只有在领军人物顶层策划并牵头，各专业岗位的配合下，才能顺利完成。因此，领军人物的作用非常突出。有了领军人物，团队工作则会目标明晰，事半功倍。如果按学术、管理、技术路线来分类，学术领军人物应是主编团队，管理领军人物应是期刊管理人（期刊社社长、期刊中心主任、单刊编辑部主任），包括目前国内风起云涌的以学科为聚集点的集群化刊群牵头人，技术领军人物应是技术总监（总架构师）。这类人才无论是在国内还是国外出版领域都是稀缺并抢手的，必须是多年浸淫在出版业，积累了大量的经验，可以类比于大型企业的职业经理人。根据国内出版界的案例分析，一些活跃的有着持续稳定的策划活动的机构，必定有 1～2 位灵魂人物，可能是主编或期刊管理人，他们就是出版的领军人物。对于这样的人才的待遇，主管、主办单位应设立专属的人才评价机制，不能简单类同于一般科研人员。不仅应给予相应的嘉奖，评价他们对于本学科和出版行业的贡献，还应该本着传承创新的思路，让他们把经验分享给整个出版界，如在设置有出版专业的院校和培训机构，可以将其聘为兼职教授，通过讲学、著书等传授、传播积累的经验。

2. IT 人员是现代出版业的重要技术支撑

IT 技术人员在国内并不少，但是由于科技期刊出版的特殊性，小众化、培养周期长、付出多、收入少、地位不高，导致大量 IT 技术人员进入这个领域的意愿不高，如果能解决收入问题，并在职称等方面给予相匹配的待遇，相信会有更多的 IT 技术人员愿意进入这一行业。这一行业的人才培养投入期虽长，但是行业较为稳定，对于有一定资历的 IT 技术人员，也是有吸引力的。

3. 设计长期的青年人才职业成长通道，有利于吸引人才和留住人才

从统计数据来分析，越来越多的青年人才进入科技期刊出版行业，对于以上所述的各类人才来说，就有了人才的蓄水池，可以因材施教。从人才进入行业发展开始，按照行业需求，结合个人兴趣，有针对性地进行高效、优质培育，包括设立人才专项、出版机构内部传帮带、自我修学等，相信很快能涌现出更多的人才满足中国科技期刊出版业发展的需求。

二、主编及编委会在期刊工作中的学术核心作用

编委会是科技期刊的重要专家智库，也是科技期刊学术竞争力的重要保障。中国科技期刊一般采用编辑部+编委会的运作模式[1]，编辑部负责科技期刊正常运

作与出版，编委会把握科技期刊办刊宗旨，确保期刊论文学术质量，引领学术潮流，导航学术方向，指导期刊可持续高质量发展。少数科技期刊会设置编委会主任岗位，一般由主管/主办单位指派或者推举产生，负责科技期刊整体出版方针的制订、审定等。一般地，科技期刊编委会由主编团队和编委团队构成。

（一）主编团队

主编团队作为编委会的核心，需要宏观指导期刊发展并领导编委会积极开展期刊工作。主编团队一般可以包含主编、执行主编/常务副主编、副主编等，主编团队对期刊的工作热情和投入程度直接决定了整个编委会的运转水平。科技期刊主编一般选取一位领域内有重要学术影响力和地位的院士/资深学者担任，全面指导办刊工作，把握期刊发展方向，是期刊在行业内最重要的一张名片。根据工作需要，期刊通常会再设置常务副主编、执行主编、副主编等若干位共同组成主编团队，协助主编全面开展期刊工作，包括根据学科发展动向制订期刊出版方针，及时开展学术策划，负责稿件审稿、组稿、荐稿，加强与行业内专家学者的联系与交流，扩大期刊影响力，推荐高水平学术人才，壮大作者队伍等。近年来新创刊的英文期刊，通常会设置中外共同主编，分别培育和拓展国内外读者和作者队伍。

根据工作模式，主编可以分为全职主编和兼职主编。目前，绝大多数科技期刊主编以兼职主编为主，少数期刊聘任科学家全职担任期刊主编，全面负责期刊的运作与发展。

1. 全职主编

以《细胞研究》（*Cell Research*）为例，编辑部聘请李党生博士担任期刊全职主编，全面把关期刊学术质量。凭借其自身的专业素养和编辑经验，真正实现了编辑和科学家的直接"对话"，不仅对科学家的科研工作提出有建设性的意见，而且帮助他们在国际顶尖期刊上发表文章[2]，甚至不少研究人员项目开题、中期报告、结题时都会邀请其参加，李主编也借此机会走访不少科研院所和实验室，通过和研究人员的面对面交流，与众多科学家建立了密切的联系，在交流过程中也无形地扩大了期刊的影响力，科学家也逐渐与期刊建立了学术联系，继而持续地与期刊产生互动。相较于编辑，全职主编在推进期刊的品牌传播方面更有优势。首先，通过全职主编在学术界的影响力可以组织策划很多高水平的热点专题，且专题的学术质量会得到很好的保障；其次，依靠其在行业内与学者之间本身的友谊，可以第一时间得知有关学者最新的科研成果，抢先一步邀请其投稿到期刊上来，再配合绿色通道抢占首发权，从而实现期刊和学者双赢；再次，利用其科学家人脉资源，在他们参加各类学术会议时，可以顺便帮助宣传期刊，相比于编辑参加各类学术会议而言，不仅大大降低了编辑部的出差等宣传成本，而且宣传效果更佳。

2. 兼职主编

兼职主编相较于全职主编，在精力投入上会略显不足，但在行业内的学术成就、学术地位和影响力方面基本都会更胜一筹。对于兼职主编而言，科技期刊主编并不是他的主责主业，因此对于期刊的投入，一般都需要编辑部来推动和引导。如何发挥兼职主编的学术优势则是编辑部进一步提升期刊学术质量和影响力的重要课题。需要充分利用其在本学科领域的认知和洞察力，在进行学术策划、组稿约稿等重要时机请其进行指导和把关，可以大大提高期刊的学术质量，甚至引领学科发展。

（二）编委团队

编委是科技期刊的核心学术资源，通常由学科领域具有较高学术水平并且愿意为期刊作贡献的学者担任。因此，如何充分发挥编委作用是提升期刊学术质量和竞争力的关键所在。从编委的不同类型和发挥不同作用的角度来划分，可以分为顾问/名誉/资深编委、编委、青年编委等。

1. 顾问/名誉/资深编委

顾问/名誉/资深编委大致属于同一类型，此类编委一般年龄偏大或担任重要行政职务，如资深院士、领军人物、学科学术带头人等[3]，且在期刊发展历史中做出过重要贡献，虽然可能由于年龄或者精力原因已退出科研一线或不直接为期刊提供事务性服务，但其在学科内仍然有非常高的影响力和凝聚力，对期刊有深厚的感情和深入的了解，通常也非常愿意为期刊出谋划策以及指导期刊长远发展。

2. 编委/常务编委

编委/常务编委是编委会的中坚力量，全面参与期刊学术质量把关和提升期刊知名度过程，如稿件处理、学术策划、组稿约稿投稿、宣传推广、政策引导、资讯收集反馈等。稿件处理方面，涵盖对投稿稿件进行初审/外审，作为专题编辑将稿件送其他学者进行同行评议，部分编委还会参与期刊定稿会/终审会，决定稿件是否最终采用[4]。学术策划方面，需要利用其在学科领域的学术洞察力，积极策划热点专题，再发挥其在学术圈的人脉关系，向知名专家学者组稿约稿甚至自行撰稿供稿，从而提高期刊学术质量。在提升期刊知名度方面，编委经常参加会议/展览等相关学术交流活动，可以及时向编辑部反馈会议信息，协助编辑部更好地对期刊进行宣传推广。学术指导和政策引导方面，编委利用其在一线的影响力和号召力，可以便利地举荐期刊申请相关项目、政策支持等，可以有效组织参与期刊主办的学术会议，甚至主动提议和策划相关学术活动，如专业学术培训、行业评选、科普/人物采访等，共同提升期刊在业内的活跃度。

3. 青年编委

青年编委是编委会的后备军和生力军。青年编委一般是年富力强、思维活跃、有较强的学术潜力且对期刊工作热心的青年专家。青年编委正处于科研成果积累和事业上升的重要时期，与科技期刊有着天然且密切的联系，因此积极参与期刊相关工作不仅有利于期刊学术质量的提升，也有利于提升青年编委自身的影响力，实现期刊和学者发展的双赢[5, 6]。青年编委利用其精力充沛、积极主动的优势，在期刊学术质量把关中可以发挥重要作用。尤其在稿件处理方面，由于其处于科研一线，对学科前沿有着非常好的把握度，在审稿过程中可以提出非常有价值的意见，对提高期刊服务水平和把控学术质量起着关键作用。一般来讲，在组稿约稿方面，青年编委也是行业内的高水平作者，无论是自行撰写高水平论文还是邀请其同行供稿，都会为期刊带来优质稿源。在期刊宣传方面，青年编委的活跃度较高，他们经常参加各类学术交流活动，为期刊宣传提供良好契机，甚至在新媒体平台、个人网站、科研圈等也可以积极宣传期刊相关内容。

编委会作为科技期刊学术质量把关的重要力量，是建设一流科技期刊的核心所在。能否激发编委会活力，充分发挥其在期刊工作中的学术核心作用，在很大程度上决定了期刊的成败，这应该是一项重要的课题。因此，需要促进编辑部与编委会的有效互动，明确编委会定位并完善管理机制体制，杜绝编委会荣誉化、挂名化，鼓励其积极发挥主观能动性，打造一个积极向上且有创造力的编委会团队，为科技期刊高质量发展保驾护航。

三、审稿专家队伍及核心作者在期刊中的作用

（一）审稿专家队伍

2010～2019 年，全球有 16 个国家发表论文超过 30 万篇[7]，面对规模庞大、涉及面广泛、地理分布多样化的研究社群，几乎没有任何编辑具有如此广泛深入的知识来审阅其所负责期刊的所有稿件。因此，邀请专家审稿人承担审稿工作必不可少。通常，审稿专家对稿件的学术水平和写作水平进行审查和判断，包括方法的创新性和科学性、意义、结论的可信度、应用前景与效益、对科研最新研究进展的了解程度以及对前人工作的引用等。据 Publons（一种同行评议系统）"全球同行评议现状报告"结果显示[8]，98%的受访研究人员认为，审稿专家是确保文献质量和完整性的重要保障。发表经过审稿专家评议过的研究论文，已经成为衡量研究人员研究成果及其影响力的关键指标。因此，建设一支优质、高效的审稿人队伍是科技期刊发展的重要保障。

1. 审稿专家库

科技期刊编辑部通常会建设一个本领域的审稿专家数据库。其中编委团队，因其对期刊定位及录用标准比较熟悉，成为最早一批为期刊保驾护航的学术把关人；但是编委数量有限，不可能涵盖所有的方向，因此大多数期刊会把在本期刊

发表论文的通信作者列为外审专家，邀请其参与审稿工作，也有审稿人是主动申请并提供简历或由编委等权威专家推荐，由编辑根据期刊要求审核后将其纳入审稿专家库。除此之外，编辑也会在参考文献的作者中筛选、利用社交网络平台寻找，或在期刊对标的期刊群体中寻找审稿人，如《仿生工程学报》（*Journal of Bionic Engineering*）借助 Web of Science 数据库，对对标期刊《生物灵感与仿生学》（*Bioinspiration & Biomimetics*）的作者群进行查询，邀请吸纳具有较高学术影响力的作者成为期刊审稿人[9]。

2. 审稿现状

无论是何种方式纳入的审稿专家，审稿往往是义务性的工作，专家工作又很繁忙，因此往往会出现拒审现象，造成这个现象最常见的原因是待审稿件超出了他们的专业领域或他们忙于自己的研究，这似乎是个需要在专注于自身研究项目与作为审稿人帮助他人开展研究之间做出决策的选择题，学术界已充分承认审稿专家的贡献，很多期刊也采取一些激励性措施，如提高审稿费、评选优秀审稿人等，进而激发审稿专家的主观能动性。特别呼吁高校研究院所鼓励学者在学术共同体中积极承接审稿工作，并对此进行相关奖励。

3. 审稿周期

审稿周期是作者及期刊都特别关注的硬性指标，也是吸引稿源的重要因素。据 Publons "全球同行评议现状报告" 结果显示[8]，审稿人完成一篇审稿的时间中位数为 16.4 天（平均为 19.1 天），其中中国和日本学者审稿较快，马来西亚、伊朗和加拿大学者审稿较慢；审稿速度随着为审稿人规定的审稿周期的缩短而加快。需要期刊运营者（编辑和出版机构）注意的是，在审稿周期持续缩短的同时，审稿人会越来越不愿意接受审稿邀请。

4. 审稿质量

在审稿专家返回的审稿报告中，质量参差不齐，有的审稿报告为作者提供客观的、建设性的反馈，并针对是否合适发在期刊上给期刊编辑提供了明确的建议，但是有些审稿报告信息量则相对很少，让作者及编辑很困惑，造成知识共享延迟。如何判断审稿意见的"质量"？这似乎是个主观性的问题，审稿"质量"可能会与审稿报告的长度、清晰度、有用性、全面性，以及审稿时间等有关，且每种期刊在意的因素及权重会不尽相同。在 Publons"全球同行评议现状报告"中[8]，选取了报告长度来衡量审稿质量，结果显示，审稿报告平均长度为 477 个单词，且影响因子较高的期刊收到的审稿报告意见更详尽、篇幅往往更长一些。

值得注意的是，目前大多数期刊似乎默认审稿人已经知晓期刊审稿要求，同意邮件邀请即可上岗，这中间少了"培训"的过程，因此造成审稿质量参差不齐的现象。期刊可以根据定位制定适合自己的评审规范和录用标准。例如，《自然》（Nature）在其期刊网站上放置了评审指南①，明确要求评审人需要从主要结果、独创性和意义、数据和方法、数据解释和结论、参考文献、上下文逻辑等方面进行审查，并且如果有超出评审人专业范围或无法充分评估的内容，评审人需要告知。国际知名出版商爱思唯尔（Elsevier）、威立（Wiley）、泰勒-弗朗西斯（Taylor & Francis）等经常在世界各地举办面向作者、读者和审稿人的讲座或培训[10]。国内科技期刊可以借鉴这些经验，制定自己的评审指南，开展适当形式的审稿培训和宣传，有意识地对评审加以引导，以期获得更高质量的学术评审。

5. 审稿人匹配

无论是专家接受审稿的意愿、审稿时效抑或是审稿报告质量，这些都与编辑部如何选择审稿专家、是否精准匹配有很大关系。编辑在选择审稿专家时，要衡量期刊的级别，规定的审稿时限、创新性评判、审稿流程等，以及稿件的学科方向、学术性、写作规范性，是否与审稿专家的学科方向、学术实力、学术身份、审稿意愿等相匹配。其中稿件学科方向与专家研究方向的高度匹配是至关重要的因素，可从科学文献和引文数据库中挖掘对口的同行评议专家，且在匹配时，不但要满足一级学科要求，还要满足二级学科要求，甚至满足多学科交叉性要求，

---

① https://www.nature.com/nature/for-referees/how-to-write-a-report.

实现稿件与审稿专家研究方向的高度匹配。随着技术的发展，审稿系统平台和第三方技术平台实现了系统的匹配推送，大大方便了编辑，节约了编辑时间。

（二）核心作者

作者作为期刊重要的组成部分，是期刊内容的提供者，其水平决定了期刊论文的质量，而核心作者群是期刊研究领域的中坚力量，发挥着重要的学科导向作用。挖掘、培养和构建期刊的核心作者群是期刊人才资源建设的重要部分，是保持期刊创新力的源泉和提升期刊核心竞争力的关键。

1. 核心作者的界定和作用

核心作者是发文量较多、影响力较大的作者。其中发文量是衡量作者对期刊贡献大小的指标，被引量、下载量是判断文章影响力的重要指标。文献计量学中，常采用普赖斯定律[11]来确定高产作者和高影响力作者。

从期刊动态发展的角度来说，核心作者群分为两种：一是已有核心作者群，即已满足高发文量和高影响力的作者集合；二是潜在核心作者群，指从事的研究领域同期刊高度关联，正在主持国家级重大科研项目、学术水平较高、研究成果前沿、产出论文多，也经常在其他同类期刊发文，但在本期刊发文很少或暂未同期刊有过直接联络的作者。

积极发挥核心作者作用，可以保证期刊源源不断地获得高质量稿源。核心作者群功能包括基本作用和拓展作用两部分。基本作用是为期刊提供源源不断的高质量稿件；拓展作用包括为期刊审稿、约稿、宣传、策划、参加期刊相关学术活动、推荐资源等，是核心作者发挥基本作用的更进一步，是核心作者以期刊主人翁身份或意识积极主动自愿来做。而能让作者做到这些，期刊对核心作者队伍的维护和建设措施必不可少。

2. 核心作者群建设路径

（1）维护已有的核心作者群

①提供优质服务，赢得作者信赖。对核心作者的稿件做到认真快速处理，如

设置绿色通道；也可利用多种信息发布平台，如微信平台或期刊网站等，加大对核心作者优秀成果的宣传力度。②与核心作者建立沟通联络机制。编辑部可根据专业方向，将核心作者群分配给各个编辑，鼓励编辑平时与核心作者积极主动联系，充分发挥他们在荐稿、审稿、宣传中的作用。③奖励贡献较多的核心作者。如设置"优秀作者奖""主编推荐奖"等奖项，获奖人选倾向核心作者群体，肯定其贡献，稳固核心作者群体。④邀请核心作者加入期刊的学术组织或机构。如邀请核心作者参与到期刊组织的学术会议组委会架构中或选取贡献较大的核心作者作为期刊编委/青年编委，完成由作者到把关人的身份转变，引导核心作者主动发挥拓展作用，辐射吸引本学科的优质文章，促进期刊的可持续发展。

（2）主动挖掘潜在核心作者群

①从同类高影响力期刊或从数据库中挖掘，以文献计量学方法，寻找高产出、高被引、高影响力作者，并发展其为期刊的核心作者群。②请现有的核心作者推荐优秀作者，作为潜在核心作者培养。③以选题策划为手段，利用组稿机会，加强与潜在核心作者的联系，进而将潜在核心作者慢慢转化为核心作者。④开设特定群体专栏或会议等吸引核心作者群。如《煤炭科学技术》开设的"青年博士学术专栏"[12]，每期刊登一定数量博士论文，增加高水平稿件的比例，吸引博士高端人才群体。⑤以论文写作知识培训为手段培养潜在优秀作者。科技论文写作培训能提高生产一线科技成果产出能力，而且使科技人员对科技成果产出特点与论文写作方法有理性的认识，也更愿意写作，为培育核心作者群提供有效途径，同时也充分展现期刊的服务水平。

值得注意的是，对核心作者的维护、培育、挖掘、吸引，除了吸引优质稿源，发挥核心作者的基本作用外，最终目的是要激发核心作者的角色拓展，完成由期刊培养到服务期刊的转变与输出。如《中国激光》副主编、国防科技大学周朴研究员，在攻读博士期间，就多次投稿《中国激光》，并在中国激光杂志社举办的多次论文写作培训中学习论文写作技能，以作者、读者的身份与杂志社保持良好的沟通与联系。后来留校任教，逐步成长为团队负责人，与杂志社的交流更加密切，并被吸纳为《中国激光》编委，担任编委期间，多次为期刊审稿、撰稿、组织专题、组织学术会议等，承担了大量期刊审稿、组稿、宣传等工作，并为期刊推荐更多青年人才，尤其在会议报告时增加期刊介绍，提升期刊影响力，可谓是"编委劳模"。由于他的突出贡献，杂志社邀请他出任《中国激光》副主编一职。在与期刊的合作中完成了多次身份转变。他也入选了中国科协青年人才托举工程，并被评为全国先进工作者。对于这类人才也需要各级主管部门给予重要的奖励。

四、不同类型的人才在科技期刊中的作用

科技期刊全产业链的完备发展需要管理、学术、出版、传播、运营、技术、评价等七个方面的人才。管理人才主要包括多刊集群化运作的牵头人，期刊管理人（期刊社社长、中心主任、单刊编辑部主任等）；学术人才主要包含：编委、审稿人、作者、科学编辑；出版人才包括图文编辑、音视频编辑、美术编辑、排版人员、数据科学编辑、版权管理人员等；传播人才包括新媒体编辑、创意设计人员、科技新闻编辑/记者；运营人才包括品牌管理人员、法务专员、出版伦理专员、广告业务人员、发行人员、会议主管、培训专员、财务、营销专员等；技术人才包括技术总监（总架构师）、技术工程师（软件工程师、硬件工程师、运维工程师）；评价人才包括科学计量人员和学科专家，科学计量人员负责对科技期刊进行定量评价，学科专家负责对科技期刊进行定性评价。科技期刊的发展得益于各类人才的通力协作，期刊人才队伍建设不仅是科技期刊快速发展的重要任务，也是我国科研成果快速发表进而体现国际核心竞争力的迫切需求。

（一）管理人才在科技期刊中的作用

管理人才在科技期刊中的体现一般是指主导多刊集群化运作的牵头人、期刊管理人（社长或中心主任）以及单刊编辑部主任。他们的作用主要体现在对期刊社（中心）整个战略规划、组织管理、多部门协同以及运营成本及收入的宏观控制，是期刊出版全产业链中运营体系的灵魂和核心。

期刊集群化是促进期刊做大做强的有效模式，符合我国期刊转型发展的需

求，刊群牵头人则是其中的核心。期刊管理人在大型出版机构由社长或中心主任担任，在小型出版单位更多由单刊编辑部主任担任这一角色。管理人的主要工作在于对所管理的单本、多本期刊（期刊群）进行学术和市场定位，根据其所处的学科、表达的宗旨等因素，对所属的期刊及其编委、编辑资源进行合理匹配，力求做到合理高效。管理者在推动期刊管理体制改革、优化期刊结构和布局方面也发挥着重要作用。

（二）学术人才在科技期刊中的作用

科技期刊在学术方面的人才，是办刊宗旨和目标定位的践行人，也是期刊学术内容建设的承担人。其中，编委团队一般由主编团队和编委组成，主编团队一般包含主编、执行主编、常务副主编和副主编。

主编是期刊发展的学术灵魂人物，其学科视野和人脉资源对期刊的发展有导向性作用，也是指导整个编委团队的掌舵人。目前国内大多数科技期刊的主编均是由学科领域内一位知名科学家担任，且多为兼职。为了发挥主编团队的职能，有越来越多的期刊倾向于增加执行主编或副主编职位来分担和协助主编的工作。执行主编或副主编团队大多为领域内杰出的中青年科学家，他们有更充沛的精力和活跃的态度为期刊做具体的工作，如期刊发展方向指导、策划专题、终审把关等。其他编委人员是从期刊发展角度考虑年龄层次互补、学科分布合理、编委所在地均衡等因素遴选组织的有机团体，在审稿、投稿、组稿、宣传、期刊订阅和会议组织等各方面全方位支持期刊工作。

审稿人是期刊论文同行评议的执行者，审稿人制度对于提高学术期刊质量、维护学术公平的重要意义毋庸置疑，也是期刊学术权威性必不可少的保障制度。审稿人一方面通过送审的论文熟悉期刊，另一方面可以了解本领域同行工作的最新进展，两者方面相得益彰。

期刊的发展离不开作者的输血，核心作者是与期刊关系密切、互动频次高且可持续发展的优秀作者资源。具体表现在发表论文的高数量、高下载、高被引以及高影响力。这部分作者也是期刊需要团结和把握的核心力量，抓住了核心作者，既可以吸引他们的优秀研究成果，也可以发挥他们反哺期刊的作用。

科学编辑作为期刊科学内容的具体策划和执行者，既是作者和审稿人之间的沟通桥梁，同时也担负着与编委会交流互动、促进编委会发挥指导办刊的作用。特别是期刊的责任编辑，更肩负期刊发展规划、稿源组织、学术质量把关的重要责任。

（三）技术/传播/运营等专业人才在科技期刊中的作用

期刊的全产业链发展离不开编辑以外的各种专业人才（技术/传播/运营）做保障和支撑。

技术工程师指的是利用专业技术（主要指计算机技术）来保障传统媒体向新媒体转型中，出版内容实现数字化传播的专业出版技术人员。主要包含软件工程师、硬件工程师和运维工程师。软件工程师遵循总架构师的发展思路，依据出版的数字化需求构建数字化平台；硬件工程师主要发挥维护设备、网络和服务器等硬件设备的作用；运维人员可以理解为技术编辑与期刊编辑的联络人，期刊编辑的数字化需求通过运维人员向软件、硬件工程师反馈，实现需求对接和跟进，更有利于降低多工种编辑之间的沟通成本。目前多数期刊出版社/中心鲜有专职的技术编辑，特别是优秀的总架构师和技术精湛的 IT 技术人员。例如，中国激光杂志社设置有总架构师岗位，并形成了层级分明的技术团队，其核心数据库都是由这一团队自主开发，拥有独立知识产权，而国内绝大部分编辑部的数字化工作都依赖外包方承担。

随着各种融媒体手段的兴起，传播人员应运而生，一般分为新媒体编辑和创意设计人员、科技新闻编辑/记者。新媒体编辑利用多样化的表达方式（图片、音频、视频等）将多元化的内容在丰富化的新兴媒介（微博、微信、门户网站等）上展现，提高期刊内容的传播力，也能与作者建立直接生动的沟通渠道。新媒体编辑除了需要掌握各种新媒体技术的使用技能，还需要有深度挖掘内容的内涵及价值的素养以及关注时事和科研热点，引导舆论关注的新闻策划能力。通过多种信息化数字化渠道，新媒体编辑将原本只能在纸质媒介传播的抽象的文字内容转化为可读性强、互动性强、传播力广的内容，满足了快节奏下人们可视化、通俗化、碎片化的阅读需求。创意设计人员负责对科技期刊品牌和周边进行创意设计，促进传播以及提升期刊品牌影响力。科技新闻编辑/记者对科技期刊相关内容与资讯进行新闻报道，以便大众能够了解和关注科技期刊的重要进展。

运营人员位于整个期刊出版全产业链的末端，论文出版后并不意味着生命周期结束，营销编辑将接过出版的接力棒，对期刊进行发行和宣传，还可以以广告、会议、培训、展会等形式汇聚各领域同行来进行交流和合作，进一步构建学术社区，深化期刊出版服务于学科发展。其他运营活动，还包括期刊品牌、出版伦理规范、法务、财务等相关运营活动。

（四）出版人才在科技期刊中的作用

出版人才主要包含图文编辑、音视频编辑、美术编辑、排版人员、数据科学编辑、版权管理人员等，他们直接参与出版的全链条工作。

图文编辑是期刊发展历程中历史最长的一个岗位，他们按照国家相关质量标准，处理期刊刊载论文的内容结构、编校文字与图表、把控印刷出版流程等。文字编辑的工作是论文公开规范发行的保障，虽传统但有重要的存在意义。音视频编辑负责新媒体时代科技期刊内容的整理、剪辑等，实现二次传播。美术编辑对数字化内容形象化展现提供设计思路和技术支持，助力抽象的科技论文内容被更广泛化、科普化传播。排版人员负责对科技期刊内容、封面等进行排版设计，使内容更加适合阅读和传播。数据科学编辑是对科技期刊论文数据进行结构化处理，甚至包括语言、图像、视频等，通过统计分析、数据可视化等方式进行不同维度地呈现，为平台提供知识服务打下坚实的基础。版权管理人员是对科技期刊论文相关著作权进行授权和审查，既需保护科研人员的知识产权，又要协调作者、读者与出版物以及不同平台之间的权益关系，促进科学传播健康发展。

（五）评价人才在科技期刊中的作用

评价人才主要包括科学计量人员和学科专家。科学计量人员主要负责对科技期刊进行数据挖掘、文献计量分析、定量评价。学科专家根据科技期刊在学科领域的品牌、声誉和认可度进行定性评价。通过定量评价和定性评价相结合，从而可以有效表征科技期刊的影响力和发展情况。

（六）科技期刊紧缺人才及培养策略

随着中国科技水平的不断提高，科研人员和管理部门越来越重视科研产出的质量，并积极融入世界科技交流大环境，创新成果也更倾向于发表在高影响力和高权威性期刊。每年中国作者在国外期刊的发文量逐渐增长，国内科技期刊的出版能力不能满足我国科技成果交流日益增长的需求。出版能力的提升在很大程度上依赖于出色的科技期刊人才队伍，目前中国科技期刊出版方面的人才在管理方面主要缺少期刊集群化的牵头人；从学术人才来看主要缺少有影响力的全职主编、优秀出版人；技术方面主要缺少资深 IT 技术人员。

1. 刊群牵头人

科技期刊集群化是期刊产业做大做强的重要途径。2023 年，我国公开发行科技期刊 5163 种，涉及 1343 个主管单位、3775 家第一主办单位和 4452 家出版单位，每家主管单位平均拥有 3.84 种期刊、主办单位平均拥有 1.37 种期刊、出版单位平均拥有 1.16 种期刊，拥有 5 种及以上期刊的出版机构仅有 19 家。这种期刊管理模式一定程度上影响了期刊的集约化发展，另外期刊集群化发展的困境与缺乏优秀的刊群牵头人不无关系。刊群牵头人的特质既要包括卓越的管理能力和领导能力，也要求其所在团队有优秀的典型代表期刊，更要求其具备服务科技期刊发展的社会责任担当和公益心。将科技期刊集约化作为科技期刊改革的突破口，以项目资助形式选拔一批优秀的刊群牵头人，更有助于中国科技期刊抱团取暖，建设有影响、有特色的刊群。

2. 全职主编

目前国内的大多数期刊均是领域内知名科学家做兼职主编，主编的主要精力仍集中在自己的科研任务，很难有时间和精力为期刊全面谋划发展大计。科技期刊界的旗帜《自然》征服世界，其极为出众的主编团队功不可没。这支主编团队由 1 名主编与 2 名执行主编组成，3 人都有博士后工作经验，而且在《自然》全职工作。期刊主编对科学家的学术能力和行业知名度都有较高要求，专职主编职位更适于从学术界资深（德高望重）的科学家里产生，资深科学家在科研界的社会知名度已有一定积累，如果能在政策层面提高期刊全职主编的待遇以及其在行业的影响力，相信能鼓励和吸引更多权威科学家来期刊做全职主编。

3. 资深 IT 人员

数字化出版是现代出版业的重要技术支撑，所有数字化传播方式都需要 IT 人员来实现，目前大部分期刊出版单位的数字化建设工作都采取外包方式。科技期刊出版有其特殊性，小众化、人才培养周期长，付出多、收入少、地位不高这些因素都在阻碍 IT 专业人员投身出版领域，资深 IT 工程师更是无意愿加入。资深 IT 编辑除了帮助科技期刊构建期刊数字化生态系统，科技期刊也依据数字化技术不断自我更新和造血。若科技期刊出版业可以提供更好的薪资待遇、福利条件和晋升渠道，相信会吸引优秀的 IT 人员踊跃加入。

第二节　科技期刊战略人才现状与建设[①]

科技期刊战略人才是指在科技期刊出版与管理方面具备战略眼光和领导才能的高端专业人才，他们具有广阔的知识背景、创新思维能力、全面综合素质和跨部门合作能力，能够及时掌握国内外科技期刊发展趋势，识别和利用机遇，制定战略计划，指导和带领办刊团队有效执行发展战略，解决科技期刊建设中的复杂难题。科技期刊战略人才包括高端编辑人才，如高水平期刊的主编、副主编以及核心编委等，科技期刊出版机构的领导管理人才，科技期刊技术平台或数字融合出版人才，科技期刊研究和评价体系相关人才，出版伦理规

---

① 感谢在本节撰写过程中参与调研并反馈宝贵意见的各位专家，具体名单如下（排名不分先后）：杨蕾总经理（《中国激光》杂志社有限公司）；魏均民社长兼总编辑（《中华医学杂志》社有限责任公司）；龙杰副总编辑、孙莹博士后（高等教育出版社有限公司）；钱九红总经理[有科期刊出版（北京）有限公司]；肖宏副总经理（同方知网）；黄延红常务副总经理（北京中科期刊出版有限公司）；张月红编审（浙江大学）；刘筱敏研究员（中国科学院文献情报中心）。

范研究和制定人才等。

本节从国际科技期刊创办和发展历程入手，分析以科学家为代表的科技期刊战略人才的核心引领作用，并介绍科技期刊发展过程中衍生的其他科技期刊战略人才的类型和功能，然后从办刊模式，编委会组成、职能和运作效能，国际编委的作用等角度分析科学家参与中国科技期刊建设的机制与现状，最后针对科技期刊战略人才建设提出建议。

一、科技期刊战略人才的引领作用与功能演化

（一）科技期刊战略人才的引领作用

科技期刊是学术交流的产物，也是科学家交流的主要正式途径，为科学家以及整个科学社群服务，是学术交流体系中的重要组成部分。科技期刊的诞生源于科学家私人信件的交流无法满足科学家们及时广泛地获取最新的成果[13]，其本质是为科学家服务和提供交流平台，因此科学家是科技期刊的核心。科学家在科技期刊中承担着不同的角色，其中最重要的是创办期刊和担任主编或编委，因而成为科技期刊战略人才的核心组成部分，在科技期刊发展中起着战略引领性作用。

早期的科技期刊，如世界上最早的科技期刊《学者杂志》（*Journal des Sçavans*）和《哲学汇刊》（*Philosophical Transactions*）[14, 15]，几乎都是由科学家或者与科学家联系密切的群体创办的。《哲学汇刊》由英国皇家学会当时的首任秘书亨利•奥登伯格（Henry Oldenburg）创办，奥登伯格曾获得神学硕士，同时也以外交官和自然哲学家著称，他同时也是英国皇家学会的首批会员和理事会理事。奥登伯格通过创办的《哲学汇刊》，在学术信息交流的演变和学术讨论的开展，学会的建立和理念的传播，学术期刊的创立，优先权的确立以及同行评审制度的建立等科学的制度规范方面做出了开创性的历史贡献[16]。早期的一些著名专业学术期刊也是由科学家独立创办或参与创办的。例如，1869 年创刊的《自然》杂志首任主编约瑟夫•诺尔曼•洛克耶（Sir Joseph Norman Lockyer）是一位天文学家，也是元素氦的发现者之一，他担任《自然》主编的时

间长达半个世纪直到去世[17]。1880 年，著名发明家托马斯•爱迪生（Thomas Edison）与新闻记者约翰•迈克尔斯（John Michels）联合创办了《科学》杂志（*Science*）[18]。《自然》和《科学》如今已成为世界权威的学术期刊代表。芝加哥大学物理系教授爱德华•尼科斯（Edward Nichols）和欧内斯特•梅里特（Ernest Merritt）于 1893 年创办了《物理评论》（*Physical Review*）[19]，这是美国第一份物理学专业期刊。《物理评论》后来衍生出一系列期刊，其中《物理评论快报》（*Physical Review Letters*）如今已成为世界物理学界公认的最高水平期刊。

《柳叶刀》（*The Lancet*）主编、《柳叶刀》系列期刊出版人 Richard Horto 对《柳叶刀》系列杂志的发展起了决定性的布局和推动作用。他 1986 年获得伯明翰大学的生理学和医学学士学位。1990 年加入《柳叶刀》，1993 年赴纽约担任《柳叶刀》北美地区编辑，1995 年担任《柳叶刀》总编辑。《柳叶刀》作为世界顶级医学学术期刊，其创刊的初心是"最好的科学创造更好的生活（The best science for better lives）"。Richard Horton 自 1995 年开始担任《柳叶刀》主编以来，在秉承创刊初心推动医学发展的基础上，也以《柳叶刀》品牌为核心的刊群建设作为其办刊理念。

为实现这一目标，在第一阶段，首先推出了 3 本子刊：《柳叶刀–肿瘤学》（*The Lancet Oncology*）、《柳叶刀–感染病学》（*The Lancet Infectious Diseases*）和《柳叶刀–神经病学》（*The Lancet Neurology*）。

第二阶段，扩展涵盖更多专业领域，创办了 16 本子刊，《柳叶刀–儿童青少年健康》（*The Lancet Child and Adolescent Health*）、《柳叶刀–糖尿病与内分泌学》（*The Lancet Diabetes and Endocrinology*）、《柳叶刀–数字医疗》（*The Lancet Digital Health*）、《柳叶刀–胃肠病学和肝脏病学》（*The Lancet Gastroenterology and Hepatology*）、《柳叶刀–全球健康》（*The Lancet Global Health*）、《柳叶刀–血液病学》（*The Lancet Hematology*）、《柳叶刀–老龄健康》（*The Lancet Healthy Longevity*）、《柳叶刀–艾滋病》（*The Lancet HIV*）、《柳叶刀–微生物》（*The Lancet Microbe*）、《柳叶刀–星球健康》（*The Lancet*

Planetary Health）、《柳叶刀–精神病学》（*The Lancet Psychiatry*）、《柳叶刀–公共卫生》（*The Lancet Public Health*）、《柳叶刀–呼吸病学》（*The Lancet Respiratory Medicine*）和《柳叶刀–风湿病学》（*The Lancet Rheumatology*）。其中部分是金色开放获取期刊，部分是订阅和开放获取混合型期刊，分别于 2014 年和 2018 年共推出两本综合性医学金色开放获取科学期刊：*eBioMedicine* 和 *eClinicalMedicine*。

第三阶段，自 2020 年从全球覆盖范围细分至区域覆盖范围，推出《柳叶刀–区域健康》组刊，包括：《柳叶刀–区域健康（西太平洋）》（*The Lancet Regional Health–Western Pacific*）、《柳叶刀–区域健康（欧洲）》（*The Lancet Regional Health–Europe*）、《柳叶刀–区域健康（美洲）》（*The Lancet Regional Health–Americas*）和《柳叶刀–区域健康（东南亚）》（*The Lancet Regional Health–Southeast Asia*）。近期也将推出针对中东和非洲地区的《柳叶刀–区域健康（中东）》和《柳叶刀–区域健康（非洲）》。

2022 年，《柳叶刀》首次超越《新英格兰医学杂志》，在 JCR 全科和内科类期刊中排名第一，影响因子从 2020 年的 79 上升至 2021 年的 202。原因之一是新冠疫情期间《柳叶刀》刊登了疫情相关重要的科研论文，包括第一个发表针对 SARS-CoV-2 感染的疫苗（牛津–阿斯利康疫苗）随机试验结果；但更重要的原因是《柳叶刀》在 Richard Horton 主编的带领下，25 年来一直坚守期刊发展的最终目标，并践行以目标为方向的期刊发展策略。

主编是科技期刊最核心的内容决策者，在科技期刊早期甚至也是科技期刊的直接管理者（包括期刊运营）。很多具有悠久历史的百年大刊，其主编均由当时权威或极具影响力的高水平科学家担任，这些主编确立了期刊的定位和宗旨，期刊在这些科学家的管理下带有非常鲜明的特色，也由此开启了快速发展的时期，奠定了在各自领域中的重要地位。科技期刊组建编辑委员会以对科技期刊的内容质量进行把关是科技期刊运行的重要环节。编委会是科技期刊赖以生存的学术基础，是保障科技期刊学术水平和调动学术资源的重要机制。科技期刊的学术质量和影响力在很大程度上取决于编委会的作用，编委的身份是科学家的一种社会责任，期刊编委会成员都是领域内的知名及活跃科学家，借助期刊平台发现、培养青年科研人员，提升期刊的质量与影响力，为期刊的建设与发展做出贡献，也是编委义不容辞的责任[20]。

此外，科学家还通过社会化组织向期刊提供有关出版和编辑政策的合理化建议，保障学术期刊的规范化发展。国际出版机构基于长期的出版运营以及与科学家的密切沟通，发布完善的有关主编、编委、审稿专家的职能和作用方面的编辑政策。包括施普林格•自然（Springer Nature）、爱思唯尔、泰勒-弗朗西斯、威立在内的国际主流出版机构对科学家在科技期刊中担任的各种角色有明确划分和职责描述。如爱思唯尔在其编辑出版政策中明确指出，编委的职责包括审查提交的稿件，就期刊宗旨和定位提供建议，确定专刊主题，吸引新的作者和投稿，推广，以及处理学术不端等[21]。随着科技期刊数量的不断增多和学术不端事件的频发，相应的学术组织也应运而生，国际出版伦理委员会（Committee on Publication Ethics，COPE）[22]于 1997 年成立，由时任《肠道》（*Gut*）期刊的主编 Mike Farthing 召集医学期刊编辑组建，此后 COPE 成为出版伦理领域影响最大的开放性社会组织，期刊主编、编委和编辑都可加入。COPE 致力于倡导与建立学术出版伦理规范，为出版从业者提供出版伦理方面的指导，从而促使出版规范成为出版文化的一部分。COPE 核心实践从界定科研失信行为、作者署名、利益冲突、知识产权、期刊管理、同行评审等十大方面对出版实践进行规范，帮助出版从业者及相关利益群体维护学术研究与出版的透明及学术诚信。

（二）科技期刊战略人才的功能演化

科技期刊的战略人才虽然主要集中于把控学术内容的编辑人才上，但是随着科技期刊的不断发展，科技期刊战略人才也在不断演化和延伸，目前已经衍生出期刊管理和品牌发展、市场营销人员，期刊出版传播平台技术和文献索引数据库开发人员，期刊评价体系研究和服务人员，以及出版规范和伦理政策的制定和研究人员等多种类型。

随着 20 世纪中后期科学技术的快速发展和科研产出的暴发性增长，科技论文数量也急剧增长，促使科技期刊不断扩容，不可能再紧紧依赖数量有限的科学家来管理和维护学术期刊，因而逐渐派生出期刊管理和品牌经营岗位人才。如《自然》自创刊初期由麦克米伦出版社出版了一个多世纪，逐步发展扩充成为自然出版集团。在过去 30 年里，自然出版集团实施了一系列市场化运营策略，特别是自1992 年实施独立编辑团队管理品牌期刊的措施后，到 2020 年已先后创办了 34 种衍生期刊。这些新创办的期刊很快在短时间内即获得了很高的影响因子和靠前的学科排名，使《自然》及其衍生期刊成为期刊品牌资产的一个典型例子[23]。虽然自然出版集团已经形成规模庞大的期刊管理和市场运作团队，但是期刊的品牌内容管理仍由编辑负责。《科学》在其第四任主编詹姆斯·麦卡恩·卡特尔（James McKeen Cattell）收购并运营了 50 年之后，由美国科学促进会（American Association for the Advancement of Science，AAAS）接手成为主办者，但学会只提供经费，不直接管理期刊，期刊实行出版管理、学术编辑和市场营销"三权分离"，管理人员负责管理，编辑人员负责编辑业务，营销部门负责经营品牌，相互之间不进行交叉[24]。另外两种国际顶尖品牌期刊《细胞》（Cell）和《柳叶刀》（The Lancet）都隶属于爱思唯尔，但是其运作模式也是编辑内容独立，商业运营由专职部门负责，各司其职。这些国际知名出版机构的成功案例，都离不开眼光卓著的期刊管理者的经营理念和采取的运营策略。尽管以营利为目的的商业模式并非学术出版的重要考量要素，甚至受到一些学者的质疑和批判，但是以《自然》为代表的期刊运营模式，已被世界各大出版商纷纷效仿，我国的优秀期刊一直以来也在向《自然》借鉴经验。中国科技期刊的市场运行机制尚不完善，规模也与国际主要期刊出版机构有较大差距。但是近年来在期刊集群化建设方面也做了一些探索和尝试，最具代表性的是科学出版社。经过多年改革与发展，科学出版社旗下已经形成《中国科学》杂志社、期刊发展中心、科爱（KeAi）等多个涉及科技期刊出版业务的分支机构或子公司，成为我国最大的科技期刊出版机构。这些进步离不开经营管理领导层与时俱进的期刊经营理念和创新意识。

随着 20 世纪末和 21 世纪初计算机和互联网技术的飞速发展和普及，科技期刊的传播更加便利和快速，科技期刊发展进入了新的阶段。在科技期刊发展和壮大的过程中，逐渐派生出一些新的课题，最主要的有三个方面——期刊出版传播数字网络平台、期刊论文数据库检索、出版伦理规范。期刊出版传播数字网络平台的早期开发，为爱思唯尔、施普林格•自然、威立、泰勒-弗朗西斯等国际主要出版机构发展壮大、形成规模化优势创造了条件。除了期刊网站和传播平台的建设，在线投审稿系统的开发也成为科技期刊必不可少的一个环节，其中ScholarOne Manuscripts[25]和 Editorial Manager[26]是目前国际期刊使用最多的两大投审稿系统。这些期刊出版传播平台和投审稿系统工具的建设和完善，为科技期刊的运作提供了基础保障，其背后离不开众多软件程序开发和数字技术人员的贡献。例如，Elsevier 全球 8000 多名员工中，2500 多名为技术人员。因此，这些掌握期刊出版相关核心技术的人员，他们具备深入了解用户需求的能力、掌握海量内容和数据能力、强大的技术能力，也是科技期刊产业中的重要战略人才。

对于期刊论文检索的需求，催生了以科学引文索引（Science Citation Index，SCI）为代表的期刊文献检索数据库的发展。SCI 由美国科学信息研究所的尤金•加菲尔德（Eugene Garfield）于 1957 年在美国费城创办。经过几十年的发展和完善，SCI 已成为文献计量学和科学计量学的重要工具，而且也成为国际上被公认的用于科学研究成果评价的重要依据，对世界科技期刊的发展产生了深远的影响。除了 SCI，国际上主要的科技期刊引文检索数据库还有工程索引（The Engineering Index，EI）、科技会议录索引（Index to Scientific & Technical Proceedings，ISTP）、Scopus 等。通过学习借鉴国外期刊引文数据库的经验，我国也先后成立了一些专门的文献情报研究机构，并开发了一些科技期刊数据库，其中最具代表性的有北京大学图书馆的中文核心数据库、中国科技论文与引文数据库（CSTPCD）、中国科学引文数据库（CSCD）。基于这些国内外的论文检索数据库，一批从事文献计量学和科学计量学的研究人员针对科技期刊的科学传播规律与评价体系展开了系统研究，对于指导和引领中国科技期刊发展发挥了重要作用。

科技期刊出版须严格遵循科技伦理规范，确保科技论文符合科技伦理要求。出版伦理规范建设贯穿于期刊学术出版流程，是科技期刊质量管理体系的重要组成部分[27]。政府、编辑行业学术组织和期刊出版机构都对科技期刊出版伦理规范非常重视。科技期刊出版过程中的出版伦理规范主要涉及的内容包括科研诚信规范、作者署名规范、伦理审查和知情同意规范、利益冲突规范、数据共享政策、撤稿规范等。科技期刊出版规范一般由科技期刊出版机构或编辑出版行业组织研究制定，但具体落实尚需要除期刊出版机构之外的科研机构、科研管理机构、资助机构、媒体和社会公众等多方主体共同参与和治理。鉴于科技期刊出版伦理规范对于维护科研诚信和科技伦理规范的重要性，出版伦理规范的研究和制定者，从某种意义上可以对科技期刊的发展起到规范和引领的作用。

二、科学家参与中国科技期刊建设的模式与现状

科技期刊本质是为科学家服务和提供交流的媒介，因此科学家是科技期刊的核心。作为科技期刊战略人才的主体，科学家也在科技期刊中承担着不同的角色。本小节结合国内外科技期刊的办刊模式，归纳和讨论了科学家在中国科技期刊建设和发展中所发挥的作用。

（一）中国科技期刊的办刊模式

1. 国际学术期刊的办刊模式

主编是科技期刊最核心的内容决策者，早期的国际学术期刊主编普遍由当时权威或极具影响力的高水平科学家担任。经过 350 余年的发展，科技期刊除了发挥学术传播的功能，也引入了商业机制和市场运作的理念，特别是对于国际主要科技期刊出版机构，其市场运作和品牌运营机制日益完善。根据主编是否为期刊的全职员工以及稿件的处理流程，逐渐形成了以顶尖期刊品牌[CNS（指 *Cell*、*Nature*、*Science*），*The Lancet* 等]为代表的全职科学编辑（In-House Professional Editors）或全职科学编辑+编委会模式，以及以国际出版商、学协会和大学出版社等为主的兼职编辑（Academic Editors）模式，即编委会＋出版人（Publisher）的模式[1]。

全职科学编辑模式是在全职主编或执行主编带领下，由全职科学编辑全程处理稿件，直接决定稿件是否可发表，无需编委会终审，并由科学编辑决定期刊发

展方向的办刊模式。这种模式下，全职主编不仅能够将更多的时间和精力投入期刊工作，他们大多也将期刊发展作为自己的主要事业，有利于期刊的高效运作。但这种模式需要科学编辑全面负责期刊的学术内容，因而对于全职科学编辑的学术背景要求非常高。例如，CNS 的科学编辑都是拥有博士学位并在所从事的研究领域卓有成就的专家，在专业领域内的学术水平保证了编辑能够对稿件的学术质量进行比较客观的评估。

可能是由于全职科学编辑人才的不足，国际上大多数出版商、学协会和大学出版社的科技期刊采取了兼职编辑，即编委会＋出版人的模式。这种模式下，期刊组建由科学家兼职主编和编委的专门编委会，负责学术内容筛选，期刊出版机构设有出版人或编辑部负责协调稿件录用后的生产和宣传工作。

2. 中国科技期刊的办刊模式

由于中国科技期刊起步较晚，办刊模式很大程度上是基于学习国外学术期刊经验的基础上形成的，目前主要有编委会责任制和编辑部责任制模式，也有少量期刊采取全职科学编辑的模式[1]。

编委会责任制模式是编委会全程参与稿件处理的模式，即编委会负责学术内容筛选，编辑部负责录用稿件的后端生产和宣传。在稿件评审过程中，主编或编委是主导者。期刊来稿经编辑部初筛（主要是形式筛查）后直接分配给编委会成员，由编委会成员负责稿件的初审、同行评审和评审后的决定等，主编或编委根据期刊发展目标和规划筛选稿件。在编委会责任制办刊模式中，主编或编委亲力亲为，主编及编委的学术理念很容易通过期刊反映出来。

编辑部责任制模式下，编辑部负责对稿件初审，外送同行专家评审，并根据审稿意见对稿件进行复审，编委会负责稿件终审。也有些期刊编委会完全不参与稿件处理。编辑部督促稿件审理的所有环节，并与作者沟通联系。编辑部全面负责期刊的编辑出版工作，对期刊政策、出版规范以及期刊指标数据比较关注，能根据环境的变化和期刊的发展及时提出改进的建议。然而，当前我国大部分编辑部成员的学科背景和学术把控能力还无法与 CNS 等国际大刊的科学编辑相比，缺少编委会在稿件处理方面的参与，不利于对期刊内容质量的把控，也不利于主编及编委学术理念的反映和传播。

我国大部分英文科技期刊的运行机制采取的是"编委会+编辑部"办刊模式，编委会是期刊的学术指导机构，编辑部是工作执行机构，双方分工明确，各司其职。而中文科技期刊采用编辑部责任制的较多。少数英文期刊借鉴 CNS 的全职科学编辑模式，由科学编辑主导办刊，如《细胞研究》采用全职科学编辑办刊后，短期内即变成了国内外颇有影响力的期刊，借助期刊组织开展学术交流等活动，期刊与学术活动齐头并进，发展势头迅猛。

（二）科学家对科技期刊发展的支撑作用

1. 中国科技期刊编委会的人员构成现状

编委会是科技期刊人才队伍中最重要的组成部分，对于期刊的学术水平和影响力一般发挥着决定性的作用。中国科技期刊的编委会体制，主要也是借鉴了国外学术期刊的办刊模式。编委会的职能设置及其成员的学科组成、地域分布和学术水平等因素都会对期刊发展带来不同的影响。除了编委会成员的学术水平和声誉，编委会人员的组成差异化、学科分布合理性、地域分布多元化，也是国内外数据库在遴选期刊时考虑的重要因素[28]。本小节对中国科技期刊的编委会职位设置、成员规模和学术水平进行了分析研究，关于编委会的国际化，后面再详细阐述。

（1）编委会职务设置

根据职能的不同，科学家在期刊编委会中的任职主要分为决策层、执行层和顾问。在编委会决策层，科学家担任的具体职务主要是主编、共同主编、常务副主编、执行主编、副主编、领域主编、编委会主任/主席、青年编委会主任/主席等；在编委会执行层，科学家担任的具体职务主要是编委会成员（编委）、青年编委会成员（青年编委）等；编委会中的顾问成员则包括荣誉或荣退主编/编委，顾问编委等。有些综合类期刊涉及的学科较多且专业跨度比较大，如《国家科学评论》（*National Science Review*）和《科学通报》（*Chinese Science Bulletin*），还按照大类学科领域设分学科编委会。有些期刊为了扩大国际影响力及知名度，还聘请了国际编委或境外编委，甚至专门设立了境外编委会或境外编辑部。通过以上不同的职能划分，科学家在编委会中的不同职务上充分发挥各自的职责，从期刊内容建设、影响力建设以及社会资源争取三个维度共同推动期刊的建设和发展。

通过对中国科技期刊卓越行动计划领军期刊和重点期刊编委会职务构成的调研发现，期刊编委会中对于科学家的任职名称多达近 80 个。表 4-1 汇总了这些期刊网站上列出的不同角色编委的英文名称。不包括编委职务的中文称呼，这些编委职务的名称可谓五花八门，对同一种角色也有多种不同的称呼，未来有必要规范科学家在期刊中的任职名称。

表 4-1　不同编委职务的英文名称汇总

编委层次	编委职务	英文名称
决策层	主编/共同主编	Academic Directors, Chief Editor, Chair, Chairman, Editor-in-Chief, Editors-in-Chief, Co-Chief-Editors, Co-Editor-in-Chief, Co Editors-in-Chief, Editor General
	副主编/领域主编	Associate Editor-in-Chief, Associate Editors-in-Chief, Associate Editor, Associate Editors, Deputy Editor-in-Chief, Deputy Editors-in-Chief, DEPUTY CHIEF EDITORS, Deputy Editor, Deputy Editors, Vice Editor-in-Chief, Vice Editors-in-Chief, Vice-Chair, Vice Chairman, Section Editors
	执行主编/副主编	Executive Editor-In-Chief, Executive Editors-In-Chief, Co-Executive Editors-in-Chief, Executive Associate Editors-in-Chief, Executive Editor, Executive Editors, Executive Managing Editor
执行层	主编助理/助理编辑	Assistant to the Editor-In-Chief, Editorial Assistant to Editors-in-Chief, Assistant Editor, Assistant Editors, Assistant Subject Editors, Editor Assistant, Editorial Assistant
	编委	Editor, Editors, Editorial Board Member, Editorial Board Members, Editorial Committee Members, International Members of the Editorial Committee, Members, Members of Editorial Board
	青年编委	Early Career Board Members, Early Career Editorial Board, Members of Youth Editorial Board, Young Editorial Board, Young Editorial Board Members, Youth Editor, Youth Editors, Youth Editorial Committee, Young Members, Young Scientist Committee
顾问	名誉主编/编委	Editor-in-Chief Emeritus, Emeritus Editor, Honorary Chief Editor, Honorary Editor in Chief, Honorary Editor-in Chief, Honorary Editor-in- Chief, Honorary Editors-in-Chief, Honorary-Editors-in-Chief, Honorary Members of the Editorial Board
	顾问/荣誉编委	Academic Consultants, Advisory board, Advisory Board Members, International Advisory Board, International Advisory Board Members, Consultant, Members of Advisory Board, Senior Editorial Advisor（SEA）to Editor-in-Chief

（2）编委会人员规模

由于中国科技期刊的学科差异性大，办刊规模有大有小，编委会的规模差异也非常大。据统计，中国科技期刊卓越行动计划的 286 种期刊共有编委 26 911 人次（不排除一人在多个期刊编委会任职的情况），刊均编委人数为 94 人。编委会人数在 50 人以下的期刊有 44 种（占 15%），50～99 人的期刊有 136 种（占 48%），100～199 人的期刊有 94 种（占 33%），编委会人数在 200 人以上的期刊有 12 种（占 4%）。其中，《中国国家地理》不设编委会，设有编委会的期刊编委会人数最少的为《清华大学学报自然科学版（英文版）》（*Tsinghua Science and Technology*），仅有 10 人；编委会人数最多的是《农业工程学报》，共 372 人。总体而言，成熟期刊（或者说影响力高的期刊）的编委会人数更多，这可能与其历史积累有关，也可能与发文数量更多有关。根据中国科技期刊卓越行动计划入选期刊的类别统计，领军期刊的刊均编委人数为 118 人，多于重点期刊和梯队期刊。高起点新刊在办刊初期一般发文量较小，因此刊均编委人数相对较少，为 60 人（表 4-2）。

表 4-2　中国科技期刊卓越行动计划各类别入选期刊的编委构成情况

入选类别	平均编委人数	平均境外编委比例/%	编委中院士人数平均值
领军期刊	118	51	26
重点期刊	92	47	11
梯队期刊	98	25	11
高起点新刊	60	55	7

（3）编委会的学术层次结构

根据本书第二、第三章关于中国学者论文产出情况的分析，我国科研论文发表数量已经与美国相当，位居世界第二，而且有的学科论文数量已经高居世界首位，高被引论文的数量和比例也逐年增长。庞大的作者资源为中国科技期刊提供了可靠的办刊基础，尽管科研论文"外流"现象仍然十分严重，但已有大量的科学家选择将论文发表在中国科技期刊。另外，伴随着几十年的国际学术交流与合作，一大批科学家投入到办刊工作，利用他们的学术资源和影响力为期刊服务；还有一些在国际知名期刊任职的科学家也参与到国内期刊建设中，利用他们丰富的办刊经验助力中国科技期刊的发展。

由于科技期刊具有科学、专业的特性，学术水平也是编委遴选的主要标准，科技期刊的编委一般都需要具有一定的学术成就，大多是行业内权威的专家学者。中国科学院院士和中国工程院院士（下文中两者统称为院士）是中国科学家中最高学术水平和权威的代表，院士越来越多地参与办刊工作。通过对中国科技期刊卓越行动计划期刊的调研，发现 286 种期刊的编委会中共有院士 3200 多人次（不排除一人在多个期刊编委会任职的情况）参与，占所有编委人次的 12%，其中有六成期刊（171 种）的主编由院士担任。分析发现，期刊水平越高，院士在编委会中的参与度越高。领军期刊、重点期刊、梯队期刊和高起点新刊编委中刊均院士人数为 26 人、11 人、11 人和 7 人。特别地，在 22 种领军期刊中院士担任主编的有 16 种，占比（73%）高于全部入选期刊中院士任主编的期刊占比，编委中院士的比例（22%）和刊均人数（26 人）也更高（表 4-3）。一些期刊的主编和副主编均由院士来担任，如《国家科学评论》（*National Science Review*）和《中国科学：化学（英文版）》（*SCIENCE CHINA Chemistry*）。

表 4-3　中国科技期刊卓越行动计划领军期刊的编委构成情况

期刊名称	编委人数	主编是否院士	编委中院士人数
分子植物	106	是	26
工程	276	是	161
光：科学与应用	66	否	16
国际口腔科学杂志（英文版）	127	否	5
国家科学评论	195	是	114
科学通报	167	是	35
昆虫科学（英文）	45	是	4
镁合金学报（英文）	85	是	6
摩擦（英文）	77	是	12
纳米研究（英文版）	95	是	33
石油科学（英文版）	96	否	9
微系统与纳米工程（英文）	79	是	18
细胞研究	118	否	22
信号转导与靶向治疗	119	是	21
畜牧与生物技术杂志（英文版）	83	是	6
岩石力学与岩土工程学报（英文版）	103	是	16
药学学报（英文）	149	是	13
园艺研究（英文）	68	否	4
中国航空学报（英文版）	111	否	14
中国科学：数学（英文版）	82	是	11
中国免疫学杂志（英文版）	131	是	10
中华医学杂志（英文版）	213	是	8

除了两院院士，国家杰出青年科学基金获得者（以下简称为"杰青"）、国家优秀青年科学基金获得者（以下简称"优青"）等高层次科学家也是高影响力科技期刊编委会的重要组成部分。例如，《中国科学》系列各期刊编委会中杰青和优青的累计比例均在一半以上。调研发现，以上 4 类科学家在编委会中的比例，与期刊的层次水平显著相关，影响力较高的期刊，编委会中高层次科学家的人数和比例相对也较多。一方面，高影响力的期刊有利于吸引知名科学家为期刊服务，另一方面，高层次科学家的广泛和深度参与，也更有助于推动期刊影响力的提升。但需要指出的是，编委的学术水平高，并不代表其履职意愿强和对期刊贡献大，只有将编委的学术水平和影响力转化为办刊的实效和成绩，才能更充分发挥编委会的作用。

近年来，不少期刊还设立了青年编委或通讯编委。青年学者是科研意愿最强的群体，是科研成果产出的主力军，也是未来学术研究的中坚力量。相较于功成名就的高层次科学家，青年学者更有意愿和精力投入期刊工作。因此组建青年编委会，发挥好青年学者的作用，有利于激发编委会工作活力，有助于编委人才的培养和新老更替，以更好地保障期刊编委会持续高效工作。

2. 编委会的运作效能

科技期刊的学术质量和影响力在很大程度上取决于编委会的学术水平和运作效能。编委会的运作效能是指编委工作投入与产出的关系[29]，以及对推动期刊发展的贡献程度。编委活跃度高，投入期刊精力多、贡献大，对期刊发展推动作用明显，说明编委会运作效能高；反之，则说明编委会运作效能低。在我国有关期刊出版与管理的法律法规中，对于编委会的来源、组成、运作等没有强制性要求，期刊年检核验、质量评价等一般也都不涉及编委会，因此尚缺乏对科技期刊编委会运作机制和效能的总体评价和分析研究。有关研究分析表明，我国学术期刊中中英文期刊的编委会运作效能差异较大，中文期刊编委会的运作效能普遍不高，发挥的作用不够明显，而英文期刊编委会的运作效能相对更为显著，在推动期刊高质量发展中发挥了重要作用[29]。闫群等针对中国科学院主管主办的科技期刊所作的调查结果显示，英文期刊编辑部对主编和编委会的满意度均高于中文期刊[1]。

关于科学家在期刊编委中发挥的作用，现已从科学计量学角度对这一群体进行了大量调研。关于主编的职责，根据闫群等针对中国科学院主管主办的科技期刊所作的调查，编辑部普遍认为当前主编在期刊发展中承担的最主要职责为提出期刊发展规划、制定期刊办刊宗旨、邀请编委并组建编委会、负责稿件终审、内容策划和稿件组织，以及凝聚学术共同体服务期刊建设[1]。不同类型的科技期刊编委会的具体职责不一定相同，但通常都被认为是科技期刊内容的核心管理团体，通常的职责有以下四点[30]：①应该对期刊的编辑方针和未来的发展提出建议和决定；②应该广泛地推广期刊；③应该征求和鼓励投稿，最好能够吸引到各自领域最好的论文；④应该首先评估稿件是否适合该期刊，然后参与属于本刊范围内稿件评审，或者推荐合适的审稿人，或者亲自进行部分审稿，或者两者兼而有之。

编委会是否能够积极有效地为期刊工作，对于一流期刊的建设和发展意义重大。特别是对于高起点和处于快速发展期的高水平期刊，一流的编委会专家群体对期刊的发展起着非常显著的促进作用。例如，22 种领军期刊都有强有力的编委队伍为后盾，其主编均为学术界有较高影响力和学术威望的知名科学家，编委中还有相当比例的境外学者。以《光：科学与应用》（*Light: Science & Applications*）为例，该刊编委会目前由来自美国、德国、澳大利亚、加拿大等 13 个国家的 68 位国际知名光学专家组成，国际编委占比为 71%，编委中院士占 22%。编委不仅为期刊审稿、组稿、直接供稿，还在世界范围内对期刊进行有力宣传[31]。2012 年 3 月创刊以来，《光：科学与应用》的国际化进程发展迅猛，学术指标持续提升，2022 年影响因子为 19.4，在全球光学期刊中排名 3/100。《国家科学评论》是一份初创于 2014 年的多学科综合新刊，2015 年即被 SCI 收录，并在当年收获了第一个影响因子 8.0，随后实现了逐年跃升，2022 年影响因子达到 20.6，跻身多学科综合期刊国际前列。这份亮眼的成绩单离不开期刊高水平编委会的贡献。据了解，《国家科学评论》创刊之初首先遴选了一批具有很高学术水平，并且对期刊工作有热情的编委组成了第一届编委会，所有的稿件都来自编委供稿或约稿，每一份评审后录用的稿件都是热点研究领域内的优质成果[32]。整个编委会从主编到学科副主编，再到每一位编委，都积极投入期刊工作，为期刊撰稿约稿，这才有了《国家科学评论》如此快速的发展态势。老牌多学科综合期刊《科学通报》2015 年完成期刊转型，制定了一系列策略提升期刊影响力，包括期刊改名、中英文彻底分离、多栏目建设等，其中约稿比例由 20%上升到 50%，最终实现跳跃式发展，影响因子由 2017 年的 4.1 上升到 2022 年的 18.9，这也离不开编委的齐心协力助力期刊发展，包括编委参与稿件初选、采取双盲同行评审制度等。

3. 境外科学家参与中国科技期刊建设的情况

英文科技期刊特别是高水平英文期刊，是我国期刊参与国际竞争的主力军，也是当前我国建设世界一流期刊任务中的领跑者，因此英文期刊的国际化发展有着重大意义。前文指出，编委会成员的国际化或地域多元化也是学术期刊的一个重要评价指标，编委国际化和多元化程度高有利于带动期刊作者、审稿专家以及读者的国际化和多元化。然而，根据本书第二、第三章的数据统计，中国科技期刊（即便是 SCI 收录的期刊）的国际稿源比例仍十分有限，论文 80%以上都由本国作者贡献。这表明中国科技期刊的国际化程度仍普遍偏低，有待进一步加强。

近年来，随着英文科技期刊对国际化发展的重视，中国科技期刊的国际化水平有显著提高。通过对中国科技期刊卓越行动计划期刊编委来源的分析，286 种入选期刊的平均境外编委比例为 33%。其中，领军期刊的境外编委比例超过了半数，占比高达 51%（表 4-2），高于重点期刊（47%）和梯队期刊（25%）的境外编委比例。梯队期刊的平均境外编委比例较低，主要是因为包括了一半比例的中文期刊，如果只统计梯队期刊中的英文期刊，则境外编委比例为 44%，但也仍低于领军期刊和重点期刊的境外编委比例。通过对 51 种领军期刊和重点期刊编委信息的调研（统计网站公布的编委名单），共计 6484 位编委中，国际编委有 2323人次（不排除一人在多个期刊编委会任职的情况），有超过四成（22 种）的期刊境外编委占比在 50%以上，仅有 4 种境外编委占比在 10%以下（图 4-2）。其中

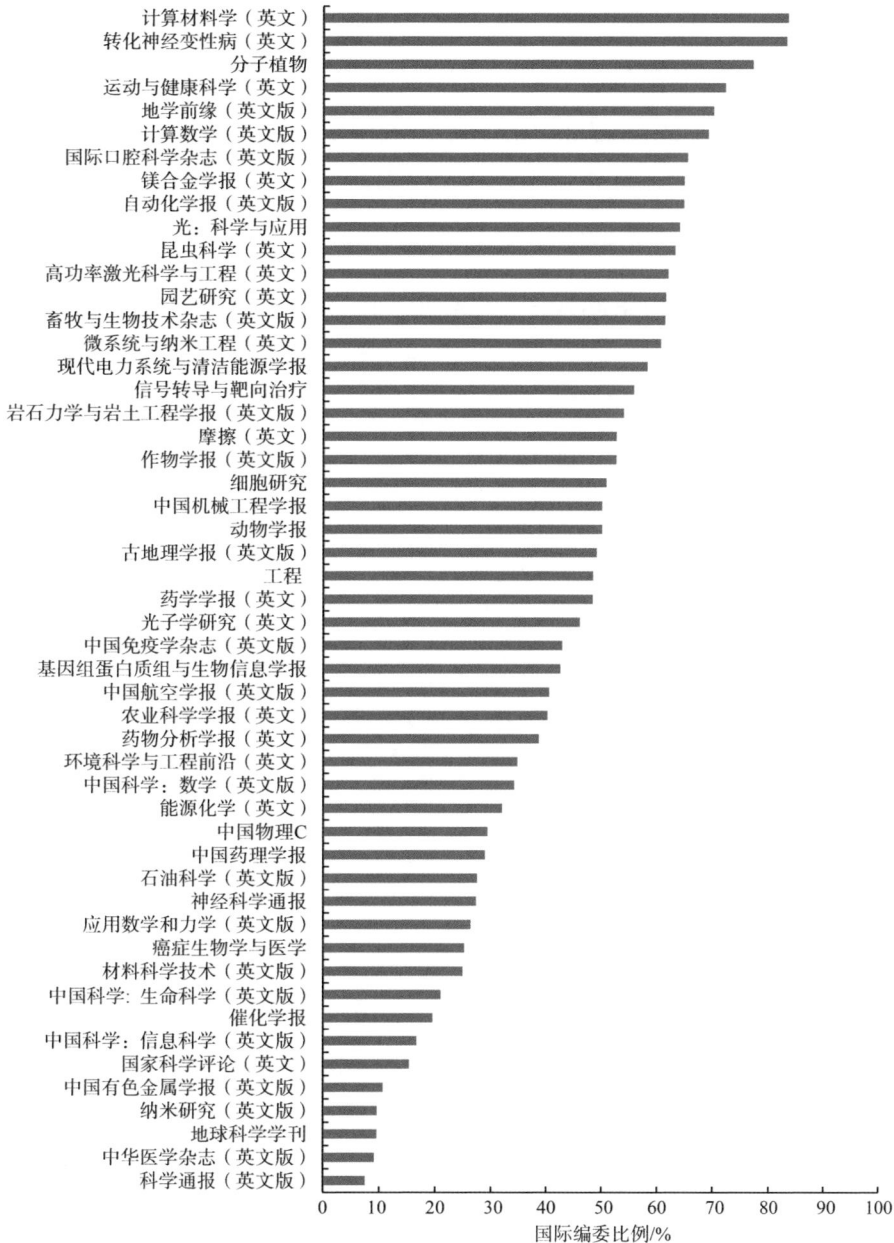

图 4-2　中国科技期刊卓越行动计划领军期刊和重点期刊的境外编委比例

《计算材料学（英文）》（*npj Computational Materials*）和《转化神经变性病（英文）》（*Translational Neurodegeneration*）境外编委比例最高，均超过了 80%，《分子植物》（*Molecular Plant*）、《运动与健康科学（英文）》（*Journal of Sport and Health Science*）和《地学前缘（英文版）》（*Geoscience Frontiers*）的境外编委比例超过 70%。国际编委人数最多的 2 种期刊是《工程》（*Engineering*）和《农业科学学报（英文）》（*Journal of Integrative Agriculture*），分别有 130 位和 118 位国际编委。51 种领军期刊和重点期刊中有 13 种期刊（占 25%）的主编或联合/共同主编由境外科学家担任（表 4-4）。

表 4-4　中国科技期刊卓越行动计划领军期刊和重点期刊中的境外主编任职情况

期刊名称	国际主编姓名	国际主编国籍	任职主编情况
能源化学	Gabriele Centi	意大利	双主编之一（Editors-in-Chief）
神经科学通报	Ru-Rong Ji	美国	联合主编（Co-Editor-in-Chief）
分子植物	Sheng Luan	美国	主编（Editor-in-Chief）
工程	Raj Reddy	美国	双主编之一（Editors-in-Chief）
光：科学与应用	Xi-Cheng Zhang	美国	两位共同主编之一（Co-Editors-in-Chief）
信号转导与靶向治疗	Carlo M. Croce	美国	三位主编之一（Editors-in-Chief）
高功率激光科学与工程（英文）	Colin Danson	英国	两位共同主编之一（Co-Editors-in-Chief）
光子学研究（英文）	Lan Yang	美国	主编（Editor-in-Chief）
自动化学报（英文版）	Qing-Long Han	澳大利亚	主编（Editor-in-Chief）
运动与健康科学（英文）	Walter Herzog	加拿大	双主编之一（Editors-in-Chief）
环境科学与工程前沿（英文）	John C. Crittenden	美国	双主编之一（Editors-in-Chief）
计算材料学	Long-Qing Chen	美国	双主编之一（Editors-in-Chief）
材料科学技术（英文版）	Lawrence Murr	美国	双主编之一（Editors-in-Chief）

相比于成熟的英文期刊，高起点英文新刊的国际编委遴选机制更为灵活，开放性、国际化程度普遍较高。根据对 2019 至 2022 年入选中国科技期刊卓越行动计划的 36 种已创办高起点新刊的调研，国际编委的比例为 55%，比领军期刊、重点期刊和梯队期刊都要高（表 4-2）。另据统计，在首批入选中国科技期刊卓越行动计划的新创英文期刊中，有近半数的期刊拥有外籍主编，14 种期刊拥有中外双主编，21 种期刊的外籍副主编的比例超过国内副主编的比例，有 70% 的期刊国际编委比例超过一半[33]。

通过对 51 种领军期刊和重点期刊编委信息的调研，2323 人次的境外编委来源国分布如图 4-3 所示。这些国际编委分布于 59 个国家，其中来自美国的编委人数最多，共 998 人次，占编委总数的 15%，占境外编委人数的 43%；51 种期刊中有 48 种国际编委第一来源国（除中国外）为美国；有 6 种期刊的美国编委人数超过中国（《分子植物》、《国际口腔科学杂志（英文版）》（*International Journal of Stomatology*）、《计算材料学》、《计算数学（英文版）》（*Mathematica Numerica Sinica*）、《运动与健康科学（英文）》、《转化神经变性病（英文）》）。国际编委人数排前 10 位的国家依次为美国、英国、澳大利亚、加拿大、德国、日本、法国、意大利、韩国和新加坡。这些国家均为发达国家，且都有较强的科研实力。说明我国高水平英文期刊在选择国际编委时都比较看重编委所在国的学科发展水平和科研实力。

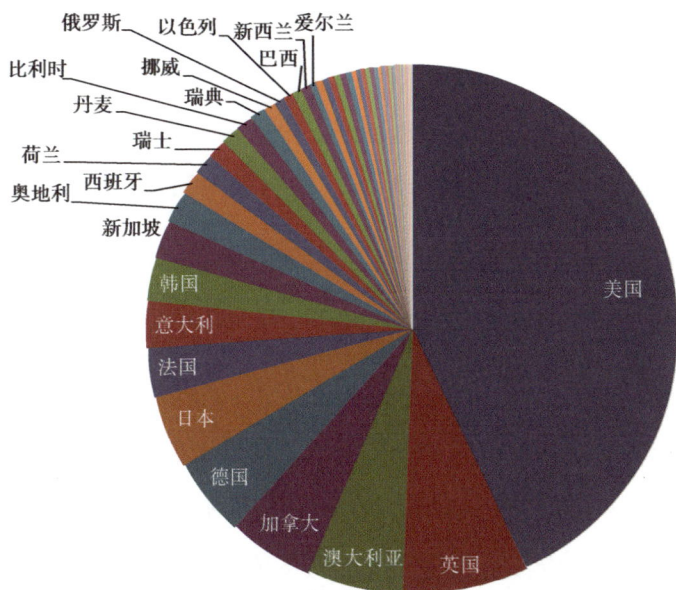

图 4-3　中国科技期刊卓越行动计划领军期刊和重点期刊国际编委来源国分布

综合调研有关中国科技期刊编委国际化运作的实践和文献[34~36]，境外主编和编委参与中国科技期刊工作的方式和作用主要包括：①利用其学术资源和办刊经验，为中国期刊提供办刊理念和策略上的指导和建议；②参与出版策划，组织并落实前沿热点专刊，丰富期刊的国际稿源；③组织召开国际学术会议，邀请国际权威专家参会并征集稿件；④参与稿件处理流程，吸引国际专家参与审稿，实现审稿流程的国际化；⑤借助自身学术影响扩大期刊国际宣传，提升期刊国际显示度和影响力。

综上所述，中国科技期刊特别是英文期刊，在组建国际化编委会时，应考虑学科特点和国际研究热点分布，从编委会整体构成上合理配置国际编委。在遴选国际编委时，优先考虑本学科发展领先的国家的优秀学者，同时扩大编委的专业覆盖面和地域多元化。为了充分利用和发挥国际编委的作用，期刊主办机构和编辑部应加强与国际编委的互动关系，鼓励境外编委亲自为期刊贡献高水平稿源，借助他们在国外的社会网络和资源为期刊服务，特别是加强期刊的境外宣传，从而达到吸引国际优质稿件、提升期刊国际影响力的成效。

三、中国科技期刊战略人才现状与发展建议

一直以来，科技期刊人才队伍建设都是中国科技期刊工作的重点。近年来，随着中国科技期刊的不断发展，一系列促进科技期刊发展的政策和指导意见发布，极大地促进了中国科技期刊领域人才的发展。中国科技期刊出版领域相关机构也在积极借鉴国内外同行的先进经验，内部挖潜与外部引进相结合，积极扩充人才队伍，从而打造适应新时代科技期刊发展趋势和方向的高水平专业化的高端办刊团队。尽管如此，中国科技期刊战略人才仍处于紧缺状态。由于目前关于中国科技期刊战略人才的相关研究不足，本书主要通过对科技期刊领域优秀战略人才案例进行调研，对不同类型科技期刊战略人才现状及其在科技期刊发展过程中所发挥的作用进行简要介绍，并提出人才队伍建设建议，以期推动中国科技期刊战略人才培养，从而助力中国科技期刊领域国际化发展，提升我国学术话语权。

（一）科技期刊出版机构领导管理人才

1. 科技期刊出版机构领导管理人才现状

目前，我国出版单位大多呈现小而分散的"单刊运作"模式，集团化集约化程度较低，科技期刊领导者及管理者人数众多，但总体来看高水平集群化管理人才比例不高，高层次复合型管理人才严重不足，具体原因如下。

第一，"小作坊状态"使得期刊管理者工作仅局限于做好内容生产及发布，

无暇顾及期刊品牌推广及建设、期刊经营模式及战略发展规划，很难真正做到期刊的统筹管理。

第二，专业的科技期刊出版管理人才不足，管理者普遍管理效能不高，管理能力有待提升。虽然科技期刊出版机构管理者专业水平普遍较高，但大多为学术编辑经过长期科技期刊编辑出版工作成长历练而来，由于科技期刊领域业务之间区别较大而且缺乏有效的管理措施，管理者缺乏科技期刊出版产业理念，很难做到从全局角度把握科技期刊发展方向，对期刊发展进行明确规划。

第三，期刊管理者由于缺乏政策制度的系统性培训和教育，大多对我国期刊发展战略认识不足，相应工作部署落实不够。

2. 科技期刊出版机构领导管理人才的作用

科技期刊出版机构的领导管理人才引领着科技期刊的发展。他们在秉承着期刊质量为本、社会效益优先的同时，以中国科技期刊出版领域相关政策为指导，准确把握国际科技期刊产业发展方向和趋势，勇于探索创新，立足国内、走向国际，为出版机构确立符合自身学科特点及特色的战略定位，制定明晰的发展目标，对出版机构发展进行科学的战略规划与布局；积极调动资源，推进期刊内容建设、平台建设、品牌建设，提升中国科技期刊国际学术影响力；掌握期刊产品特点及运营规律，善于借鉴国际大型出版集团运作模式及市场营销体系，优化经营模式和运营手段；逐步整合出版资源，着力推动中国科技期刊数字化出版转型以及集约化集群化发展，从而为我国科技创新、学术传播及学科发展助力。

（二）科技期刊数字融合出版人才

1. 科技期刊数字融合出版人才现状

人才是推动科技期刊数字化转型及融合出版发展的关键要素。目前中国科技期刊工作仍以内容出版为主，期刊工作平台、传播平台等数字化技术平台多为第三方技术公司提供，无论是数字化融合出版技术，或是技术平台或数字融合出版人才都是十分缺乏的。针对中国科学院期刊融合出版情况的调研也显示专业技术人才稀缺已成为影响科技期刊融合出版的主要问题之一[37]。近年来，随着期刊出版集群化集团化进程不断推进，在中国科技期刊卓越行动计划集群化试点项目等的支持下，一些出版机构逐步开始设立专业的技术部门，以内部培养与外部引进相结合的方式壮大科技期刊数字融合出版人才队伍，从而整合资源，搭建自主平台，推动融合出版。但总体上，科技期刊数字融合出版人才仍为稀缺人才，且相对来讲规模较小，研发水平低，很少能独立完成期刊自身技术平台的研发。

2022 年，中宣部印发《关于推动出版深度融合发展的实施意见》，对新时代深入推进出版深度融合发展作出全面安排，"建强出版融合发展人才队伍"是其中的重要组成部分。2022 年 10 月，中宣部"出版融合发展优秀人才遴选培养计划"50 人在北京大学信息管理系进行了为期两周的融合出版有关内容培训。2023 年 4 月 10～15 日，由中宣部出版局主办，中共江苏省委宣传部承办，江苏凤凰出版传媒集团协办的 2023 出版融合发展经验交流会暨专题研讨班在南京举办。地方出版管理部门、出版融合发展示范单位、数字出版精品项目单位相关负责同志，出版融合发展优秀人才以及出版单位、研究机构代表等 230 余人参加交流会。研讨班设有专题辅导、案例分享、现场教学、主题教育活动等环节，140 余位学员参加了研讨班。

2. 科技期刊数字融合出版人才的作用

随着科技期刊数字化、网络化、智能化发展，科技期刊市场化、国际化、专业化发展不断深入，作为科学技术交流载体的科技期刊正从传统的出版模式逐步迈入融合出版阶段。融合出版发展向纵深迈进是出版业高质量发展的必然要求和发展趋势，也是文化强国、出版强国建设过程中尤为重要和关键的一环。推进科技期刊数字出版转型，实现集约化、规模化、国际化运营管理，离不开融合出版队伍建设，更离不开具有编辑出版理论知识基础，同时具备跨媒体思维理念和技术能力，能够有效推动先进技术与期刊内容生产、编辑、出版、传播等全流程数字化进程需求融合发展的科技期刊技术平台与数字融合出版人才。同时，科技期刊数字融合出版人才要善于在科学技术飞速发展的当下积极自我提升，紧跟国际发展潮流，从而进一步促进中国科技期刊的数字融合发展。

（三）科技期刊研究和评价体系相关人才

1. 科技期刊研究和评价体系相关人才现状

构建和完善具有国际影响力的科技期刊评价体系已成为目前中国科技期刊发展的重要工作内容，其有助于引领和促进科技期刊学术水平的高质量发展，提升中国科技期刊国际话语权。目前，中国科技期刊评价体系大多由专业的期刊评价机构主导，评价机构众多且缺乏广泛权威性，导致评价体系繁杂，影响了期刊评价的公信度，科研评价过于推崇国外评价体系，"以刊评文"现象严重[38]。因此，整合国内期刊评价资源，建立统一的科技期刊评价体系至关重要。与此同时，随着开放科学的不断发展，期刊出版模式向数字化、网络化转变，期刊评价指标和评价方法也需不断变化调整[39]。当前，从研究行为的角度看科技期刊研究和评价工作者的结构，其一是纯粹的文献计量学研究，从数据到数据，用数据计算解释某些出版现象；其二是基于信息服务的发展，从信息产生到服务的机理角度进行研究和评价。后者也是当前中国科技期刊领域急缺的评价体系人才。

2. 科技期刊研究和评价体系相关人才的作用

在期刊从出版向出版、分析、服务方向转型的过程中，科技期刊研究和评价体系相关人才以信息产生及服务的全生命周期的视角进行研究和评价，对于信息产业发展具有敏锐的洞察力，相较于期刊编辑能更早地感受到信息服务的变化趋势，从而对科技期刊的发展提供方向及战略规划建议。积极研究借鉴国际学术期刊评价体系优点，优化我国现有评价体系指标。充分利用现有科学技术，挖掘新时代背景下新的科技期刊评价指标，有助于打造体现中国特色、健全、公正、科学的科技期刊评价体系，推进中国科技期刊繁荣发展。

（四）中国科技期刊战略人才队伍建设建议

目前，我国对科技期刊人才队伍建设高度重视，但中国科技期刊战略人才培养还有很大的发展空间。针对上述中国科技期刊战略人才队伍现状及存在的问题，提出以下建议以期推动中国科技期刊战略人才的培养。

一是知人善任，人尽其才。出版机构要依据科技期刊发展需求，制定完善的岗位体系，明确岗位需求及人才发展规划，优化人才结构布局。建立健全科学规范的人才选拔机制，为相关人才提供清晰的职业发展规划，创新人才体制机制。拓宽职业成长通道，打通岗位之间人才流动渠道。完善人才激励机制，在职称评定、薪酬待遇、荣誉奖励等方面加以落实，从而提升职业认同感、使命感。

二是提升科技期刊人才地位，通过学术出版和科研生产工作同质等效绩效政策、职称评定政策等，提升对科技期刊人才的重视程度。同时，通过建立多元化、国际化的科技期刊人才引进政策，吸引国内外具有扎实专业背景及国际化视野的科技期刊相关专业领域人员加入，积极推进专业化、高水平战略人才引进，打造专职化、高层次战略人才队伍。

三是通过完善人才培养体系，设立科学合理的人才培养计划，增加人才培养投入，加强对科技期刊战略人才的重点培养。鼓励科技期刊从业人员参与出版领域尤其是国际出版领域的学习和交流，"引进来"（邀请国际出版领域专家授课培训）与"走出去"（遴选优秀后备人才到国际出版机构研修）相结合，提升中国科技期刊人才的整体水平。同时，可通过出版人才育人单位和科技期刊出版机构联合培养这一理论与实践相结合的人才培养方式，提升科技期刊战略人才的学术层次，为我国创建世界一流科技期刊储备战略人才。

第三节　科技期刊复合型人才现状

一、国际复合型人才现状与借鉴

随着科学技术研究在全球范围内的迅猛发展，科技期刊作为科技创新和传播的重要载体，也面临着前所未有的变革和挑战。伴随着开放科学、数字化、集群化、媒体融合化、社交化等发展特征，不仅科技期刊的承载内容、出版与传播形式得到改变，也对科技期刊的从业人才提出了更高的要求。在此背景下，复合型人才，即具备多种专业知识和技能，能够跨界沟通和协作，适应不同文化和环境，创新解决问题的人才，成为国际科技期刊创办和运营中不可或缺的力量。本小节旨在分析国际复合型人才的现状和趋势，探讨复合型人才在国际科技期刊创办和运营中面临的机遇和挑战，展望未来复合型人才在国际科技期刊创办和运营中的发展前景。

（一）国际科技期刊复合型人才的现状和趋势

近年来，国际科技期刊行业的从业人员岗位结构呈现出多样化和细分化的特点。除了传统的编辑、审稿、校对、排版等岗位外，还出现了数据分析师、社交媒体经理、数字出版专家、开放获取顾问、影响力评估师等新兴岗位。这些岗位不仅要求具备相关领域的专业知识，还要求具备跨学科、跨媒介、跨文化等方面的综合能力。对交叉型、多元型、创新型人才的需求，促进了人才的跨机构、跨行业流动，从过往的科技期刊间流动，走向科技期刊与其他机构或领域的流动；一部分复合型人才从学术科研机构、政府部门、非政府组织、科技公司等转向科技期刊行业，带来跨行业经验。

以下是国际科技期刊领域几位具有代表性的复合型人才实例。

1）Caroline Sutton[①]：曾担任泰勒-弗朗西斯的开放研究总监，负责该出版商在开放获取、开放数据、开放科学等方面的相关业务；也是 Co-Action Publishing 的共同创始人、开放获取学术出版商协会（Open Access Scholarly Publishing Association，OASPA）的创始人之一和首任主席，为推动开放获取出版的发展和标准化做出了重要贡献。目前她担任国际科学、技术与医学出版商协会（International Association of Scientific, Technical and Medical Publishers, STM）的首席执行官（CEO）。

2）Daniel Kulp[②]：从 1996 年开始从事学术出版工作，最初是担任美国物理学会《物理评论 B》（*Physical Review B*）的全职编辑，后晋升为整个《物理评论》系列刊的编辑主管。随后，他加入美国化学会担任科研诚信和全球发展高级主

---

① https://www.stm-assoc.org/people/caroline-sutton/.

② https://publicationethics.org/about/council/daniel-kulp.

任，并担任 COPE 的主席。

3）Alice Meadows[①]：在威立-布莱克威尔（Wiley-Blackwell）出版集团工作时期曾在多个岗位任职，包括市场总监、社区总监、学术关系总监等。她还是 MoreBrains 公司的联合创始人，负责为科技期刊提供开放科学和开放研究基础设施方面的咨询服务。同时，她还是 The Scholarly Kitchen 的常驻博主。

他们作为国际科技期刊领域的复合型人才，不仅熟悉科技期刊出版的基本内容，又熟悉开放获取与开放科学、学术出版诚信与伦理等新兴出版理念，同时具有较强的资源整合力和敏锐的市场洞察力；借助丰富的国际交流和合作经验，能够与相关机构、社团等建立良好的关系，维护和促进科技期刊出版的利益和价值。

（二）国际复合型人才在科技期刊创办和运营中面临的机遇和挑战

随着科技的快速发展，科技创新和论文产出的数量和质量都呈现出快速增长的趋势，众多具有多学科交叉背景的复合型人才可以利用资深的学科背景，对学术论文进行有效的筛选、评议、编辑及传播，为科技期刊的建设提供强有力的质量把关。数字化和媒体融合技术是促进国际科技期刊变革和创新的重要手段，这不仅为国际科技期刊提供了更多的出版与传播的形式和渠道，也为国际复合型人才提供了更多的发挥空间。这一部分复合型人才通过有效地运用数字化和多媒体技术，为国际科技期刊的运营和传播提供有力的支持。开放科学和开放获取是促进学术出版公平性和透明性的重要理念，随着其不断推广和实践，国际科技期刊呈现出更加开放、共享、协作、参与的特征。复合型人才可以利用自己的领导力、责任感、公益意识等综合素质，有效地推动开放科学和开放获取的理念和实践，同时利用自己的跨界沟通和协作能力，积极参与国际科技出版学协会的活动。

由此可见，上述众多机遇为复合型人才在国际科技期刊的创办和发展中提供了施展才能的广阔空间和条件；与此同时，也对复合型人才提出了严峻的考验。面对国际科技期刊行业的高度竞争性，科技期刊之间不仅要竞争内容、质量、影响力等核心要素，还要竞争资源、渠道、模式等辅助要素。在如此环境中，复合

---

① https://scholarlykitchen.sspnet.org/author/alicejmeadows/.

型人才不仅要具备专业知识和技能，具备一定的学术水平，还要具备经营意识和竞争力，有效地应对学术出版市场风险和危机、制定策略和方案、提升期刊的市场份额和地位。

（三）复合型人才在国际科技期刊创办和运营中的发展前景

复合型人才在国际科技期刊领域的发展，既有光明的前景，也有艰巨的任务。

1. 复合型人才成为国际科技期刊领域的主流力量

随着科技期刊发展趋势的多样化和复杂化，传统单一型人才将难以适应和满足科技期刊的多元化发展需求，而复合型人才将成为国际科技期刊领域的主流力量。复合型人才将在各个学科或领域、各个类型或层次、各个环节或部门、各个角色或职位中发挥重要作用，在国际科技期刊的内容建设、质量提升、影响力扩大、市场开拓等方面做出贡献。

2. 复合型人才成为国际科技期刊领域的核心竞争力

随着科技期刊市场的竞争和饱和，科技期刊之间的差异化和优势化将成为决定其生存和发展的关键因素，而复合型人才将成为国际科技期刊领域的核心竞争力。复合型人才将利用自己的多种专业知识和技能、跨界沟通和协作能力、创造力、思维力、执行力、领导力等综合素质，为国际科技期刊的变革和创新提供动力和支持，为国际科技期刊的竞争和优势提供保障和基础。

3. 复合型人才成为国际科技期刊领域的责任担当

随着科技期刊的国际合作与交流，科技期刊在科研诚信伦理中的责任将受到越来越多的关注和重视，而复合型人才将成为国际科技期刊领域的责任担当。复合型人才将利用自己的道德意识和品格、责任感和担当、公益意识和使命，引导国内期刊遵守和履行国际科技期刊的诚信伦理和责任，维护和提升国际科技期刊的声誉和形象。

二、中国科技期刊传统人才面临的挑战

编辑人才是中国科技期刊高质量发展的重要支撑。编辑既是一种工作岗位，也是一种职业。通常将从事出版过程中文字编辑工作的人称为"编辑"[40]。传统的编辑工作内容主要是选题组稿和稿件处理，因而，从事该项工作的人也被认为是传统意义上的编辑，即我们所熟知的采编人员。当前，我国大多数科技期刊仍沿用传统的运营模式办刊，传统人才仍然是科技期刊人才队伍的主力军（参见本书第一章第一节）。

（一）传统人才在世界一流科技期刊建设中面临的机遇和挑战

2019 年 8 月，中国科协、中宣部、教育部、科技部联合印发《关于深化改革培育世界一流科技期刊的意见》，明确了中国科技期刊的发展目标，提出了实现一流期刊建设目标的措施和途径。该文件的出台，为中国科技期刊的发展提供了前所未有的政策机遇，也为编辑从业人员的职业发展提供了机遇和挑战。

1. 传统人才在世界一流科技期刊建设中面临的机遇

长期以来，编辑工作"为他人作嫁衣裳"的性质，导致无论是在高校、医院，还是在科研机构，编辑部门大多是边缘部门，受社会环境及激励机制的影响，编辑人员面临着薪酬水平低、职称评审困难、职业认同感低、受到的社会支持较少等的困境[41]。在建设世界一流科技期刊的背景下，"人才强刊、人才兴刊"理念逐步得到认同，传统编辑人才不但具有较高的政治素养，还具有丰富的工作经验和扎实的出版专业知识，岗位胜任力较高，在认识到自己岗位工作的重要性和特殊性后，其自我效能感、职业认同感也将得到不断提升。

此外，2019 年中国科技期刊卓越行动计划项目将选育高水平办刊人才作为一个单独的项目列出[42]。2021 年 5 月，中宣部、教育部、科技部联合印发《关于推动学术期刊繁荣发展的意见》，提出"深入开展增强脚力、眼力、脑力、笔力教育实践，努力造就一支政治强、业务精、作风正的高水平办刊队伍"。2021 年，人力资源社会保障部、国家新闻出版署印发《关于深化出版专业技术人员职称制度

改革的指导意见》，部署了出版专业技术人员职称制度改革。这些政策、措施从项目申报、职称评审等方面为传统人才的职业发展提供了保障。

2. 传统人才在世界一流科技期刊建设中面临的挑战

随着信息技术的发展，科技革命和产业的变革，全球学术交流模式不断创新，驱动科技期刊朝着出版数字化、运营集群化、传播立体化、伦理规范化、过程开放透明化的方向发展，科技期刊编辑的工作内容越来越丰富，对其综合素质提出了更高的要求。传统编辑人才对于选题组稿和稿件的编辑加工等经验和认识较为深厚，但是在数字化出版、全媒体应用、网络数据传播等技术方面还存在短板，在专业化、国际化、开放科学、学术诚信、版权保护和学术评价方面的视野和深度不够。

此外，由于我国出版单位集约化不足，传统的期刊编辑部规模小，人力资源不足，部分传统编辑人才在原有工作的基础上，还需承担媒体传播、广告发行或行政事务等工作，这种身兼数职的状况导致编辑的工作负荷较大，并且不利于他们将有限的精力聚焦在主要岗位业务中，不利于其明确自身职业的定位和发展。

（二）传统人才职业发展的思考

1. 坚守内容为王理念

作为开展学术研究交流的重要平台，无论传播方式如何改变，"内容"仍然是科技期刊最为核心的竞争力，高质量、稀缺的内容依然处于无可取代的位置[43]。因此，期刊编辑人员需要牢牢坚守"内容为王"的理念，积极参加期刊所属领域的专业学术会议，重点关注学科领域内研究的热点，以及内容的创新和深度，精准策划栏目，及时追踪学科前沿，报道最新创新研究。

2. 探索编辑角色转型

日新月异的网络信息技术发展给编辑的职业发展带来挑战，既懂编辑业务，又谙熟各种出版相关新技术的全能型编辑人才极为匮乏，传统编辑人才可结合自身实际，积极探索编辑角色的转型。对于具有博士或硕士学历，具备一定专业背景和科研能力的编辑，他们能经常接触领域内众多的专家、学者，能快速掌握行业领域内的最新研究成果，可以尝试转型为学术型编辑。而对于缺乏专业背景，但善于学习并能较快掌握数字出版、大数据等各种出版相关新理念、新技术的编辑，可以尝试向传播型编辑转型。

3. 加强继续教育学习

编辑的职业性质决定了其需要树立终身学习的理念，而继续教育是编辑学习和完善工作技能的重要途径。通过按需参加行业、学会组织的针对性强、实用性高的编辑专业知识培训，编辑人员既能熟悉科技期刊出版相关的方针、政策，又能提高理论素养和实际工作技能。此外，还可积极参加国际组织举办的相关活动，了解和跟踪国际学术出版的新趋势、新理念、新标准和新举措，拓宽办刊视野。

三、中国科技期刊复合型人才现状与思考

科技期刊人才是"中国科技期刊综合实力"的重要组成部分[44]。当前，我国正加快建设世界一流科技期刊。2019 年 8 月 5 日，中国科协、中宣部、教育部、科技部联合印发的《关于深化改革 培育世界一流科技期刊的意见》提出，"到2035 年，我国科技期刊综合实力跃居世界第一方阵"，要求"采取多种形式加强编辑队伍建设，创造条件吸纳高水平国际编委和经营人才，提升出版传播的核心竞争力"。要建设世界一流科技期刊，需要大量优秀的、符合我国国情发展需要的、能与世界一流期刊编辑媲美的复合型编辑。

《现代汉语词典》中复合的意思是：合在一起，结合起来。通常，复合型人才是指在各个方面都有一定能力、在某一个具体方面出类拔萃的人。结合科技期刊编辑人才培养，复合型人才即要求编辑应不仅在编辑所需的基本专业技能方面均符合编辑工作要求，还应在某些或多个特定领域具备较高能力、有突出的经验。

（一）中国科技期刊专职编辑分布现状

根据 2022 年检数据，本书第一章统计显示，全国 5163 种科技期刊出版以双月刊（2028 种，占 39.28%）和月刊（1829 种，占 35.43%）为主，编辑部平均在编人数仅为 4.66 人，其中新媒体工作人员、广告工作人员、发行工作人员、其他人员的平均值分别为 0.44 人、0.38 人、0.54 人、0.62 人，不设置上述人员的编辑部占比分别高达 69.14%、71.31%、55.03%、72.01%，有 33.06%除采编人员外不设其他岗位人员，有编辑部新媒体工作人员、广告工作人员、发行工作人员等工作为同一个人担任。从数据可知，我国期刊编辑部"小散弱"现象仍然存在，编辑部人力资源捉襟见肘，部分编辑岗位缺失、工作混岗，复合型编辑人才缺乏现实落地基础。另外，从科技期刊编辑对工作的职业认知度和满意度调研来看，编辑对于职业认知度较高、但满意度较低[45]。数据显示，当前认为编辑的主要职责为编辑校对、组稿约稿、审稿把关、宣传推广、编委会管理的分别达到 93.5%、91.8%、88.14%、67.23%、48.95%[46]。与之相对应的综合能力要求较高的岗位则存在人员能力不足，如有 45.40%的编辑部没有博士研究生学历人员，仍有 5.17%的编辑部没有正高（高级）职称编辑人员。这样的学历和知识背景条件下，编辑工作还要兼顾科学编辑和文字编辑工作，工作冗杂且繁多，不专又不精[46]，也给复合型人才的培养带来了挑战。

（二）复合型人才类型与特征

根据复合型人才的相关概念、特征，结合中国科技期刊发展特点，根据不同期刊发展需要（中英文期刊、顶级期刊与普刊、集群与巨刊），对当前中国科技期刊发展急需人才进行分类论述，重点探讨高水平学术编辑、综合型期刊运营编辑以及资深出版人（或资深编辑）的相关特征。

1. 高水平学术编辑

学术编辑即通常所说的科学编辑，主要负责组稿约稿、论文质量把关、论文修改以及科学新闻撰写等工作。要求学术编辑"应该懂得期刊所属的学科领域，甚至对该学科领域研究的最新进展了如指掌，依靠自身的科学素养，判断相关学术领域稿件的学术价值"[46]。国际知名的学术期刊多采用此类模式，大量聘请具有较高学术素养的全职编辑开展期刊工作，实现了编辑职业化、编辑学者化。我国期刊编辑部绝大多数为全职编辑的实际情况也与此模式类似。高水平学术编辑通过其工作体现专业性，在提高其自身职业成就感的同时帮助期刊更好地得到科研人员，以至科学家的认可和尊重。

2. 综合型期刊运营编辑

运营编辑的工作内容包括期刊的新媒体运营工作、期刊日常管理工作、期刊编委和作者群体的运营，甚至还包括期刊所属科学社区的运营。运营编辑要求具有较强的专业背景和技能、具有灵活的工作时间、具有主动参与期刊运营的强烈意愿[47]，了解并熟知期刊出版产业链上各环节涉及的结构化存储、数据挖掘、语义分析、自然语言处理、协同过滤推荐等多种信息技术、各类出版服务机构或公司，明晰国内、国际出版商或出版机构的运作特点与区别。综合型期刊运营编辑能够根据期刊现状，提出完整的期刊运营和推广方案，帮助期刊提升业内影响力。

3. 资深出版人

资深出版人即具有一定国内国际影响力和话语权的期刊出版领军人物。资深出版人长期工作在期刊出版的一线，有着较为深厚的行业背景，熟知国际国内期刊出版的体制机制、技术发展、相关出版商状况、理论研究的现状，曾经或正在国际出版机构或学协会担任一定职务，能对期刊出版工作各方面发展趋势提出自己的观点。资深出版人能够根据期刊出版单位的既定条件，给出符合期刊发展规律的解决方案，并带领出版机构的期刊实现既定目标。

（三）复合型人才培养思考

当前，中国科技期刊出版与国际相比，在管理运营、技术发展、人才培育等方面仍存在差距，国家"建设世界一流科技期刊"的宏大目标为中国科技期刊出版工作、期刊复合型人才培育带来了契机。

1. 贯彻国家政策，完善配套措施，推动政策落地

近年来国家密集出台了多项科技期刊相关政策。2018 年 11 月 14 日，习近平总书记主持召开中央全面深化改革委员会第五次会议，审议通过了《关于深化改革培育世界一流科技期刊的意见》；2019 年 8 月 5 日，中国科协、中宣部、教育部、科技部联合印发了《关于深化改革 培育世界一流科技期刊的意见》；2021 年 5 月 18 日，中宣部、教育部、科技部联合印发了《关于推动学术期刊繁荣发展的意见》的通知。如何贯彻国家政策，国家出版业"十四五"发展规划指出了方向，各期刊主管主办单位应从"健全以创新能力、质量、实效、贡献为导向的出版人才评价体系，对急需紧缺的特殊人才实施特殊政策，构建充分体现知识、技术等创新要素价值的激励机制，鼓励在人才引进、绩效考核"等方面加大相关配套政策、措施的出台与实施，吸收科研人员、国际期刊出版人才加入我国期刊编辑队伍，优化期刊编辑队伍学科分布、知识结构，提高期刊编辑的业务能力、专业能力。

2. 开展编辑培育相关理论、方法研究，推动编辑专业人才又专又精

通过既有的文化名家暨"四个一批"人才、宣传思想文化青年英才、出版政府奖等高层次人才奖项支持期刊编辑发展，引领、带动期刊编辑成长；通过不断完善编辑出版学相关理论、后备人才培养、编辑培训体系等措施，鼓励相关各级学协会组织编辑出版专业国内国际学术会议提升编辑业务能力；鼓励期刊主办方出台各类措施、办法，在政策、资金、职称晋升、办公条件等方面为复合型编辑人才的培养与成长创造条件、指出路径；鼓励编辑部组织、编委会召开各类专业学术会议提升编辑学术能力。

四、中国科技期刊青年人才现状

青年是国家的未来，民族的希望。青年编辑是科技期刊编辑队伍的希望和生力军，在推进世界一流期刊建设的进程中，人才是极为重要的因素，青年编辑队伍的素质及其建设在一定程度上影响学术期刊的发展，因此青年编辑人才的现状和成长尤其值得关注。

（一）科技期刊青年人才基本情况

为深入了解青年编辑人才职业现状，杨蕾等以调查问卷形式收集了航空航天、材料和光学三个专业方向的问卷共 1606 份，年龄分布 22 岁及以下 40 人（2.49%），23~29 岁 473 人（29.45%），30~45 岁 912 人（56.79%），46 岁以上 181 人（11.27%）；职称/学历比例为教授/研究员/教授级高级工程师 415 人（25.84%），副教授/副研究员/高级工程师 466 人（29.02%），讲师/助理研究员/博后/工程师 228 人（14.20%），在读博士 168 人（10.46%），在读硕士 297 人（18.49%），在读本科 32 人（1.99%）。

刘惠琴等对全国青年编辑展开调研，围绕薪资待遇、职业发展和职业获得感 3 个方向，通过邀请科技期刊青年编辑填写调查问卷的方式开展。截至 2022 年 11 月 5 日，共收到 111 份问卷。参与调研的人员多来源于高校（35%）、科研机构（35%）和出版社（14%），从事科技期刊行业的工作时间大于 5 年者占比达到 60%，多数为硕士研究生（64%）或博士研究生（23%）。在填写问卷的编辑中，多数人负责＞1 项的工作，除学术编辑和出版编辑外，有 51%的编辑会负责推广宣传，有 41%会负责项目执行，多数身兼数岗、一人多用，甚至有一人撑起一刊的情况。

在薪资待遇方面，对于薪资的满意度呈中上水平，47%的编辑认为待遇一般，38%的编辑对现有薪资较为满意。多数受访者表示期刊有明确的绩效考核制度并进行定期考核，仅有 14%的编辑反映无绩效考核制度。评优机制（45%）和奖金（33%）是最常见的激励手段。

在职业发展方面，对编辑的定期培训、能力提升、当前面临问题、单位现有制度等进行调研。多数受访者会接受出版行业继续教育培训（87%），此外也有部分会接受科技期刊领域的培训项目（49%）和期刊所属学科领域的相关培训（39%），仅有少部分编辑参加过其他技能或管理培训项目（22%）。在调研中，编辑们认为自己所需要提升的能力前三项分别是学术知识储备（57%）、创新引领能力（50%）和组织策划能力（43%）。37%的编辑表示很难从工作中获得职业满足感。对于职业发展的问题，编辑们期望行业管理部门和所在单位能够在晋升机制、办刊经费、培训与培养路径等方面给予政策指导和支持。

在职业认同感方面，有 63%的受访者表示比较满意，能够体会所做工作的意义，对工作抱有热情，但也有部分编辑认为工作内容单一且没有发展的空间（23%）。想要提高职业认同感，多数受访者表示满意的薪资待遇（81%）、明确的个人发展方向与晋升通道（87%）和积极活跃的工作氛围（60%）是关键。有受访者表示，职业认同感也来自于单位对编辑岗位的认同。

刘冰[48]在 2021 年 5～7 月，通过问卷了解科技期刊青年编辑大赛（以下简称"青编赛"）获奖编辑的参赛获益及成长情况。总体上，青年编辑对中国科协主办的青编赛认可度很高，参赛规模从第一届 300 人报名发展到第四届超过 1000 人踊跃报名。61 人次（78.21%）选择"大赛可以遴选出综合素质高的青年编辑骨干，获奖人员素质普遍较高"。

（二）科技期刊青年人才主要特点

从调研结果来看，目前青年编辑以 30～45 岁居多，以副高级职称，例如副教授/副研究员/高级工程师等为主，从业者的教育水平不断提高，科技期刊在扩大具有综合素质的高层次编辑人才队伍。除此以外，科技期刊也不再局限于传统的审阅、编校工作，有越来越多的期刊会开展宣传与推广工作。但绝大多数青年编辑认为薪资待遇一般，多数受访者表示希望能够提高奖金水平和晋升空间。对于职业发展，多数受访者通过参加编辑类的活动及项目实现自我成长，也提到晋升难度高是他们面临的最主要问题。

（三）科技期刊青年人才职业发展存在的问题与对策

当前中国科技期刊编辑人员分布比较分散、在工作单位处境相对边缘化，编辑行业整体社会认知度不高，社会关注度不够，待遇偏低，优秀办刊人才凝聚和培育存在困难。

1. 青年编辑的职业认同感不足

编辑素有"为他人作嫁衣裳"的说法，日常工作繁杂而琐碎，但似乎又体现不出很高的价值，容易使人产生职业倦怠感的同时又不容易找到职业认同感。因此应该更加细分细化青年编辑的工作，充分发挥他们的积极性，更多地将工作重心转移到能体现编辑价值的组稿、约稿中。此外，编辑通过自身学术储备与学科专家多进行学术交流也能够提高对自身工作价值的认可[49]。

2. 青年编辑的职业地位不高

由于长期不受重视，青年编辑的发展上升通道受阻，无法建立长期的职业规划；不合理的薪酬分配和职业地位，一定程度上影响了编辑的工作积极性，因此，重建青年编辑的职业地位势在必行。建议将编辑岗位和主流岗位一致对待，不应该边缘化岗位，并且在待遇方面应该给予重视。

3. 青年编辑的培育力度不够

大多数青年编辑在成长过程中主要依靠资深编辑的"传帮带"或是参加自己所在单位的业务培训，以及完成每年要求的继续教育学习，对青年编辑的培养尚缺乏系统性和规范性。建议在条件许可的情况下，出版机构应支持青年人才跨国/境进修学习，参与学术交流和国际合作；选派重点管理人才和技术人才到集群化、创新转型发展期刊单位及数字技术创新企业进行实践锻炼，创造条件推动跨区域、跨学科开展合作。

2022年5月12日公布的中国科技期刊卓越行动计划选育高水平办刊人才子项目–青年人才支持项目的子项目"青年办刊人才职业发展路径研究"，对比分析国内外顶级科技期刊办刊团队的岗位设置、工作内容、工作模式、培育机制和激励方式，探讨适合青年办刊人才的职位晋升、薪酬奖励、继续教育和职业发展通道[50]。

总之，我们需要通过多种途径、多种办法鼓励青年人才创新办刊理念、激发办刊热情、提升业务水平、拓宽工作视野、保护身心健康发展，同时规划好职业发展路径。

第四节　中国科技期刊人才发展政策与环境

一、科技期刊人才职业发展与结构优化

人才是高水平科技期刊发展的关键所在[51]，无论是来自科研人员的学术队伍，还是来自出版机构或研究机构的管理、出版、传播、运营、技术以及专业的评价队伍，都是支撑科技期刊高质量发展的关键角色。

（一）科研人员在科技期刊中任职的环境和独特的维系机制

科学研究通过长期的发展和自治机制形成了其独特的声誉系统[52]，努力获得同行的"承认"，是科学家进行科学知识生产的重要动力，不同程度的"承认"，成为科学家进行分层并形成权威结构的基础。"承认"的积累不仅意味着科学家获得了"声誉"，更重要的是使科学家可以在科学知识生产的职业体系中获得合适的位置[53]，即科学家的同行认可度与其职业发展密切相关。而科技期刊的功能之一是认证科学发现，与科学家被同行"承认"紧密相关。科学家在科技期刊中的角色与其在同行中的认可度高度相关：早期研究者（early career researchers）通常是期刊读者和作者的身份；随着其认可度提升，逐渐进入期刊的专家行列，成为期刊的同行评审专家或客座编辑；当其具有一定学术地位，有较高质量的学术成果以及足够的影响力时，会被邀约担任行业内期刊的编委会成员；当科学家在某一领域具有较权威的学术声誉、丰富的研究成果、较强的影响力时，即有可能被邀约担任期刊编委会高级别职务，如副主编或主编等。绝大多数科技期刊的主编或编委团队为兼职身份，科学家在开展科研活动之余承担这些工作，因此很多期刊在编委或主编团队的职责中明确了需要有足够的时间和精力参与期刊工作，科技期刊也会定期评估编委履职情况做出动态调整，但大多数科技期刊仍以科学家的学术地位或权威性作为担任期刊学术团队职务的主要考量因素，兼顾其对期刊的实质性贡献。总体而言，科学家作为科技期刊学术人才的重

要组成部分，其职业发展路径主要依赖于声誉系统和科学研究的自治机制，同行的认可度是科学家在科技期刊中担任何种角色的基础，科学家与科技期刊的相互协作是两者共同发展的必要条件。

（二）科技期刊人才的职业发展路径

中国科技期刊从业者的职业发展路径可以分两个角度阐述，一是编辑职业资格发展路径，二是从业者承担实际岗位发展路径。从编辑职业资格发展角度，我国自 2002 年实行出版专业技术人员资格制度以来，20 年间共计 37.69 万人（次）参加了考试，9.79 万人（次）通过了考试，取得出版专业技术人员初级、中级职业资格[54]，高级资格的评审以考试与评价相结合的方式进行，这从行业资格角度为科技期刊编辑明确了职业发展路径。对科技期刊编辑来说，职业资格考试是其职业发展的必经之路，有利于其对基础编辑业务知识的掌握和职业素养的提升[55]，且与其实际承担的编辑职位紧密相关。从编辑工作中承担的实际岗位发展角度，其职业发展路径与国际科技期刊有相似之处，但也存在差异。中国科技期刊绝大部分编辑职业发展是助理编辑—编辑—责任编辑—编辑部主任这一路径，根据期刊所属机构的办刊规模不同，在进入管理岗位之后，还可能进一步担任总编辑、社长等高级管理职位。国际出版机构中也有相似的编辑职业发展路径。图 4-4 是典型的国际出版机构中期刊编辑职业的发展路径[56]，从路径来看与国内相似，基本都是从助理编辑逐渐进入管理型编辑的发展通道，随着数字出版的兴起，更多岗位被列入科技期刊人才行列，如图 4-4 中的信息技术部门、销售和市场部门，在这些部门中，还设有更细分的岗位。针对可能出现的交叉岗位，国际出版机构对编辑职业生涯发展路径也给出了多样化的选择，图 4-5 为 Springer Nature 的职业发展路径。国际出版机构拥有完整的产业链，人力资源管理系统成熟，设有多元化的岗位及相应的培训计划，因此编辑的职业发展道路也是多方向的，进入出版机构的编辑可以根据个人兴趣和公司的发展和布局选择合适的岗位，也可以在工作中进行调整。同时，国际出版机构也建立了详细的人员评估机制，作为人才队伍职业发展的良好保证。例如，科爱公司建立了非常完善的评估

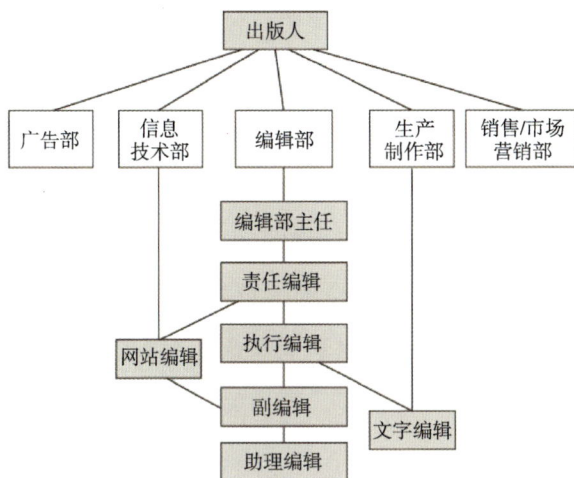

图 4-4　国际出版机构中科技期刊编辑的典型职业发展路径

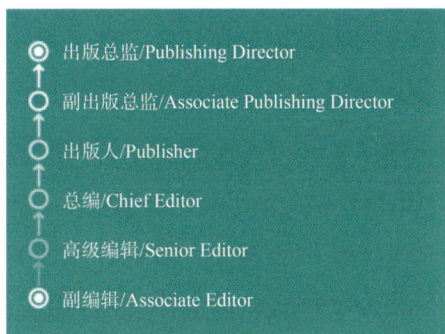

从编辑到出版/Crosses from Editorial to Publishing
非传统职业途径/Non-traditional path

期刊出版/Publishing Journals
传统职业途径/Traditional path

杂志编辑/Magazines Editorial
传统职业途径/Traditional path

编辑管理/Editorial Administration
传统职业途径/Traditional path

图 4-5　Springer Nature 的多样化职业发展路径

体系，对员工进行多维度的能力框架评估，包括：个人品质、推动变革、结果导向、个人能力和人际沟通五个方面，以决定被评估的员工是否取得晋升。相对而言，我国目前科技期刊出版机构编辑职业发展路径相对单一，来自中国科技期刊编辑的调查显示，仅有约三分之一的编辑从业者有较为长远的职业规划[57]，这可能与国内科技期刊编辑岗位单一、出版单位规模小密切相关，另外在编辑的职业评价和晋升方面，也受期刊所在单位的评价机制影响，可能存在非专业性的评估，调查显示我国编辑约有 40%对其职业满意度不高[57]。因此，中国科技期刊人才的发展路径除了出版专业资格发展，更为关键的是需要给出多元化的职业发展路径以及适配的评估体系。

（三）科技期刊队伍结构

中国科技期刊人才结构与国际出版机构中的人才构成存在显著性差异。国际出版机构在悠久的发展历史、丰富的出版经验以及国际化的传播中，已经建立了完善的岗位体系，分类细致明确，对不同岗位有明确的职责要求和背景要求，不同岗位的职业发展路径也非常清晰。图 4-6 为科爱公司专业化的分工岗位图，与国内出版社或编辑部相比，其岗位和分工要细致得多，每一分工的职责也更为精细化。国内也有集群化期刊出版机构参考国际出版商的岗位设置，对编辑以及其他岗位进行了创新性的设置，如中国激光杂志社设立 6 个部门，包括：中文编辑部、英文编辑部、新媒体部、出版中心、发展部和综合办公室，其中发展部包含了学术会议、媒体广告、专业培训和期刊发行 4 项业务，与国际出版机构中的一些岗位设置相近；清华大学出版社期刊成立了矩阵式的组织架构（图 4-7），包括：中文期刊建设、英文科技期刊建设、综合业务室、学术推广部和 SciOpen 平台运营部，其中学术推广部负责品牌建设、新刊规划和学术推广，结合了国际出版机构中市场和活动经理的工作内容。部分国内优秀的英文刊，也应科技期刊领域的快速发展调整自己的岗位架构，如依托 *Light: Science & Applications* 的成功创办基础，中国科学院长春光机所成立了 Light 学术出版中心，组建总编室、发展部、出版部，统筹人、财、业务，并将其业务统筹规

图 4-6 科爱公司的岗位分工

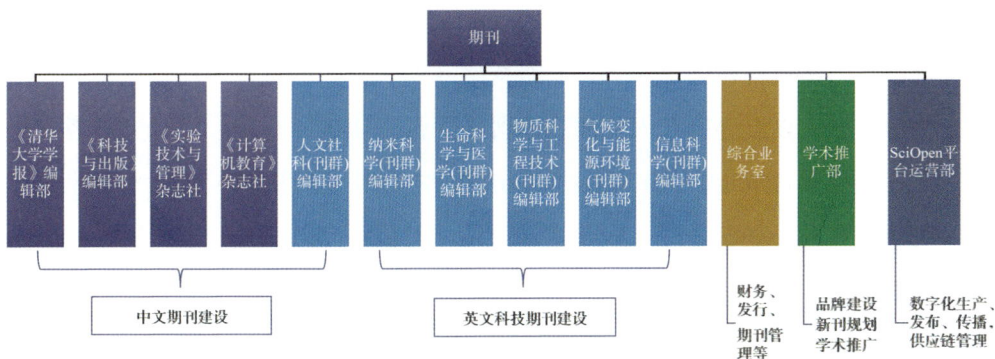

图 4-7 清华大学出版社期刊矩阵式组织架构

划到 49 个工作岗位/事项。尽管部分国内科技期刊出版机构对编辑岗位设置进行了创新举措，但调查显示，超过六成编辑所认知的岗位仍然是编辑校对、组稿约稿、审稿把关、宣传推广，尤其是编辑校对这项职责有高达 93.5% 的编辑认为是其岗位职责[57]，但在国际出版机构中，无论是初级或助理编辑，还是在更高级别的编辑岗位中，均不会出现编校工作职责[58]。由此可见，国内科技期刊的编辑职业结构或设置与国际出版机构相比还存在不少优化的空间，具备一定出版规模的出版机构，细分岗位、分工精细化，是优化队伍结构有效的途径，小规模的出版单位，尽可能将内容策划、管理职责与出版支撑职责区分，让具有较好学科背景和丰富研究经历的编辑专注于内容评估，让具有丰富出版经验的编辑专注于出版支撑，受限于人员数量不能开展的职责可以外包，如科爱公司，将设计、语言润色和国际推广等业务委托专业化公司开展。

二、科技期刊人才培育体系与能力提升

当前，我国针对科技期刊人才培育已形成从基础职业资格评定到专业评奖、从行业技能比赛到研究项目等多层面的培育体系，聚焦于推动科技期刊编辑的多维度能力提升，以适配当前快速发展的数字出版环境。

（一）明确职称评定，规范期刊人才晋升路径

出版专业技术人员需通过出版专业资格考试，获得出版职业资格证书才能开展相关工作。目前我国的出版专业资格分为：初级资格、中级资格、高级资格。初级资格、中级资格需通过考试，高级资格（副编审、编审）实行考试与评审结合的评价制度，以上为期刊人才的职称晋升提供了明确的路径。同时《出版专业技术人员继续教育规定》（国新出发〔2020〕18 号）还对出版专业技术人才的管理体制、内容与形式、学时、继续教育机构、考核与监督等进行了详细的规定，有效规范和保障了期刊人才自身业务能力的学习和提升。

（二）开展表彰活动，树立期刊人才行业标杆

中国出版政府奖是我国新闻出版领域的最高奖，每三年评选一次，旨在表彰和奖励国内新闻出版业优秀出版物、出版单位和个人。在历年的通知中明确规定了奖项的数量：优秀出版人物奖 70 个（含优秀编辑 25 个），2021 年《国家新闻出版署关于开展第五届中国出版政府奖评选表彰活动的通知》中只对优秀出版人物奖总数做了规定，在公示的结果中显示共有 69 人获奖，其中优秀出版人物 26 名，优秀编辑 43 名，对优秀编辑的表彰数量有所增加。

期刊主管单位通过专项表彰活动，对科技出版领域的单位和个人予以肯定和鼓励。例如，中国科学院设置了"中国科学院科学传播奖"，该奖项每两年评选

一次，设有先进单位奖、单项集体奖和个人奖。截至目前，获得该个人奖项的一共有 15 位科技期刊领域的从业者。

根据"中国科技期刊卓越行动计划"整体部署，自 2021 年起，开展中国科技期刊卓越行动计划选育高水平办刊人才子项目–优秀主编、优秀编辑、优秀审稿人案例遴选活动，两年来累计有 100 名优秀主编、277 名优秀编辑、328 名优秀审稿人获得表彰。作为高层次、高水平办刊人才队伍建设的引领行动，该活动的开展旨在贯彻习近平总书记关于办好一流学术期刊的指示精神，落实《关于深化改革　培育世界一流科技期刊的意见》，所入选的优秀主编、编辑和审稿人均在期刊内容建设、传播服务体系建设、运行机制创新等方面做出了重要贡献。该活动也是目前唯一将主编和审稿人等科学共同体纳入的遴选活动。

中国韬奋出版奖创办时间是 1987 年，主办单位是中国出版工作者协会，每两年评选一次。韬奋出版奖是全国出版工作者中先进事迹特别突出、获奖人数十分有限的一个奖。由中国韬奋基金会委托中国出版工作者协会主持评选。韬奋出版奖是我国出版行业个人的最高荣誉奖项。为深入学习宣传贯彻习近平新时代中国特色社会主义思想，全面落实党的二十大精神，推进社会主义文化强国建设，促进出版业高质量发展，坚持"出精品"与"出人才"并重，夯实出版业高质量发展的人才基础，建设一支高素质高水平的出版人才队伍，大力弘扬韬奋精神，表彰和奖励在出版工作中做出突出贡献的先进人物，根据中央宣传部文件批复精神，中国出版协会开展了第十四届韬奋出版奖评选表彰活动，由韬奋基金会协办。评委会秉承科学、严谨、公平、公正、质量第一的原则，经过初评、复评、终评程序严格评选，于 2023 年 2 月 22 日评选揭晓，30 位长期勤奋工作在出版一线，身体力行韬奋精神，在出版工作中做出突出贡献的优秀出版工作者荣获第十四届韬奋出版奖。该奖项主要以图书出版的优秀出版工作者为主，呼吁在后续的评审中增加科技期刊出版工作者占比。

（三）举办青年编辑大赛，引导现代化新型科技期刊人才培养

"科技期刊青年编辑大赛"自 2017 年举办以来，连续举办了六届。自第五届

起，由中国科协学会服务中心联合中国科学技术期刊编辑学会、中国期刊协会、中国高校科技期刊研究会和中国科学院自然科学期刊编辑研究会联合主办。大赛聚焦青年科技期刊编辑的专业能力及职业素养提升[59]，为青年编辑搭建展示风采的平台，激发青年科技期刊编辑投身科技期刊事业的工作热情，培养具有现代化办刊能力的新型编辑人才。大赛以世界一流科技期刊建设为目标，逐年优化赛制，突出复合型专业化人才培养导向。从第五届青编赛开始，大赛细分为学术编辑、技术编辑、数字编辑和运营编辑四个版块，分别侧重学术编辑对学术内容的组织力和把控力、技术编辑在稿件生产和出版等环节中的操作处理能力、数字编辑对融媒体和社交媒体等新兴媒体的使用制作推广能力，及运营编辑的宣传推广和组织经营能力。经过多年发展，青编赛在我国科技期刊领域受到广泛关注，吸引了全国的青年科技期刊编辑广泛参与（表 4-5），涌现出一批专业能力、业务水平和个人风采突出的优秀青年编辑，为我国科技期刊编辑树立了榜样，为我国世界一流科技期刊建设的编辑人才储备提供了资源。

表 4-5　历届科技期刊青年编辑大赛情况

届（年份）	报名人数	晋级复赛人数	获奖人数
第一届（2017 年）	239	120	30
第二届（2018 年）	238	123	40
第三届（2019 年）	221	105	39
第四届（2020 年）	850	145	43
第五届（2022 年）	1658	296	48
第六届（2023 年）	1957	213	54
合计	5163	1002	254

（四）设立研究课题，助力期刊人才编研成长

科技期刊的发展还离不开行业内相关的学协会，学协会能够有效地凝聚行业力量，发挥桥梁纽带作用，同时在行业信息、行业指导上具有一定的权威性和示范性。科技期刊研究课题的设立为期刊编辑和期刊界其他从业人员搭建了一个学术交流平台，课题负责人在做期刊业务工作的同时，有机会开展课题研究，通过课题来思考和研究期刊发展实践中的热点和难点问题，关注期刊发展的趋势动态

等，有助于期刊从业人员不断跟踪和研究国内外新趋势、新战略、新政策，及时了解新思想、新观念，掌握和应用新技术、新方法，增强编辑人员的思考能力和问题意识，打开眼界和思路，在开展研究的过程中得到锻炼和提升综合能力，一定程度上能够满足编辑出版人员的发展需求，促进科技期刊高素质人才的成长，"编研一体"有效助力期刊编辑出版人员队伍建设。

中国科学技术期刊编辑学会①于 2016 年 11 月 21 日六届四次常务理事会议上审议通过发布《中国科技期刊编辑学会基金项目管理办法》，基金项目的设立旨在支持有关科技期刊编辑出版及相关领域理论与实践研究，针对中国科技期刊发展中遇到的现实问题提出解决方案。重点资助具有较坚实的理论基础、实证性较强并具有"政策取向"的研究项目，特别是中国科技期刊的发展中遇到的热点、难点问题。在学会的官方网站设立了"基金项目"专栏，目前专栏下发布有管理办法、申报指南、项目申请书和资助项目相关信息。

中国高校科技期刊研究会②在"学术活动"栏目中也发布了"基金项目"的专题，更新了项目申报、中期检查和结题通知等信息，便于及时了解和掌握组织方对研究课题的要求。目前网站主要展示了 2018 年以来的基金项目有关信息。

中国科学院自然科学期刊编辑研究会③于 2014 年发布了《中国科学院自然科学期刊编辑研究会研究课题管理办法》，2017 年进行修订，明确了研究课题项目的设立，旨在满足中国科学院和中国科技期刊事业创新发展的需求，引领和推动中国科学院科技期刊编辑的学术研究活动，发挥科技期刊建设方面的智库作用，为中国科学院领导和有关部门提供决策参考，促进科技期刊高素质人才的成长，推动科技期刊的繁荣发展。在研究会官网设置了"研究课题"专栏，发布了2017～2022 年历年的课题申请指南、立项结果和获奖名单，对于研究课题的关注者有很强的参考性和借鉴意义。

梳理上述三个学会的期刊研究项目，可以看出：三者具有相对完善的课题管

---

① http://www.cessp.org.cn/.

② http://www.cujs.org.cn/?siteid=1.

③ https://www.stmjsociety.com/.

理办法，中国科学院自然科学期刊编辑研究会开展研究课题工作时间较早，且在网站信息发布上更为全面和完备，一方面是对自身工作的有效宣传，另一方面也有利于课题关注者和申请者掌握信息，从而扩大研究课题的辐射面和影响力。三个学会在具体项目实施方面，也存在一些差异，详见表 4-6。中国科技期刊编辑学会在 2023 学术年会期间，通过展板宣传、大会开幕式颁发证书等形式进一步肯定和鼓励了获得研究项目的编辑开展研究工作。

表 4-6　中国科技期刊领域研究项目对比

	面向对象	项目分类	项目数量	项目经费
中国科学技术期刊编辑学会	在项目申请期间缴纳会费的本学会团体或个人会员	重点项目、一般项目、青年项目	根据当年申请数量组织专家评审确定	根据项目类型及专家评审情况确定资助等级，分为 0～20 000 元/项
中国高校科技期刊研究会	课题负责人所在单位应是研究会单位会员或个人会员，且已按时缴纳会费	一般项目、青年项目、专项基金	根据当年申请数量组织专家评审确定	根据课题等级分为 0～3000 元/项；专项基金相对高一些
中国科学院自然科学期刊编辑研究会	院内外的全国科技期刊编辑及相关研究人员	申报课题、委托课题	根据当年申请数量组织专家评审确定	根据评审情况确定资助等级，分为 0～20 000 元/项

（五）推出人才专项，保障期刊队伍合理建设

中国科学院于 2008 年启动"中国科学院期刊出版领域引进优秀人才计划"，并在 2016 年贯彻落实《关于深入实施"中国科学院人才培养引进系统工程"的意见》，修订发布《中国科学院期刊出版领域引进优秀人才计划管理办法》（传播字〔2016〕1 号）。该人才计划初期主要引进高端学术性专业人才，针对科学编辑/编辑部主任，后期根据科技期刊发展的需要，也拓展到技术型人才和管理型人才。择优支持的方向包括：科学编辑人才、期刊信息网络技术人才、期刊集约化发展与期刊国际合作出版人才。截至 2021 年底，该人才计划共引进和支持了 34 位优秀人才，惠及了几十种期刊的发展，这是迄今为止期刊出版领域影响力最大的人才计划。

重庆市高校期刊研究会推出的"渝出版"人才选育项目，包括学术名编、学术优编、示范团队三种。这些不同层次奖项的设置，主要体现在对其任职年限、任职岗位和学术能力的区别。例如，"学术名编"要求：从事期刊出版工作 5 年

及以上的编辑部（期刊社）负责人或专职主编/副主编，或从事期刊出版工作 10 年及以上具有副高级及以上职称的责任编辑，任现职（职称或职务）以来公开发表过 2 篇及以上学术论文，或公开出版过著作。"学术优编"要求：从事期刊编辑出版工作 3 年及以上，任现职（职称或职务）以来公开发表过 1 篇及以上学术论文，或公开出版过著作。值得一提的是，重庆市推出的"英才计划"，其入选者可获得 10 万～50 万元的人才奖励金（作为市政府奖励，依法免征个人所得税），给予 20 万～200 万元不等的研究支持经费，发放重庆英才服务卡，提供子女入学、医疗保健、交通旅游、金融支持等便利服务。其中"重庆英才·名家名师专项"新闻出版类入选者给予 10 万元人才奖励金和 20 万元研究经费支持。

三、推进科技期刊出版人才建设的政策建议

近年来，在国家多部门的协同推动下，中国科技期刊迎来了前所未有的发展机遇，科技期刊从业人员也从传统认知中处于科研机构的边缘部门中开始受到重视，但科技期刊出版人才队伍建设仍面临一系列挑战。要培育世界一流科技期刊，推动科技期刊高质量发展，促进科技期刊产业升级，多方面多举措加强人才建设势在必行。

（一）优化科技人才评价机制

一是鼓励科研人员参与国内期刊创办和任职。学术队伍是科技期刊建设的核心力量，科研人员作为学术人才参与科技期刊出版，是由科学研究的自治机制维系和实现的，目前并无相关政策或机制明确科研人员担任科技期刊职务可获得回馈。当研究者有一定学术影响力后，在科技期刊中任职，会优先选择较为成熟或影响力较高的期刊，因为这对其"声誉"有更高的肯定。因此，创刊历史长且在领域内有高影响力的国外老牌期刊会获得更多高影响力研究者的支持，虽然已有不少国内科研人员出于支持国产期刊的情怀会担任相关期刊的主编或编委，但数量有限。建议在人才评价和评估相关的政策或机制中，应明确鼓励科研人员参与国内期刊的创办，如可纳入对科研人员承担中国科技期刊学术团队职务的内容，

或同等情况下，在国内科技期刊任职的科研人员予以优先考虑。

二是推动青年科研人员参与国内期刊工作。2023 年 8 月，中共中央办公厅、国务院办公厅印发了《关于进一步加强青年科技人才培养和使用的若干措施》（以下简称《若干措施》），充分说明了青年科技人才的重要性。国际出版商非常关注青年科技人员参与科技期刊工作的情况，出版商认为听取他们的意见有助于更好地了解和满足读者的需求[60]。国内科技期刊近年来也积极推动青年研究者担任编委[61]，实践中青年编委的积极性和责任感更容易被调动和激发。结合《若干措施》中的要求，提升科研单位人才自主评价能力，鼓励科研单位将期刊工作纳入对青年人才评价的考核内容，对在国内期刊任职或参与创办期刊的青年科技人员，将其参与的期刊工作作为其重要的学术贡献予以肯定。

三是以评奖促发展。目前针对科研人员参与科技期刊工作尚无公开的鼓励政策，针对科研人员参与办刊的评奖也仅有卓越行动计划的人才子项目，这两年共有 100 位主编和 300 余位专家获得奖励，相对于庞大的编委数量和审稿专家数量，获奖比例较低。为了更好地鼓励科研人员特别是青年人才参与科技期刊工作，共同促进一流科技期刊建设，建议扩大主编、编委和审稿人的评奖数量及比例，不仅限于卓越期刊，扩大期刊数量，在评奖中向青年科研人员倾斜，如增加青年科研人员的获奖人员比例等，有助于提升青年科研人员参与中国科技期刊特别是新创办期刊的积极性。

（二）推动设立科技期刊出版人才专项

科技期刊的高质量发展离不开高水平的出版人才，中国科学院是最早开展面向期刊出版设立专项人才计划的机构，2008 年发布的《中国科学院文献情报和期刊出版领域引进优秀人才计划管理办法》自实施以来产生了显著成效，一方面获得专项的人才得到了更广泛的影响力，多人获得国家级的出版奖；另一方面这些优秀人才推动了其所在期刊的高质量快速发展。目前国家出版相关评奖和人才专项中，尚无专门针对科技期刊出版的专项，鉴于科技期刊对我国科技创新体系的重要作用和地位，建议在国家出版人才相关评选中，设立面向期刊出版的专项，或者在现有人才评选中，加大期刊出版人才评选比例，特别针对急需人才或者复合型期刊出版人才予以倾斜，增设名额，以引导和推动科技期刊人才队伍的快速发展。

（三）鼓励和引导高科技企业的科技创新力量助力科技期刊发展

党的二十大提出企业是科技创新的主体，突出了企业在未来国家创新体系中的重要地位。科技期刊作为科技创新的主要交流平台，一方面必须与创新科技工作紧密相连，另一方面与高科技企业紧密结合，也有助于科技成果的转化以及推动相关产业发展，而企业灵活的引人用人机制以及多元化的科技创新人员，也可能为科技期刊出版带来更丰富的人才队伍。科技创新主体中研究机构和高等院校历来是科技期刊的主要主办单位，随着"双一流"建设的推进，高等院校近年来在创办科技期刊方面成效显著。借鉴高等院校在科技期刊创办中的启示，高科技企业作为国家科技创新的主要力量，可在政策或机制上鼓励其创办期刊和参与期刊出版工作。例如，华为、腾讯以及阿里等高科技企业，鼓励和引导其将科技创新力量用于科技期刊发展，聚焦融合发展，在期刊人才梯队和资金投入等方面给予配套支持，将有助于科技期刊人才结构的快速优化和多样化发展，营造更丰富的期刊人才发展环境。

（四）优化编辑出版学科体系与继续教育

编辑出版专业是一门与新闻学、传播学、图书馆学、情报学、历史学等多学科相互交融的专业。我国的高校编辑出版专业大部分仅设有本科专业，少数高校招收编辑出版学硕士、博士研究生，编辑出版专业属于新闻传播学科，以新闻传播学为主要研究方向。在国外，以纽约大学编辑出版专业为例，该专业旨在建立全面且广泛的写作、出版和编辑知识和技能。其专业课程主要包括：①交流技能、信息素养和研究方法；②编辑和出版中的商业和法律环境以及新兴数字技术；③写作和编辑实践；④项目管理、质量管理和编辑领导力；⑤特定领域的出版与写作。

中国科技期刊出版行业需要有竞争力的复合型人才，不仅要有编辑出版学专业背景，还需要广泛涉猎科技、文化、管理等方面的知识，同时需具备较强的组织协调、人际沟通与项目执行能力，这就要求对编辑出版专业进行改革及优化，坚持"以人为本"，着眼行业需求。对比国外编辑出版学科体系，我国编辑出版学教学体系范围较窄，课程设置丰度不足，实践性不强，应通过各个领域不同学科的共同合作来拓宽学生的理论知识储备，注重学生能力提高，开发多元化的课程设置以及实践实操活动，纳入出版相关的国际化内容、先进实用的编辑技能、科技期刊的运营与管理、新兴交叉学科基础知识等内容，使学生精通编辑出版专业知识的同时，对其他学科的知识能够做到通或懂，打造具有中国特色的新型编辑出版专业学科体系，为学生打牢知识根基，同时具备更广阔的视野和文化交流能力，形成足够的竞争力，以应对未来编辑出版工作中的各项挑战[62]①。新时代出版学和出版产业需要复合型人才，能够胜任和领导出版领域研究、政策评估、政策倡导和国际出版与交流等工作。北京大学信息管理系的做法：完善学科建制，建设学术共同体，围绕国家重大需求进行跨学科协作，建设出版学科的"新文科"实验室，协助行业政策制定；立足中国特色出版的实践创新和理论总结，出版具有全球影响力的应用研究成果，增强国际学术及政策领域话语权；建立产学研联盟合作机制，定期组织产业、学术和研究机构会议；建设"政产学研用"联合的出版研究智库，为应对各种复杂的理论与现实问题建言献策；打造出版行业高端人才精品培育体系，为国内出版集团继续教育提供支撑[63]。

中宣部 2022 年印发的《关于推动出版深度融合发展的实施意见》，对新时代深入推进出版深度融合发展作出全面安排，"建强出版融合发展人才队伍"是其中的重要组成部分。为出版硕士专业学位教育下一步发展提供了指导。在课程设置上，可以增加出版深度融合相关课程，主要围绕扩大优质内容供给、创新内容呈现传播方式、打造重点领域内容精品等方面；在课程内容上，各硕士办学点可以将大数据、云计算、人工智能、区块链等技术融入教学；在办学模式上，要继

---

① http://www.mohrss.gov.cn/SYrlzyhshbzb/rencairenshi/zcwj/zhuanyejishurenyuan/202009/t20200929_391929.html.

续加强与出版单位合作，可以在出版硕士专业实习时，将出版深度融合发展作为重点领域；在行业导师聘任上，可以优先聘任具有出版深度融合经验的行业导师等。有条件的高校还可与出版单位联合设立出版深度融合发展实习基地、出版深度融合发展研究中心等[63]。

继续教育是编辑出版人员持续学习国家出版政策法规、业务前沿知识与技能的重要途径。《出版专业技术人员继续教育规定》作为出版行业各级部门、单位指导和落实开展继续教育工作的规章制度文件。新版规定提出，出版专业技术人员参加继续教育的时间每年累计不少于 90 学时，其中专业科目不少于总学时的三分之二。尽管其作为出版行业一项很好的继续培养规定发挥了重要作用，但在具体实施过程中，仍存在可以提升的空间。主办单位对继续教育往往按照流程机械完成，服务意识有待增强，对科技期刊编辑人员的针对性不强，亟待优化完善。

一是提高编辑出版继续教育的针对性。科技期刊编辑相较于人文社科期刊编辑，具有更强的专业性、指向性。加强继续教育的针对性，应当考虑和尊重不同领域期刊特点，在保证公共需求的同时，可考虑推行分领域分批安排课程制度。行政主管部门应当放权，允许各单位根据自身需要，有针对性地组织编辑参加培训。培训机构可参考高校必修课和选修课的模式，可以将编辑业务知识、法律法规等作为必修课，针对科技期刊方面，可以将学科专业知识、创新技术等作为选修课；对于英文期刊，可以考虑增加外语（双语）授课，将国际一流、先进的理念、做法、案例进行汇总，引入课程。可于培训前开展问卷调查，可实行定制个性化课程培训；或者汇总亟须提升的内容，请授课专家有针对性地备课；编辑可根据自身条件分组上课，如根据工作年限或者职称等进行区分。例如，新入职编辑须尽快掌握有关出版的政策法规、标准规范和编辑的基础理论、编辑技术等，具有较高年资的编辑则对有助于拓宽知识面、创新前沿的内容更感兴趣；而期刊管理者则更关注政治方向、出版政策、期刊发展战略等内容。

二是做好继续教育的评估与考核。目前多数继续教育结束后没有对授课内容的评估，因此很难确保继续教育内容和水平不断优化和提升。同时学员结业方式，对课程内容吸收与掌握得如何可能无法评估。建议引入学员对继续教育课程设置、内容实用性与前沿性、教师水平、时间安排等全方位的评价，根据学员意见不断优化各环节，提高质量与吸引力，践行继续教育服务从业人员、培养出版人才的初衷。同时，应加强对编辑人员学习效果的检验，对其进行针对性的、形式多元的考核评估。对表现突出的编辑，可给予表彰和奖励；对未能达标的学员，可考虑可行的措施予以鞭策，提高编辑对继续教育学习的积极性与重视程度。

（五）加强科技期刊选才与引才

加强科技期刊选才与引才是促进中国科技期刊高质量发展的关键。在学术方面，应邀请行业领军人物担任期刊主编，吸纳知名教授专家担任副主编与编委，以确保期刊有效吸引优秀稿源、强化组稿、学术把关和质量控制，保持高水平出版。主编和编委对期刊学术发展起引领作用，而具体工作由专职编辑落实，他们直接决定各环节运行及整体工作成果。因此，出版机构应注重引进高质量、高素质的复合人才。当前，由于科技期刊"小、散、弱"的传统特征和相对传统的用人模式，考核管理机制落后，缺少能上能下、来去自由的机制来激发编辑活力，因此大多数科技期刊出版单位未形成良性的职业发展生态。

一是优化岗位设置与人才政策。可针对性地设置学术编辑、流程编辑、新媒体编辑、技术编辑、生产编辑等专业化的岗位，专业化发展，改变传统编辑"一专多能"的尴尬境地，提高效率和提升出版专业化程度。主管主办单位可根据办刊定位和实际需求选拔符合条件和需求的优秀人才，采用高薪措施引进行业领域中的精英管理型人才、专业人才或新媒体人才。打破传统思维的限制，邀请学术团体、高校以及企业中的优秀人才作为兼职编辑加入编辑团队，协同多方力量打造高水平的编辑团队。鼓励主办单位通过制定人才引进管理办法、绩效考核管理办法等构建制度化管理体系。从人、岗、责、权、利、效、罚各方面统筹制度安排，平衡统一人才使用管理分配考核等措施，不断丰富并细化人才队伍建设的顶层设计，营造公平竞争的环境，充分调动人员的工作积极性，提高其工作热情，真正实现引得来人、留得住人和"人才兴刊"。

二是持续提升编辑人员专业水平与综合素养。主管主办单位要持续助力人才成长。鼓励编辑参加学科领域的学术会议、专题讲座或前沿论坛等，综合学科方向内容与编辑出版专业建立人才培养体系，邀请学科领域内专家与名刊主编、编辑为其授课，或建立与推行导师培养制。通过开展编辑业务技能竞赛、鼓励编辑申请期刊相关基金项目、课题研究等引导编辑提升业务水平，引导和协助编辑不断提升政治素养、人文素养、创新意识与沟通能力，接受新技术和新理念，保持工作热情[64]。

（六）切实改善编辑待遇，畅通职业发展路径

当前，国内科技期刊吸引人才难，留住人才难，根本原因在于编辑职业发展前景不明朗，工资待遇低，晋升机会少，上升空间小。大多数高校与科研机构的编辑待遇低于主流教学或科研岗位，晋升时并未完全参照编辑出版专业的要求，而是与教师或科研人员的入门条件同等，导致编辑晋升难度大，造成编辑在其职业发展中出现动力不足、积极性不高的局面。同时，编辑职称评定是由各高校或科研机构自己组织本单位专家来完成初评，其中与出版业密切相关的专家数量偏少，容易出现有失公平的现象。

建议行业主管部门、主办单位倡导普及编辑出版工作的重要性，倡议提升编辑出版人员薪资待遇，主办单位制定激励机制，鼓励创先争优。编辑可参与科研教学实践，开展项目研究、撰写学术论文、为学生授课。晋升方面，解决专业评审专家缺位的问题，可以聘请出版专业相关专家参与，设置最低出版专家比例，让参评者享受"公平合理"的评审原则与"准确"的评价标准。各主办单位应制定符合期刊出版工作实际情况、具有可操作性的编辑评审要求、晋升原则、评价程序，畅通期刊出版人员的职业发展路径。应坚持立破并举，在编制制度、分配制度、职称制度等人才保障激励机制和制度创新上狠下功夫，加快推进编辑人才相关工作的全面改革。随着编辑人员待遇提升及晋升问题的解决，编辑的个体发展和期刊发展相互依存和促进，将更好地推进科技期刊的发展[65]。

参考文献

[1] 闫群, 初景利, 孔金昕. 我国科技学术期刊编委会运行现状与对策建议: 基于中国科学院主管主办科技学术期刊问卷调查[J]. 中国科技期刊研究, 2021, 32(7): 821-831.

[2] 许琦敏. 《细胞研究》启示录: 自信之路[N/OL]. (2021-01-01) [2023-09-04]. https://wenhui.whb.cn/third/baidu/202101/01/386344.html.

[3] 孙菊. 科技期刊编委会的结构优化与作用提升: 以《应用生态学报》为例[J]. 编辑学报, 2021, 33(5): 541-544.

[4] 张晗, 李明敏, 蔡斐. 学术期刊编委会的建立与维护[J]. 编辑学报, 2017, 29(S2): S36-S37.

[5] 郭盛楠, 郝洋. 青年编委会成立"热"的"冷"思考: 科技期刊青年编委遴选、管理与建设过程中的问题与反思[J]. 编辑学报, 2022, 34(3): 301-304.

[6] 王锦秀, 李莉. 我国学术期刊的青年编委会策略[J]. 科技创新导报, 2020(4): 245-246.

[7] 中国科学技术协会. 中国科技期刊发展蓝皮书(2020)[M]. 北京: 科学出版社, 2021.

[8] Clarivate. Global State of Peer Review[EB/OL]. [2023-09-01]. https://clarivate.com/lp/global-state-of-peer-review-report/.

[9] 张丹. 论英文科技期刊优秀审稿人队伍的培养[J]. 编辑学报, 2019, 31(5): 582-585.

[10] 李亚敏, 王贵林, 魏建晶, 等. 科技期刊学术团队建设的现状与措施[J]. 中国科技期刊研究, 2021, 32(8): 1055-1059.

[11] 徐红星. 《中国科技期刊研究》2008～2012 年核心作者群的分析研究[J]. 中国科技期刊研究, 2013, 24(6): 1074-1078.

[12] 代艳玲, 朱拴成. 科技期刊核心作者群的建立与培养[J]. 编辑学报, 2019, 31(3): 343-346.

[13] Singleton A. The First Scientific Journal[J]. Learned Publishing, 2014, 24(7): 2-4.

[14] 尹玉吉. 期刊概念流变及其定义研究[J]. 中国科技期刊研究, 2012, 23(1): 64-68.

[15] Julie McDougall-Waters, Noah Moxham, Aileen Fyfe. Philosophical Transactions: 350 Years of Publishing at the Royal Society (1665–2015). The Royal Society, 2015.

[16] 刘红, 胡新和. 科学的制度规范之兴起与演变: 伦敦皇家学会首任秘书亨利•奥登伯格的历史贡献[J]. 自然辩证法通讯, 2011, 33(4): 64-71.

[17] Barton R. Lockyer's Columns of Controversy in Nature[EB/OL]. (2007-10-10) [2023-10-30]. https://www.nature.com/articles/d41586-019-01813-3.

[18] Ellis Rubinstein. 漫话美国《科学》杂志[J]. 中国科技期刊研究, 1995, 6(3): 53-54.

[19] Adair R K, Henley E M. Special Issue: Physical Review Centenary: From Basic Research to High Technology[J]. Physics Today, 1993, 46(10): 22-25.

[20] 闫群. 我国科技学术期刊编委会运行机制及优化研究[D]. 北京: 中国科学院大学, 2021.

[21] Elsevier. Editorial Boards[EB/OL]. [2023-08-31]. https://www.elsevier.com/editors/editorial-boards.

[22] Committee on Publication Ethics. About COPE[EB/OL]. [2023-08-31]. https://publicationethics.org/core-practices.

[23] 雍文明. 国际一流科技期刊的办刊模式探索及启示: 以《自然》为例[J]. 中国科技期刊研究, 2022, 33(7): 852-859.

[24] 吴晓丽, 陈广仁. 建设世界一流科技期刊的策略: 基于 Nature、Science、The Lancet 和 Cell 的分析[J]. 中国科技期刊研究, 2020, 31(7): 758-764.

[25] Clarivate. ScholarOne[EB/OL]. [2023-08-31]. https://clarivate.com/products/scientific-and-academic-research/research-publishing-solutions/scholarone/.

[26] Aries Systems Corporation. Editorial Manager[EB/OL]. [2023-08-31]. https://www.ariessys.com/solutions/ editorial-manager/.

[27] 解贺嘉, 初景利. 国外科技期刊出版伦理研究述评[J]. 中国科技期刊研究, 2022, 33(2): 139-149.

[28] 闫群, 初景利. 我国科技学术期刊编委会运行机制优化指标体系构建[J]. 中国科技期刊研究, 2022, 33(4): 405-413.

[29] 李二斌.我国中英文学术期刊编委会运作效能的差异及对策研究[J]. 中国科技期刊研究, 2022, 33(3): 273-280.

[30] Irene Hames. Editorial Boards: Realizing Their Potential[J]. Learned Publishing, 2001, 14: 247-256.

[31] 张莹, 李自乐, 郭宸孜, 等. 国际一流期刊的办刊探索: 以 Light: Science & Applications 为例[J]. 中国科技期刊研究, 2019, 30(1): 53-59.

[32] 高媛, 徐秀玲, 张冰姿, 等. 提质增量, 卓越发展:《国家科学评论》办刊实践与进展[J]. 中国科技期刊研究, 2022, 33(2): 215-221.

[33] 王雅娇, 田杰, 刘伟霄, 等. 入选"中国科技期刊卓越行动计划"的新创英文期刊调查分析及启示[J]. 中国科技期刊研究, 2020, 31(5): 614-621.

[34] 李雪莲, 张妍, 徐若冰. 双主编模式下充分发挥外籍主编作用的实践: 以《Journal of Marine Science and Application》为例[J]. 编辑学报, 2019, 31(1): 81-83.

[35] 李明敏, 徐晓, 蔡斐. 英文科技期刊国际编委的遴选与培养成效[J]. 科技与出版, 2017, 36(11): 49-53.

[36] 吕志军, 常冬雨, 刘爽. 编委国际化对我国英文科技期刊学术质量的影响研究[J]. 出版科学, 2022, 30(6): 42-52.

[37] 朱琳, 张晓宇, 刘静, 等. 中国科学院科技期刊融合出版现状调研与分析[J]. 中国科技期刊研究, 2019, 30(6): 606-612.

[38] 张赓. 构建具有国际影响力的学术期刊评价体系研究[J]. 新闻研究导刊, 2023, 14(7): 45-47.

[39] 程铭, 潘云涛, 马峥, 等. 开放科学视角下期刊影响力评价指标体系研究[J]. 中国科技期刊研究, 2022, 33(3): 391-398.

[40] 赵俊, 邓履翔, 郭征, 等. 科技期刊编辑的本质属性与角色定位[J]. 编辑学报, 2023(2): 130-134.

[41] 李禧娜. 科技期刊编辑职业紧张状况及影响因素分析[J]. 中国科技期刊研究, 2022, 33(10): 1453-1458.

[42] 魏均民, 刘冰, 徐妍. 中国科技期刊发展的挑战、机遇和对策[J]. 编辑学报, 2021(1): 4-8.

[43] 高虹. 大数据时代学术期刊高质量发展问题透视: 与四位主编的深度访谈[J]. 中国科技期刊研究, 2020, 31(12): 1395-1401.

[44] 武晓耕, 韩俊. 期刊人才的培育: 多维视角下的世界一流科技期刊建设思考之三[J]. 科技与出版, 2021(2): 25-30.

[45] 王维朗, 郭伟, 黄江华, 等. 学术期刊编辑职业认知度及满意度调查与分析[J]. 中国科技期刊研究, 2021, 32(1): 55-64.

[46] 骆筱秋, 王晴, 袁鹤, 等. 从国际知名医学期刊看"科学编辑"[J]. 中国编辑, 2018(9): 66-69.

[47] 尹欢, 李楠, 陈文珠, 等. 科研人员参与期刊运营的探索与实践: 以云实习编辑项目为例[J]. 编辑学报, 2022, 34(1): 105-110.

[48] 刘冰. 科技期刊青年编辑大赛对青年人才培养的促进作用[J]. 中国科技期刊研究, 2022, 33(8): 1098-1103.

[49] 翁彦琴, 靳炜, 岳凌生, 等. 中国科学院科技期刊青年编辑队伍现状及发展对策[J]. 中国科技期刊研究, 2019, 30(3): 280-285.

[50] 关于 2022 年度中国科技期刊卓越行动计划选育高水平办刊人才子项目–青年人才支持项目申报的通知[EB/OL]. (2022-05-12) [2022-05-06]. http://www.cast.org.cn/art/2022/5/12/art_458_185630.html.

[51] 中国科学院. 着力打造世界一流科技期刊"航母"[N]. 中国科学报, 2020-11-19.

[52] 杜鹏, 李凤. 是自上而下的管理还是科学共同体的自治: 对我国科技评价问题的重新审视[J]. 科学学研究, 2016, 34(5): 641-646, 667. DOI:10.16192/j.cnki.1003-2053.2016.05.001.

[53] 李正风. 科学知识生产的动力: 对默顿科学奖励理论的批判性考察[J]. 哲学研究, 2007(12): 90-95, 125.

[54] 出版专业技术人员职业资格考试开展 20 周年专题座谈会召开[J]. 出版与印刷, 2022(4): 60.

[55] 扈晓艳. 科技期刊青年编辑的职业发展与培养探讨: 基于马斯洛需求层次理论[J]. 传播与版权, 2023(6): 15-18. DOI: 10.16852/j.cnki.45-1390/g2.2023.06.024.

[56] John R I. Careers in Science Publishing[J]. Cold Spring Harb Perspect Biol., 2019, 11: a032979.

[57] 王维朗, 郭伟, 黄江华, 等. 学术期刊编辑职业认知度及满意度调查与分析[J]. 中国科技期刊研究, 2021, 32(1): 55-64.

[58] 许艳玲, 赵勋, 刘萱. 国际出版集团编辑成长路径对我国科技期刊编辑人才培养的启示[J]. 今日科苑, 2022(5): 43-54, 86.

[59] 刘冰. 科技期刊青年编辑大赛组织设计与实施特色[J]. 中国科技期刊研究, 2022, 33(10): 1352-1357.

[60] O'Brien A, Graf C, Mckellar K. How publishers and editors can help early career researchers: Recommendations from a roundtable discussion[J]. Learned Publishing, 2019, 32(4): 383-393.

[61] 占莉娟, 张带荣. 青年编委会: 突破传统编委会困境的有效之策[J]. 中国科技期刊研究, 2018, 29(10): 1042-1047.

[62] 国家新闻出版署　人力资源社会保障部. 国家新闻出版署　人力资源社会保障部关于印发《出版专业技术人员继续教育规定》的通知[EB/OL]. (2020-09-24) [2023-08-31]. http://www.mohrss.gov.cn/SYrlzyhshbzb/rencairenshi/zcwj/zhuanyejishurenyuan/202009/t20200929_391929.html.

[63] 中国新闻出版广电报: 出版深度融合离不开对人才的这些培养[EB/OL]. (2022-05-26) [2023-09-20]. https://wwwgdpg.com.cn/index.php?a=index&cid-9&id-2018&m-article.

[64] 陈瑞祥, 汪全莉. 新发展理念下出版专业技术人员继续教育高质量发展研究:《出版专业技术人员继续教育规定》解读[J]. 传播与版权, 2021(7): 72-76

[65] 李军. 推进包括人才发展机制的全要素参与改革: 对《关于加快推进媒体深度融合发展的意见》中"创新管理为保障"的思考[J]. 青年记者, 2022(3): 27-30.

第五章 专家观点：我国科技期刊创新发展的机遇与挑战①

内容提要

科技期刊是荟萃科学发现、引领科技发展的重要载体，在传播科学知识，推动科技进步，促进科技成果转化等方面具有重要作用。科技期刊承担着推动科技创新的重要责任，对于服务创新型国家建设，维护国家科技信息安全，提高科研人员在国际同行中的学术影响力，提升科技文化国际交流的话语权以及推动中国科技出版产业转型升级，都具有非常重要的意义。

党的十八大以来，以习近平同志为核心的党中央高度重视科技创新工作，把科技自立自强作为我国现代化建设的基础性、战略性支撑，观察大势，谋划全局，深化改革，全面发力，推动我国科技事业取得历史性成就、发生历史性变革。2023 年 8 月 1 日出版的《求是》杂志发表了习近平总书记的重要文章《加强基础研究 实现高水平科技自立自强》，文章指出："近年来，我国着力打造世界一流科技期刊、建成一批大国重器，基础研究支撑平台建设取得长足进步，但是从根本上破解'两头在外'问题还任重道远。"

为反映专家学者和出版界人士有关"我国科技期刊创新发展的机遇与挑战"的见解或观点，本章结合 2023 年中国科协学会服务中心主办的系列小型学术研讨会的主题报告或主旨发言，并有针对性地邀请了相关

---

① 第五章文字整理：任胜利（牵头）、高虹、李苑、叩颖。

领域的专家学者，分别就新兴技术潮流驱动科技期刊产业变革、科技期刊内容科普化传播路径、科技期刊论文出版中的信息安全与对策等主题，从不同视角、不同维度开展研讨，分析新兴技术在科技期刊生产和运营管理中的应用、"学术+科普"融合发展助力科技传播和知识服务、科技期刊出版过程中的信息安全问题与防范对策，以期为我国科技期刊产业变革提供参考建议。

一、新兴技术潮流驱动科技期刊产业变革

随着大数据、云计算、物联网、区块链等前沿信息技术的快速发展，数字技术和数字经济日益成为新一轮国际竞争的重点领域。数字化出版、大数据分析、人工智能、区块链技术等新兴技术的应用也正在推动科技期刊产业的转型和升级。探索这些新兴技术在科技期刊产业中的应用，不仅能够提高科技期刊的生产效率和质量，同时也有助于创新出更加符合读者需求和行业趋势的新型期刊产品，进一步提升科技期刊的学术影响力和商业价值。将新兴技术引入科技期刊出版全流程，可以使技术变成科技期刊发展的最大增量，实现科技期刊出版与新兴技术产业的深度融合，重塑科技期刊价值链，增强出版内容创新与成果转化能力，提升科技期刊的传播力和影响力。

聚焦于探讨新兴技术对科技期刊产业变革的推动作用，专家学者们就新兴技术与科技期刊生产机制创新、新兴技术与科技期刊传播、新兴技术与知识服务平台、新兴技术给科技期刊产业带来的机遇与挑战等发表了相关观点或见解。宋永端教授从学术成果的公开化、同行评议的透明化、文章形式的多样化、稿件处理的智能化等方面阐述了新兴技术对科技期刊产业的影响，并提出通过优化传播模式、加快新媒体融合、构建全媒体科技传播矩阵等途径，加快促进学术期刊的转型发展。王飞跃研究员结合实际案例探讨了区块链技术在期刊产业的应用，认为通过引入区块链技术，期刊业能够实现更高效、透明和公正的运作方式，推动科技期刊产业的变革，从而更好地服务于学术界和社会。国际出版伦理委员会（COPE）主席 Daniel Kulp 博士指出，作为当今研究环境的一部分，AI 是非常有用和强大的工具，我们应该了解其中的机会和风险所在，并且应该熟悉这些工具的优缺点，同时使用这些工具来加强它们的优点并减轻缺点。透明和责任是学术出版最佳实践的两个关键问题，都不是 AI 所具备的，编辑和出版机构在期刊中应适当和道德地整合这些工具。初景利研究员基于生成式人工智能（AIGC）等新兴技术的崛起对科技期刊产生的深远影响，从理念、编辑出版流程、学术质量控制、人工智能伦理等方面讨论了在人工智能时代如何维持学术界的稳健性和可持续性。沈昱平社长从主体和目标、组织和实施、奖惩与反馈等方面探讨了科技期刊出版伦理规范共建，并提出从人员问责和奖励制度、善用技术手段两方面建立同行评议控制机制，以解决同行评议存在的主要问题。罗娇和焦艺环重点讨论了 AI 生成内容是否具有版权、AI 是否能作为作者署名、AI 生成的内容是否会侵权这三个出版机构和期刊编辑十分关心的问题，并明确提出：AI 本身不能被列为作者；论文的核心观点应当来源于作者，而非 AI 生成内容；论文中包含 AI 生成内容的，作者应当审核其准确性、科学性与完整性；期刊应当提示编辑和审稿专家避免将作者未发表的论文稿件上传至向公众开放的生成式人工智能工具或平台中，以避免未发表论文因成为训练数据而引发版权问题。

二、科技期刊内容的科普化、大众化传播路径

面对世界进入新一轮历史性变革，习近平总书记深刻把握创新规律，充分肯定科学普及极其重要的战略地位，指出"科技创新、科学普及是实现创新发展的两翼，要把科学普及放在与科技创新同等重要的位置。没有全民科学素质普遍提高，就难以建立起宏大的高素质创新大军，难以实现科技成果快速转化"。科技创新与科学普及如影随形，相得益彰：科学生产新知识和新思想，科学普及则将新知识、新思想变成公众所能理解并接受的大众知识和大众文化，从而形成科技创新和社会发展的内在动力。针对科普工作，2022 年印发的《关于新时代进一步

加强科学技术普及工作的意见》指出，科学技术普及是国家和社会普及科学技术知识、弘扬科学精神、传播科学思想、倡导科学方法的活动，是实现创新发展的重要基础性工作，为此需要强化全社会科普责任、加强科普能力建设、促进科普与科技创新协同发展、强化科普在终身学习体系中的作用、营造热爱科学和崇尚创新的社会氛围等。《全民科学素质行动规划纲要（2021—2035 年)》《国家科普能力发展报告（2022)》《2023 年全民科学素质行动工作要点》等都对科普事业的高质量发展做出了谋划。

科技期刊如何增强科普功能、如何在创新资源环节中创造更大的价值是值得重视和研究的问题，亦是其提升社会效益与经济效益的重要举措。王广基院士认为科技期刊应助推科创与科普"两翼齐飞"，并提出科技期刊发挥好科普功能的四项举措：一是广大科技期刊要提升对科普工作的正确认知；二是要坚持"内容为王"，将有利于"四个面向"的学术内容传播出去；三是要顺势而为，积极利用各类新技术丰富科普化的渠道、手段和方式；四是要与其他主体形成良好且广泛的合作，以保证科技期刊的科普工作行稳致远。马余强院士认为，科学普及已经成为我国全民科学素质提高的关键，乃至成为中国科技成果快速转化的关键，必须将科学普及放在与科技创新同等重要的位置：要从完善科普工作和科学素质建设体系、实现科学普及与科技创新的协同发展、营造良好氛围等方面引导全民热爱科学、崇尚科学、善用科学，进而夯实科技创新的战略基石。智协飞教授结合《大气科学学报》通过微博和微信的联动交叉开展科普和学术论文传播的实践，认为科普和学术可以相互促进，"学术+科普"融合发展可助力科技期刊"两翼齐飞"。优秀的科普文章有助于科技论文的传播，同时可能促进科技创新和科学研究，从而推动科学发展和社会进步。张铁明理事长分析了我国科技期刊内容科普化存在的问题与面临的挑战，提出科技期刊和科研人员要从科普意识和能力、科普内容、传播技术和手段、科普制度和生态环境建设等方面做好科技期刊内容科普化传播工作。《科学大众》编辑部张洁主任认为，我国科技期刊在内容科普化和科普资源开发能力方面还有非常大的提升空间。建设世界一流科技期刊，是建设世界科技强国的重要保障；科技期刊传播力的提升一方面需要有更强的驾驭媒体报道的能力，另一方面也需要和媒体之间建立互动交流的公共性平台。

三、科技期刊论文出版中的信息安全对策与建议

当前我国科技发展面临严峻的国际形势，经济领域的争端伴随着科技领域的技术封锁，致使科技竞争加剧。科技期刊论文作为科技成果发表最重要的方式之一，是科研工作者进行学术交流的主要手段。在开放科学时代，信息技术的发展不仅加快了学术交流的速度，扩大了科学传播的范围，也带来了相应的信息安全隐患。科技期刊论文出版中的信息安全问题既与信息安全研究的问题有吻合之处，也因期刊出版行业的特点有其特殊性，诸如科技期刊出版中可能涉及的敏感研究主题信息安全问题、出版流程涉及不同环节和角色（出版平台、用户信息、数据库、第三方存储平台等）可能存在的信息安全问题、出版内容涉及的信息安全问题、科技期刊出版的信息安全审查流程及关键环节和问题等。

围绕与科技期刊论文出版相关的信息安全研究领域展开研讨，专家学者们就科技期刊出版流程与内容相关的网络安全、安全测试与风险评估、信息安全治理、数据安全以及加密与解密等关键问题开展了深入讨论。周成虎院士指出，科学研究集中了大量有价值的重要数据与信息，互联网带来便利的同时，也加大了信息泄露的风险。科研成果发表过程中既要服从大的安全观念和体系，又能够展示和体现我们的研究成果。建议中国科协牵头组织多部门和科技期刊界，针对中国的科技出版大数据建立国家共享体系，尤其是数据共享安全管理范畴一定要界定清晰，通过先进技术在网络上做好把关安全，从管理方面让科研人员有开展研究的空间。李千目教授认为，与科技期刊出版密切相关的网络安全包括设备安全、数据安全、内容安全和行为安全四个方面，科技期刊出版的

全流程中的安全需要一系列制度和法规保障、管理措施、技术条件及这些手段的融合来保障，要鼓励不同领域的技术人员参与期刊管理的应急应对和各种工作的预案制定中，从根本上解决科技出版过程中的网络安全问题。肖宏编审认为学术期刊出版与信息安全治理应从以下五方面积极采取措施：一是建立期刊社网络安全和数据安全专项制度；二是完善网络安全技术体系，加大期刊社信息基础设施的安全管理力度；三是建立期刊社各项数据分类、分级管理体系；四是严格保护个人信息，不随便向社会服务机构提供期刊掌控的个人信息；五是参与国际出版平台、吸纳国际专家时，需对刊物自身涉及的敏感信息加强管理。付小龙研究员针对如何权衡科学研究和发表成果之间关系的话题，提出科学研究成果更多地发表在国内期刊、与国际合作研究以敏感信息较少的基础科研探索为主、认真执行论文发表审批制度等举措促进解决科研成果发表过程中的信息安全问题。阎珺编审结合空天科技期刊出版信息内审管理的实践和经验，从顶层规划国家数据平台和数据共享服务体系建设和管理机制、编辑岗位培训课程中设置安全保密专项培训课程、实施科研人员个人社交账号的等级管理、借助高效审查工具加强内容审核等方面提出要建立信息安全体系。

第一节　新兴技术潮流驱动科技期刊产业变革

一、宋永端：新兴技术对科技期刊产业的影响[①]

随着新一代信息技术和数字化的迅猛发展，传统刻板的期刊运营与推广模式逐渐无法满足个性化和多样化的需求。在这一背景下，科技期刊，尤其是在互联网和人工智能等领域，正面临严峻挑战，同时也迎来了前所未有的机遇。未来科

[①] 宋永端：国际欧亚科学院院士、重庆大学教授。

技期刊在数字化方面需要更加注重学术成果的公开性，而在文章形式上则需要提升多样性。同时，同行评议的透明度也成为一个重要的议题，以确保学术成果的公开性和准确性。

（一）学术成果的公开化

长期以来，出版商往往以追求利润为首要目标（表面上虽然可能有所不同，实质上却一直如此）。为了促进学术成果的更广泛传播，许多国家已陆续出台相关的政策法规。例如，美国的科学技术政策办公室、中国国家自然科学基金委员会和中国科学院等机构，要求由其资助的学术研究在一定时间后应对公众开放。这种做法旨在鼓励学术成果的更广泛共享，从而推动科研领域的合作与发展。

近年来，国外一直在积累推动开放获取期刊的经验，并涌现出许多新的开放获取期刊。我国的科技期刊正在积极借鉴这些成功经验，结合本身情况逐步推进开放获取。然而，我国仍需面对挑战。其中，最突出的问题是我们在实现文章开放获取时依赖外国出版商的平台，而缺乏本土的强有力平台。此外，大多数期刊的开放获取费用由编辑部承担，有时可能难以支撑长期运营所需的费用。因此，我们需要思考如何在国内建立高质量的开放获取平台，同时寻求更可持续的经营模式，以确保期刊的长期稳定运行，从而更好地促进科研成果的广泛传播与共享。

加速科技期刊的开放获取进程，首要任务在于构建我国独立的科技期刊开放平台，同时整合科技期刊资源，以形成共同力量。类似英文科技期刊借船出海的理念，我们应当在后期开放的大趋势下，确保期刊得到自由的发展，同时使我国具备完全的出版掌控权，并打造大型开放获取平台。通过充分利用移动互联网等技术，突破地域限制，建立真正能够实现开放获取资源的平台，这将使我国的科技论文和科技期刊在国际上获得更高的竞争力。这一举措对于推动科研成果的全球传播与合作具有重要意义。

（二）同行评议的透明化

在同行评议方面，透明化是一项重要举措，这有利于加强科研人员之间的互动，增强审稿人的责任感，赋予读者参与和监督评审的权利，从而维护学术的公正。建立科技期刊公开同行评议的网络平台，逐步实施公开同行评议，已成为科技期刊出版的发展趋势之一。一些国外期刊已在不同程度上实现了公开评议，例如 *Royal Society of Chemistry* 公开出版文章的审稿意见数量、*Nature Communications* 公开审稿人姓名、*Atmospheric Chemistry and Physics* 公开审稿过程。这种同行评议透明化不仅为学术界带来了积极变革，还避免了审稿专家不认真审查甚至未阅读文章就开始评论的情况，从而有效减少了误毁优质成果的风险。这一趋势应该继续发展，以提高学术评审的准确性和公正性。

尽管国内同行评审模式长期延续，尚未实现公开，但国外已经广泛采用公开评审的方式，这为我们提供了有益的借鉴。考虑到短期内实现完全公开的同行评审难度较大，我们可以在网上引入读者评论功能，允许读者在阅读文章后发表评论，从而逐步提升期刊出版的质量和公平性。实现公开同行评审需要时间，但从读者获取反馈的角度来看，这有助于加强学术交流与合作，同时也能够改进期刊的发表质量。这种方式有望为期刊发展注入新的活力，提高学术界和读者之间的互动水平。

（三）文章形式的多样化

多媒体技术的不断发展使得文章形式变得更加多样。如今，在地铁上使用手机浏览新闻、通过微信聊天，晚上睡前刷微博等已成为常态。随着生活节奏的加快，科研人员逐渐接受了不同类型的文章形式，如视频、音频、公众号等形式。这种多样化的呈现方式更为直观且简洁，尤其在生活节奏加快的背景下，相较于大篇文字，视频更能吸引人们的关注。多样化和便捷化的阅读媒介，以及可视化的内容呈现，将成为未来出版领域的重要趋势。视频文章相对于传统的阅读文章更易受读者欢迎，这种多样化的表现形式为期刊的创新带来了良好的机遇。

PNAS 将科学文章内容传播于 Twitter、Facebook 等社交媒体，以及 *Nature* 开设的 Podcasts Video 栏目，以动态、多元的方式呈现，我认为新兴期刊和国内期刊同样应采用类似的策略。通过多种途径和多个维度来介绍文章和期刊，将有助于显著提升它们的影响力和知名度。社交媒体成为迅速传播信息的强大工具，可将科学成果传递给更广泛的受众。同时，借助多媒体形式如视频、Podcasts 等，能更生动地展示科学内容，增加读者的兴趣和参与度。这些策略有助于期刊在科研领域和公众中建立更强的存在感，推动科学知识的传播与交流，从而提升期刊的影响力和认可度。

除了社交媒体和多媒体内容，多样化还可以涵盖到读者接触的方式。通常情况下，读者能够接触到的主要是 PDF 格式的文章。然而，现在可以通过多种在线甚至互动的方式来进行阅读，这为期刊提供了更多的展示模式和可能性，也可以为读者提供更丰富的阅读体验，例如交互式内容、多媒体插图、链接等，从而增强对文章的理解和参与感。

（四）稿件处理智能化

尽管传统的人工处理方法凭借专业经验进行，但随着稿件数量增加，其工作量与挑战也显著上升。普遍存在的问题包括稿件质量不佳，可能源自作者专业水平不足或编委处理欠专业。在此背景下，应用人工智能技术以提升智能化处理水平成为一项迫切任务。从商业数据提取、文字识别到查错查重，甚至文章自身评价，人工智能在多个方面具备应用潜力。尤其随着大模型（如 ChatGPT）的兴起，智能化技术逐渐取代部分专业审稿人和编委的工作，预计将提高稿件处理的效率。

值得注意的是，目前大部分相关软件由国外大型出版商控制，其开发依赖于数据和系统。面对这一局面，我国的学术期刊产业应考虑发展本国大型网络文献数据库，从而自主研发与科技期刊出版相关的人工智能软件。

在数字化时代，科技期刊需要积极探索新媒体的传播规律，掌握新媒体融合发展的成熟模式和渠道，这是指导方向的关键。在数字经济时代，科技期刊应以融合创新为突破口，积极寻求拓展生存空间。

一是优化传播模式。由被动传播变为主动推送，将信息的大而全变为信息的精准化服务，根据读者的精细化需求，为相关的读者群提供定制化推送信息。

二是加快新媒体融合，发挥学术引领功能。通过增加图片、视频、文字等多种媒体形式，采用灵活多变的方式，如访谈、直播等，满足读者喜好，进行科技期刊信息的传播，这是科技期刊未来发展的重要路径之一。还可以利用新华网等媒体搭建的科技论坛、科技导报等平台，邀请相关院士和专家进行网络直播，以视频方式呈现相关领域的科学研究和决策等，以此促进科学传播，形成良好的示范作用。这种形式能够更生动地展示科研成果，吸引更多人关注和参与，从而提升期刊的知名度和影响力。

三是构建全媒体科技传播矩阵，实现学术期刊的转型发展。在媒体科技传播方面，应构建多维曲线形式的传播矩阵，超越传统的传播模式。充分考虑不同渠道、场景下目标受众需求，除了常规渠道，还应借助市场文化平台如头条号、企业号等进行合作。在传播中，科学性与科普性结合，加强面向公众的传播，逐步塑造新的传播方式。对中国科技期刊而言，实现从学术信息提供者向学术信息服务者的转变至关重要。这意味着更深入理解受众需求，提供多样内容呈现方式，强调科学知识普及，连接学术界与公众。如此，科技期刊才能更好适应传播环境变化，实现可持续发展与塑造影响力。

综上所述，将新兴技术有机融入科技期刊产业，不仅有助于应对挑战，还能够抓住机遇，实现可持续增长。中国的科技事业正在蓬勃发展，期待未来能拥有更多世界一流的科技期刊，为我国走向科技强国的道路夯实科技文化基础。

二、王飞跃：区块链技术对科技期刊产业的应用与影响[①]

区块链（blockchain）起源于"中本聪"2008年在密码朋克发表的比特币白皮书，是近年来备受关注的热点前沿领域。狭义来讲，区块链是一种按照时间顺序将数据区块以链条的方式组合成特定数据结构，并以密码学方式保证的不可篡改和不可伪造的去中心化共享总账，能够安全存储简单的、有先后关系的、能在系统内验证的数据。广义来讲，区块链是利用加密链式区块结构来验证与存储数

---

① 王飞跃：中国科学院自动化研究所。

据、利用分布式节点共识算法来生成和更新数据、利用智能合约来编程和操作数据的一种全新的去中心化基础架构与分布式计算范式。根据工业和信息化部发布的《中国区块链技术和应用发展白皮书》的定义，区块链是分布式数据存储、点对点传输、共识机制、加密算法等计算机技术的新型应用模式。本质上，区块链是一种全新的基础架构与计算方式，具有去中心化、时序数据、集体维护、可编程和安全可信等特点。

（一）区块链发展现状

在技术层面，区块链技术正在朝着更高效、更安全和可扩展的方向不断发展。区块链已经从最初的公开链扩展到包括私有链、联盟链和跨链技术的多种形式。尤其是智能合约和去中心化应用程序（DApps）等的引入，使得区块链能够满足更多不同的分布式应用场景。共识算法是区块链技术的核心要素，其由最初的工作量证明（proof of work，PoW）转变为权益证明（proof of stake，PoS）、授权股份证明（delegated proof of stake，DPoS）、实用拜占庭容错算法（practical Byzantine fault tolerance，PBFT）等多种共识模式。同时，零知识证明、同态加密等加密技术的发展，也使得区块链能够在确保数据不可篡改的同时提升用户隐私保护能力。

在应用层面，区块链技术已经被广泛应用于经济金融、供应链管理、数字身份认证、版权保护等多个领域，并且其中一些应用已经取得了显著的成果。例如：在经济金融领域，基于区块链的中央银行数字货币（CBDCs）开发受到了极大关注，新加坡、日本等国家已经开始实验性地推出自己的数字货币，同时一些金融机构开始将其应用于客户身份验证、合规性审查、交易追踪以及支付清算等。在版权保护领域，区块链技术使创作者能够更好地管理和保护其作品的知识产权，而智能合约可以自动执行版权协议，确保内容创作者获得公平的回报。

（二）区块链在期刊产业中的应用场景

区块链技术能够在期刊产业的学术出版、权益管理、身份认证以及数据共享等应用场景中发挥巨大潜力。在学术出版方面，通过将学术论文的元数据、审稿历史和出版记录存储在区块链上，可以确保论文的来源和审稿过程的透明性，有助于减少学术不端行为和不当引用，提高学术研究的可信度。在权益管理方面，智能合约可以自动执行版权协议，确保作者在其作品被使用时获得公平的回报，有助于解决作者与出版商之间的纠纷和版权侵权问题。在身份认证方面，区块链可以用于验证作者和审稿人的身份和资格，以防止伪造和冒名顶替，确保期刊内容与审稿过程的可信度。在数据共享方面，区块链为数据共享和合作研究提供了安全可靠平台，以保证数据不被篡改与不当使用。

在实践中，已经有一些区块链技术在期刊产业的应用案例。例如，美国的 ScienceOpen 平台就采用区块链技术来存储和管理研究数据，研究人员可以将数据上传到区块链上，并通过智能合约来实现数据的共享和使用。中国科学院计算机网络信息中心发布可信共享的科学数据公共服务，正式推出开放数据联盟链（open data chain，ODC），发起《中国科学数据》出版联盟倡议，发布科学数据银行，以提升科学数据的规范管理与开放共享水平。德国的 Springer Nature 集团正在开发一个基于区块链技术的审稿平台，利用智能合约自动化审稿流程，并确保审稿结果的透明性和公正性。

（三）区块链在期刊产业中的未来发展趋势

区块链在期刊产业中的未来发展趋势非常引人注目，可能会带来一系列创新和变革：①区块链技术结合分布式自主组织（Decentralized Autonomous Organizations）范式将支撑更多去中心化出版平台的诞生，使作者能够更轻松地发布和分享他们的研究成果，以减少大型出版商的垄断地位。②区块链技术结合人工智能技术将促进跨机构和跨国界的研究数据共享和合作，从而推动科学研究的进展。③区块链技术将通过智能合约自动化科技期刊的审稿和出版流程，压缩期刊出版流程并提升出版效率。④区块链技术将用于改进期刊的内容推荐系统，根据作者、读者的兴趣和需求提供自动化个性推荐，以形成智慧期刊的内容生态。⑤区块链技术可以促进更环保的出版方式，减少印刷和物流的需求，实现生态性的绿色出版。

区块链技术正在引领一场关于数据管理和信任建立的革命，期刊业作为信息传播和学术交流的重要载体，必将在这场革命中发挥重要作用。通过引入区块链技术，期刊业能够实现更高效、透明和公正的运作方式，推动科技期刊产业的变革，从而更好地服务于学术界和社会。

三、Daniel Kulp：AI 在出版中的伦理考量[①]

AI 在出版业中虽然并不是新鲜事物，但国际出版伦理委员会（COPE）非常关注其在出版中的应用。早在 2019 年，COPE 就发布了 Artificial intelligence (AI) in decision making 的讨论文件（https://publicationethics.org/resources/discussion-documents/ai-artifical-intelligence-decision-making）并持续更新。当前，AI 工具的应用确实已经成为出版过程的一部分。在稿件审查阶段，AI 工具可以通过检查是否存在抄袭、图像操纵，是否是基于事实和真实的内容等，帮助编辑更好地处理投稿以确保作品的原创性。在同行评审过程中，AI 工具可以通过了解上下文内容、查对参考文献，更快速地找到关键审稿人或领域内具有相关知识的关键人物，帮助编辑更快地确定谁最适合评审论文。在生产环节，AI 的功能非常明确，它能进行简单的文字编辑、自动检查语法规则、验证参考文献等。这些工作通常需要花费编辑很多时间，AI 可以比人类更快地进行这些重复的工作，人类则可以在 AI 工具之上更加仔细地检查，以确保其推荐的内容是正确的。在内容发现过程，作为传播过程的一部分，AI 工具可以进行非常强大的关联。从上述中我们可以了解到 AI 工具如何在编辑出版中使用，但我们更需要理解人类的责任是什么，即我们可以负责任地应用 AI 技术来帮助支持出版过程，其中人类的监督和对这类工具及技术优劣的理解是确保 AI 工具道德使用的主要因素。

2022 年底，ChatGPT 一经推出就让人们立即想到使用这个工具来写论文。现在，AI 作为作者和审阅者的问题变得更加紧迫。首先，我们关注 AI 的作者署名

---

① 本文内容是基于国际出版伦理委员会（COPE）现任主席 Daniel Kulp 博士在 2023 年中国科技期刊卓越行动计划选育高水平办刊人才子项目"AI 与编辑出版"主题人才培育活动中的报告 AI in Publishing: Ethical Consideration，由活动执行人贾晓燕博士（浙江大学出版社期刊分社）整理翻译。

问题。尽管 ChatGPT 是一种非常有用的工具，类似的 AI 将成为研究的一部分以及学术出版物的一部分，但是它不是一个可以授予版权、能作出决定并承担责任的实体，因此 ChatGPT 不能作为论文的作者，它只能被用作工具并在出版过程中适当和道德地使用。

现在，一个明显的问题在于我们一直在说 AI 不能成为作者，那让我们回过头思考"什么是作者？"这个问题。期刊界大都采用了由国际医学期刊编辑委员会（International Committee of Medical Journal Editors, ICMJE）建议的同时满足以下 4 条标准来确定作者身份：①作者需要对研究的概念、设计、数据的获取等方面做出实质性的贡献；②作者应该参与论文的起草或至少对其进行批判性地审查，以确保知识内容正确；③作者应该进行最后审核并同意出版的版本；④作者必须同意对工作的所有方面负责。对于第 4 条标准，由于 AI 是非法律实体，它是否真的可以负责？最近对 AI 聊天机器人和工具进行的测试发现，它们会虚构信息、编造参考文献，因此无法适当地调查、解决问题，也不能对基础工作负责。大多数关于 AI 和作者身份的讨论的核心就在于此。因此，COPE 发表了一份关于 AI 工具不能被列为作者的立场声明，即 AI 工具不能被列为作者，因为它们不能为提交的工作负责，并且 AI 工具作为非法律实体，它们无法主张是否存在利益冲突。然而，如果作者在撰写论文、制作图像或图形元素、收集数据时使用了工具，他们必须透明并披露 AI 的使用方式以及相关内容在论文中的位置。

透明和责任是学术出版最佳实践的两个关键问题，都不是针对 AI 特有的。"透明"是指作者应该披露论文撰写中使用任何工具的情况，向读者解释并表述它如何被使用，如何被纳入到论文中。"责任"是指作为作者要对论文中的内容负责任，无论是使用 AI、生成式 AI 还是其他工具，作者都需要对其输出结果负责，包括检查、厘清和验证所有手头的材料。因此，当将 AI 用做审稿人时，也会出现类似的责任问题。许多资助机构真正关心的是安全性和保密性问题，即数据存储在哪里？能否控制？然而，许多生成式 AI 工具并不清楚如何处理被输入的信息和数据以及其在工具中的传播方式，因此就不能够对需要保密的信息进行有效隔离。诸如美国国家卫生研究院（NIH）、澳大利亚研究委员会等基金资助机构，基本上拒绝了审稿人使用 AI 工具；同时，他们明确选择了具有特定领域专业知识的审稿人，因为他们认为 AI 工具更像是通才而不是专家，对其审阅内容的真实性和正确性也无法承担责任。

显然，AI 是当今研究环境的一部分，是非常有用和强大的工具。因此，研究人员应该了解其中的机会和风险所在，并且应该熟悉这些工具的优缺点，同时使用这些工具来加强它们的优点并克服缺点。我们目前处在一个非常动态的环境，我们应该保持灵活的态度，随着 AI 工具的扩展、发展和演变，我们应该保持灵活的态度，来审视它们的伦理问题。

COPE 将继续关注 AI 工具的发展，并进一步推动其发展。我们将继续监测其演变，并在必要时制定必要的指南，以帮助编辑和出版商在这个环境中工作，并指导他们如何在期刊中适当和道德地整合这些工具。

四、初景利：生成式人工智能（AIGC）与科技期刊的应对[①]

人工智能等新兴技术的崛起对科技期刊产生了深远影响，尤其是生成式人工智能对科技期刊产生了以下五方面的意义：第一，需要重新认识新兴技术在期刊变革中的关键作用，尤其是人工智能技术在未来将进一步塑造期刊发展。第二，必须审视新兴技术与编辑出版工作的紧密关系，从投审稿到传统出版，乃至媒体融合等，都将受到新技术支持。第三，重新认识技术驱动对期刊创新的直接影响，许多期刊的创新正源自技术的应用。第四，重新评估非传统出版形式对期刊的竞争态势，如预印本等带来新的竞争方式，这些都需要积极适应。第五，审视编辑出版的核心能力和竞争力，思考新技术发展是否会取代编辑出版的核心作用。

综上所述，新兴技术对科技期刊的影响需从多个角度重新思考，以确保期刊能够在变革中保持适应性，实现可持续发展。

但与此同时，期刊界对人工智能生成的内容也产生诸多争议，究其原因主要源于三个因素：首先，对技术的认知程度不一，理解可能有限；其次，编辑对职

---

① 初景利，中国科学院文献情报中心、中国科学院大学。

业前景的担忧，担心人工智能是否取代编辑，需要明确自身核心能力；最后，要全面看待技术，将其应用在创新中，服务读者和科研社区。只有了解技术、保持职业自信，并以积极创新的态度应对技术，才有助于期刊界更好地迎接未来的挑战和机遇。

那么，如何应对新兴技术对科技期刊的影响呢，我们可以从以下几个方面着手：

第一，积极看待信息技术对期刊发展的积极影响，要以积极的态度对待技术的发展，意识到其带来的机遇和优势。

第二，坚持科学、理性、规范地审理和处理论文稿件。随着人工智能技术的应用，审稿、评审和创新性判断可能会受到影响，我们需要制定科学、理性、规范的程序和方式来处理论文稿件，确保评价的客观性和准确性。

第三，将原创性、创新性和前沿性视为审稿的核心要素。在评判论文质量时，包括人工智能生成的文章，仍需关注其是否具备原创性、创新性以及前沿性，这仍然是最基本的标准。

第四，加强期刊人工智能伦理政策的制订，通过不断总结和凝练政策来应对人工智能的技术伦理挑战。随着技术的发展，期刊还需要持续关注伦理问题，并制定适当的政策来确保技术的合理应用。在国外，针对人工智能生成的论文，出版商已开始制定相应政策，如 *Nature* 杂志今年 6 月的声明，这表明人工智能在学术出版领域引发了广泛讨论。《中国科技期刊研究》等期刊也就此进行了深入研究，并制定了政策原则。首先，明确表示不接受将人工智能生成内容署名为作者的投稿，以维护学术原创性和创新性。其次，鼓励运用人工智能工具的作者透明披露使用情况，以确保评审和编辑准确评估学术价值。最后，强调科学研究核心在于科学性、严谨性、原创性和创新性，任何内容生成方式，都必须满足这些标准。这些政策指引不仅反映审慎态度，也强调期刊在维护学术质量和道德准则方面的使命。期刊有望通过这些政策在人工智能时代维持学术界的稳健性和可持续性。

五、沈昱平：科技期刊出版伦理规范共建与同行评议控制机制①

诚信建设是学术之基，全世界范围来看，随着检测技术手段的进步和公众科学素养的日益提升，越来越多的科学研究和发表过程中的学术不端问题被曝光，而且问题层出不穷，这使得科技期刊出版伦理治理面临巨大挑战。科技期刊出版伦理涉及评审伦理、编辑伦理及出版（发表）伦理等。制定科技期刊出版伦理规范、加强学术诚信宣教与管理、推进学术不端治理是科技期刊出版伦理建设的重要内容[1]。

（一）规范共建主体和目标

政府、学术团体和出版单位是规范共建主体。规范共建的客体为科学共同体乃至全社会各个层面。科技期刊出版伦理规范共建的目标是促进更具有持续性和活力的科学进步。科技期刊出版过程包括作者向出版机构提交内容，出版机构中的编辑人员组织专家开展同行评议，期刊出版后以各种载体形式面向读者乃至更广泛的公众传播[2]。在上述多项环节中，出版单位在科研诚信审核、学术质量把关、学术首发确权、出版传播效率若干环节起着至关重要作用，因此起到了"最后的把关者"的作用[1]。相应的，政府和学术团体共同承担顶层设计、制定相关法律法规、推动科普及社会监督等职责。

（二）规范共建组织和实施

政府应广泛调研学术团体有关科技期刊出版伦理实践的现状，和学术团体共同承担以下职责：①积极开展科技期刊出版伦理的讨论和研究并形成规范，结合规范加强科研伦理、科技期刊出版伦理教育。②顶层设计和共同谋划，构建和实施相关法律制度和可操作的监管体系。③推动和加强媒体的科普传播、社会监督职能。出版单位在政府及学术团体制定和发布的各项政策文件、联合声明等的基础上，制定符合本单位工作实际的规章制度，切实推进出版伦理工作。

---

① 沈昱平，浙江省医学会副秘书长；浙江医学杂志社社长。

据不完全统计，近 10 年国内有关学术道德建设的政策已有 10 余项，例如 2015 年 12 月国务院办公厅《关于优化学术环境的指导意见》，2018 年 5 月中共中央办公厅、国务院办公厅《关于进一步加强科研诚信建设的若干意见》及 2019 年 6 月中共中央办公厅、国务院办公厅《关于进一步弘扬科学家精神加强作风和学风建设的意见》等[1]。然而，因出版伦理的主要执行单位仍是出版单位，所以某种程度上，符合各出版单位工作实际的规章制度的可操作性更值得探讨和切实执行。

（三）规范共建中的奖惩与反馈

目前，出版伦理的主要问题主要涉及两个方面。第一，研究者（作者）在科研及发表过程中的学术不端，包括盗用他人观点、抄袭、自我抄袭、不当署名、伪造数据等。第二，同行评议中评审责任人、以编辑或出版商为代表的出版单位在发表过程中涉及的学术不端[1]。在政府构建和实施相关法律制度和可操作的监管体系下，学术团体要充分调研出版单位的工作实际，与出版单位共同探讨并主导制定奖惩和反馈的细则，以供出版单位参考实施。可考虑建立试点，再向全国推广。此外，学者尤其是本身从事科技期刊出版工作的编辑和管理人员要深度参与和推动科技期刊出版的实证研究，以帮助政府与学术组织更好掌握发展实际，促进规范共建的全周期运行。

（四）科技期刊同行评议控制机制

同行评议是学术共同体为认定学术研究成果的价值而实施的一项评价制度[3]。虽然同行评议广受诟病，但因其仍然是保证学术质量和学术声誉的重要屏障，加之学术界尚未找到可以替代同行评议的制度和方法，所以其依然是学术成果认定的主要方式[1]。以下从科技期刊同行评议存在的主要问题和同行评议的控制机制两个方面作一概述。

总体而言，同行评议存在的主要问题包括：缺乏透明度、问责机制不健全、缺乏科学严谨性（标准和尺度不一）、可能扼杀创新性等。此外，因科学领域不断扩展，专业化、复杂化、跨学科等程度逐渐增加，一项科研工作仅凭某位或某几位评审人员无法发现其中所有的错误或缺憾[1]。从同行评议的分类来看，无论是单盲评审、双盲评审还是公开评审都存在各自的优势和缺陷。从同行评议的流程来看，若缺乏有效监管，三审制中的任一环节均可出现学术不端行为。然而，过于严密监管也会有导致工作效率降低、增加编辑部工作量的问题。

针对同行评议存在的主要问题，控制机制可考虑在人员问责和奖励制度以及善用技术手段两个方面加以解决。

1）人员问责和奖励制度。同行评议伦理问题的防范是通过制定各行为主体的行为规范，按照严格的同行评议规范来约束各责任主体的行为。因此，以人为本，规范各参与人员行为是控制机制中的重中之重。将科技进步的长远利益与期刊发展的长远利益和各环节工作人员的奖励挂钩可能形成较好的激励机制；另外，实施有效监管可能是较好的控制机制。但由于各利益关系运行的隐蔽性，就工作实际而言，发现失当行为仍存在较大难度，而由此施行的问责和奖励也缺乏清晰便利的依据。这需要学界深入进行实证研究，提出可供参考的管理手段，包括过程性评价和结果性评价、质性评价和量化评价，以及自我评价和集体评价等。需要施行更丰厚的奖励，也要施行更严格的问责。评审人员、编辑、编辑部管理人员等出版单位工作人员，无论是全职还是兼职，本质上是出版单位的核心团队，因此科学地评价团队是形成团队的基础。从长远和我国国情来说，国家政策扶持和监管，提供资源以促进行业良好发展也是要继续努力的方向。

2）善用技术手段。目前，CrossCheck、中国知网学术不端文献检测系统等已经可以一定程度上规避掉一些重复率过高方面的学术不端。目前很多投审稿系统已与 WoS ResearcherID 或 ORCID 数据库整合关联，提高了学者身份真实性的认证准确度。Stat Reviewer 算法、AIRA 算法等能够从自然语言处理等路径协助编辑作文章内容完整性审查。此外，ScholarOne Manuscripts 与 Editorial Manager 系统因其可对评审专家审稿时间和审稿数量进行统计，能够较好呈现评审专家表现报告[4]。除了上述技术手段之外，区块链技术和近来夺人眼球的 ChatGPT 在同行评议评价和管理中的应用也备受关注。加密算法是区块链技术的核心，既可保障数据隐私，也可实现规定的数据共享，还能防范他人冒充评审专家身份等。ChatGPT 可利用庞大的信息数据库进行训练，以生成近乎人类编写的文本，但其也可能带来严重的出版伦理问题[5]。出版从业人员在获得便利的同时，应警惕 ChatGPT 等人工智能工具对于科学透明性和真实性的冲击，牢牢把握科学透明红线，确保技术不被滥用，同时出版政策也应不断更新与调整，监管与发展同步[6]。随着计算机技术的进步，或可期待更高水平且更适于应用的技术手段应用于同行评议的控制机制过程。

六、罗娇，焦艺环：生成式人工智能的版权问题及其对期刊版权管理的影响①

2022 年 11 月 30 日，OpenAI 公布了一个通过 GPT-3.5 系列大型语言模型微调而成的全新对话式 AI 模型 ChatGPT，它不仅能进行自然的多轮对话、高效的精准问答，还能生成编程代码、电子邮件、论文、小说等各类文本，引发热议。在科研领域，以 ChatGPT 为代表的生成式人工智能，也被科研人员运用于论文润色或优化图片。生成式人工智能越来越频繁地被运用于科研论文写作，给科技期刊编辑的版权工作带来了不少挑战。从调研的情况看，科技期刊编辑关心的问题主要集中在三个方面：一是 AI 生成内容是否有版权？二是 AI 是否构成作者，是否能作为作者署名？三是使用 AI 生成的内容是否有侵权风险？

（一）AI 生成内容是否有版权

《中华人民共和国著作权法》（以下简称《著作权法》）对作品给予版权保护，狭义上版权保护的对象为作品。AI 生成内容是否有版权，实质上是 AI 生成内容是否构成作品的问题。

根据我国《著作权法》第三条的规定，作品是指"文学、艺术和科学领域内具有独创性并能以一定形式表现的智力成果"。相关司法政策将"是否属于自然人的创作""是否具有独创性""是否具有一定的表现形式""是否可复制"作为认定某一内容是否构成作品的四个考虑因素[7]。因此，在 AI 生成内容是否构成

---

① 罗娇，焦艺环：中国农业大学人文与发展学院法律系。

作品的问题上，有两种不同的观点。一种观点坚守作品应当"由自然人创作"，认为 AI 生成内容是应用算法、规则和模板的结果，不能体现创作者独特的个性，不能被认定为作品[8]。另一种观点以作品"具有独创性"为侧重点，认为不能因为人工智能创作物的创作主体不是自然人，就否定其作品属性，是否构成作品，关键看内容本身是否具有"独创性"，因此该观点认为人工智能生成内容实际上是一种演绎作品[9]。

事实上，理论上有关 AI 生成内容是否构成版权法意义上的作品的争议，实质上是作品是否必须由人来创作的问题，理论界两派不同的观点都有能自洽的解释。但是对于科技期刊编辑而言，与这一理论争议相比，更现实的问题是 AI 生成内容如何署名、如何进行贡献承认、如何确定责任主体以及如何防范版权风险的问题。

（二）AI 是否构成作者，是否能作为作者署名

据科学网的报道，医学预印本平台 medRxiv 发布的一篇预印本论文将 ChatGPT 列为论文作者之一；一篇发表在《肿瘤科学》的观点文章，也将 ChatGPT 列为合作作者[10]。我们认为不宜将 AI 列为作者，理由如下。

首先，将 AI 列为作者没有法律依据。根据我国《著作权法》第十一条的规定，能列为作者的只有两种情形，一是创作作品的自然人；二是视为作者的法人或者非法人组织。AI 不属于任何一种可列为作者的情形。

其次，将 AI 列为作者也不符合出版行业惯例。虽然科学界目前对作者并没有统一的定义，不同专业领域的编辑团体和学术组织也分别根据其专业特点拟定不同的作者标准，但几乎都以"对论文做出实质性贡献"作为作者署名的最低标准。在科研论文写作中使用 AI 进行论文润色、图片美化等，更多的是将 AI 作为工具使用，并非展现 AI 独立的思想情感意志（目前技术下的 AI 尚不具有自主的思想情感意志），AI 也远远没有达到"对论文做出实质性贡献"的程度，不宜列为作者。

最后，期刊论文的作者署名，除了表明作者身份外，更意味着作者对论文负

责。例如国际医学期刊编辑委员会的署名标准中明确指出，作为作者署名意味着同意对论文负责，从而确保与论文任何部分的准确或诚信相关问题都得到适当的调查和解决[11]。将 AI 列为作者的一大问题，是 AI 本身无法对学术论文的准确性和诚信问题负责。

（三）使用 AI 生成内容是否有侵权风险

使用 AI 生成的内容会有一定的版权风险。以 ChatGPT 为例，OpenAI 在其使用政策中声明 AI 生成内容的相关著作权归属于使用 AI 工具生成内容的用户，但是用户据此所享有的权利可能会受到来自其他用户的限制，例如生成雷同内容的风险。同时，OpenAI 的使用政策也强调，由用户对模型生成的"内容"负责[12]。这意味着，不同的用户如果向生成式人工智能模型输入相同或类似的指令，可能得到相同或类似的 AI 生成内容，并由用户各自享有版权，因此引发版权争议。由于 OpenAI 在其使用政策中强调由用户对生成内容享有权利，根据"权责相适应"原则，版权争议的风险自然由用户承担。

此外，生成式人工智能毕竟不能像科研人员那样关注和理解科研伦理与科研诚信问题，也不能像科研人员那样严格按照学术规范撰写学术论文，因此 AI 生成内容可能存在引注、参考文献不规范的问题，甚至有剽窃的风险。根据 OpenAI 的使用政策，类似这些风险也都是由用户承担。

（四）期刊编辑如何应对？

我们认为，科研人员在科研论文撰写的过程中，应当在遵守科研诚信的原则下使用生成式人工智能；并应当在投稿时如实向期刊披露论文中涉及的 AI 生成内容的真实情况。

第一，将 AI 作为研究工具或研究对象使用，AI 本身不能被列为作者；无论是否使用 AI 生成内容，都由论文作者对论文内容负责。将 AI 作为研究工具或研究对象使用，意味着学术论文中的关键内容、核心观点、科学结论，应当来源于作者，而非 AI 生成。

第二，论文中包含 AI 生成内容的，作者应当审核 AI 生成内容的准确性、科学性与完整性，并在投稿时就论文使用 AI 生成内容的具体情况向期刊进行诚实披露。在学术论文的出版中，AI 应当作为一个提升科研效率的工具来使用，而不是造假、剽窃的工具。因此，建议期刊制定本刊的 AI 使用政策，声明投稿论文中如包含 AI 生成内容的，投稿人应当如实向期刊披露；或者在出版协议中约定作者负有向期刊披露论文中所包含的 AI 生成内容的义务。披露的内容主要包括作者使用的生成式人工智能工具或服务的名称和具体的使用目的。同时，建议期刊提示作者，应当审查论文所涉 AI 生成内容的准确性、科学性与完整性，并要求作者承诺对相关 AI 生成内容负责。

第三，基于当前生成式人工智能的训练原理，期刊应当提示编辑和审稿专家避免将作者未发表的论文稿件上传至向公众开放的生成式人工智能工具或平台中，以避免未发表论文因成为训练数据而引发版权问题。同时，论文发表前，期刊、编辑、审稿专家都应当将未发表论文作为保密数据来保管。禁止编辑和审稿专家将作者未发表论文上传至向公众开放的生成式人工智能工具或平台中，也可以避免期刊丧失对类似保密数据的控制权。

第二节　科技期刊内容的科普化、大众化传播路径

一、王广基：科技期刊应助推科创与科普"两翼齐飞"[①]

2023 年 7 月 20 日，习近平总书记给"科学与中国"院士专家代表回信，对科技工作者支持和参与科普事业提出了殷切期望。作为传承人类文明、荟萃科学发现、引领科技发展的科技期刊，也需要大力加强科普工作。

（一）科技期刊加强科普工作的内因和外因

从内部因素来看，科技期刊在增强科普功能的过程中，需要系统审视期刊内部的资源要素，必须符合科普的要求来重构知识、技术、经验、数据、模型等现

---

① 王广基：中国工程院院士，江苏省科学技术协会副主席；中国药科大学教授、博士生导师。

有资源的流动方式，这也使得期刊的资源要素得到进一步整合、利用和开发。在发挥科普功能的过程中，广大科技期刊还必须与媒体、政府、科技智库等各类平台进行合作，这样一来，过去相对简单的"期刊—读者、作者、审稿专家"的主客互动关系就需要转变为多主体参与的复杂关系。当前，越来越多的科技期刊借助互联网、数字平台等新技术来开展科普工作，由此形成的虚拟场域空间十分巨大，这样就可以让更多的主体参与办刊过程，我国办刊事业的格局将得以扩大。

从外部因素来分析，第一是科技期刊必须充分发挥好传播渠道的重要作用，履行好科普责任。因为无论是《中华人民共和国科学技术普及法》还是《关于新时代进一步加强科学技术普及工作的意见》都明确指出，科普是全社会的共同任务，各类媒体要强化责任意识，发挥各自优势，加大科技宣传力度。第二是现代的学科分类越来越细化、跨学科发展越来越明显，不同二级或亚学科之间亦需要不断地相互学习。通过强化科普工作，不同学科、不同行业的科技期刊可以方便非专业学科的科技工作者获取本学科或行业最新的科技信息和成果，满足不同亚学科互相学习的需要。第三是当前的科技期刊均刊登专业性较强的学术性文章，受众多为专业人士，对于普通大众来说较为晦涩难懂，这样就限制了论文中核心理论与观点的普及范围，在一定程度上造成了科技资源的浪费。通过科普工作，科技期刊能够让公众更好地理解并使用科技创新领域的一些最新成果。

（二）目前科技期刊加强科普功能面临的主要困难

我总结为"四个不"。一是"不愿做"，平时的办刊工作已占据了编辑大部分的时间和精力，再加上期刊评价功能的异化，编辑人员对从事科普工作力不从心。二是"不屑做"，某些科技期刊对科普工作的认知存在误区，认为科技期刊最主要的功能就是发表研究成果、进行学术交流、培养科技人才，科普的层次和"含金量"太低。三是"不敢做"，由于对科普工作缺乏正确的认知，一旦主办单位等不够支持，科技期刊做科普工作是顾虑重重的。四是"不会做"，与办刊的门道一样，科普工作也有它自身的科学逻辑，传播领域中的源、信道、信宿问题也需要综合考虑，科技期刊要想一蹴而就地完成科普功能，恐怕并非易事。

（三）科技期刊发挥好科普功能的四项举措

第一个方面，广大科技期刊要提升对科普工作的正确认知。科技期刊刊发高水平的学术论文是本职工作，应当做好，但是，还得思考这样两个问题，如何使学术论文的功能最大化？如何最大化这些科技资源的价值？因此，广大科技期刊应正确看待科普工作，有意识地将一部分学术论文进行科普化，进一步拓展这些论文的价值。

第二个方面，坚持"内容为王"，将有利于"四个面向"的学术内容传播出去。新一轮科技革命和产业变革突飞猛进，科技强国等国家战略的实施赋予了科技期刊更高的使命，为此，科技期刊应该着眼于新形势下国家科技创新的需求，主动适应行业发展的新特点、新趋势和新要求，既要瞄准国际科技前沿，围绕基础研究发表高水平学术论文，助力研究人员从源头和底层解决关键技术问题；又要聚焦解决实际问题的"卡脖子"关键技术，为知识传播和成果转化开拓更宽的渠道；还要重点推广新技术和新工艺，为产业和企业的生产实际提供决策咨询；更要优化公共文化服务，根据公众实际需求提供定制化和个性化的知识产品和服务。

第三个方面，广大科技期刊要顺势而为，积极利用各类新技术，丰富科普化的渠道、手段和方式。据我了解，国外期刊往往会发布科学新闻、推出科普文章、设计科普展品、举办线下讲座和展览、开设沙龙等。因此，我们也需要借助新兴的方式来扩大论文传播的影响和效果。

第四个方面，科技期刊必须立足行业、嵌入区域，与其他主体形成良好且广泛的合作，这样才能保证科技期刊的科普工作行稳致远。科技期刊自身拥有的资源不多，为了在有限的资源下实现科普工作效果的最大化，我们必须依托多重主体，必须依靠政府部门、科研人员、科技智库、社会团体、企业、媒体平台等共同来把这件事做好。

从根本目的上讲，科技期刊做科普工作是为了什么？是要最大化实现期刊资源的价值，让社会公众能及时接触到形式多样的科学内容，使科研成果走入老百姓实际的生产生活，带来科技发展的增益，并在全社会形成一种崇尚科学、鼓励创新的科学文化氛围，从而实现科普反哺科技创新的目的。

二、马余强：科学普及推动学科交叉[①]

2023 年 2 月，习近平总书记在中共中央政治局第三次集体学习时强调，要切实加强基础研究，夯实科技自立自强根基。新的历史时期，基础研究的重要性更加凸显。基础研究是科技创新的源头，我国面临的很多"卡脖子"的技术问题，根子就是基础理论研究跟不上。基础研究的突破、科学技术的进步、学科交叉的推动是科学革命来临的前奏，科学革命的来临反过来又进一步推动了基础研究、科学技术和学科交叉。因此，基础研究对应用技术的支撑发展作用怎么强调都不过分。基础研究需要科学家守正创新，笃行致远，更需要一大批具备跨学科视野的战略科学家，这就要求我们必须打破学科壁垒，拓展思维，大胆创新。

科学普及是国家和社会普及科技知识、弘扬科学精神、传播科学思想、倡导科学方法的重要方式，是实现创新发展的基础性工作。近年来，各级党委和政府越来越重视科普工作，大力鼓励科学家参与科普。相关部门之所以如此重视科普，是因为今日之中国，科学普及已经成为全民科学素质提高的关键，乃至成为中国科技成果快速转化的关键。一方面，要重视科学普及推动学科交叉这一问题，如综合性期刊应该增加科普论文篇幅，加强国际论文的摘选和翻译。很多中国科学家都将论文发表在 *Nature* 等国际期刊上，但是我们自己的企业家却都没有看到这样一些好文章，所以要选择重要的国际论文翻译成中文，给中国的企业家看。另一方面，要强调物理学的重要性，物理学是自然科学的基础，也是基础科学的基础，物理学与其他学科相互渗透交叉，是当今世界基础学科研究的重要趋势。

先进的社会生产力产生于适宜的创新文化氛围，成长于公众理解和支持创新的社会环境。当今世界科技强国，无一不是科普大国。2022 年，我国公民"具备科学素质"的比例为 12.93%，与美国 1995 年（12%）的水平持平，低于欧盟2005 年（13.8%）的水平；我国科普工作在推动科技与经济、科技与社会、科技与文化相互融合方面，还有很大差距；在营造科学理性文明的社会氛围方面仍任

---

① 马余强：中国科学院院士，江苏省政协副主席；南京大学物理学院教授、博士生导师，南京大学物质科学前沿理论研究中心主任。

重道远。广泛、深入的全民科学普及是涵养科技创新人才的沃土，是迸发科技创新灵感的源泉。因此，我国要进一步加强国家科普能力建设。[13]

为更好地把握未来十年跨越式发展的战略机遇期，必须将科学普及放在与科技创新同等重要的位置：一是要完善科普工作和科学素质建设体系，夯实科技创新的战略基石；二是要加强应用融合，实现科学普及与科技创新的协同发展；三是要营造良好氛围，引导全民热爱科学、崇尚科学、善用科学。

三、智协飞：“学术+科普”融合发展助力科技期刊两翼齐飞——以《大气科学学报》为例①

党的十八大以来，习近平总书记多次对科普工作作出重要指示批示，提出一系列新思想、新论断，推动科普事业蓬勃发展。党和政府一直高度重视科学普及工作，把科学普及放在与科技创新同等重要的位置。中国特色科普理念不断提升并得到丰富发展，全国各地兴建了各类科技场馆和科普基地，科普活动的参与人数不断增加，科普人才队伍也在不断扩大，科技创新和科学普及发展呈现出“两翼齐飞”的态势。2023 年 2 月 21 日，习近平总书记在中共中央政治局第三次集体学习时强调，要加强国家科普能力建设，深入实施全民科学素质提升行动，线上线下多渠道传播科学知识、展示科技成就，树立热爱科学、崇尚科学的社会风尚。

2002 年 12 月，在周光召、路甬祥等院士专家倡议下，中国科学院联合中宣部等单位共同发起“科学与中国”院士专家巡讲活动，至今已在全国开展科普活动 2000 余场次。目前，越来越多的教授、专家、院士参与科普工作。2023 年 7 月 20 日，习近平总书记在给“科学与中国”院士专家代表回信时，对科技工作者支持和参与科普事业提出殷切期望，强调发扬科学报国的光荣传统，带动更多科技工作者支持和参与科普事业，以优质丰富的内容和喜闻乐见的形式，激发青少年崇尚科学、探索未知的兴趣，促进全民科学素质的提高，为实现高水平科技自立自强、推进中国式现代化不断做出新贡献。2022 年，中共中央办公厅、国务院

---

① 智协飞：《大气科学学报》执行主编，南京信息工程大学二级教授、博士生导师。

办公厅印发了《关于新时代进一步加强科学技术普及工作的意见》，指出科学技术普及是国家和社会普及科学知识，弘扬科学精神，传播科学思想，倡导科学方法的活动，是实现创新发展的重要基础性工作。

习近平总书记指出："科技创新、科学普及是实现创新发展的两翼，要把科学普及放在与科技创新同等重要的位置。没有全民科学素质普遍提高，就难以建立起宏大的高素质创新大军，难以实现科技成果快速转化。"总书记的这一重要科学论断为我们开展科普工作指明了方向。在实践中，我们在开展创新性的科技工作的同时，需要兼顾科普工作，这意味着需要将科研成果通过科普的形式向社会公众进行传播，让更多人了解我们所做的工作以及所取得的成果。

（一）科普和学术论文的传播

科普和学术论文传播是科学传播的两个重要方面，它们在不同层面上促进了科学知识的传播和应用。科普注重将科学知识传递给大众，通过通俗易懂的语言和形式普及科学知识；而学术论文传播则更侧重于学界之间的交流和深入探讨。两者相辅相成，共同推动了科技进步和发展。

当然，科普的传播方式和内容也存在一定的局限性，科普的语言和形式往往简化了科学知识的复杂性，使得科学内容的深度和广度无法得到完全表达。而学术论文是科学研究的重要成果，包含了丰富的数据和实证研究，对学术界的交流和发展至关重要。通过学术论文的传播，科学家们可以分享他们的研究成果、方法和数据，促进学界的合作和进一步探索。

因此，科普和学术论文传播应该相互结合，发挥各自的优势：科普应该借鉴学术论文的严谨性和深度，提高科学知识的准确性和权威性；学术论文传播则可以借助科普的方式和平台，将专门的学术研究成果转化为易懂的语言和形式，让更多的人受益。只有科普和学术论文传播相结合，科学知识才能更好地传播和应用。

2017 年，《大气科学学报》（以下简称学报）开通了微信公众号，初期用户关注度较低，并且用户数量增长缓慢，学报微信公众号的学术论文传播效果也不理想。为解决这个问题，我们开始思考如何推广学报微信公众号。我们主要是通过微博和微信的联动交叉传播，迅速引起了公众号的关注高峰，推广效果显著。首先，在微信公众号上发表了科普文章《IPCC<全球 1.5℃增暖特别报告>重磅发布》，然后在微博上推送，微博上的推送文章获得了大量转载，阅读量超过 100 万人次。通过微博和微信联动推送科普文章，微信公众号用户数量快速增长。

（二）"学术+科普"的融合发展

科学技术具有一定的专业性，一些复杂的科学理论和专业技术对于非专业人士来说可能较难理解，因此需通过科普的方式将其转化为通俗易懂的语言和形式，将科学知识传播给更多人，这不仅有助于增加公众对科学的了解和认识，还可以培养公众对科学的兴趣和热爱，激发他们参与科学研究和创新的热情。因此，在科研工作中，我们不仅要注重实现科技创新，也要充分重视科学普及工作，通过将科研成果进行科普传播，让更多人了解和认同我们的工作，提高公众的科学素养，实现科技创新和科学普及的良性循环，推动科学发展和社会进步。

"学术+科普"的融合发展有助于促进学科之间的交流和交叉学科的发展。通常情况下，不同学术领域之间存在领域间的壁垒，这会阻碍学科的交叉融合以及学术研究的整体发展。通过以科普化的方式向公众推广科技论文成果，有助于科技论文的传播，使得不同学科作者能相互了解对方的工作，从而激发灵感，并有可能孵化出交叉学科的新领域。

科技期刊中优秀的文章也有利于创作出高质量的科普文章。反过来说，好的科普也可能促进科技创新，助推科学研究。因此，学术和科普两者的融合发展是非常必要的。例如，在 2022 年《经济观察报》的专访中，我提出了一个非常新颖而重要的观点，即工业革命以来大量二氧化碳的排放导致全球气候变暖，而全球变暖又导致大气中水汽含量的增加，每升高 1℃，大气中的水汽含量增加 7%。由于水汽是大气中最重要的温室气体，水汽的增加也必然导致全球变暖，这种正反馈作用会导致更为严重的全球变暖。今年印度学者 Kuttipuprath 等在 *Ocean-Land-Atmosphere Research* 期刊上所发表的论文印证了我去年科普访谈中提到的观点。

他们发现，水汽增加会通过其辐射效应导致全球增温，而增温会进一步引起蒸发量和水汽的增加，从而形成正反馈。大气中水汽含量的增加放大了其他温室气体引起的增温效应，这将进一步增强全球变暖，并对全球和区域气候产生不利的影响。

这促使我们对这一问题进行了更加深入的研究。我们分析了全球变暖导致极端降水更加频繁的机理：一般来说，暴雨发生的必要条件是需要有充沛的水汽、大气处于不稳定状态、抬升条件。我们认为，全球变暖导致大气中的水汽增加，为极端降雨事件提供了充足的水汽。全球变暖后，低层水汽增加，温室气体使得低层大气温度、湿度上升幅度超过中层和高层，这样的温度、湿度层结使得大气更加不稳定。至于抬升条件和特定区域地形和天气系统有关。在全球变暖背景下，充沛的水汽和大气处于不稳定状态这两个必要条件形成后，降水就会比以前更加强烈，这样就从强降水形成机制上理解了为什么全球变暖会导致越来越频繁的极端降水。目前，我们团队已取得了一些新的研究进展，并在 9 月初第三届可持续发展国际论坛上报告。之前提到的一些例子可以证明学术和科普的这种融合发展有利于科技创新，也有利于科技期刊的"两翼"齐飞。

（三）"学术+科普"融合发展的未来展望

第一，面向国家需求，积极开展气象科普图书、科普文章创作。我们团队目前已出版科普图书 2 本，科普期刊文章 10 余篇，新媒体科普文章 400 多篇。科学普及的力量能够消除知识的壁垒，激发人们对科学的好奇心和探索欲望，提升社会公众的科学素养，积极推动社会的科学发展。未来，我们将继续坚持科普实践，让科学技术走进社会大众生活的方方面面，让科学技术成为人们共同的追求。

第二，充分利用社交媒介提高科学传播的效果。在学报的微信公众号平台和微博上发表优质科普文章是科技期刊吸引用户关注、扩大用户范围、促进科技论文传播的有效方式，这样的平台可以吸引不同层次的用户，包括专业人士和普通读者。通过科普文章，科技期刊可以将复杂的科学知识用通俗易懂的方式呈现给读者，提高科学传播的效果。同时，也有助于提高科技期刊的社会影响力和知名度，吸引更多的科研人员投稿和关注。

第三，科普和学术可以相互促进，"学术+科普"融合发展可助力科技期刊两翼齐飞。优秀的科普文章有助于科技论文的传播，同时科普也可能促进科学研究和科技创新。因此，在科研工作中应注重科技创新和科学普及的结合，通过将科研成果进行科普传播，实现科技创新和科学普及的良性循环，推动科学发展和社会进步。

四、张铁明：科技期刊的社会责任之一：内容科普化传播[①]

科技期刊在科学优先权（scientific priority）、同行评议（peer review）、存档（archiving）、传播（dissemination）等几项基本功能的基础上，演绎出了众多的期刊社会责任，比如坚守学术诚信、服务公众素养提升、引领科技发展、培育创新人才等。其中，面向公众素养提升和科普信息服务是期刊最重要的社会责任之一。2015 年联合国确立的 17 项可持续发展目标（SDGs），几乎每一项都可以和科技期刊作对应，也就是说，科技期刊在其中都可以发挥作用。为此，施普林格•自然、爱思唯尔等国际出版商专门有服务联合国可持续发展目标的项目和内容，体现出版商的社会责任。《以数据的力量推动可持续发展目标的实现（2020 年）》[②]报告显示，2015～2019 年中国发表的与可持续发展目标相关的文章数量超过 69万篇，在 5 个可持续发展目标领域发表的相关文章数量排名全球第一，在另外 11个可持续发展目标领域发文排名世界前 10。这些数据说明，我国的科学研究和学术出版已经到了承担更多责任的时代，中国科技期刊也应该从评价指标当中走出来，承担更多的社会责任，其中一个重要内容就是要做好科技期刊内容的科普化传播，提高公众科学素养。

我国科技期刊内容科普化存在的问题主要有以下几方面：一是目前全社会对科普的重视程度还不够，尤其在成果产出量大、学科交叉复杂的情况下，科普难度和要求都比较高；二是科技期刊普遍缺乏科普意识和科普传播能力；三是科研

---

① 张铁明：中国高校科技期刊研究会理事长。

② https://zhuanlan.zhihu.com/p/302646186.

人员参与科普的意愿不强，科普意识和能力不足；四是科技期刊内容科普的形式、载体和媒介不够形象、丰富；五是缺乏高质量的科普平台，相关科普的专业技术和团队支撑不强；六是精选科技期刊关键知识点很难，导致社会上伪科学的科普内容存在，容易误导公众认知；七是评价考核体系没有明确的刚性要求，科普行动缺乏激励机制或激励力度不够。

从国际经验看，专业的机构和专业的机制保障了学术科普的良好推进。例如，美国有科学促进会及各专业学协会开展科普，在国家科学基金和国家科技计划项目中设立科普资助机制；英国皇家学会要求所有科学家都必须有效地向公众传播科学，通过培训学会如何把专业术语和知识化为通俗易懂的科普语言；日本规定科研项目经费的3%必须专项用于科普。这些好的经验我们都可以借鉴。

科普是一项很难的工作，不是说任何一个人都可以把科普工作做好，它首先要对科学有很好的认知，然后再把这个认知转化为大众容易理解接纳的语言。所以从这个角度，我们国家科技期刊科普化还要做大量的工作。特别欣慰的是，我们的专家学者都在关心科普工作，比如中国科学院杨玉良院士认为目前我国在项目申报、评审中加入对科普的强制要求时机已经成熟；另外，国家从法律法规各个层面也在积极推进科普化的传播。

我国一些科技期刊在内容科普化方面也有好的经验和做法：上海体育大学的英文期刊《运动与健康科学》精选学术内容，在新型冠状病毒感染期间推广运动免疫的健康知识，发表关于儿童运动与健康的关系等内容，科普效果明显，产生的社会影响非常大。长春光机所 Light 系列专业杂志在微信公众号专门建立了 Light 工作坊，已有 14 篇科普文章上线，相关文章在"科普中国"的头条已经做了推广和传播，且其对愿意加入科普工作的科研人员有相应的回馈机制，培训怎么样写科普论文、给予社会荣誉等，科普工作有声有色。《中国科学》《科学通报》在汇聚前沿科技成果的同时，通过出版特色栏目文章切实履行科普责任、积极投身大众传播，不仅拓展了期刊的生存空间，也在提高全民科学素质和国家文化软实力方面作了贡献，同时提高了期刊的社会影响力。中国高校科技期刊研究会发挥行业学会的作用，积极探索实践高校科技期刊科普工作，与《科技日报》

联合定期推出"学报观点要览"；与新华网等国内主流媒体合作，尝试将科技期刊内容更好地普及到大众，扩大期刊的影响力。

通过上述案例不难发现，做好科技期刊内容科普化传播工作，需要在以下方面予以跟进：一是科技期刊和科研人员要有科普意识和能力，愿意主动参与；二是要精选科普素材，使科普内容为大众喜闻乐见并科学可信；三是要利用丰富的传播技术、媒介和手段，内容形象生动；四是要建立相应的科普团队，鼓励多方参与科普工作；五是国家要在科普制度和生态环境建设上不断强化，通过教育培训以及奖惩机制促使学术机构、科研人员、科技期刊积极履行科普责任；六是要为科普工作提供必要的经费支持。

希望我国众多的科技期刊在发表更多优秀学术创新成果、努力争创世界一流的同时，积极做好内容科普化传播工作，践行科普的社会责任，从而切实提高期刊的学术传播普及能力，服务国家科技创新战略，为提高社会科学素养、建设世界科技强国作出应有的贡献。

五、张洁：科技期刊内容科普化传播路径思考[①]

作为承载、传播科学技术知识的重要阵地，科技期刊是传播科技成果、促进科技创新的重要平台，从关注科技发展前沿、凝聚科学共同体的角度来说，科技期刊从事科普工作、提高科学传播能力有着巨大的优势。在内容层面，因为科技期刊的内容经过了同行评议，其科学性和严谨性有着天然的优势。在新媒体时代，科技期刊应该更好地担负起荟萃科学发现、促进知识传播、引领科技发展的职责和使命，为创新驱动发展和提升公众科学素质服务。然而，科技期刊内容的科普化是一个系统的工程，不仅仅是把科技期刊的相关内容简单地改写成科普文章，然后在相应的媒体平台进行发布。这里面涉及选题的策划、内容的选取、大众媒体的传播以及期刊科技信息传播的机制等诸多要素。

通过检索近年来国内科技期刊科普化的文献资料，笔者发现值得借鉴或者

---

① 张洁：江苏省科普作家协会常务副秘书长；江苏省科学传播中心《科学大众》编辑部主任，副编审。

具有普适性的案例并不多见，比较典型的一个例子是《航空学报》的策划。例如，《航空学报》2019 年第 1、2 期策划出版了"大型飞机专刊 I""大型飞机专刊 II"，邀请到大型飞机 C919、AG600、C929 的三位总设计师亲笔撰写综述，并兼顾了学术创新性和工程实用性。两期专刊出版后，为了更好地推广这些科研成果，也让更多大众了解到我国重大战略研究——大型飞机的生产研制现状，《航空学报》微信公众号将 C919 飞机总设计师吴光辉院士撰写的文章《大型客机信息化研制支撑体系架构研究》经过简单提取后进行了同步推送，并对此文进行了一次彻底的科普化包装，包括将文章题目改为《如何做到 2.6 天出厂一架波音 787|C919 总师揭秘大型客机研制的关键》。文章一经推送，就被众多媒体转载，取得了非常好的传播效果。

不管是从科技期刊内容科普化还是从科技期刊科普资源开发能力来考量，国内科技期刊在科学传播实践方面还有非常大的提升空间。以江苏为例，江苏是科技期刊大省，全国科技期刊近 5000 种，江苏为 258 种，数量仅次于北京、上海，排全国第三；科技期刊整体质量也居全国前列，如江苏省科技期刊入编四大核心期刊数据库（中国科学院 CSCD 核心期刊、北大核心期刊、中信所科技核心期刊、武汉大学 RCCSE 核心期刊）共 128 种，约占 50%。但是，笔者梳理江苏省优秀科普作品评选活动报送作品单位和科普作品开发单位时发现，这其中鲜有科技期刊的身影，这说明不管是作为编辑部还是作为期刊本身，科技期刊非常明显地缺席科普资源开发，其内容科普化显然还有很长的路要走。

从国内学者的研究成果来看，贾鹤鹏等从科学传播视角实例分析了学术期刊与大众媒体的合作情况。但是，这些研究成果多以讨论大众媒体传播学术论文的途径，或是大众媒体传播学术论文取得的成效为主，没有明确科技期刊应如何有效地利用大众媒体履行科普职能。学术期刊出版是个系统工程，尤其是我国的单刊众多，从组稿、审稿、编校到传播，编辑往往是复合型人才，在能力精力且经费条件都有限的情况下，只能优先尽力保障学术传播。科普内容的重构必然会增加编辑部的工作量，而我国学术期刊的主管单位多为各大高校、科研院所等事业单位，在缺乏激励机制的情况下，编辑人员从事科普创新的积极性不高、全媒体素质的能力也有待提升。此外，由于数据库平台购买单位限制，大众难以触及，"真"科学的封闭必然造成"伪"科学的泛滥。目前，科学知识的"下凡"仅仅停留在将原本纸质的学术成果数字化后投放于各新媒体平台，"多种生成"能力弱、内容选题不能及时把握当下社交媒体的焦点话题等导致科技期刊的科普化与大众媒介对接失败。

从国外同行的经验来看，科技期刊与大众媒体合作可以大大提升科技信息传播的广度和速度。多年来的实证研究亦表明，媒体报道显著提升了以论文被引频次为标志的科技期刊影响力。以南京师范大学生命科学学院杨光教授团队的研究成果为例。通过大样本全基因组测序，来自南师大、美国加州大学伯克利分校、华大基因的科研人员将长江和中国沿海不同水域的 49 只江豚的基因组数据进行比较分析发现，长江江豚与海洋江豚之间存在着显著而稳定的遗传分化，已形成独立的进化支系。该科研成果于 2018 年 4 月 10 日发表于学术期刊 *Nature Communication*，题目为"Population genomics of finless porpoises reveal an incipient cetacean species adapted to freshwater"（《针对江豚的群体基因组学揭示了一种适应淡水的鲸类物种》）。文章刊发后，国内媒体迅速跟进采访报道，南京师范大学生命科学学院杨光教授短期内接受了大量媒体采访。目前，我们尚不清楚长江江豚作为独立物种的科学传播事件是《自然》杂志的媒体推广还是国内大众媒体的行动自觉，但是我们可以清晰地梳理出大众媒体迅速跟进学术期刊热点文章进而进行科学传播的路径。

有数据表明，*Nature*、*Science*、*Cell* 稳居领研学术期刊微信传播力榜的前三位，同时也是中文语境下各类新闻媒体与社交媒体的重要信源。"Nature 自然科研"微信公众号常基于重要成果和热点科学议题形成新闻和观点，如在 2018 年"基因编辑婴儿事件"引发全民关注时及时跟进，持续发布头条文章《被编辑了 CCR5 基因，对一个人会意味着什么?》《追问 CRISPR 婴儿事件：6 个尚待解答的问题》。*The New England Journal of Medicine* 在 Facebook、Twitter、Instagram、YouTube、LinkedIn 等社交媒体都有官方账号，拥有众多读者，很多文章时常被评议。尽管细胞出版社（Cell Press）期刊论文中的视频摘要的主要观众是科学家，这并不代表幼儿园的小朋友或者公园中散步的老爷爷和老奶奶不能欣赏这些内容。为不断提高影响力，Cell Press 利用多元化的传播媒介和新的内容组织形式来更科普化、多样化地报道学术成果，将学术传播边界拓展到更广泛的受众群体。

建设世界一流科技期刊，是建设世界科技强国的重要保障。要做到这一点，必须强化我国科技期刊的传播力，持续提升我国期刊的国内国际显示度。通过媒体报道提升期刊的影响力是科技期刊传播力建设的重要方面，但这不意味着只要媒体报道了期刊发表的成果，期刊的传播力就能得到自然而然的提升。传播力的提升，一方面需要科技期刊有更强的驾驭媒体报道的能力；另一方面，期刊和媒体之间也需要建立互动交流的公共性平台。很多科技期刊已涉足公众传播，但由于单刊、人员、经费等条件限制，传播内容和表现形式的丰富性及频次等普遍不足，从而导致传播深度、广度很不够，难以获得预期效果。目前，微信公众号、期刊网站和新闻媒体是科技期刊倾向增加投入的传播途径。国际同行的经验和实践值得我们学习，但是在一定时间尺度内很难复制。

第三节　科技期刊论文出版中的信息安全对策与建议

一、周成虎：科研成果发表中可能涉及的信息安全问题[①]

科研领域存在大量的信息安全挑战，主要包括：科学研究集中了大量有价值的重要数据与信息，大量的数据或论断，一旦出版将成为公开信息，一公开就有可能被跟踪和发现；互联网带来便利的同时，也加大了信息泄露的风险，每个人在网络时代几乎可以说是没有隐私的，科技领域也如此；科研人员成为西方情报机构的目标对象；科研人员个人信息泄露后，通过挖掘科研人员出版的大量文献资料可以获取科研人员研究内容以及国家相关信息的全貌。现在我国的科技成果出版面临着"一江数据向西流"的局面，我国学者在国外出版机构发表文章，出

---

① 周成虎：中国科学院地理科学与资源研究所，中国科学院院士。

版机构要求必须公开所有的原始数据，这就造成我国科技界最大的科技资源通过出版自动汇集到国外出版机构的平台上。

在科技成果发表的潜在风险中，主要包括：涉及国家主权或国际声誉的问题、国际合作问题和不同角色的关注点问题。以资源环境类（主要涉及敏感的环境、地理、社会数据）成果发表为例，研究者常面临两难境地，如果不公开数据则无法发表，如果公开数据又面临国家主权或声誉的问题；另外，研究选题也受到诸多限制，某些关键战略资源研究成果的发表存在潜在风险，比如关于中国油井开采方面和碳排放方面的文章，前者造成了我国油井开采战略部署的泄露，后者则成为他国指责我国的佐证。在国际合作中，是否与国际研究者合作，这是科学家个人可以决定的，或者通过国家政策或机制可以协调的，但是还有很多方面无法单独开展，比如说地学领域的"地理空间图像自动分析软件"，美国于2020年1月将其列入管制清单，限制地理空间信息、人工智能等高技术输出。由于我们技术水平限制，该软件的管制会给研究带来障碍，这个过程中也可能会限制我们自己的创新能力。作者、出版者和管理部门，三者的关注点是不一样的，作者开展研究，遵循国际科学规范，出版商是要服务国家政策，管理者既要前瞻还要确保规范性。三者之间在不同的维度是相互矛盾的。

期刊论文关联数据出版与共享问题在信息安全领域非常重要。首先，科技文献里的数据整合是非常重要的一件事，如何把大科学数据整合在一起，形成质量最高、最可信的科学数据是非常关键的。现在只注重文献本身的出版和共享，对文献里面所隐含的数据、图形、图像的挖掘，同样非常重要。当前我们开展的多模态大模型工作，预计三个月时间读完300万篇论文，一共有600万篇论文，利用大模型工作将其中的图表挖掘，同时用语音大模型将其编辑。这个大模型里融合了所有已出版的原始数据，以及里面公开出版的标准的成果图，这将可能是一个巨大的科技资源。其次，论文和科学数据本身的问题，中国从2005年开始推动自己的科学数据共享，用了近20年的时间，通过"整合、共享、完善、提高"，将分散的科学数据基本整合为具有国家显示度的大科学计划数据汇交至国家数据中心，建立了国家科学数据管理的"中枢"、可以一键查询的国家平台。但是这个科学数据共享并没有将科技文献里面的科学数据放在一起考虑。因为发表论文结果的数据比真正的数据至少晚了三年，如果一个科技项目是 5 年，那相关学术论文里的科技数据以及科技项目的科学数据，两者之间要形成一体两翼互动，才可能将中国科学数据和科技期刊里的数据共同挖掘形成资源。

保护信息安全是国家重大战略需求，每个领域的重大研究都与科技文献出版相关。科研成果发表过程中的信息安全保护需要重点关注以下几个方面。

第一，在大的安全观念下，如何既服从这个体系，还能够展示和体现我们的研究成果，对科技工作者是一个很大的挑战。例如，对研究遥感影像的研究者来说，如果不访问外网就获得不了全球数据，就做不了研究，但是访问外网又存在可能违反规定的行为，因此对科研人员而言既符合国家的安全规定又要做好研究是非常难的。

第二，安全领域除了涉及信息内容本身的安全问题，还涉及由信息带来的泄密、盗版、侵权、无法追责的安全问题。比如对从事地理研究的人而言，在中国科技领域每位知名的研究者在美国的情报机构中都有名单，这是这些行业的另外一个挑战问题，当研究者从事这个专业的时候，可能研究内容不一定涉及信息安全，但其个人信息本身可能就变成安全问题，因此信息安全形势下，对研究者个人存在很多挑战。

第三，如何通过新的技术体系推动学术交流。科研人员从自身出发在国家信息安全的形势和要求下，尽可能预先做好保障机制，比如地图 1：500 000 是保密的，1：50 000 是解密的，研究者就不做前者的研究，如果利用新的技术体系，让绝密的数据通过某种方式在网上运行那就可以交流，但截至目前仍没有进展，这就给出版带来很多挑战，插图不能展示，期望能够通过出版领域一起协助在这方面有所突破。

第四，当前国家大力推动数据共享，但尚未明晰中国的科学大数据如何保密和共享。各行各业各部门都有各自的大数据行动计划，建议中国科协牵头组织多部门和科技期刊界，针对中国的科技出版大数据建立国家共享体系，对中国科技创新会有很大的推动作用。建议数据共享安全管理范畴一定要界定清晰，适当放宽，可以遴选我国特殊的科学数据体系做一些体制机制的创新，给一些科技创新领域建立开放区，使这些领域真正能够从科学技术角度产出创新成果，通过先进技术在网络上做好把关安全，从管理方面让科研人员有开展研究的空间。

第五，应建立科学数据共享的法规或政策，做好安全立法管理体系，有了法规和标准，再研发安全保障数据技术体系，这样中国在科学数据共享方面还是有优势的。

第六，信息时期要重视数据出版，数据出版体系目前还是很难的事情，数据出版既要做好数据本身的风险防范，又要考虑数据自身的融合，在大模型时代做好非常难。这需要在科技界对科学数据共享的研究人员有新的评价体系，目前我国对这方面的贡献还不够重视。

第七，关于出版人才的培养，应从国家体系和出版所在研究机构，对出版人才给予非常重要的支持，传统出版领域对文字方面的要求特别高，但对科学素养要求相对低，今后需要在这方面加大力度，要开展以科学数据和科学素养为核心的科技出版人才培育，使我们的出版人才既有质量又有数量，还应有相应的通道对外交流。

二、李千目：网络安全新形势下的科技期刊论文出版领域技术对策[①]

网络安全涉及的问题很多，而且分管的部门非常多。由于分管部门多，各部门之间不仅在整体大方向上有针对安全的基本要求，同时也有自己内在的需求，因此学术界和相应的政策制定者需要考虑综合情况，不能仅从某一对应部门考虑安全问题，而是要进行系统的全局考虑。

科技期刊是学术声音、数据资源和研究成果发表的第一阵地。面对领域安全规则的制定，该领域可能要比相关的法律法规考虑得更多，要起到先行先试的作用，担当更多的责任。

---

① 李千目：南京理工大学，教授。

近年来，我国陆续颁布了网络强国建设、数字生活方面的法律法规，即网络安全领域的"三法一条例"。与科技期刊密切相关的是《中华人民共和国网络安全法》，还涉及部分《中华人民共和国个人信息保护法》《中华人民共和国数据安全法》《关键信息基础设施安全保护条例》等。

目前，我们所面临的安全形势非常复杂，大体可以分成两类：第一类是境外有组织的、有目标的攻击；第二类是因为自身工作不足，或者是思想上的不周造成的疏忽。网络安全一是靠技术，二是靠管理，两者要合并起来才能产生真正的作用和价值。

在信息秘密性、信息完整性和信息可用性方面，与科技期刊出版密切相关的网络安全包括四个方面，分别是：设备安全、数据安全、内容安全和行为安全。设备安全是指相关设备的稳定性、可靠性和可用性，包括出版所用的系统和设备，与科技研发甚至公共资源支撑的相应设备的稳定、可靠和可用。数据安全是指数据的防泄露、防篡改和防破坏。内容安全是指在政治、法律、道德层次上要保证保密的，知识产权保护的，隐私保护的，符合我们国家和民族相关正确的方向和相应的要求。行为安全即是行为的秘密性、完整性、可控性，包括在行为和反馈结果过程中所带来的危害。

面对上述四大安全，需要一系列制度和法规保障、管理措施，以及技术保障。通过这些手段融合，保证科技期刊出版的全流程中的安全，对科技期刊领域的发展才能带来较大的积极作用。在网络安全新形势下，科技期刊论文出版领域技术对策有以下两点。

第一，充分地利用隐私概念，将"隐私保护"的概念通过某种牵引，对发表的论文和研究数据采用技术上的支持和保护，这样既解决了数据发布之后会受到一些潜在的安全影响问题，同时也能支持国家的科技发展。采取的手段包括：基于限制发布、基于数据加密、基于数据失真。最有效的方法是差分隐私保护。

第二，防御各种形式的智能攻击。在科技期刊出版领域有很多的智能系统，包括智能审稿系统、自动排版和校对软件、智能推荐系统，还有一些数据可视化分析工具、聊天机器人，由于它们都是公开的，因此很可能产生智能攻击。

总之，网络安全是一项重大的国家工程，需要多方面协同工作，寻求技术上更有效的突破方式。鼓励不同领域的技术人员参与期刊的应急应对和各种工作的预案制定，这样才可能从根本上解决网络安全问题。

三、肖宏：学术期刊出版与信息安全治理[①]

学术期刊体现了国家科技竞争力和文化软实力，发挥了学术导向、学术把关、学术示范、学术催化和学术传播的作用。学术期刊涉及大量的数据问题，如前沿信息、在研信息的方向和数据的保护；审稿过程中限定交流的未公开信息的采集与保护；创新转化中的数据规范使用和权益保护以及大量成果信息在交流过程中的诚信、伦理和数据安全等问题。

因此，国家安全问题与学术期刊密切相关。《中华人民共和国网络安全法》《中华人民共和国数据安全法》《中华人民共和国个人信息保护法》等法律法规的制定对期刊产生了深远的影响，要求期刊必须在网络安全、数据保护方面加强管理。

学术期刊应履行网络安全的责任：期刊出版单位的责任总则是确保网络安全和内容合规传播，一方面要提高网络安全水平，确保产品和服务的安全维护，包括投入资源进行安全等级认证；另一方面履行网络服务的义务，全程保密用户信息和个人信息，以防止信息泄露。

学术期刊的数据安全至关重要：学术期刊是重要的数据资源，这些数据需要受到严格的保护。《中华人民共和国数据安全法》要求期刊须建立健全数据安全管理制度和风险监测体系，确保数据的安全性、合法性、完整性和保密性，尤其是在涉及敏感领域和国际学术交流时。此外，在学术期刊国际化的同时，要注意数据出境的安全评估，明确约定数据安全保护责任义务。

学术期刊须重视个人信息保护：个人信息保护是一项重要任务，期刊必须明确了解个人信息的定义，并在数据采集和使用过程中遵循合法透明、知情同意等

---

① 肖宏：同方知网，党委委员，副总经理，编审。

原则。例如个人敏感信息，包括专家的人像和签名、未成年人信息等，这些信息的泄露可能对个人和国家安全构成威胁。另外，在委托第三方进行学术推送和信息服务时，要谨慎处理个人信息，予以监督，避免侵犯隐私。

学术期刊应从以下五方面积极采取期刊治理措施。

1）建立期刊社网络安全和数据安全专项制度，融入采集、编辑、出版、发行和信息服务、管理等各环节。

2）完善网络安全技术体系，实施网络安全等级保护管理，加大期刊社信息基础设施的安全管理力度。

3）建立期刊社各项数据分类、分级管理体系，专人负责，统筹安排数据安全管理事务，采取数据分类、重要数据备份和加密等措施，对敏感领域、敏感研究成果专项管理。

4）严格保护个人信息，对敏感人物、重要人物信息专项管理，对公开信息予以脱敏，对不必要字段予以减缩。不随便向社会服务机构提供期刊掌握的个人信息。

5）开展国际合作，参与国际出版平台，吸纳国际专家（编委、审稿人）时，需对刊物自身涉及的敏感领域、敏感话题、敏感成果、敏感人物的相关信息加强管理，对拟公开信息予以脱敏。要做到内外有别。

四、付小龙：如何平衡科学研究与成果发表之间的关系[①]

习近平总书记指出："没有网络安全就没有国家安全，没有信息化就没有现代化。"孔子也曾说："君不密则失臣，臣不密则失身。"网络安全和科研成果发表之间有很重要的关系。那么如何权衡科学研究和成果发表之间的关系？

结合工作实践和我国科研成果发表现状，以下三方面有助于解决科研成果发表过程中的信息安全问题。

1）增加国内期刊发表比重。希望今后的科学研究成果能够更多地发表在国内

---

① 付小龙：西安近代化学研究所，研究员。

的刊物上，由于国内期刊审查制度相对较为完善，科研成果发表在国内刊物上，对信息安全和学术交流都有积极作用。

2）加强基础性科研探索。近年来在与国外的科研工作者合作过程中，发现合作探讨更多的是在探索基础原理、数学公式、仿真方法、实验等方面的研究内容，较少涉及敏感信息方面的内容，建议与国际合作者合作时，以基础科研探索为主，这样可以减少或避免涉及敏感信息的内容。

3）认真执行论文发表审批制度。在国内期刊上发表论文的流程制度中，需要作者提供单位审核过的审批表后才能发表。但在某些情况下，该制度并未得到严格的执行。甚至出现过学生为了更快发表论文，将他人审批表经图像处理修改成本人的审批表再提交给期刊的情况。从期刊方面来说分辨是很难的，即无法确认是图像处理修改出来的还是真实的审批表。因此希望作者、单位、期刊方面都能够统一执行严谨的审批制度，避免发生论文涉及敏感信息或泄密的情况。

五、闫珺：空天科技期刊出版信息内审管理①

空天科技是国家的战略科研方向，也是世界各国竞相角逐的重要领域。长期以来，一代代空天人自立自强、原始创新，逐步发展形成了多学科交叉、长科研链条、高精尖技术、宽应用领域的学科体系。伴随着学科的快速成长，中国科学院空天信息创新研究院（以下简称"空天院"）主办的 9 本期刊基本上布局在空天信息科技的关键节点和前沿方向，因而在期刊出版、信息发布、成果宣传、学术交流活动中对于信息安全审查方面提出了较高的要求。为落实国家相关法律法规，健全学术出版管理机制，空天院专门成立了学会与期刊部，在各刊的日常编辑出版工作中严格实施"三审三校"，针对学术质量、出版规范、政治敏感信息、地图编制规范、学术诚信、科研伦理、信息安全，以及知识产权等方面建立了专项内部审核流程和规范。为保证各项规章制度能够落到实处，空天院学会与期刊部与综合办公室、保密办、质量处通力协作，利用空天院办公自动化系统和信息

---

① 闫珺：中国科学院空天信息创新研究院学会与期刊部主任，正高级工程师。

化业务平台，建立了相应的机制举措，比如：设立责任编辑制、相关业务人员签署职工信息安全承诺书、建立职工自查自检月报、组织期刊编校质量内审会、部门内部专项培训、媒体平台信息登记、严格信息发布审核流程及档案建立和保管机制，在科研成果出版和信息发布过程中实施全线程质检和流程化监管，确保责任到人、制度到位。

结合日常编辑出版工作，空天院各刊对涉及空天信息领域容易出现问题的信息内容，做了归类梳理，主要包括 8 个方面：特定地区，如台湾、香港、澳门等；地图，如地名、国界线、行政界线、比例尺，地形图、海岸线等；影像图，如敏感主题、特定区域的高分辨率卫星影像等；实验数据，如：敏感要素、特殊实验区、样本样例、监测结果等；单位信息，如部队、军工单位的对外名称；学者信息，如详细履历、个人照片、人才计划、科研项目等；近期涉敏主题词汇，如"一带一路"、南海、青藏高原、芯片、疫情、双碳、尖端技术、侦察卫星、军用导航卫星、军事目标、军事装备、军事设施、舰船等；基金项目，如项目信息过细、关联项目过多等。除了纸质期刊，期刊网站、微信公众号、社交媒体账号、学术报告、直播视频、海报以及相关宣传材料，与论文相关的各种媒体平台，均需按照"三审三校"要求，由各刊负责人和责任编辑对论文、数据中的上述信息进行多轮重点检查。

为不断增强期刊编辑对信息安全工作的政治意识、责任意识和敏锐度，确保信息安全审核机制不走过场、不流于形式，空天院主要采取了以下举措。

1）定期组织全员开展时政学习，邀请管理部门的资深专家对各级管理部门颁布的相关法律法规、热点舆情进行剖析解读，帮助从业人员正确理解国际国内形势，及时掌握重大科研、出版政策和发展业态，运用好制度规范。

2）与国家政策方针保持高度一致，关注人民日报、中央电视台、中国日报等央媒的时事新闻和社会热点，使用规范用语和标准语汇。

3）促进党建业务融合，加强全员思想教育和政治敏感度，积极发挥党员的示范带头作用，发展年轻党员，培养业务骨干。

4）组织专项业务培训，结合实际问题，邀请出版界、传媒界、科技界的专家学者对从业人员进行专业指导，帮助期刊编辑提升业务水平；与地图审核部门建立沟通对接机制，及时反映地图作者的需求问题和工作卡点，提高地图审核的质量和效率。

5）加强与保密办、质量处的业务交流和信息互通，明确信息安全和质量安全的红线，积极配合管理部门的专项检查，不断优化改进审核机制和审核流程。

6）重视期刊年审年检，组织各刊业务骨干参加中国科学院和中国科协组织的期刊审读工作；认真贯彻责任编辑注册上岗制、在职培训制；鼓励青年编辑关注期刊发展业态，参与期刊研究和项目申报。

7）开展同行业务交流和经验学习，通过多种形式，积极向优秀期刊和优秀团队请教，强化团队业务能力。

结合空天院科技期刊学会集群的实践工作，提出以下建议：第一，加强顶层规划，加快国家级科学数据开放平台和共享服务体系的建设，建立更加完善系统、有连续性的相关管理机制和管理体系，从制度层面，强化立法、行政、司法机构相互协调和监督，共同保障各类信息安全、保护知识产权；第二，加强科技期刊内部培训，在责任编辑岗位培训课程中设置信息安全保密的专项培训课程，增强从业人员的思想觉悟、敏感意识和个人素质；第三，加强研究机构的信息安全监管，组织科研人员、在校研究生开展信息安全教育和警示，完善对科研机构、科研人员社交媒体、个人账号的注册登记和安全管理，增强学者的信息安全风险意识；第四，加强科研项目管理，对涉及关键领域和尖端技术的重大科研项目，从源头实行全程信息保护和信息安全监管；第五，加强地图发布审核，重视地图规范使用的全民教育，建设好地图服务平台，提供高质量的各类地图产品和矢量底图，响应各类用户的不同需求，加快地图审核速度；第五，加强科研成果和信息发布保密审查，对中英文科技论文、关联数据、学科资源进行全面审核，相关人员签署信息安全责任书，审核流程不走形式、不走过场；第六，加强技术平台建设，运用人工智能、大数据技术研发高效的审查工具，增强对各类新媒体有关科研成果信息的内容审核和系统监管；第七，设立奖励机制，结合期刊年检、项目结题、机构考核工作，对于审核管理严谨规范的科技期刊及主办单位，科研人员及所在单位给予业绩加分和表彰等。

参考文献

[1] 中国科学技术协会. 科技期刊出版伦理规范[M]. 北京: 中国科学技术出版社, 2019: 1-4, 11-13, 57.

[2] Council of science editors. White Paper on Publication Ethics[EB/OL]. [2019-06-20]. http://www.councilscienceeditors.org/resource-library/editorial-policies/white-paper-on-publication-ethics/.

[3] 北京市高级人民法院. 《北京市高级人民法院侵害著作权案件审理指南》第 2.1 条[EB/OL]. [2023-10-08]. https://www.beijing.gov.cn/zhengce/fygfxwj/202308/W020230907591652423795.pdf.

[4] 王治钧, 贺颖. 同行评议中的学术失范及其区块链技术防范应对[J]. 中国科技期刊研究, 2023, 34(9): 1138-1145.

[5] 辛雨. 科学资助机构拒绝用 AI 进行同行评议[N]. 中国科学报, 2023-07-18(001).

[6] 罗云梅, 刘雪梅. ChatGPT 对学术出版伦理的影响[J]. 医学与哲学, 2023, 44(12): 25-28.

[7] 王迁. 论人工智能生成的内容在著作权法中的定性[J]. 法律科学(西北政法大学学报), 2017, 35(5): 148-155.

[8] 易继明. 人工智能创作物是作品吗?[J]. 法律科学(西北政法大学学报), 2017, 35(5): 137-147.

[9] 科学网. AI 能列为论文作者吗[EB/OL]. [2023-10-08]. https://news.sciencenet.cn/sbhtmlnews/2023/1/372902.shtm.

[10] ICMJE. Defining the Role of Authors and Contributors[EB/OL]. [2023-10-08]. https://www.icmje.org/recommendations/browse/roles-and-responsibilities/defining-the-role-of-authors-and-contributors.html.

[11] OpenAI. Terms of Use[EB/OL]. [2023-10-08]. https://openai.com/policies/terms-of-use.

[12] 林琳, 姜永茂, 李英华. 医学期刊编辑出版伦理规范[M]. 北京: 人民卫生出版社, 2018: 16.

[13] 马余强. 把科学普及放在与科技创新同等重要的位置[J]. 民主, 2023(4): 10-11.

附录一　2022 年中国科技期刊发展纪事[①]

编撰说明

本纪事以条目形式系统翔实记录 2022 年度中国科技期刊出版业发展的历程和状况，客观呈现中国科技期刊出版事业发展轨迹和脉络，供业界、学界同仁参考。

编撰原则：

1）严格按照党的路线、方针、政策和有关规定，坚持历史唯物主义的观点，坚持实事求是的原则。

2）全面系统翔实记录 2022 年度影响中国科技期刊出版的主要事件和活动，做到要事突出、大事不漏。纪事内容包括科技期刊业主要活动和变革、重要文件、法律法规，以及部分期刊社会团体组织、重要期刊出版单位主要活动等。

3）采用公元纪年顺序编排，所列条目有明确日期者标明月、日，日期不清者附于月末。

4）本纪事主要来源于公开出版的图书、报刊、相关机构网站以及现存档案等。由于资料收集的限制，本纪事未收录同时期香港、澳门、台湾地区的科技期刊出版情况。

---

① 附录一执笔：范春莉。

1 月

1 月 7 日，中宣部出版局在北京召开规范使用汉字工作座谈会，重点清理图书、报纸、期刊、音像制品、网络出版物、影视作品等用字不规范的情况。

1 月 11 日，上海市科技期刊学会会员大会暨学术年会在上海以线下线上形式召开。会议还举行了 2021 年度上海市科技期刊学会"先进个人"颁奖仪式以及"上海科技期刊建设示范案例库•优秀论文"入库仪式。

1 月 12 日，2022 中国期刊协会年会在线举办。年会包含"创新•融合•发展——2022 中国期刊协会年会论坛""中国期刊协会六届五次理事会"两个单元。

1 月 12 日，中国期刊协会举办第 24 期刊协讲堂，交流了《中国科学院院刊》打造国家科技高端智库传播平台的创新实践。

1 月 14 日，中国能源传媒集团有限公司挂牌成立仪式在北京举行，旗下拥有《中国电业》《电力快讯》、中国电力新闻网等多类媒体，电力特色鲜明。

1 月 14～16 日，由中国医学科学院血液病医院（中国医学科学院血液学研究所）等单位举办的第二届中国血液学科发展大会、血液学期刊联盟成立大会暨首届津鄂科技期刊发展论坛线上举办。

1 月 26 日，中国科协科学技术创新部公布"2021 年全国学会期刊出版工作优秀单位和期刊出版管理规范单位"。

1 月 26 日，中国社会科学院学术期刊办刊经验交流会暨"'作嫁衣者'说——中国社科院学术期刊编辑心声"出版座谈会在北京举行。

1 月 28 日，中国科协第十届常委会学术交流与期刊出版专委会第一次会议在北京召开，21 位委员围绕打造高端学术交流平台和推动中文期刊建设线上线下交流讨论。

2 月

2 月 8 日，中国科学院科研道德委员会发布《关于规范学术论著署名问题负面行为清单的通知》。通知列出了七类学术论著署名负面行为，要求"零容忍"。

2 月 15 日，在中国科协第十届全国委员会第三次会议上，中国科协所属 211 家全国学会联名发布《中国科协全国学会学术出版道德公约》。

2 月 16 日，中国科协科学技术创新部印发《2022 年中国科协学会学术工作要点》。2022 年中国科协工作要点包括调整优化学会布局、做大一流科技期刊矩阵等四方面。

2 月 17 日，中宣部在北京举行"奋进新征程建功新时代"大型主题采访活动启动仪式。

2 月 17 日，中国科协召开 2022 年第一季度新闻发布会，会上发布了"2021 年中国卓越科技期刊十大最美封面"评选结果。

2 月 18 日，2022 年世界一流科技期刊建设部际协调会议在北京召开。

2 月 21 日，中华医学会第二十六届理事会期刊与出版专家委员会第一次会议在北京以线上线下相结合的形式召开，会议决定设立期刊与出版专家委员会。

2 月，国际医学期刊编辑委员会更新的《学术研究实施与报告和医学期刊编辑与发表的推荐规范》中文版通过 ICMJE 官网上线。

3 月

3 月 1 日，国家网信办等 4 部门联合发布的《互联网信息服务算法推荐管理规定》施行。

3 月 2 日，中国期刊协会举办第 25 期刊协讲堂，交流了金属加工杂志社全媒体转型的思路与实践。

3 月 17 日，由中央网信办主办的"踔厉奋发新时代 笃行不怠向未来"2022 年网上重大主题宣传在北京启动。

3 月 17 日，《北京市全民科学素质行动规划纲要（2021—2035 年）》在北京发布。

3 月 18 日，由中央网络安全和信息化委员会办公室主管、中国网络空间研究院主办的《中国网信》杂志创刊。

3 月 20 日，中共中央办公厅、国务院办公厅印发《关于加强科技伦理治理的意见》。

3 月 21 日，国家新闻出版署公布《2021 年度出版业优秀科技与标准重点实验室名单》。8 家实验室入选。

3 月 28 日，中国科协组织召开科技期刊集群发展和学术交流平台建设研讨会。

3 月，上海交通大学物理与天文学院和李政道研究所联合主办的开放获取期刊《量子前沿》（*Quantum Frontiers*）创刊。

3 月，国家发展和改革委员会官网公布《市场准入负面清单（2022 年版）》，明确非公有资本不得从事新闻采编播发等六项业务。

4 月

4 月 2 日，国家新闻出版署印发《关于开展 2021 年度期刊核验工作的通知》，重点检查出版运行情况、出版导向情况、出版质量情况、主管主办单位责任落实情况、期刊及从业人员遵规守纪情况、期刊融合发展情况六方面的内容。

4 月 2 日，中国期刊协会举办第 26 期刊协讲堂，线上交流了中华护理杂志社"守正创新谋发展，服务大局创一流"的办刊实践。

4 月 18 日，中共中央宣传部印发《关于推动出版深度融合发展的实施意见》。《意见》从战略谋划、内容建设、技术支撑、重点项目、人才队伍、保障体系等 6 个方面提出 20 项主要措施。

4 月 19 日，全球首本碳中和领域综合性国际学术期刊《碳中和》（*Carbon Neutrality*）首期 12 篇论文正式上线。

4 月 24 日，中国科协科学技术创新部印发《关于开展中国科协主管期刊 2021 年度核验和审读工作的通知》，170 种期刊列入审读名单。

4 月 25 日，《科学通报》联合科研云主办的云论坛在线举行。中国科学院院士、中国科学院技术科学部主任杨卫做了题为"我国 STEM（科学、技术、工程和医学）发表及期刊的发展地貌图"的报告。

4 月 25 日，国家新闻出版署、人力资源社会保障部、国家广播电视总局、国家互联网信息办公室印发《新闻专业技术人员继续教育暂行规定》的通知。《规定》自 2023 年 1 月 1 日起施行。

4 月，经项目申报、资格审查、专家评审，"科技期刊著作权法律服务"获得中国科协 2022 年法律服务系列项目支持。

4 月，国家新闻出版署、国家广播电视总局联合印发《关于开展新闻出版、广播电视领域不规范使用汉字问题专项整治工作的通知》。

4 月，由中国水利水电出版社出版的《走进新中国水利期刊》一书出版发行。该书展示了 50 多种水利期刊的创刊故事。

5 月

5 月 1 日，新修订的《地名管理条例》正式施行。

5 月 10 日，中国音像与数字出版协会发布《电子出版物技术质量要求》《数字内容资源分类与代码》《基础教育视频教学资源格式》《基于 HTML5 的基础教育交互教学资源格式》四项团体标准，自 2022 年 6 月 9 日起开始实施。

5 月 16 日，中国科协科学技术创新部下发《关于组织中国科协主管期刊开展弘扬科学家精神专题宣传的通知》，要求各刊通过多渠道广泛展示科技工作者风采。

5月18日，由广东省科学技术期刊编辑学会主办的广东省卓越科技期刊人才培训项目系列活动之"高水平英文科技期刊创办与建设专题论坛"以线上线下形式召开。

5月31日，施普林格·自然中国办公室与中国高校科技期刊研究会联合设立"英文编辑及国际交流人才培养基金研究项目"。

6月

6月1日，国家标准《期刊文章标签集》（GB/T 40959—2021）正式实施。

6月2日，2022年陕西省科技期刊创新发展大会在西安召开。会议公布了"三秦卓越科技期刊"遴选结果，举办了"三秦卓越期刊专题论坛"和科技期刊"青年编辑的发展困境及出路探索学术沙龙"等活动。

6月6日，中共中央宣传部"中国这十年"系列主题新闻发布会在北京召开。相关部门负责人介绍：国际重要期刊检索库收录中国科技期刊数量从152种增至257种，刊均影响因子从1.13升至4.42；我国已有25种期刊的影响因子学科排名进入国际前5%，20种期刊位列学科前三，3种期刊进入全球百强；《细胞研究》影响因子在亚太地区生命科学领域居于首位，《工程》在全球近百种高水平工程综合性期刊中位列第一。

6月7～9日，受中国期刊协会推荐，航空知识杂志社等三家代表在第44届世界期刊大会做视频报告。

6月12日，同方知网（北京）技术有限公司发布公告，为回应社会各界特别是广大学生群体对中国知网个人查重服务的关切，中国知网向个人用户直接提供查重服务。

6月13日，中华全国新闻工作者协会公布了新修订的《中国新闻奖评选办法》。

6 月 14 日，中国科协科学技术创新部公布《2022 年度全国学会期刊出版能力提升计划入选项目》，入选项目共计 74 项。

6 月 14 日，国家互联网信息办公室发布新修订的《移动互联网应用程序信息服务管理规定》。

6 月 16～17 日，2022 年广东省科技期刊创新发展论坛在广东省中山市以线上线下的形式召开。

6 月 24 日，中国科协第二十四届年会首场活动——第五届世界科技期刊论坛在湖南长沙开幕。论坛以"共享科学，共享未来"为主题，聚焦开放科学背景下学术期刊发展的重点问题。

6 月 24 日，由清华大学出版社自主研发的科技期刊国际化数字出版平台 SciOpen 在第五届世界科技期刊论坛开幕式上发布上线。

6 月 25 日，全球首本聚焦门静脉高压与肝硬化期刊《门静脉高压与肝硬化（英文版）》（*Portal Hypertension & Cirrhosis*）创刊。

6 月 28 日，科睿唯安发布 2022 年期刊引证报告（JCR），该报告收录中国科技期刊 273 种，达到历史新高。《细胞研究》（*Cell Research*）影响因子达 46.297，全球排名 44，在 Cell Biology（细胞生物学）类别的 194 种期刊中，排名第 3（不考虑综述类期刊）。标志该刊已成功跻身竞争激烈的国际顶尖学术出版阵营。

7 月

7 月 4 日，由中国科协学会服务中心主办的"科技期刊青年编辑沙龙——新时代青年编辑应具备的能力及提升策略"在南京召开。

7 月 5 日，江苏省科技期刊学会主办的以"科技自立自强战略目标下科技期刊的使命与责任"为主题的首届江苏省科技期刊优秀论文颁奖典礼暨"第五届院士主编汇智论坛"在南京举办。

7 月 5 日，新疆科协召开新疆科协学会核心期刊建设座谈会。会议围绕学会期刊现状、亮点优势、问题困难等进行了研讨。

7 月 7 日，中华医学杂志社有限责任公司期刊高质量发展专家咨询委员会成立大会暨"学清刊坛"子课题——科技期刊融合发展技术与传播平台建设研讨会在北京举办。杂志社自主研发的医学期刊国际化数字出版平台 Med Nexus 同期发布。

7 月 8 日，由山西省科技期刊编辑学会主办的"学术共同体构建与科技期刊高质量发展"学术研讨会在山西太原举办。

7 月 8 日，《世界中医药》杂志法国版启动暨编委会成立仪式在法国中部的谢尔河畔塞勒市以线上视频和现场结合形式举行。

7 月 12～15 日，由全国高等学校文科学报研究会、中国高校科技期刊研究会等 6 家单位联合主办的"'渝出版'学术研讨会暨青年编辑学术沙龙"在重庆举办。

7 月 13 日，北京市人力资源和社会保障局、北京市新闻出版局联合印发《北京市深化新闻专业技术人员职称制度改革实施办法》和《北京市深化出版专业技术人员职称制度改革实施办法》。

7 月 15 日，中国期刊协会举办第 29 期刊协讲堂，交流了"融合转型促发展，集群建设再出发——信息通信科技期刊集群建设实践"。

7 月 19 日，中国出版协会新闻出版文字规范化工作委员会成立大会以线上线下相结合的方式在北京召开。

7 月 20 日，中国科协办公厅发布《重要学术会议指南（2022）》。《指南》共收录121 家全国学会（学会联合体）推荐的 754 个会议。

7 月，谷歌学术 Google Scholar 发布了 2022 版的谷歌学术指标（Google ScholarMetrics，GSM），涵盖期刊 2017～2021 年间发表的所有文章。

8 月

8 月 1 日，国家网信办发布的《互联网用户账号信息管理规定》正式施行。《规定》中明确了互联网用户注册、使用账号信息，不得含有的情形，其中包括：假冒、仿冒、捏造新闻机构、通讯社等新闻媒体的名称、标识等。

8 月 16～19 日，由京津沪科技期刊学会等单位共同主办的第 9 届西部科技期刊发展论坛暨第 26 届京津沪渝科技期刊主编/社长研讨会在山西太原召开。会议发布了第二届"西牛计划"入选项目。

8 月 19 日，由中国科协科学技术创新部主办、科学出版社承办的"世界一流科技期刊建设智库研究项目——数字经济时代的学术出版"高端研讨会在北京召开。

8 月 23 日，出版专业技术人员职业资格考试开展 20 周年专题座谈会在北京召开。20 年间，共计 37.69 万人（次）报名参加了考试，9.79 万人（次）通过考试取得了初级、中级职业资格。

8 月 24 日，中国期刊协会成立 30 周年座谈会在北京举行。

8 月 25 日，科技部会同科研诚信建设联席会议成员单位共二十二部门对《科研诚信案件调查处理规则（试行）》进行了修订，并印发《科研失信行为调查处理规则》。

8 月 25～27 日，以"新阶段新格局新使命——向科技强国进军的中国科技期刊"为主题的第十七届中国科技期刊发展论坛在安徽合肥开幕。论坛发布了《中国科技期刊发展蓝皮书（2021）》、《中国科技期刊产业发展报告（2021）》、高质量科技期刊分级目录成果、科技期刊产业协同创新孵化实践项目等。

8 月 25 日，由中国科协学会服务中心等联合主办的第五届科技期刊青年编辑大赛决赛在第十七届中国科技期刊发展论坛同期举办。47 位选手获奖。

8 月 26 日，由国家新闻出版署指导，中国期刊协会等单位主办的第三届中国期刊高质量发展峰会暨第十一届上海期刊论坛在上海举行。

8 月 26 日，由安徽省新闻出版局、安徽省科协、中国科协学会服务中心共同主办的"地方刊潮"一流科技期刊建设研讨会在合肥举办。"地方刊潮"是第十七届中国科技期刊发展论坛首次设置的专题活动。

8 月，根据中宣部文改办发函[2022]0050 号通知，中国科技出版传媒股份有限公司的"中国科技期刊国际传播和知识服务平台"项目，被确定为国家文化产业发展项目库第二批入库重点项目。

8 月，中共中央办公厅、国务院办公厅印发了《"十四五"文化发展规划》。

9 月

9 月 6 日，湖北省科学技术协会公布湖北省科技期刊楚天卓越行动计划项目评审结果，将对《地球空间信息科学学报（英文版）》《中国机械工程》等 21 个期刊立项资助。

9 月 7～8 日，由广东省高等学校学报研究会主办的首届广东省学术期刊青年编辑论坛在广州市增城区举办。

9 月 8 日，由中国科协学会服务中心主办，中国农业科学院农业信息研究所承办的"吸引高水平原创论文首发，推动科技期刊做大做强"创新发展小型学术研讨会在北京举办。

9 月 13 日，国家新闻出版署公布《2022 年度出版融合发展工程入选名单》。中国科技出版传媒股份有限公司 SciEngine 学术期刊全流程数字出版与知识服务平台等 11 个项目入选数字出版优质平台遴选推荐计划，中国激光杂志社有限公司邓迎等 50 位同志入选出版融合发展优秀人才遴选培养计划。

9 月 14 日，《中国期刊协会刊协讲堂 30 期合辑》以《中国期刊年鉴》增刊形式出版发行。

9 月 14 日，由中国科协学会服务中心主办，中国地质大学（北京）承办的科技期刊青年编辑沙龙"青年编辑职业规划和愿景——我的未来我思量"以线上线下方式在北京举办。

9 月 15 日，国际出版伦理委员会（COPE）、开放获取期刊目录（DOAJ）、开放获取学术出版协会（OASPA）和世界医学编辑协会（WAME）合作发布更新版的《学术出版物透明度原则和最佳实践》。这是该原则的第四个版本。

9 月 15 日，由江苏省科技期刊学会、上海市科技期刊学会、浙江省科技期刊编辑学会、安徽省科技期刊编辑学会主办的第二届长三角科技期刊与科技智库融合发展论坛在江苏南通举办。

9 月 20 日，中国科技期刊卓越行动计划办公室发布《2022 年度中国科技期刊卓越行动计划高起点新刊入选项目》，共计 50 项。

9 月 23 日，中国科协、求是杂志社在北京签署战略合作协议，贯彻落实习近平总书记关于科技创新、人才工作重要指示批示精神，进一步推动习近平新时代中国特色社会主义思想在科技界深化转化。

9 月 27 日，由中国科协学会服务中心主办的"科技期刊服务推动科研成果产业化路径"研讨会在北京召开。

9 月，中国科技出版传媒股份有限公司（科学出版社）主办的首个专注于网络安全与功能安全交叉领域英文期刊《一体化安全（英文版）》（*Security and Safety*）创刊。

10 月

10 月 25 日，上海市科技期刊学会学术期刊专委会和数字出版工委会共同举办以"新媒体环境下科技期刊编辑的角色定位与未来发展"为主题的线上学术沙龙。

11 月

11 月 2～4 日，由广东省科学技术期刊编辑学会主办的"繁荣广东学术期刊助力科技平台创新"学术研讨会暨广东省科学技术期刊编辑学会医学期刊分会成立大会在广州市从化区召开。

11 月 4 日，由中国环境科学学会和中国科协学会服务中心共同主办的第二届生态环境科技期刊发展论坛暨我国科技期刊优质内容传播与推广策略研讨会在北京召开。

11 月 6 日，以"科学向新　共创未来"为主题的第五届世界顶尖科学家论坛在上海开幕。开幕式还举行了国际联合实验室项目启动、科学期刊创刊发布、世界顶尖科学家纪录片发布三项仪式活动。

11 月 9 日，科技部、教育部、工业和信息化部、财政部、水利部等八部门印发《关于开展科技人才评价改革试点的工作方案》。其中要求科技人才评价破除"唯论文"数量倾向，鼓励科研人员把高质量论文更多发表在国内科技期刊上。

11 月 10 日，中国期刊协会举办第 33 期刊协讲堂。交流了中国激光杂志社"专业化、集群化、数字化、国际化"的办刊模式。

11 月 11 日，由上海市科技期刊学会等单位共同主办的"2022 年一流科技期刊建设论坛——去伪存真之'学术侦探'线上研讨会"成功举办。

11 月 18 日，由中国科学技术期刊编辑学会主办，北京万方数据股份有限公司承办的"中国科学技术期刊编辑学会数字出版与传播专委会成立暨数字出版国际趋势研讨会"以线下线上方式在北京召开。

11 月 18 日，中国科技期刊卓越行动计划办公室公布《2022 年度中国科技期刊卓越行动计划选育高水平办刊人才子项目–优秀主编、编辑、审稿人案例遴选汇编项目入选案例》，共 371 人入选。

11 月 19 日，以"使命担当、目标任务、举措路径：陕西省高校建设世界一流科技期刊"为主题的中国科技期刊卓越行动计划陕西入选期刊第三届论坛暨科技期刊主编论坛以线上线下方式在陕西西安召开。

11 月 23 日，国家新闻出版署发布关于印发《国家印刷示范企业管理办法》的通知。原认定的国家印刷复制示范企业到 2022 年 12 月 31 日失效。

11 月 25 日，国家互联网信息办公室、工业和信息化部、公安部联合发布《互联网信息服务深度合成管理规定》。《规定》为传媒行业探索人工智能应用确立了基本的规则和路径。

11 月 30 日，上海市科技期刊学会学术期刊专委会与生物医学期刊专委会联合主办"老话新说：科技期刊编校的难与解"主题沙龙。

12 月

12 月 1～2 日，以"服务科教兴国战略塑造开放创新生态"为主题的中国高校科技期刊研究会第 26 次年会在线召开。会议公布了"2022 年度中国高校科技期刊建设示范案例库•杰出/百佳/优秀科技期刊"入库案例名单、"2022 年度中国高校科技期刊建设示范案例库•金笔论著/银笔论著/铜笔论著"，2022 年施普林格•自然–中国高校科技期刊研究会英文编辑及国际交流人才培养基金入选项目。

12 月 1 日，中国高校科技期刊研究会与剑桥大学出版社在中国高校科技期刊研究会第 26 次年会上达成合作。每年双方将共同组织探讨学术出版核心问题。

12 月 2 日，由"学术期刊'走出去'专家委员会暨 Scopus 中国学术委员会"、中国图书进出口（集团）有限公司、爱思唯尔公司主办的主题为"数字时代世界一流期刊建设与传播"的第四届中国期刊影响力提升研讨会线上召开。

12 月 7 日，"学清刊坛"——科技期刊产业发展交流研究系列活动项目结题汇报交流会在线召开，52 位专家学者参会。"学清刊坛"项目于 2021 年设立，2022年度，"学清刊坛"开展了 9 个子课题，10 个研究方向的系列研讨活动。

12 月 8 日，由上海市科技期刊学会主办的第五届上海市科技期刊编辑技能大赛在线举行，45 位选手获奖。

12 月 8 日，中国激光杂志社主办的"科技期刊发展之未来——集群化、数字化暨专业学科期刊集约化运营专题研讨会"线上举办。

12 月 9 日，由中国科协学会服务中心主办的"科普类期刊传播能力和传播效果研究""开展区域科技期刊高质量发展活动研讨"专家座谈会在线召开。

12 月 10 日，中国期刊协会举办第 34 期刊协讲堂。以"追求卓越争创一流"为题，交流了建设一流科技期刊的经验。

12 月 15 日，以"科技强国与期刊高质量发展"为主题的中国科学技术期刊编辑学会成立 35 周年纪念大会暨 2022 年学术年会线上召开。

12 月 15～16 日，由陕西省科学技术协会主办的"陕西省科技期刊国际影响力提升路径研讨"主编论坛暨"陕西省科技期刊学术引领能力提升"培训班在陕西西安召开。

12 月 16 日，中国科协科学技术创新部印发《高质量科技期刊分级目录总汇第二版发布公告》。《公告》汇总发布 41 个领域近 7000 种入编期刊名单。

12 月 21 日，中国科学院文献情报中心科学计量中心的科学研究成果《2022 年中国科学院文献情报中心期刊分区表》发布。

12 月 23 日，由中国农业期刊网主办的以"踔厉奋发、强刊兴农，服务国家乡村振兴"为主题的"2022 年度中国农业期刊学术年会暨中国农业期刊网编辑委员会工作会议"线上直播。会议发布了 2022 年度中国农业期刊网研究基金新立项项目 66 项。

12 月 28 日，中国科学技术期刊编辑学会第七届委员会规范与标准工作委员会成立大会暨第一次工作会议线上召开。

12 月 29 日，中国科学技术信息研究所线上举办"中国科技论文统计报告发布会"。会上发布 2022 年中国科技核心期刊目录和 2021 年度中国百种杰出学术期刊名单等。

12 月 29 日，中国科学技术信息研究所与约翰·威立国际出版集团在北京共同发布《负责任署名——学术期刊论文作者署名指引蓝皮书》。

12 月 29 日，由江苏省科技期刊学会、安徽省科技期刊编辑学会等共同主办的主题为"求实创新，推动学术期刊繁荣发展"2022 学术期刊创新发展研讨会线上召开。

12 月 30 日，国家新闻出版署、人力资源社会保障部印发《新闻记者职业资格考试办法》和《新闻记者职业资格考试实施细则》。

12 月 30 日，全国标准信息公共服务平台网站发布《GB/T 7713.2—2022 学术论文编写规则》，2023 年 7 月 1 日起实施。

12 月 30 日，由重庆市期刊协会等主办，重庆市科技期刊编辑学会等协办的首届重庆市编辑技能大赛（决赛）线上举行，共有 19 名选手获奖。

附录二 2022 年全球 OA 大事记①

编撰说明

本附录列出了 2022 年全球开放获取（OA）发展历程中的重要事件，客观呈现全球 OA 发展轨迹和脉络，供业界、学界同仁参考。

编撰原则：

1）"大事记"包括 2022 年全球重要 OA 交易以及在政策、资助、图书馆、出版机构和研究人员团体中与 OA 相关的重要事件。

2）"大事记"采用公元纪年顺序编排，所列条目有明确日期者标明月、日，日期不清者附于月末。

3）"大事记"内容主要来源于：全球科研资助机构的官方网站（如 NSF、FWF 等）、全球科研教育机构（研究所、大学）的官方网站（如 NIH、MPG 等）、联合国教科文组织的官方网站、世界科技大国（如美国、英国、德国、法国、意大利、日本、俄罗斯、南非、加拿大、澳大利亚等）的议会网站以及科技管理部门网站、主要国际出版集团的官方网站（如爱思唯尔、施普林格•自然、约翰•威立、泰勒-弗朗西斯等）、世界主流科技界、图书馆界、出版界的官方网站（如 STM 协会等）。

---

① 附录二执笔：顾立平，李海博。

1 月

1 月 6 日，Wiley 宣布与韩国国家科学技术研究委员会（NST）达成为期三年的开放获取转换协议。该协议是 Wiley 在东亚地区的第一份转换协议①。

1 月 10 日，Wiley 发布白皮书《监控向开放访问的过渡：2019—2020 Projekt DEAL-Wiley 变革性协议报告》（Monitoring the transition to open access: the 2019-2020 Projekt DEAL–Wiley transformative agreement report）。该报告是对 Wiley 与德国 Projekt DEAL 自 2019 年达成的开放获取转换协议效果的追踪统计，报告显示该协议从根本上改变了德国的学术信息交流和访问②。

1 月 11 日，GDC Difusión Científica 与 Taylor & Francis 旗下 F1000 推出在拉丁美洲的第一个开放获取出版中心——GDC 开放研究。该平台旨在推动拉丁美洲及相关地区的开放出版进展③。

1 月 18 日，Elsevier 宣布了一个试点项目，其中美国化学会、皇家化学会（RSC）、Taylor & Francis 和 Wiley 将联合选定的内容发布到 ScienceDirect 平台。文章将出现在搜索和浏览列表中。在试点中，有机化学和交通运输领域 35 种期刊中的 70 000 多篇文章将与 Elsevier 在 ScienceDirect 上的内容整合④。

1 月 21 日，推行金色开放获取的 S 计划（Plan S）的组织机构 cOAlition S 发布《加速开放获取》年度报告。报告概述并分析 Plan S 整体发展情况，以及未来发展趋势⑤。

1 月 25 日，欧洲学术团体宣布旗舰期刊《微生物学》（Microbiology）从混合

---

① https://newsroom.wiley.com/press-releases/press-release-details/2022/Wiley-Partners-with-NST-to-Drive-Open-Access-in-the-Republic-of-Korea/default.aspx.

② https://www.wiley.com/network/researchers/researcher/monitoring-the-transition-to-open-access-the-2019-2020-projekt-deal-wiley-transformative-agreement-report.

③ https://newsroom.taylorandfrancisgroup.com/gdc-difusion-cientifica-launches-f1000s-first-open-access-publishing-hub-in-latin-america/.

④ https://www.elsevier.com/connect/science-direct-third-party-content.

⑤ https://www.coalition-s.org/wp-content/uploads/2022/01/Plan-S-annual-report-2021.pdf.

模式转变为完全开放获取期刊①。

1 月 26 日，Wiley 宣布与斯洛文尼亚学术联盟（CTK）达成为期三年的开放获取转换协议②。

1 月 31 日，Wiley 宣布与美国加州电子图书馆联盟（SCELC）达成开放获取协议，SCELC 联盟内成员可无限制访问 Wiley 的所有混合期刊和订阅期刊，并在其 1400 多种混合期刊发表 OA 论文③。

2 月

2 月 1 日，Wiley 宣布与德国 Projekt DEAL 扩展开放获取合作伙伴关系④。

2 月 4 日，科学欧洲（Science Europe）与 S 计划（Plan S）组织机构 cOAlition S 宣布制定钻石开放获取行动计划（Action Plan for Diamond Open Access），以探索其他开放出版模式的可行性⑤。

2 月 8 日，Wiley 宣布与四家日本机构签署开放获取备忘录，该备忘录旨在成为新的转型协议的基础，加速日本各地的开放获取出版⑥。

2 月 8 日，Springer Nature 宣布与加拿大和哥伦比亚科研教育机构达成两项变

---

① https://microbiologysociety.org/news/press-releases/founding-journal-announces-open-access-transformation-in-its-75th-year.html.

② https://newsroom.wiley.com/press-releases/press-release-details/2022/Wiley-and-the-Slovenian-Academic-Consortium-Sign-Open-Access-Agreement/default.aspx.

③ https://newsroom.wiley.com/press-releases/press-release-details/2022/Wiley-and-SCELC-Sign-Pilot-to-Deliver-More-Open-Access-Articles/default.aspx.

④ https://newsroom.wiley.com/press-releases/press-release-details/2022/Wiley-and-Projekt-DEAL-Extend-Landmark-Open-Access-Agreement-into-Fourth-Year/default.aspx.

⑤ https://www.coalition-s.org/diamond-open-access/.

⑥ https://newsroom.wiley.com/press-releases/press-release-details/2022/Wiley-and-Four-Japanese-Institutions-Sign-MoU-for-a-Transformational-Open-Access-Agreement/default.aspx.

革性协议①。

2 月 10 日，欧洲大学协会（EUA）制订了一个愿景，支持其全欧洲国家的 850 个成员机构转向开放科学，该愿景不仅渴望开放学术成果，而且开放整个研究过程②。

2 月 14 日，Wiley 宣布与美国十大学术联盟（BTAA）就已有的一年期开放获取协议进行延期。该协议使 13 所参与的旗舰大学和 17 个附属校区的研究人员在 2022 年 Wiley 的所有混合开放获取期刊上发表 OA 论文，并提供所有 Wiley 订阅内容的访问③。

2 月 14 日，为庆祝"布达佩斯开放获取计划"发布 20 周年，发布《布达佩斯开放获取倡议：20 周年建议》，新建议鼓励学术界：①主持开放基础设施的 OA 研究；②改革科研考核奖励，完善激励机制；③支持包容性的出版和发行渠道，不以经济理由排除作者；④当付费发表 OA 研究时，记住开放获取的目标④。

2 月 23 日，Springer Nature 宣布与意大利国家研究委员会（CNR）达成新的变革性协议，该协议是 Springer Nature 在意大利的第一份转换协议⑤。

3 月

3 月 9 日，Wiley 宣布与美国俄亥俄州的全州学术图书馆联盟 OhioLINK 达成为期两年的开放获取协议。该协议建立在此前的开放获取试点基础之上。OhioLINK 成员机构目前可以访问 Wiley 的所有期刊。升级后的 Wiley 协议使研究

① https://group.springernature.com/cn/group/media/press-releases/springer-nature-first-transformative-agree-ments- americas/20071678.

② https://www.universityworldnews.com/post.php?story=20220210091705943.

③ https://newsroom.wiley.com/press-releases/press-release-details/2022/Wiley-and-the-Big-Ten-Academic-Alliance-Sign-Agreement-to-Make-More-Peer-Reviewed-Research-Available/default.aspx.

④ https://www.budapestopenaccessinitiative.org/boai20/.

⑤ https://group.springernature.com/cn/group/media/press-releases/springer-nature-continues-to-lead-drive-for-europe-oa-transition/20154312.

人员能够在 Wiley 的 1400 多种混合期刊上发表 OA 论文①。

3 月 14 日，Wiley 宣布与美国加利福尼亚大学开展为期一年的开放获取协议试点。在 2022 全年，Wiley 将开放获取作为加州大学五个校区科研人员发表论文的首选，图书馆将自动支付前 1000 美元的论文处理费，作者支付余额，没有研究资助的作者可向图书馆申请全额资助 APC②。

3 月 14 日，Springer Nature 宣布与瑞典 Bibsam 联盟达成有关 Nature 和 Nature Research 期刊的转换协议③。

3 月 24 日，日本科学技术振兴机构（JST）发布日本第一个成熟的预印本服务器 Jxiv。Jxiv 允许用户提交和出版所有研究领域的日语或英语预印本，包括跨学科科学④。

3 月 28 日，法国科学传播出版社（EDP）发布 2022 年"为开放而订阅"（S2O）透明度报告。该年度报告详细介绍了 EDP Sciences-SMAI "为开放而订阅"计划及其共同出版的应用数学期刊的相关成本和价格⑤。

3 月 29 日，Springer Nature 推出和姊妹公司 Figshare 的存储库联合试验项目，作者在投稿时可以选择是否开放数据，若同意开放数据，则等论文发表后，其数据将自动共享至 Figshare 平台予以开放，无需作者手动上传和寻找数据库⑥。

---

① https://newsroom.wiley.com/press-releases/press-release-details/2022/Wiley-and-OhioLINK-Sign-Agreement-to-Publish-More-Open-Access-Research-/default.aspx.

② https://newsroom.wiley.com/press-releases/press-release-details/2022/University-of-California-and-Wiley-Partner-to-Publish-More-Open-Access-Research-/default.aspx.

③ https://group.springernature.com/gp/group/media/press-releases/springer-nature-and-bisbsam-consortium-agree-transformative-agr/20209930.

④ https://www.jst.go.jp/pr/info/info1551/index_e.html.

⑤ https://www.edpsciences.org/fr/actualites/2548-subscribe-to-open-2022-transparency-report-for-maths-journals-provides-new-metrics.

⑥ https://www.springernature.com/la/authors/research-data/figshare-integration.

4 月

4 月 1 日，日本科学技术振兴机构（JST）修订了《JST 研究出版物和研究数据管理开放获取的政策》（JST 开放科学政策）。修订版在原有开放获取政策基础上，要求研究型出版物在出版后的 12 个月内通过机构知识库实施开放获取，修订版政策还要求对数据管理计划中的研究数据创建元数据[①]。

4 月 5 日，非营利出版商 Annual Reviews 宣布未来 18 个月内，旗下 51 种期刊以"为开放而订阅"（S2O）模式实施开放获取。这些期刊包含天文学、环境科学、基因组学、海洋科学、公共卫生和社会学等领域[②]。

4 月 5 日，Wiley 宣布与南非公共高等教育和研究机构联盟 SANLiC（南非国家图书馆和信息联盟）达成为期四年的开放获取协议。该协议允许南非的参与成员机构访问 Wiley 的所有期刊，并允许研究人员从 2022 年初协议开始时在 Wiley 的混合期刊上发表 OA 论文。从 2023 年 1 月起，研究人员还将能够在 Wiley 的金色 OA 期刊上发表论文。此外，Wiley 将与 SANLiC 及其成员密切合作，为研究人员提供额外的支持，包括研究出版培训研讨会、在线访问 Wiley Researcher Academy 和定制的编辑资源[③]。

4 月 14 日，Taylor & Francis 宣布开设艺术、人文、社会科学领域的开放调查出版平台"Routledge Open Research"。以 F1000 作为开放和透明的科研成果平台，提供完全开放透明的出版后审阅流程，作者和审阅者之间可以进行双向交流[④]。

4 月 21 日，Springer Nature 宣布近期与 Figshare 存储库联合推出免费试验项目，作者投稿时可自动将数据存储至 Figshare，作者掌控是否公开分享数据[⑤]。

---

① https://www.jst.go.jp/EN/about/openscience/policy_openscience_en_r4.pdf.

② https://www.annualreviews.org/pb-assets/assets/documents/press-release/S2O_Press_Center.pdf.

③ https://newsroom.wiley.com/press-releases/press-release-details/2022/Wiley-and-South-African-Consortium-SANLiC-Sign-Open-Access-Agreement/default.aspx.

④ https://newsroom.taylorandfrancisgroup.com/introducing-routledge-open-research/.

⑤ https://mp.weixin.qq.com/s/JsEOlhQxq9Ah2fgLEpSy_w.

4 月 27 日，国际科学、技术与医学出版商协会（STM）公布国际科技出版趋势（STM Trends 2026）主题为"大规模开放之美"①。

5 月

5 月 11 日，Springer Nature 与马普学会签署规模最大的机构开放获取图书协议，协议自 2022 年起，为期三年，为马普学会 86 家研究机构科研人员开放获取图书出版提供标准图书出版费用（BPC）折扣②。

5 月 17 日，Wiley 宣布与墨西哥国立自治大学（UNAM）达成为期三年的开放获取协议。这是 Wiley 在拉丁美洲的第一个协议③。

6 月

6 月 1 日，Springer Nature 发布一份关于开放获取期刊转型 2021 年报告。报告显示，金色开放获取的论文出版数与 2020 年相比增加了 40%，满足 cOAlition S 作为转换期刊条件所规定的期刊有 730 种，金色开放获取期刊的论文是同一类型的其他订阅型期刊论文的 2.8 倍④。

6 月 2 日，Elsevier 宣布与 Oable 建立试点。Oable 是开放获取工作流管理工具，用以简化图书馆馆员审批开放获取出版的工作流程。参与试点的机构的图书馆员将能够通过 Oable 平台管理所有 Elsevier 期刊的 OA 协议和安排⑤。

---

① https://www.stm-assoc.org/standards-technology/stm-trends-26/.

② https://group.springernature.com/cn/group/media/press-releases/new-oa-book-deal-with-max-planck-society/20388316.

③ https://newsroom.wiley.com/press-releases/press-release-details/2022/Wiley-and-Universidad-Nacional-Autnoma-de-Mxico-UNAM-Sign-Open-Access-Agreement-/default.aspx.

④ https://group.springernature.com/gp/group/media/press-releases/oa-content-up-40-percent-across-springer-nature-tjs/23107468.

⑤ https://knowledgeunlatched.org/2022/06/oable-incorporates-all-of-elseviers-journals/.

6 月 28 日，英国国家卫生研究院（NIHR）推出开放出版平台 NIHR Open Research。NIHR 研究人员不仅可以发布研究结果，还可以发布增量发现、病例报告甚至负面结果，从而支持覆盖整个科研生命周期[①]。

7 月

7 月 6 日，cOAlition S 发表了一份关于经过同行评审论文的声明，指出 Plan S 的实施指南，把学术论文（scientific publications）定义为经过同行评审的学术出版物。随着独立于学术期刊和平台的同行评审服务增加，声明中明确表示，通过这种服务所接受的经过同行评审的学术论文，与学术论文和平台上出版的经过同行评审的论文，具有相同状态[②]。

7 月 7 日，Taylor & Francis 在生命伦理学领域开设 Bioethics Open Research 出版平台，根据美国国立卫生研究所（NIH）从 2023 年开始实行的数据管理与共享政策，该平台采用 FAIR 数据政策。期刊 American Journal of Bioethics（AJOB）作为第一个合作伙伴。该平台利用 F1000 的迅速出版模式和技术，对各种科研成果实施完全开放的审阅流程，包括"评论"（Commentaries）这种新的科学出版物等[③]。

7 月 24 日，Taylor & Francis 作为赞助商资助的 Ithaka S+R 的 2021 年美国教师调查显示，美国高等教育教师对开放获取出版模式感兴趣，并将图书馆视为在财政上支持开放获取基础设施的关键。同时，美国高等教育教师认可学术会议及研讨会的价值，尤其是新冠全球大流行期间会议转向数字模式，参加会议和研讨

[①] https://www.nihr.ac.uk/news/nihr-launches-new-publishing-platform-to-expand-its-publicly-available-research-information/30872?utm_source=twitter-research&utm_medium=social&utm_campaign=open-research-2022&utm_content=news.

[②] https://www.coalition-s.org/statement-on-peer-reviewed-publications/.

[③] https://f1000.com/ground-breaking-bioethics-publishing-platform-leads-way-with-open-data-policy-before-nih-2023-mandate/.

会仍然是他们了解当前领域的重要方式①。

7 月 25 日，英国物理学会出版社（IOP Publishing）宣布面向世界银行分类里的低收入国家的科研人员，收取 500 英镑的论文处理费用就可开放获取出版，表明支持国际公平性和包容性②。

7 月 27 日，Springer Nature 宣布与美国加利福尼亚大学签订开放获取协议，共享基金模型（shared funding model）扩大到 Nature 系列（Nature、Nature Communications、Scientific Reports），即该大学图书馆为论文处理费用（APC）支付 1000 美元，剩下费用由作者支付③。

8 月

8 月 10 日，Taylor & Francis 与蒙大拿州立大学签订在美国西部的第一份转换协议。该协议为期三年，蒙大拿州立大学的教职员工和学生将可以不受限制地访问在合同期内发表的内容，作者可以免费选择在提供开放获取的 Taylor & Francis 期刊上发表论文④。

8 月 25 日，美国白宫科技政策办公室（OSTP）发布联邦政府资助研究成果立即实施开放的政令。在备忘录中，要求更新公共获取政策，使一般市民能够在没有时滞期和费用的情况下访问使用出版物和科研成果。到 2023 年中期，各政府机构将重新审视公共获取和数据共享计划，并设想到 2025 年底，所有政府机构都将颁布新的公共获取政策。北美研究图书馆协会（ARL）和美国 SPARC 协会、美国国立卫生研究院（NIH）、美国国立医学图书馆（NLM）以及 cOAlition S 等发

① https://newsroom.taylorandfrancisgroup.com/open-access-model-embraced-by-more-next-generation-faculty-in-u-s-higher-education-triennial-survey-says/.

② https://ioppublishing.org/news/iop-publishing-offers-authors-discounted-oa-publishing-across-all-its-journals/.

③ https://group.springernature.com/gp/group/media/press-releases/springer-nature-university-of-california-open-access-agreement/23304378.

④ https://newsroom.taylorandfrancisgroup.com/taylor-francis-enters-its-first-transformative-agreement-in-the-western-u-s-with-montana-state-university/.

表回应和赞成声明①。

8 月 31 日，Taylor & Francis 发布猴痘科研论文等的网站和期刊报道的总结，网站以公共卫生工作者和市民等用户为对象，介绍了关于感染、治疗、疫苗、健康相关的偏见以及有效健康沟通等的科研论文 150 多篇以及著作章节。集团指出根据美国白宫科技政策办公室（OSTP）要求立即公开猴痘的研究和数据的声明，这些资源可以免费访问②。

8 月 31 日，Springer Nature 宣布与芬兰 FinELIB 联盟签署 Nature 和 Nature Research 期刊的开放获取协议，该协议为期三年③。

9 月

9 月 1 日，国际图书馆协会联合会（IFLA）（以下简称"国际图联"）发布 2022 年开放获取声明《国际图联开放获取声明十年：行动呼吁》。该声明更新了国际图联 2011 年的声明，肯定了开放获取和相关举措的价值，同时概述了国际图联在该领域正在进行的工作，承诺"以身作则完成国际图联出版物向开放获取的过渡"④。

9 月 2 日，Elsevier 正式加入开放获取出版商协会（Open Access Scholarly Publishing Association，OASPA）⑤。

9 月 6 日，Springer Nature 宣布与德国 Projekt DEAL 的变革性协议延长至

---

① https://www.whitehouse.gov/ostp/news-updates/2022/08/25/ostp-issues-guidance-to-make-federally-funded-research-freely-available-without-delay/.

② https://newsroom.taylorandfrancisgroup.com/taylor-francis-launches-new-resources-to-support-better-understanding-of-monkeypox/.

③ https://group.springernature.com/cn/group/media/press-releases/fourth-transformative-agreement-for-nature-titles/23432856.

④ https://www.ifla.org/news/10-years-of-the-ifla-open-access-statement-a-call-to-action/.

⑤ https://oaspa.org/welcoming-elsevier/.

2023 年底①。

9 月 12 日，荷兰研究理事会（NWO）发布开放获取监测报告。该报告提供了 2015～2021 年期间由 NWO 资助的出版物实施开放获取的统计数据。数据显示 NWO 以及荷兰卫生研究与发展组织（ZonMw）资助的科研成果超过 90%已实施开放获取②。

10 月

10 月 5 日，法国通信科学中心（CCSD）和开放获取知识库联盟（COAR）宣布推出开放获取预印本存储库目录。该目录以法国开放科学委员会（预印本平台项目）开展的项目成果为基础，并得到法国高等教育、研究和创新部的支持，该项目开发了预印本存储库目录，使用户能够选择最适合自己需求的平台，并概览预印本生态系统③。

10 月 17 日，Wiley 宣布成立新的研究业务部门 Wiley Partner Solutions，该部门主要负责为协会、科学出版商、社团和公司提供服务，帮助他们在开放科学时代转变业务战略和出版流程④。

10 月 24～30 日，国际开放获取周举办，2022 年的主题是"为气候正义开放"（Open on Climate Justice）⑤。

10 月 31 日，英国皇家化学会宣布，其目标是在五年内使旗下期刊全部实现完全开放获取，RSC 是首批致力于完全开放获取的学会出版商之一⑥。

---

① https://group.springernature.com/cn/group/media/press-releases/springer-nature-and-projekt-deal-extend-partnership/23457336.

② https://www.nwo.nl/en/news/ninety-percent-nwo-and-zonmws-research-publications-are-open-access.

③ https://www.coar-repositories.org/news-updates/ccsd-and-coar-announce-the-launch-of-a-preprint-directory/.

④ https://newsroom.wiley.com/press-releases/press-release-details/2022/Wiley-Launches-Partner-Solutions-Division-in-Research-to-Support-the-Transition-to-Open-Access-Publishing/default.aspx.

⑤ https://www.openaccessweek.org.

⑥ https://www.rsc.org/news-events/articles/2022/oct/rsc-oa-commitment/.

11 月

11 月 7 日，Taylor & Francis 宣布试用试点 Research Square 的"研究质量评估服务"以加速寻找同行评审人过程。该服务由 Research Square 提供，旨在将论文与合适的审稿人进行快速匹配。作为 Research Square 服务的标准，审稿人将因按时返回审稿而获得一小笔酬金①。

11 月 10 日，研究型图书馆协会（ARL）发布对美国研究型图书馆关于 OA 费用的调查报告。调查要求图书馆将支出分为六个领域：阅读与出版或过渡协议、文章处理费或 OA 基金、非 APC 的 OA 出版模式费用、机构知识库服务费用、OA 期刊托管和出版服务、开放图书费用②。

11 月 15 日，Elsevier 宣布和澳大利亚大学图书馆员委员会签署协议，支持向开放获取出版过渡，签署为期三年的开放获取转型协议。该协议是澳大利亚和新西兰地区同类协议中规模最大的协议③。

11 月 17 日，牛津大学出版社（OUP）宣布与日本大学图书馆电子资源联盟（JUSTICE）签署一项为期三年的变革性阅读和出版协议。根据该协议，选择加入的 JUSTICE 联盟成员能够享受完全开放获取期刊的文章处理费折扣，以及全面访问 OUP 的全部期刊④。

11 月 21 日，Wiley 宣布与德国 Projekt DEAL 将开放获取协议延长至第五年。这一延期将允许德国的作者有更多的开放获取出版选择，有 240 种开放获取

---

① https://newsroom.taylorandfrancisgroup.com/research-square-peer-review-pilot/.

② https://www.arl.org/news/arl-releases-report-on-us-academic-member-libraries-open-infrastructure-expenses/.

③ https://www.elsevier.com/about/press-releases/corporate/elsevier-and-council-of-australian-university-librarians-sign-agreement-to-support-transition-to-open-access-publishing-alongside-continued-research-access-for-australia-and-new-zealand-researchers.

④ https://www.mynewsdesk.com/uk/oxford-university-press/pressreleases/oxford-university-press-unveils-landmark-read-and-publish-deal-in-japan-3217499.

期刊首次被添加进协议中①。

11 月 21～22 日，科学欧洲（Science Europe）与 OA2020、非洲大学协会（AAU）、cOAlition S、图书馆电子信息（EIFL）、国际科学理事会（ISC）和联合国教科文组织（UNESCO）一起组织了一场关于"开放获取出版的全球公平"研讨会②。

11 月 21 日，Springer Nature 宣布与 10 家日本大学共同达成日本最大的转型协议，参与协议的 9 家大学是日本研究型大学联盟成员（Japan's Research University Consortia，RUC）③。

11 月 22 日，Taylor & Francis 发布声明，支持美国国立卫生研究院（NIH）更新数据管理和共享计划政策。该政策要求所有申请人在申请时提交数据管理和共享计划（DMSP），并鼓励应用已建立的数据存储库进行数据共享④。

11 月 28 日，Springer Nature 宣布与墨西哥国立自治大学（UNAM）达成第一份转型协议，该协议也是迄今为止拉丁美洲最大的机构开放获取协议⑤。

11 月 30 日，得克萨斯大学与爱思唯尔达成历史性协议。2019 年，得克萨斯州 44 所公立和私立大学校际联合成立了 TLCUA，以创造性地思考教师出版物的获取和期刊订阅的可持续性。所有 TLCUA 会员都将获得期刊订阅折扣，同时仍保持大量期刊访问权限⑥。

---

① https://newsroom.wiley.com/press-releases/press-release-details/2022/Wiley-and-Projekt-DEAL-Extend-Open-Access-Agreement-into-Fifth-Year-0/default.aspx.

② https://www.scienceeurope.org/news/first-workshop-on-global-equity-in-open-access-publishing/.

③ https://group.springernature.com/cn/group/media/press-releases/pioneering-oa-agreement-springer-nature-japanese-universities/23726386.

④ https://newsroom.taylorandfrancisgroup.com/nih-data-management-and-sharing-plan-policy/.

⑤ https://group.springernature.com/cn/group/media/press-releases/springer-nature-agrees-ta-with-unam/23761574.

⑥ https://tlcua.org/news/2022/11/30/texas-universities-reach-historic-deal-with-elsevier/.

12月

12月1日，Springer Nature 完成对 Research Square Company（RSC）的追加投资，即实现全部收购，该公司具有世界排名第一的多学科预印本平台 Research Square 以及美国期刊专家 AJE，之前 Springer Nature 已经是其最大股东①。

12月1日，Taylor & Francis 宣布收购美国微生物学会（ASM）的期刊 Molecular and Cellular Biology（MCB），该期刊出版范围包含基因表达、基因组组分、细胞形态、分子代谢等领域②。

12月7日，Springer Nature 宣布收购具有创新 OA 流程的期刊 Cureus Journal of Medical Science，Cureus 是一个 OA 出版创新平台，可解决医疗专业人员在无法获得研究资助资金的情况下以开放获取方式发表同行评审论文的问题③。

12月7日，联合国教科文组织南部非洲区域主任莉迪亚·布里托博士在南非开普敦 2022 年世界科学论坛期间举行的开放科学日上推出联合国教科文组织开放科学工具包。该工具包包含开放科学相关指南、政策简报、概况介绍和索引，旨在支持实施教科文组织开放科学建议书④。

12月12日，Wiley 宣布与葡萄牙财团 Biblioteca do Conhecimento Online（B-on）达成新的三年开放获取协议，该财团包括葡萄牙各地的高等教育和研究图书馆、公共行政部门、私人非营利机构和医院。该协议是 Wiley 在葡萄牙的第一个开放获取协议，64 个参与机构的研究人员可在 Wiley 的所有混合期刊上发表开放获取文章，并允许访问 Wiley 的所有订阅内容⑤。

---

① https://group.springernature.com/gp/group/media/press-releases/springer-nature-completes-acquisition-of-research-square-company/23768186.

② https://newsroom.taylorandfrancisgroup.com/taylor-francis-acquires-american-society-for-microbiology-journal/.

③ https://group.springernature.com/gp/group/media/press-releases/springer-nature-acquires-cureus/23793592.

④ https://www.eifl.net/news/launch-unesco-open-science-toolkit.

⑤ https://newsroom.wiley.com/press-releases/press-release-details/2022/Wiley-and-Portuguese-Consortium-b-on-Sign-Open-Access-Agreement-/default.aspx.

12 月 14 日，Wiley 宣布与希腊学术图书馆联盟 HEAL-Link 达成新的为期三年的开放获取协议。该协议是 Wiley 在希腊的首个协议，允许 43 个参与的成员机构访问 Wiley 的所有期刊，研究人员可在 Wiley 的混合期刊上发表开放获取文章[①]。

12 月 14 日，美国医学会杂志（*The Journal of the American Medical Association*，JAMA）宣布其主刊及系列期刊允许作者在 JAMA 发布论文手稿时将已接受的手稿存入 JAMA 认可的机构知识库[②]。

12 月 15 日，Taylor & Francis 政策总监 Victoria Gardner 和 HEPI 政策经理 Laura Brassington 在 HEPI 新的政策报告 Why open access is not enough: Spreading the benefits of research 中阐述开放获取面向更广泛受众扩展这一问题，包括遇到的挑战以及主要利益相关者可为之行动的方案等[③]。

---

① https://newsroom.wiley.com/press-releases/press-release-details/2022/Wiley-and-Greek-Consortium-HEAL-Link-Sign-Open-Access-Agreement-/default.aspx.

② https://jamanetwork.com/journals/jama/fullarticle/2799743?guestAccessKey=5b96e9c2-007f-4503-bf3a-604785eb9b40&utm_source=twitter&utm_medium=social_jama&utm_term=8416047469&utm_campaign=article_alert&linkId=193649594.

③ https://newsroom.taylorandfrancisgroup.com/hepi-policy-note-making-research-accessible-outside-academia/.

附表

附表 1 2022 年中国 SCI 科技期刊发表论文数和国际影响力

序号	英文刊名	中文刊名	文种	论文数/篇	总被引频次	引文影响力	论文被引占比/%	学科规范化的引文影响力	国际合作论文占比/%	中国作者发文数/篇	高被引论文数/篇	热点论文数/篇
1	Acta Biochimica Et Biophysica Sinica	生物化学与生物物理学报（英文）	英文	170	209	1.23	47.06	0.51	8.24	168	1	0
2	Acta Chimica Sinica	化学学报	中文	174	153	0.88	44.83	0.28	0.57	174	0	0
3	Acta Geologica Sinica-English Edition	地质学报（英文版）	英文	153	150	0.98	47.71	0.46	18.30	133	0	0
4	Acta Mathematica Scientia	数学物理学报（英文版）	英文	133	221	1.66	27.82	1.79	15.79	117	3	0
5	Acta Mathematica Sinica-English Series	数学学报（英文版）	英文	142	87	0.61	23.94	0.66	14.08	126	2	0
6	Acta Mathematicae Applicatae Sinica-English Series	应用数学学报（英文版）	英文	71	61	0.86	32.39	0.93	5.63	67	2	0
7	Acta Mechanica Sinica	力学学报（英文版）	英文	172	430	2.50	65.70	0.77	12.21	159	1	1
8	Acta Mechanica Solida Sinica	固体力学学报（英文版）	英文	78	111	1.42	48.72	0.58	8.97	77	0	0
9	Acta Metallurgica Sinica	金属学报	中文	140	171	1.22	47.14	0.39	6.43	140	0	0
10	Acta Metallurgica Sinica-English Letters	金属学报（英文版）	英文	139	178	1.28	57.55	0.40	14.39	133	0	0
11	Acta Oceanologica Sinica	海洋学报（英文版）	英文	174	139	0.80	44.25	0.40	18.97	164	0	0
12	Acta Petrologica Sinica	岩石学报	中文	225	190	0.84	50.22	0.42	4.44	223	0	0
13	Acta Pharmaceutica Sinica B	药学学报（英文）	英文	281	2367	8.42	96.09	3.74	21	253	30	7
14	Acta Pharmacologica Sinica	中国药理学报	英文	187	649	3.47	81.82	1.52	15.51	177	6	0
15	Acta Physica Sinica	物理学报	中文	978	369	0.38	24.44	0.19	1.84	975	0	0
16	Acta Physico-Chimica Sinica	物理化学学报	中文	112	985	8.79	83.93	2.89	8.04	112	12	2
17	Acta Polymerica Sinica	高分子学报	中文	137	164	1.20	55.47	0.37	0	137	0	0
18	Advanced Photonics	先进光学（英文）	英文	38	349	9.18	81.58	2.78	36.84	28	4	2
19	Advances in Atmospheric Sciences	大气科学进展	英文	134	494	3.69	79.85	1.68	28.36	125	4	0

续表

序号	英文刊名	中文刊名	文种	论文数/篇	总被引频次	引文影响力	论文被引占比/%	学科规范化的引文影响力	国际合作论文占比/%	中国作者发文数/篇	高被引论文数/篇	热点论文数/篇
20	Advances in Climate Change Research	气候变化研究进展（英文版）	英文	87	244	2.80	73.56	1.39	22.99	82	1	0
21	Advances in Manufacturing	先进制造进展（英文）	英文	49	66	1.35	53.06	0.53	14.29	39	0	0
22	Algebra Colloquium	代数集刊	英文	62	15	0.24	14.52	0.26	20.97	35	0	0
23	Animal Nutrition	动物营养（英文）	英文	150	639	4.26	83.33	2.59	36	113	14	1
24	Applied Geophysics	应用地球物理（英文版）	英文	54	12	0.22	16.67	0.11	5.56	54	0	0
25	Applied Mathematics and Mechanics-English Edition	应用数学和力学（英文版）	英文	118	310	2.63	61.02	1.01	16.10	105	1	0
26	Applied Mathematics-A Journal of Chinese Universities Series B	高校应用数学学报 B 辑（英文版）	英文	41	29	0.71	36.59	0.76	29.27	28	0	0
27	Asian Herpetological Research	亚洲两栖爬行动物研究（英文版）	英文	25	13	0.52	32	0.36	20	24	0	0
28	Asian Journal of Andrology	亚洲男性学杂志（英文）	英文	102	204	2.00	74.51	1.17	14.71	73	0	0
29	Asian Journal of Pharmaceutical Sciences	亚洲药物制剂科学（英文）	英文	61	299	4.90	81.97	1.80	8.20	53	2	1
30	Avian Research	鸟类学研究	英文	62	57	0.92	50	0.68	41.94	38	0	0
31	Bio-Design and Manufacturing	生物设计与制造（英文）	英文	49	136	2.78	79.59	0.97	34.69	31	0	0
32	Bioactive Materials	生物活性材料（英文）	英文	583	7377	12.65	96.23	3.92	32.08	458	111	6
33	Biochar	生物炭（英文）	英文	72	745	10.35	88.89	3.30	36.11	55	7	6
34	Biomedical and Environmental Sciences	生物医学与环境科学	英文	71	84	1.18	45.07	0.51	9.86	68	1	0
35	Bone Research	骨研究（英文）	英文	61	537	8.80	96.72	3.14	37.70	40	8	1
36	Building Simulation	建筑模拟（英文）	英文	87	318	3.66	82.76	1.37	21.84	55	1	0
37	Cancer Biology & Medicine	癌症生物学与医学（英文）	英文	40	110	2.75	70	1.28	20	33	0	0

续表

序号	英文刊名	中文刊名	文种	论文数/篇	总被引频次	引文影响力	论文被引占比/%	学科规范化的引文影响力	国际合作论文占比/%	中国作者发文数/篇	高被引论文数/篇	热点论文数/篇
38	Cancer Communications	癌症	英文	62	453	7.31	87.10	3.66	19.35	54	6	0
39	Carbon Energy	碳能源（英文）	英文	112	1266	11.30	96.43	2.93	37.50	103	8	1
40	Cell Research	细胞研究（英文版）	英文	46	453	9.85	100	3.61	19.57	45	3	0
41	Cellular & Molecular Immunology	中国免疫学杂志（英文版）	英文	78	508	6.51	92.31	1.99	37.18	48	1	0
42	Chemical Journal of Chinese Universities-Chinese	高等学校化学学报	中文	282	129	0.46	27.30	0.18	2.48	281	0	0
43	Chemical Research in Chinese Universities	高校化学学报研究（英文版）	英文	158	255	1.61	63.92	0.48	5.06	153	0	0
44	China CDC Weekly	中国疾病预防控制中心周报（英文）	英文	161	222	1.38	49.69	0.83	14.29	156	3	0
45	China Communications	中国通信（英文版）	英文	272	344	1.26	44.49	0.59	11.76	258	2	1
46	China Foundry	铸造（英文版）	英文	70	42	0.60	37.14	0.20	4.29	67	0	0
47	China Ocean Engineering	中国海洋工程（英文版）	英文	85	74	0.87	49.41	0.35	21.18	81	0	0
48	China Petroleum Processing & Petrochemical Technology	中国炼油与石油化工	英文	63	13	0.21	15.87	0.08	4.76	63	0	0
49	Chinese Annals of Mathematics Series B	数学年刊 B 辑（英文版）	英文	68	16	0.24	14.71	0.25	11.76	64	0	0
50	Chinese Chemical Letters	中国化学快报（英文版）	英文	1045	7939	7.60	93.11	2.88	11.29	1040	80	4
51	Chinese Geographical Science	中国地理科学（英文版）	英文	70	168	2.40	78.57	1.03	5.71	69	0	0
52	Chinese Journal of Aeronautics	中国航空学报（英文版）	英文	425	1624	3.82	71.29	1.45	11.29	413	10	0
53	Chinese Journal of Analytical Chemistry	分析化学	中文	285	216	0.76	35.79	0.30	1.40	272	0	0
54	Chinese Journal of Cancer Research	中国癌症研究（英文版）	英文	44	34	0.77	47.73	0.45	6.82	29	0	0
55	Chinese Journal of Catalysis	催化学报	英文	272	3266	12.01	91.18	4.30	17.65	256	32	3

续表

序号	英文刊名	中文刊名	文种	论文数/篇	总被引频次	引文影响力	论文被引比占比/%	学科规范化的引文影响力	国际合作论文作论文占比/%	中国作者发文数/篇	高被引论文数/篇	热点论文数/篇
56	Chinese Journal of Chemical Engineering	中国化学工程学报（英文版）	英文	399	1051	2.63	76.19	0.95	10.53	377	2	0
57	Chinese Journal of Chemical Physics	化学物理学报（英文版）	英文	104	64	0.62	38.46	0.31	8.65	103	0	0
58	Chinese Journal of Chemistry	中国化学（英文）	英文	297	1121	3.77	83.84	1.46	6.73	292	3	0
59	Chinese Journal of Electronics	电子学报（英文）	英文	112	141	1.26	36.61	0.51	10.71	112	1	0
60	Chinese Journal of Geophysics-Chinese Edition	地球物理学报	中文	363	249	0.69	39.12	0.34	4.41	362	0	0
61	Chinese Journal of Inorganic Chemistry	无机化学学报	中文	254	88	0.35	19.69	0.13	1.57	252	0	0
62	Chinese Journal of Integrative Medicine	中国结合医学杂志	英文	124	109	0.88	50	0.48	8.87	116	0	0
63	Chinese Journal of Mechanical Engineering	中国机械工程学报（英文版）	英文	147	354	2.41	57.14	0.72	11.56	141	1	0
64	Chinese Journal of Natural Medicines	中国天然药物	英文	88	139	1.58	67.05	0.79	1.14	86	0	0
65	Chinese Journal of Organic Chemistry	有机化学	中文	363	363	1	45.18	0.27	0.83	363	0	0
66	Chinese Journal of Polymer Science	高分子科学（英文版）	英文	229	553	2.41	65.5	0.91	6.11	221	2	0
67	Chinese Journal of Structural Chemistry	结构化学	英文	110	614	5.58	62.73	2.08	8.18	110	7	0
68	Chinese Medical Journal	中华医学杂志（英文版）	英文	233	844	3.62	54.51	2.04	14.16	219	2	1
69	Chinese Optics Letters	中国光学快报（英文版）	英文	217	481	2.22	58.06	1.13	7.37	212	3	0
70	Chinese Physics B	中国物理 B	英文	1072	1256	1.17	47.2	0.57	9.05	1037	7	0
71	Chinese Physics C	中国物理 C	英文	283	486	1.72	56.54	0.88	24.03	230	2	0
72	Chinese Physics Letters	中国物理快报（英文版）	英文	178	479	2.69	61.24	1.38	19.66	176	3	1
73	Communications in Mathematics and Statistics	数学与统计通讯（英文）	英文	48	13	0.27	20.83	0.29	33.33	37	0	0
74	Communications in Theoretical Physics	理论物理	英文	199	299	1.50	53.27	0.73	13.57	170	2	0

续表

序号	英文刊名	中文刊名	文种	论文数/篇	总被引频次	引文影响力	论文被引占比/%	学科规范化的引文影响力	国际合作论文占比/%	中国作者发文数/篇	高被引论文数/篇	热点论文数/篇
75	Computational Visual Media	计算可视媒体（英文）	英文	38	447	11.76	63.16	3.64	39.47	36	3	2
76	Crop Journal	作物学报（英文版）	英文	176	769	4.37	91.48	2.22	22.16	163	2	0
77	CSEE Journal of Power and Energy Systems	中国电机工程学会电力与能源系统学报（英文）	英文	157	788	5.02	81.53	1.87	31.85	117	4	0
78	Current Medical Science	当代医学科学（英文）	英文	149	105	0.70	35.57	0.42	10.07	143	0	0
79	Current Zoology	动物学报	英文	100	72	0.72	45	0.54	29	39	0	0
80	Defence Technology	防务技术（英文）	英文	173	672	3.88	80.35	1.52	9.83	132	3	0
81	Digital Communications and Networks	数字通信与网络（英文）	英文	103	319	3.10	68.93	1.45	44.66	72	1	0
82	Earthquake Engineering and Engineering Vibration	地震工程与工程振动（英文版）	英文	62	83	1.34	51.61	0.50	17.74	38	0	0
83	Ecological Processes	生态过程（英文）	英文	66	113	1.71	68.18	0.69	31.82	23	0	0
84	Ecosystem Health and Sustainability	生态系统健康与可持续性（英文）	英文	35	67	1.91	74.29	0.79	25.71	28	0	0
85	Electrochemical Energy Reviews	电化学能源评论（英文）	英文	33	211	6.39	93.94	1.14	33.33	27	0	1
86	Energy & Environmental Materials	能源与环境材料（英文）	英文	179	1507	8.42	95.53	2.29	29.05	160	9	0
87	Engineering	工程（英文）	英文	193	962	4.98	77.20	1.65	37.82	161	4	2
88	Environmental Science and Ecotechnology	环境科学与生态技术（英文）	英文	52	491	9.44	86.54	3.42	38.46	44	10	1
89	Eye and Vision	眼视光学杂志（英文）	英文	46	91	1.98	56.52	1.04	32.61	28	1	0
90	Food Quality and Safety	食品质量与安全研究（英文）	英文	70	88	1.26	60	0.61	14.29	55	0	0
91	Food Science and Human Wellness	食品科学与人类健康（英文）	英文	277	912	3.29	80.87	1.65	22.02	245	11	0
92	Forest Ecosystems	森林生态系统（英文）	英文	80	175	2.19	75	1.65	40	49	1	0
93	Friction	摩擦（英文）	英文	115	557	4.84	67.83	1.36	33.04	87	4	0

续表

序号	英文刊名	中文刊名	文种	论文数/篇	总被引频次	引文影响力	论文被引占比/%	学科规范化的引文影响力	国际合作论文占比/%	中国作者发文数/篇	高被引论文数/篇	热点论文数/篇
94	Frontiers in Energy	能源前沿（英文版）	英文	46	65	1.41	56.52	0.47	10.87	38	0	0
95	Frontiers of Chemical Science and Engineering	高等学校学术文摘·化学科学与工程前沿（英文）	英文	96	186	1.94	64.58	0.64	13.54	88	0	0
96	Frontiers of Computer Science	计算机科学前沿（英文版）	英文	96	281	2.93	67.71	1.26	18.75	92	1	0
97	Frontiers of Earth Science	高等学校学术文摘·地球科学前沿	英文	61	42	0.69	34.43	0.34	27.87	54	0	0
98	Frontiers of Environmental Science & Engineering	环境科学与工程前沿（英文版）	英文	154	953	6.19	95.45	2.35	23.38	134	6	0
99	Frontiers of Information Technology & Electronic Engineering	信息与电子工程前沿（英文）	英文	127	187	1.47	47.24	0.66	9.45	120	2	0
100	Frontiers of Materials Science	高等学校学术文摘·材料学前沿（英文）	英文	44	38	0.86	40.91	0.24	9.09	34	0	0
101	Frontiers of Mathematics in China	中国高等学校学术文摘·数学	英文	29	3	0.10	6.90	0.11	0	28	0	0
102	Frontiers of Mechanical Engineering	高等学校学术文摘·机械工程前沿（英文）	英文	59	215	3.64	52.54	0.93	16.95	59	2	1
103	Frontiers of Medicine	高等学校学术文摘·医学前沿（英文）	英文	69	126	1.83	47.83	0.90	11.59	61	0	0
104	Frontiers of Physics	高等学校学术文摘·物理学前沿	英文	105	445	4.24	82.86	1.69	15.24	103	3	0
105	Frontiers of Structural and Civil Engineering	结构与土木工程前沿（英文版）	英文	106	156	1.47	50	0.58	21.70	51	1	0
106	Fungal Diversity	真菌多样性（英文）	英文	15	185	12.33	100	7.94	93.33	14	6	1
107	Gastroenterology Report	胃肠病学报道（英文）	英文	106	96	0.91	37.74	0.41	15.09	68	1	0
108	Genes & Diseases	基因与疾病（英文）	英文	104	400	3.85	91.35	1.11	28.85	72	0	0
109	Genomics Proteomics & Bioinformatics	基因组蛋白质组与生物信息学报	英文	60	353	5.88	83.33	2.21	31.67	51	3	0

续表

序号	英文刊名	中文刊名	文种	论文数/篇	总被引频次	引文影响力	论文被引占比/%	学科规范化的引文影响力	国际合作论文占比/%	中国作者发文数/篇	高被引论文数/篇	热点论文数/篇
110	Geo-Spatial Information Science	地球空间信息科学学报（英文版）	英文	90	221	2.46	50	1.19	34.44	57	2	0
111	Geoscience Frontiers	地学前缘（英文版）	英文	170	967	5.69	83.53	2.80	57.65	89	15	1
112	Green Energy & Environment	绿色能源与环境（英文）	英文	128	1160	9.06	97.66	3.24	25	119	13	0
113	Hepatobiliary & Pancreatic Diseases International	国际肝胆胰疾病杂志（英文）	英文	56	119	2.13	75	1.11	14.29	32	0	0
114	High Power Laser Science and Engineering	高功率激光科学与工程	英文	45	80	1.78	55.56	0.91	20	31	0	0
115	High Voltage	高电压（英文）	英文	120	243	2.03	50.83	0.76	22.50	115	2	1
116	Horticultural Plant Journal	园艺学报（英文）	英文	70	252	3.60	81.43	2.71	7.14	51	2	0
117	Horticulture Research	园艺研究（英文）	英文	284	1192	4.20	89.79	1.99	34.86	210	9	0
118	IEEE-CAA Journal of Automatica Sinica	自动化学报（英文版）	英文	140	1434	10.24	88.57	3.89	45	117	13	1
119	Infectious Diseases of Poverty	贫困所致传染病（英文）	英文	111	235	2.12	75.68	0.75	45.95	68	0	0
120	InfoMat	信息材料（英文）	英文	85	1010	11.88	92.94	2.78	32.94	77	9	0
121	Insect Science	昆虫科学（英文）	英文	132	183	1.39	61.36	1.02	27.27	105	0	0
122	Integrative Zoology	整合动物学（英文）	英文	68	135	1.99	73.53	1.39	36.76	42	1	0
123	International Journal of Disaster Risk Science	国际灾害风险科学学报（英文版）	英文	71	100	1.41	52.11	0.71	28.17	24	0	0
124	International Journal of Extreme Manufacturing	极端制造（英文）	英文	42	426	10.14	97.62	2.86	28.57	34	4	2
125	International Journal of Minerals Metallurgy and Materials	矿物冶金与材料科学学报（英文版）	英文	198	996	5.03	86.87	1.24	20.20	169	3	0
126	International Journal of Mining Science and Technology	矿业科学技术学报（英文版）	英文	111	954	8.59	92.79	4.14	18.92	100	13	3
127	International Journal of Oral Science	国际口腔科学杂志（英文版）	英文	53	267	5.04	92.45	2.59	16.98	45	2	1

续表

序号	英文刊名	中文刊名	文种	论文数/篇	总被引频次	引文影响力	论文被引占比/%	学科规范化的引文影响力	国际合作论文占比/%	中国作者发文数/篇	高被引论文数/篇	热点论文数/篇
128	International Journal of Sediment Research	国际泥沙研究（英文版）	英文	83	228	2.75	74.70	1.19	39.76	38	2	0
129	International Soil and Water Conservation Research	国际水土保持研究（英文）	英文	59	281	4.76	86.44	1.95	30.51	37	2	0
130	Journal of Advanced Ceramics	先进陶瓷（英文）	英文	137	1559	11.38	97.08	3.43	15.33	130	7	2
131	Journal of Animal Science and Biotechnology	畜牧与生物技术杂志（英文版）	英文	146	448	3.07	80.82	1.38	36.99	92	2	1
132	Journal of Arid Land	干旱区科学	英文	96	149	1.55	59.38	0.67	22.92	78	0	0
133	Journal of Bionic Engineering	仿生工程学报	英文	192	416	2.17	58.33	0.83	20.83	140	1	0
134	Journal of Central South University	中南大学学报（英文版）	英文	296	464	1.57	57.09	0.51	12.16	268	0	0
135	Journal of Computational Mathematics	计算数学（英文版）	英文	36	7	0.19	13.89	0.21	13.89	30	0	0
136	Journal of Computer Science and Technology	计算机科学技术学报（英文版）	英文	87	63	0.72	32.18	0.34	22.99	79	0	0
137	Journal of Earth Science	地球科学学刊	英文	119	249	2.09	78.99	1.05	26.05	97	1	0
138	Journal of Energy Chemistry	能源化学（英文版）	英文	555	5008	9.02	94.95	3.30	26.49	474	50	6
139	Journal of Environmental Sciences	环境科学学报（英文版）	英文	616	3114	5.06	86.20	2.10	18.18	549	38	1
140	Journal of Forestry Research	林业研究（英文版）	英文	141	236	1.67	67.38	1.16	25.53	88	1	1
141	Journal of Genetics and Genomics	遗传学报（英文版）	英文	93	378	4.06	84.95	1.22	23.66	89	1	0
142	Journal of Geographical Sciences	地理学报（英文版）	英文	133	402	3.02	75.19	1.47	9.77	129	3	0
143	Journal of Geriatric Cardiology	老年心脏病杂志（英文版）	英文	80	36	0.45	27.50	0.25	17.50	46	0	0
144	Journal of Hydrodynamics	水动力学研究与进展 B 辑	英文	82	168	2.05	56.10	0.77	15.85	71	1	0
145	Journal of Infrared and Millimeter Waves	红外与毫米波学报	中文	125	33	0.26	14.40	0.14	3.20	125	0	0

续表

序号	英文刊名	中文刊名	文种	论文数/篇	总被引频次	引文影响力	论文被引占比/%	学科规范化的引文影响力	国际合作论文占比/%	中国作者发文数/篇	高被引论文数/篇	热点论文数/篇
146	Journal of Innovative Optical Health Sciences	创新光学健康科学杂志（英文）	英文	84	136	1.62	66.67	0.70	14.29	75	0	0
147	Journal of Inorganic Materials	无机材料学报	中文	168	147	0.88	51.19	0.27	1.79	168	0	0
148	Journal of Integrative Agriculture	农业科学学报（英文）	英文	291	648	2.23	75.26	1.10	18.21	281	1	0
149	Journal of Integrative Medicine-Jim	结合医学学报（英文）	英文	56	156	2.79	75	1.52	16.07	33	2	0
150	Journal of Integrative Plant Biology	植物学报（英文版）	英文	184	918	4.99	89.67	2.87	28.80	169	16	1
151	Journal of Iron and Steel Research International	钢铁研究学报（英文版）	英文	183	346	1.89	60.66	0.53	4.92	179	0	0
152	Journal of Magnesium and Alloys	镁合金学报（英文）	英文	230	2197	9.55	94.35	2.61	32.61	125	9	1
153	Journal of Materials Science & Technology	材料科学技术（英文版）	英文	1055	10274	9.74	93.65	3.01	25.69	955	125	11
154	Journal of Materiomics	无机材料学报（英文）	英文	139	815	5.86	89.21	1.88	23.74	112	3	0
155	Journal of Meteorological Research	气象学报（英文版）	英文	63	111	1.76	50.79	0.88	19.05	60	1	1
156	Journal of Modern Power Systems and Clean Energy	现代电力系统与清洁能源学报（英文）	英文	165	573	3.47	74.55	1.32	36.97	101	5	0
157	Journal of Molecular Cell Biology	分子细胞生物学报（英文）	英文	40	92	2.30	72.50	0.72	27.50	33	0	0
158	Journal of Mountain Science	山地科学学报（英文）	英文	222	242	1.09	53.60	0.47	18.92	164	0	0
159	Journal of Ocean Engineering and Science	海洋工程与科学（英文）	英文	61	468	7.67	95.08	3.08	52.46	12	0	0
160	Journal of Ocean University of China	中国海洋大学学报（自然科学英文版）	英文	167	99	0.59	33.53	0.30	10.18	164	0	0
161	Journal of Oceanology and Limnology	海洋湖沼学报（英文）	英文	143	114	0.80	52.45	0.35	12.59	143	0	0
162	Journal of Palaeogeography-English	古地理学报（英文版）	英文	32	32	1	46.88	0.46	18.75	22	0	0
163	Journal of Pharmaceutical Analysis	药物分析学报（英文）	英文	96	404	4.21	85.42	1.71	14.58	71	6	0

续表

序号	英文刊名	中文刊名	文种	论文数/篇	总被引频次	引文影响力	论文被引占比/%	学科规范化的引文影响力	国际合作论文占比/%	中国作者发文数/篇	高被引论文数/篇	热点论文数/篇
164	Journal of Plant Ecology	植物生态学报（英文版）	英文	97	245	2.53	86.60	1.87	28.87	81	1	0
165	Journal of Rare Earths	稀土学报（英文版）	英文	215	736	3.42	81.40	1.37	14.42	180	1	0
166	Journal of Rock Mechanics and Geotechnical Engineering	岩石力学与岩土工程学报（英文版）	英文	150	992	6.61	93.33	3.24	34	101	12	0
167	Journal of Sport and Health Science	运动与健康科学（英文）	英文	70	580	8.29	100	4.23	45.71	12	7	0
168	Journal of Systematics and Evolution	植物分类学报	英文	83	185	2.23	74.70	1.62	62.65	58	2	0
169	Journal of Systems Engineering and Electronics	系统工程与电子技术（英文版）	英文	136	56	0.41	30.88	0.16	2.94	133	0	0
170	Journal of Systems Science & Complexity	系统科学与复杂性（英文版）	英文	101	82	0.81	35.64	0.87	7.92	100	0	0
171	Journal of Systems Science and Systems Engineering	系统科学与系统工程学报（英文版）	英文	27	31	1.15	48.15	0.47	18.52	24	0	0
172	Journal of Thermal Science	热科学学报	英文	207	215	1.04	45.41	0.41	10.14	181	0	0
173	Journal of Traditional Chinese Medicine	中医杂志（英文版）	英文	126	62	0.49	24.60	0.25	7.14	113	0	0
174	Journal of Tropical Meteorology	热带气象学报（英文版）	英文	35	24	0.69	34.29	0.34	17.14	35	0	0
175	Journal of Wuhan University of Technology-Materials Science Edition	武汉理工大学学报—材料科学版（英文）	英文	168	69	0.41	26.79	0.13	3.57	159	0	0
176	Journal of Zhejiang University-Science A	浙江大学学报（英文版）A辑	英文	73	135	1.85	71.23	0.68	10.96	72	0	0
177	Journal of Zhejiang University-Science B	浙江大学学报（英文版）B辑	英文	59	129	2.19	71.19	0.64	15.25	57	0	0
178	Light-Science & Applications	光：科学与应用（英文）	英文	230	2533	11.01	95.65	4.86	43.91	144	33	6
179	Marine Life Science & Technology	海洋生命科学与技术（英文）	英文	31	95	3.06	90.32	1.80	67.74	30	0	0
180	Matter and Radiation At Extremes	极端条件下的物质与辐射	英文	47	111	2.36	72.34	1.15	31.91	24	0	0
181	Microsystems & Nanoengineering	微系统与纳米工程（英文）	英文	133	499	3.75	81.95	1.44	28.57	67	0	0

续表

序号	英文刊名	中文刊名	文种	论文数/篇	总被引频次	引文影响力	论文被引占比/%	学科规范化的引文影响力/篇	国际合作论文占比/%	中国作者发文数/篇	高被引论文数/篇	热点论文数/篇
182	Military Medical Research	军事医学研究（英文）	英文	53	254	4.79	90.57	2.40	32.08	46	0	0
183	Molecular Plant	分子植物（英文）	英文	105	1155	11	97.14	7.36	57.14	84	34	2
184	Nano Research	纳米研究（英文版）	英文	1262	6785	5.38	75.75	2.53	18.70	1177	55	12
185	Nano-Micro Letters	纳微快报（英文）	英文	220	5233	23.79	99.09	6.72	36.82	187	50	10
186	National Science Review	国家科学评论（英文）	英文	219	2239	10.22	89.50	3.80	43.84	210	29	2
187	Neural Regeneration Research	中国神经再生研究（英文版）	英文	336	1636	4.87	90.18	2.10	14.29	172	10	1
188	Neuroscience Bulletin	神经科学通报（英文版）	英文	135	264	1.96	73.33	0.86	14.07	127	1	0
189	New Carbon Materials	新型炭材料	中英文	79	225	2.85	67.09	0.53	7.59	75	0	0
190	NPJ Computational Materials	计算材料学	英文	252	1093	4.34	88.89	1.33	41.27	57	2	1
191	NPJ Flexible Electronics	柔性电子（英文）	英文	100	585	5.85	91	1.71	25	58	2	0
192	Nuclear Science and Techniques	核技术（英文版）	英文	161	292	1.81	70.19	0.93	11.18	149	0	0
193	Numerical Mathematics-theory Methods and Applications	高等学校计算数学学报（英文版）	英文	38	32	0.84	42.11	0.91	31.58	32	0	0
194	Opto-Electronic Advances	光电进展（英文）	英文	52	469	9.02	90.38	3.74	30.77	37	6	0
195	Particuology	颗粒学报	英文	92	268	2.91	69.57	0.82	19.57	77	3	1
196	Pedosphere	土壤圈（英文）	英文	75	306	4.08	76	1.93	42.67	40	6	0
197	Petroleum Exploration and Development	石油勘探与开发（英文）	英文	122	276	2.26	62.30	1.13	5.74	117	3	0
198	Petroleum Science	石油科学（英文版）	英文	250	964	3.86	77.60	1.78	20	243	7	0
199	Photonic Sensors	光子传感器（英文）	英文	19	38	2	84.21	1.03	21.05	15	0	0
200	Photonics Research	光子学研究（英文）	英文	338	1208	3.57	81.66	1.78	24.26	249	1	0

续表

序号	英文刊名	中文刊名	文种	论文数/篇	总被引频次	引文影响力	论文被引占比/%	学科规范化的引文影响力	国际合作论文占比/%	中国作者发文数/篇	高被引论文数/篇	热点论文数/篇
201	Phytopathology Research	植物病理学报（英文）	英文	49	72	1.47	61.22	0.84	22.45	48	0	0
202	Plant Diversity	植物多样性（英文）	英文	60	176	2.93	73.33	2.13	41.67	54	1	1
203	Plant Phenomics	植物表型组学（英文）	英文	28	99	3.54	82.14	2.58	28.57	16	1	0
204	Plasma Science & Technology	等离子体科学和技术（英文版）	英文	241	255	1.06	54.36	0.54	12.86	220	0	0
205	Progress in Biochemistry and Biophysics	生物化学与生物物理进展	中文	214	21	0.10	8.88	0.04	2.34	210	0	0
206	Progress in Chemistry	化学进展	中文	181	90	0.50	28.18	0.10	2.76	180	0	0
207	Progress in Natural Science-Materials International	自然科学进展：国际材料（英文）	英文	95	202	2.13	69.47	0.68	14.74	79	0	0
208	Protein & Cell	蛋白质与细胞	英文	36	72	2.00	55.56	0.84	30.56	33	0	0
209	Rare Metal Materials and Engineering	稀有金属材料与工程	中文	600	142	0.24	16.33	0.07	1.67	600	1	0
210	Rare Metals	稀有金属（英文版）	英文	364	1466	4.03	79.67	1.13	22.25	345	2	0
211	Regenerative Biomaterials	再生生物材料（英文）	英文	91	327	3.59	79.12	1.07	14.29	75	0	0
212	Research	研究（英文）	英文	189	758	4.01	82.01	1.50	24.34	178	2	0
213	Research in Astronomy and Astrophysics	天文和天体物理学研究（英文）	英文	261	286	1.10	52.49	0.40	23.75	217	1	0
214	Rice Science	水稻科学（英文版）	英文	45	144	3.20	77.78	1.39	26.67	30	1	0
215	Science Bulletin	科学通报（英文版）	英文	159	1981	12.46	95.60	5.11	36.48	159	24	3
216	Science China-Chemistry	中国科学：化学（英文版）	英文	245	1276	5.21	86.53	1.81	14.69	243	8	1
217	Science China-Earth Sciences	中国科学：地球科学（英文版）	英文	149	555	3.72	69.80	1.62	20.81	147	4	0
218	Science China-Information Sciences	中国科学：信息科学（英文版）	英文	205	764	3.73	65.37	1.49	24.39	201	5	0

续表

序号	英文刊名	中文刊名	文种	论文数/篇	总被引频次	引文影响力	论文被引占比/%	学科规范化的引文影响力	国际合作论文占比/%	中国作者发文数/篇	高被引论文数/篇	热点论文数/篇
219	Science China-Life Sciences	中国科学：生命科学（英文版）	英文	128	447	3.49	75	1.29	24.22	128	3	0
220	Science China-Materials	中国科学：材料科学（英文）	英文	361	1320	3.66	79.22	1.14	19.11	355	5	0
221	Science China-Mathematics	中国科学：数学（英文版）	英文	101	62	0.61	34.65	0.66	23.76	94	1	0
222	Science China-Physics Mechanics & Astronomy	中国科学：物理学力学天文学（英文版）	英文	161	667	4.14	83.85	1.98	22.36	158	3	0
223	Science China-Technological Sciences	中国科学：技术科学（英文版）	英文	227	506	2.23	62.56	0.86	11.45	227	3	0
224	Signal Transduction and Targeted Therapy	信号转导与靶向治疗（英文）	英文	210	3366	16.03	96.67	4.21	25.24	201	35	6
225	Spectroscopy and Spectral Analysis	光谱学与光谱分析	中文	600	139	0.23	19.50	0.09	2.17	600	0	0
226	Stroke and Vascular Neurology	卒中与血管神经病学（英文）	英文	65	125	1.92	61.54	1.02	36.92	42	0	0
227	Synthetic and Systems Biotechnology	合成和系统生物技术（英文）	英文	83	238	2.87	81.93	1.20	16.87	68	0	0
228	Transactions of Nonferrous Metals Society of China	中国有色金属学报（英文版）	英文	310	536	1.73	66.13	0.56	13.23	276	1	0
229	Translational Neurodegeneration	转化神经变性病（英文）	英文	53	354	6.68	94.34	2.69	28.30	16	6	0
230	Tsinghua Science and Technology	清华大学学报自然科学版（英文版）	英文	81	426	5.26	79.01	2.46	14.81	78	2	0
231	Underground Space	地下空间（英文）	英文	95	539	5.67	77.89	2.14	28.42	82	5	0
232	Virologica Sinica	中国病毒学（英文）	英文	91	197	2.16	78.02	0.89	7.69	87	1	0
233	World Journal of Emergency Medicine	世界急诊医学杂志（英文）	英文	40	38	0.95	45	0.49	10	33	0	0
234	World Journal of Pediatrics	世界儿科杂志（英文）	英文	110	151	1.37	46.36	0.63	19.09	61	0	0
235	Zoological Research	动物学研究	英文	97	234	2.41	72.16	1.71	26.80	89	3	0
	合计			37561	145675	3.88	66.12	1.51	18.13	32919	1218	126

注：检索方法——InCites 数据库选择"研究方向"和"出版物"；时间窗口 2022 年；学科分类体系 ESI；文献类型"研究论文"和"综述"；采集中国 SCI 期刊数据。数据库更新日期为 2023 年 7 月 28 日，Web of Science 数据截至 2023 年 6 月 30 日，检索日期为 2023 年 8 月 1 日。按期刊首字母字母排序。